Professionalisierung

Verlag der
Fachhochschule
Potsdam

Professionalisierung

Essays zu Expertentum, Verberuflichung und professionellem Handeln

Harald A. Mieg

FH;P

Fachhochschule Potsdam
University of
Applied Sciences

Impressum

Bibliografische Information der Deutschen Nationalbibliothek:
Die Deutsche Nationalbibliothek verzeichnet diese Publikation in der Deutschen Nationalbibliografie; detaillierte bibliografische Daten sind im Internet über http://dnb.d-nb.de abrufbar.

Dieses Buch ist auch als freie Onlineversion über die Homepage des Verlags sowie über den OPUS-Publikationsserver der Fachhochschule Potsdam verfügbar.
http://nbn-resolving.de/urn/resolver.pl?urn:nbn:de:kobv:525-14578

Harald A. Mieg
Professionalisierung
Essays zu Expertentum, Verberuflichung und professionellem Handeln
Verlag der Fachhochschule Potsdam
www.fh-potsdam.de/verlag

ISBN	978-3-934329-86-7	(Druckausgabe)
URN	urn:nbn:de:kobv:525-14578	(elektronische Ausgabe)

Layout: Adina Dutz und Mariella Fahr
Herstellung und Vertrieb: tredition GmbH, Hamburg
Gesetzt in der TheAntiquaB

Inhalt

Vorwort 7

Einleitung
Professionalisierung – eine konzeptionelle Wiederbelebung 11

Wie dieses Buch zu lesen ist – Kurzanleitung und Überblick 37

Teil I: Die Theorieperspektive auf professionelle Arbeit 45

1. Professionalisierung:
   Eine dreifache Autonomieregulation (2010) 47

2. Expertisierung vs. Professionalisierung:
   Relative und andere Experten aus Sicht der psychologischen Expertiseforschung (2007) 61

3. Frei-gemeinnützige Arbeit – Professionalisierung
   (2004, mit Theo Wehner) 73

4. Wem vertrauen wir Umweltprobleme an?
   Gefragt sind Generalisten mit akademisch-abstraktem Wissen (2004, mit Steffen de Sombre) 83

Teil II: Professionspolitik 101

5. Professionspolitik ohne Professionen? (1998) 103

6. Gesundheit – Gerechtigkeit – Natur:
   Brauchen neue Professionen neue gesellschaftliche Zentralwerte? (1999) 117

7. Wissensmanagement durch Professionen?
Daten vom Schweizer Umweltmarkt zur Differenzierung
von (Berufs-) Ausbildung und Berufsarbeit (1999) 127

Teil III: Professionalisierung und Psychologie **139**

8. Vom ziemlichen Unvermögen der Psychologie, das Tun
der Experten zu begreifen:
Ein Plädoyer für Professionalisierung als psychologische
Kategorie und einen interaktionsorientierten
Expertenbegriff (2001) 141

9. Professionalisierung:
Ein Forschungsfeld der Wirtschaftspsychologie (2002). . 159

10. Droht die Psychologie auseinander zu fallen?
Zwei Fragen hinsichtlich der Professionalisierbarkeit
der Psychologie (2001) 179

Teil IV: Was ist und was leistet ein Experte? **195**

11. Von unprofessionellen Experten, unabstraktem
Expertenwissen und dem diesbezüglichen Zustand
von Soziologie, Psychologie und Sozialpsychologie
(1994 – 1996) 197

12. Person & Funktion:
Politiker vs. Experten (1993) 229

13. Epistemologische Probleme eines umfassenden
Verständnisses professionellen Handelns (1997) 241

14. Zur Evaluation von Expertensystemen:
Psychologische und empirische Analyse von
Diagnosesystemen (1993, mit Roland W. Scholz) 255

Rückblick, Schlüsse und ein Hinweis für Studierende der Sozialen Arbeit **309**

Vorwort

Die Experten – so sollte das Buch ursprünglich heißen. Heute wäre dieser Titel schon mit Blick auf Gender Mainstreaming nicht opportun. Denn dann müsste der Titel korrekt *Expertinnen und Experten* lauten, oder gar: *ExpertInnen*. Ausgangspunkt meines Interesses an Expertenwissen und Expertentum war eine Frage, die ich jenseits von sozialen oder ererbten Rollen angesiedelt sah: Können Computer Menschen ersetzen? Ich begann mit eigener Forschung zur Simulation von Expertenkönnen durch Rechner. Es ergaben sich folgende, nicht ganz widerspruchsfreie Befunde (diskutiert in meinem Buch über *Expertensysteme*, 1993):

- Die mathematische Automatentheorie zeigt grundsätzlich Grenzen der Berechenbarkeit von Wissensfragen auf. Diese Grenzen gelten selbst bei so klar definierten Aufgaben wie dem Schachspielen, dem Paradefeld der psychologischen Expertiseforschung. Diese untersucht seit rund hundert Jahren die Voraussetzungen für menschliche Spitzenleistungen.
- Die Erfahrung der Ingenieurwissenschaften zeigt wiederum, dass vieles doch geht – auch ohne zu Ende rechnen zu müssen. Das sehen wir z.B. bei der Entwicklung der Schachcomputer, die kaum noch von Menschen zu besiegen sind.
- Die Nutzung von Expertenwissen unterliegt jedoch weiteren Bedingungen, z.B. der Kommunikation sowie der Zurechen- und Verantwortbarkeit. Ein Rechner, der einen Arzt ersetzt, muss nicht nur über Weltwissen verfügen sowie einen Ball von einem Kind unterscheiden können. Er muss auch zurechnungsfähig sein, d.h. Verantwortung übernehmen können, wenn Unvorhergesehenes passiert oder Entscheidungen sich als Fehler herausstellen.

Den Schritt zum Thema *Professionalisierung* ging ich erst, als ich an die ETH Zürich kam und dort im neuen Fach Umweltnaturwissenschaften Aufgaben übernahm. Die große Frage, die sich dem Fach stellte war: Werden überhaupt speziell ausgebildete Umweltfachleute benötigt? Wäre es nicht sinnvoller, die Studierenden in Biologie, Chemie oder Geologie auszubilden und dann für Umweltfragen einzusetzen? Für mich war dies letztlich eine Frage der Professionalisierung: Stellen Umweltfachleute einen eigenständigen Beruf dar? Wird dies gar ein neuer, starker Beruf wie die Medizin? Rasch ergaben sich ähnliche Fragen für Entwicklungen in anderen neuen Tätigkeitsbereichen wie der Energieberatung, der Mediation, dem Compliance Management oder der Leitung von Industrieparks und Hochschulen. Daher musste ich mich mit Professionssoziologie befassen.

Mit diesem Band möchte ich eine Reihe meiner Beiträge zu Fragen der Professionalisierung vereinen. Die Beiträge sind Resultat meines Vorhabens, *Professionssoziologie und psychologische Expertiseforschung* miteinander in Austausch zu bringen (so in meinem Buch zur *Social Psychology of Expertise*). Ich verstand dies von Anfang an als Verbindung der epistemischen Frage: „Was wird wie von Menschen gewusst?“, mit der sich die Psychologie befasst, mit der Frage der gesellschaftlichen Nutzung dieses Wissen. Die Psychologie hatte hierzu ein einfaches Modell: Nutze das Wissen, das der menschlichen Handlungskompetenz zugrunde liegt. Schon vor Jahrzehnten hatte sich eine starke Allianz aus Computerwissenschaften und Psychologie aufgebaut, um menschliches Wissen und Kompetenz rechnergängig zu machen. Eine Frage wurde in der Regel ausgeblendet: *Macht*. Macht ist eine der entscheidenden Randbedingungen gesellschaftlichen Handelns. Darauf haben Max Weber und zahlreiche Kulturwissenschaftler und Ethnologen hingewiesen, zu denen ich Elias Canetti ebenso zähle wie Henri Foucault. Nicht zu vergessen: Machtfragen ziehen *ethische* Fragen nach sich.

Die hier abgedruckten Beiträge sind ausdrücklich *Essays*, d.h. Versuche und Ansätze, deren jeder seine eigenen Diskussionsrahmen aufspannt. So finden sich darin einige Wiederholungen, aber auch viele Auslassungen. Wenn ich eine Monographie aus all den Themen und Fragen machen wollte, die von den Essays berührt werden, müsste ich einheitliche Begriffe einführen und für einen gleichmäßigen Auflösungsgrad sorgen. Ein Beitrag wie mein Essay zu Experten und Politikern würde fortfallen oder komplett transformiert werden. Der Reiz der Kompilation besteht im An- und Nachdenken einzelner Argumentationslinien, die durch so unterschiedliche Felder wie Psychotherapie und Tragwerksplanung führen. Es bleibe dem Leser überlassen, die Gedankenfäden an der einen oder anderen Stelle aufzunehmen und zu verweben.

Ich möchte abschließend zwei Freunden danken, Roland Scholz, der mir als Studenten das Thema Expertensysteme zur Forschungsaufgabe überließ, sowie Theo Wehner, der mich ermuntert hat, Thema und Begriff der „Professionalisierung" aufzugreifen und diesen Forschungsfaden nicht so schnell aus der Hand zu lassen.

Harald A. Mieg, Oktober 2017

PS: Warum dieser Verlag? wurde ich des Öfteren gefragt. Ich habe geholfen, den Verlag der Fachhochschule Potsdam aus der Wiege zu heben und damit die schöne Tradition der deutschen akademischen Verlage fortzusetzen. Darüber hinaus spielen zwei Neuerungen eine Rolle: Design und Open Access. Trotz erschwinglichen Preises werden von diesem Verlag alle Bücher *gestaltet*. Die Fachhochschule Potsdam versteht sich als eine der führenden Design-Schulen. Aus diesen Gründen muss dieses Buch im Verlag der Fachhochschule Potsdam erscheinen.

Literatur

Mieg, H. A. (1993). Computers as experts? On the non-existence of expert systems. Frankfurt/New York: Peter Lang.

Mieg, H. A. (2001). The social psychology of expertise: Case studies in research, professional domains, and expert roles. Mahwah, NJ: Lawrence Erlbaum Associates. (Paperback 2012 by Psychology Press, New York).

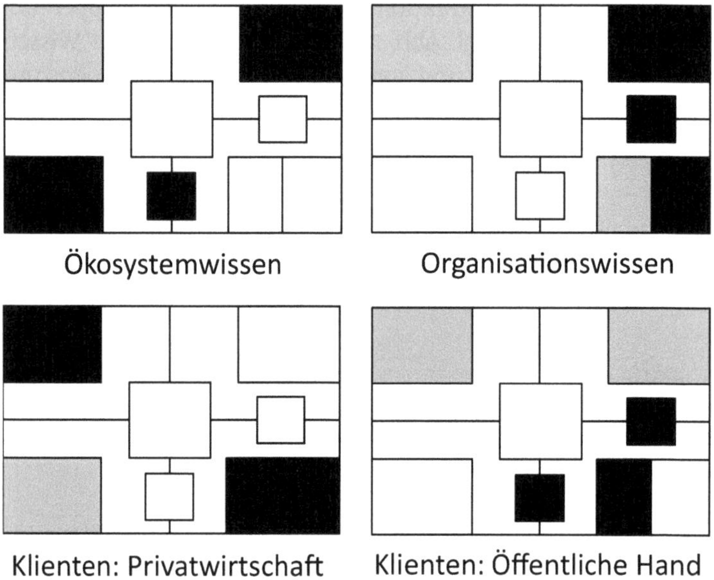

Abbildung 3. Die abstrakte Darstellung der Tätigkeitsfelder (wie in Abbildung 1) erlaubt eine Darstellung von Unterschieden im eingesetzten Wissen sowie nach Klienten. Ökosystemwissen: naturwissenschaftliches Wissen zu Natur und Umwelt: Organisationswissen: Betriebswirtschaft, Planung, Management, Recht etc. Schwarz: starke Ausprägung. Grau: mittlere Ausprägung. Weiß: geringe Ausprägung. Alle Darstellungen beruhen auf statistisch signifikanten Unterschieden.

Der Blick auf die Rolle von Formalisierung wird in der Soziologie von einem *falsch verstandenen Begriff der Routine* verstellt. Die gängige Annahme ist: Routinen haben im Kern nichts mit professionellem Handeln zu tun. Dies ist, wie ich zeigen möchte, ein Missverständnis und hängt mit einem falsch verstandenen Begriff von *Technik* zusammen. Unterstellt wird: Professionelle *urteilen* während Techniker *rechnen*. Diese Annahmen zu Routine und Technik erweisen sich in dreierlei Hinsicht als unhaltbar, mathematisch, philosophisch und psychologisch.

Mathematisch: Der Bereich des grundsätzlich Berechenbaren ist recht klein. Und nicht alles was grundsätzlich berechenbar wäre, kann faktisch vollständig berechnet werden. Die möglichen Züge in einem Schachspiel sind potenziell berechenbar, doch wären für eine vollständige Rechnung so viele Rechenoperationen nötig, dass kein Rechner dies leisten kann. Wie Schachcomputer funktionieren können: auf der Grundlage von generellen Erfahrungen, robuste Lösungen zu suchen, Berechnungswege, die nicht erfolgversprechend scheinen, außer Acht zu lassen und schließlich nur kleine, eingegrenzte Probleme durchzurechnen. Ähnliches gilt für Ingenieure, jedoch mit dem Unterschied, dass sie selber beurteilen und entscheiden müssen, wann sie rechnen sollten. Diese Entscheidung ist nicht berechenbar.

Philosophisch: Es gibt eine mit Aristoteles einsetzende Tradition, über Praxis, Urteilen und Technik nachzudenken. Aristoteles unterscheidet *Praxis* in einem engen Sinne vom Herstellen: Praxis im engen Sinne ist ein Handeln, das einem Selbstzweck genügt; das Herstellen ποίησις zielt auf ein Produkt, das die Handlung übersteigt. Aristoteles unterscheidet darüber hinaus *Technik* – als Können – von anderen Formen der Erkenntnis, zum Beispiel dem reflektierten Wissen ἐπιστήμη oder der Theorie σοφία. Technik stellt nach Aristoteles jedoch reflektiertes Können dar, das eine Kenntnis von Ursache-Wirkungs-Zusammenhängen enthält; deshalb zählt Technik als *Erkenntnisform*. Und: Aristoteles bezeichnet professionelle Praxis, etwa des Arztes, als größtenteils von Technik bestimmt (vgl. Kristjánsson 2015). Der gegenwärtige Gegenbegriff zu einem „technischen" Vorgehen ist *Phronesis* (z.B. Flyvbjerg 2001), der auch auf Aristoteles zurückgeht und inzwischen Eingang in die Professionssoziologie gefunden hat. Hierbei geht es jedoch nicht um das intellektuelle Urteilen sondern um moralisch relevantes, pragmatisches Beurteilen und Abwägen; manchmal auch als praktische Weisheit benannt (Schwartz & Sharpe 2010). Strittig ist, ob der Phronesis-Begriff hinreicht, um sozialwissenschaftliches Denken von dem der Natur- und Ingenieurwissenschaften zu trennen, oder professionelles Urteilen von anderen Urteilsformen im Alltagsleben (Kristjánsson 2015).

Psychologisch: Jede Wiederholung einer Tätigkeit führt in eine Routine. Dies gilt für einfache handwerkliche Tätigkeiten wie auch für komplexe oder geistige Arbeiten. Routine bedeutet, dass Tätigkeiten rascher und zuverlässiger ausgeführt werden können. Genau darauf beruht Lernen im Allgemeinen wie auch akademische Berufsqualifikation im Besonderen. Routinisierung geht mit einer Integration von Tätigkeitsabläufen und Kenntnis von Anwendungsbedingungen einher. Die bewusste, menschliche Steuerungsfähigkeit ist stark begrenzt: Man kann nicht zahlreiche Ablauf- und Anwendungsbedingungen gleichzeitig im Kopf behalten. Wir kennen dies, wenn wir neue Spiele ausprobieren: Das klappt weniger gut, wenn wir alle Regeln lesen und sofort anwenden wollen. Einfacher ist es, das Spiel zu starten und sich von erfahrenen Mitspielern die Regeln nach und nach erläutern zu lassen. Routinisierung setzt kognitive Steuerungskapazität frei und ermöglicht Kreativität. Diese Sicht auf Üben und Entwicklung von anspruchsvollen Fertigkeiten und Wissen ist Grundlage der psychologischen Expertiseforschung, welche die Grundlage von Leistungsvorteilen in bestimmten Gebieten – vom Schachspielen bis zur ärztlichen Arbeit – untersucht (Mieg 2001b, Ericsson et al. 2006).

Aus dem Missverständnis von Praxis, Urteilen und Technik ergibt sich auch ein Missverständnis von *Standards*. Zuweilen wird man mit dem Vorurteil konfrontiert, dass professionelles Handeln nicht standardisiert sein kann. Wenn damit Tätigkeiten der Art von vorkenntnisfreiem Kochen nach Rezept gemeint sind, dann dürfte die Behauptung zutreffen. Auch für Arbeiten in der industriellen Produktion, welche eine Standardisierung von Verfahren verlangt, kann man dieses Verständnis von Standardisierung gelten lassen. Doch ist die Reichweite von Verfahrens-Standardisierung begrenzt. Übersehen wird, dass auch sehr einfache, repetitive Tätigkeiten im Angestelltenverhältnis reichlich Spielraum zur Interpretation der Vorgaben erlauben, selbst beim Einräumen von Ware im Supermarktregal. Der Einwand gegen Standardisierung zielt darauf, dass es bei der professionellen Arbeit immer eine fallabhängige, klientengerechte Beurteilung geben muss. Dies muss jedoch nicht bedeuten, dass keine Standards existieren. Standards können auf allen Abstraktionsstufen formuliert werden, und gerade dort, wo komplexe oder diverse Fälle vorliegen, dienen Standards zur Orientierung. Was zum Beispiel gutes sozialarbeiterisches Vorgehen von behördlichem Vorgehen unterscheidet, ist eben nicht Standardfreiheit, sondern: ein Standard anderer Prägung, sich mit professionsspezifischen Methoden auf den einzelnen Fall einzulassen. Standards gehören wesentlich zum Phänomen der Verberuflichung von Tätigkeiten.

Kurzum: Professionelle benötigen für ihre Arbeit sowohl formales Wissen – z.B. in Form von Verfahren oder Methoden – wie auch Handlungsroutine. Der Einsatz formalen Wissens ist eine notwendige, wenn auch nicht hinreichende Bedingung professionellen Handelns. Die Konkurrenz zwischen Professionen erfolgt nicht zuletzt unter Einsatz abstrakten Wissens, ist also ein Wettbewerb um Definitionsmacht. Die Rolle von Formalisierung ist hierbei zweischneidig. Starke Formalisierung im Sinne von Standardisierung von Verfahren führt dazu, dass Tätigkeiten delegiert werden können. So wie ein Radiologe die Bedienung des Röntgengerätes der medizinischen Assistenz überlassen kann. Formalisierung im Sinne von Verwissenschaftlichung, d.h. Radiologie als Fach, führt hingegen zur Abgrenzung in und zwischen Professionen.

B. Rekonstruktion des Begriffs der Professionalisierung

Kommen wir nun zum konstruktiven, konzeptionellen Teil. Bislang hatte ich mit einer pragmatischen Definition von Professionalisierung gearbeitet. Auf institutioneller Ebene bezog sich Professionalisierung auf den Übergang einer Berufsgruppe zu einer Profession, auf individueller Ebene auf den Übergang zu bezahlter selbstständiger Arbeit, die potenziell einklagbaren Leistungsstandards entspricht. Professionalisierung hatte ich ausdrücklich auch auf Tätigkeitsfelder bezogen. Die institutionelle Version wirkt auf manche Fachkollegen obsolet, so dass man ganz auf den Begriff der Professionalisierung verzichtet. Ich halte eine konzeptionelle Wiederbelebung für möglich und nötig. Meine Argumentation erfolgt in drei Schritten. Zuerst begründe ich, warum wir den Begriff der Professionalisierung beibehalten solten (1). In einem zweiten Schritt versuche ich eine Darstellung der professionellen Leistung sowohl auf individueller wie institutioneller Ebene vorzunehmen (2). Im dritten und letzten Schritt diskutiere ich begriffliche Alternativen (3), um die Leistung des Begriffs der Professionalisierung zu verdeutlichen.

(1) Warum Professionalisierung?

Der erste Grund von Professionalisierung liegt in der Notwendigkeit von *Arbeitsteilung*. Moderne Gesellschaften sind in sich arbeitsteilig organisiert. Die Arbeitsteilung war schon bei Durkheim (1893) der Ausgangspunkt für alle weiteren soziologischen Überlegungen. Die Arbeitsteilung nutzt die Mechanismen von Macht und Vertrauen (Rueschemeyer 1986). Bei vielen Aufgaben trauen wir den Experten, nicht nur bei medizinischen oder technischen Fragen, sondern auch zum Beispiel bei Steuer-, Wirtschafts- und Finanzberatung. Wenn im Rahmen von gesellschaftlicher Gewaltenteilung diesen Experten eine gewisse Macht der Selbstorganisation zugestanden wird, haben wir es mit Professionalisierung zu tun. Dies ist der Fall in den europäischen Staaten, entspricht aber zum Beispiel nicht der chinesischen Tradition. Da Professionalisierung aus Arbeitsteilung rührt, werde ich das Phänomen und Prinzip von Profession bzw professionellem Handeln im Weiteren als „professionelle Arbeit“ ansprechen.

Der zweite Grund von Professionalisierung liegt in der *Dynamik* der Zuständigkeiten und Tätigkeitsfelder der Arbeit. Es ergeben sich immer wieder neue Aufgaben, zum Beispiel im Umweltbereich oder der genetischen Beratung. Neue Dienstleistungen entstehen, andere vergehen. Die Veränderungen betreffen nicht nur technischen Wandel, der zum Beispiel das Transportwesen immer wieder neu definiert und die moderne Logistik hervorgebracht hat. Der Wandel betrifft auch unsere grundlegende Auffassung von Leben. Der Gesundheitsbereich gibt ein beredtes Zeugnis. Sei es genetische und psychische Gesundheit oder „biologische Ernährung“: neue Definitionen schaffen neue Zuständigkeiten. Professionalisierung bezieht sich auf das Prozess- und Projekthafte der Veränderung von Dienstleistungen und schafft ein Leistungs- und Qualitätsversprechen. Daher ist es schwierig, Professionalisierung über eine reine Tätigkeitsanalyse erfassen zu wollen. Nicht immer ist es klar, welche Kompetenz zum Einsatz kommen soll. Die Tätigkeitsanalyse gerät in Gefahr, am Ende nur eine Kompetenzfassade festzustellen.

Der dritte Grund von Professionalisierung ist *epistemisch*. Der Zugang zur professionellen Arbeit erfolgt, anders als im Handwerk, nicht über das Tun und Vormachen, sondern über das Erklären und Begreifbarmachen. Professionelle Arbeit beruht auf einer akademischen Basis. Professionalisierung hat mit der Rationalisierung unserer Gesellschaften zu tun. Neben all den fachlichen Fertigkeiten müssen Professionelle Gründe liefern und Zusammenhänge erläutern können. In welchem Umfang individuelle Professionelle dies tun, hängt von der Tätigkeit ab. Anwälte und Wissenschaftler sind fast nur daran, Erklärungen und Erläuterungen zu leisten. Bei Ingenieuren ist es der Verband, der über Normierung die Welt definiert. Wie auch immer: Professionelle Arbeit arbeitet wesentlich mit an einem rationalen System der Welterklärung. Weber spricht von „theoretischer Rationalität“ (vgl. Kalberg 1981). Daher rührt die große Bedeutung von formalem Wissen (Freidson) bzw. Abstraktion (Abbott) für professionelle Arbeit.

(2) Worin besteht die Leistung der professionellen Arbeit?

Oevermann (1996) hat eine wunderbare, klassisch gewordene Kurzformel für den Leistungskern professioneller Arbeit gefunden: Die professionelle Leistung besteht in der stellvertretenden Krisenbewältigung. Die Idee, die sich damit verbindet, eröffnet einen klaren explikativen Rahmen: Ein Klient, eine Klientin gerät in eine Krise, z.B. gesundheitlich oder in einer Rechtsauseinandersetzung. Dadurch wird die Autonomie, die Selbstregulationsfähigkeit, des Klienten gefährdet. Der oder die Professionelle hilft, die Autonomie wieder herzustellen. Die Formel ist leicht übertragbar auf Situationen in der Erziehung oder der Sozialen Arbeit und entfaltet explikative Kraft, insbesondere durch die klare Klientenorientierung. Die Oevermannsche Kurzformel legt eine Erklärung für die Autonomie der professionellen Arbeit nahe: Es handelt sich um wichtige, „nicht-standardisierbare" persönliche Dienstleitungen. Von daher wird den Professionellen notwendigerweise Autonomie, hier in der Gestalt individueller Ermessensfreiheit, zugestanden. Ich schätze diese Darstellung sehr. Für mich verbinden sich damit jedoch zwei Fragen:

1) Schaffen es die Professionellen überhaupt, diese Leistung – die stellvertretende Krisenbewältigung – zu erbringen? Wird hier nicht zu viel versprochen?
2) Was ist die Leistung der Profession? Reduziert sie sich auf die potenziellen Leistungen ihrer Mitglieder?

Nach Freidson (2001) macht Ermessensfreiheit – auf Englisch *discretion* – das Besondere professioneller Arbeit aus. Mein Vorschlag ist, von einer Analyse dieser Ermessensfreiheit auszugehen. Wir gelangen dann zu einem weniger voraussetzungsreichen Begriff von professioneller Leistung als Oevermann, ohne seine Explikation außer Kraft zu setzen.

Ich beziehe mich bei meinem Vorschlag auf Abbotts Analyse der individuellen professionellen Tätigkeit. Nach Abbott (1988) können wir drei wesentliche Komponenten unterscheiden:

- Diagnose: Hier geht es um eine Problem- bzw. Fallanalyse;
- Inferenz: Hier geht es um die Ableitung von Maßnahmen;
- Maßnahme: Hier geht es um konkrete Umsetzung, zum Beispiel Therapie.

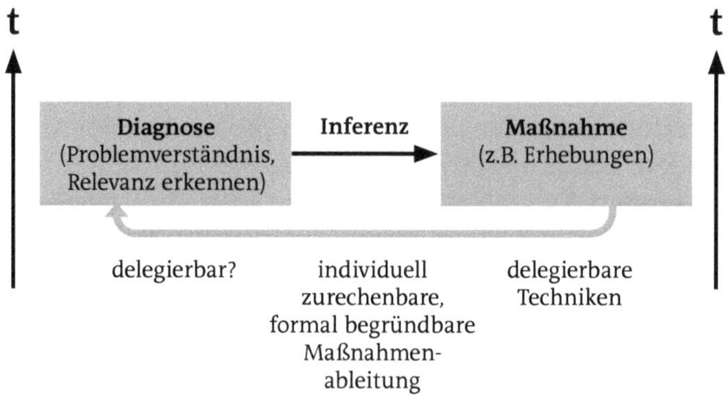

Abbildung 4. Die drei Komponenten professioneller Arbeit nach Abbott (1988): Diagnose („diagnosis"), Inferenz („inference") und Maßnahme („treatment"). Nach Abbott ist allein Inferenz, d.h. der Schluss von einer Diagnose auf eine spezifische Maßnahme, nicht delegierbar und macht das Wesen professionellen Urteilens aus. Die Zeitachse (t) deutet an, dass eine Wissensentwicklung stattfindet und damit auch Inferenz zu anderen Schlüssen führen kann. Der Rückwirkungspfeil von „Maßnahme" auf „Diagnose" steht für Lernen durch Bearbeitung zahlreicher Fälle.

Abbildung 4 bringt die drei Komponenten in einen Zusammenhang. Nach Abbott (1988, p. 40) stellt Inferenz die wesentliche Komponente professioneller Arbeit dar. Die Maßnahmen können oftmals delegiert werden (z.B. Krankengymnastik) und sind manchmal „technischer" Natur (z.B. Wärmedämmung an der Hausfassade anbringen). Auch die Diagnose ist in Teilen delegierbar (z.B. Laboruntersuchungen des Blutes). Entscheidend ist jedoch der Schluss, der mit dem professionellen Urteil daraus gezogen wird. Hier liegt die Ermessensfreiheit.

Die Inferenz definiert den Leistungskern individueller professioneller Tätigkeit. Professionelle müssen darüberhinaus über eine ganze Menge an Fertigkeiten und Wissen verfügen und sollten entsprechend qualifiziert sein. Viele der Teilaufgaben sind jedoch delegierbar an andere Berufsgruppen. Ein Radiologe muss über kein technisches Detailwissen zum Röntgenapparat verfügen, sondern die medizinischen Zusammenhänge kennen und ein Fachurteil treffen können. Um Inferenz besser zu verstehen, sollten wir sie von *Subsumtion* unterscheiden (vgl. Tab. 2). Subsumtion ist das Unterordnen eines Falls unter eine generelle Klasse. Die biologische Taxonomie ist ein klassisches Beispiel für Subsumtion, sie beantwortet Fragen wie: Was ist eine Pflanze? Wie viele Arten von Säugetieren gibt es? Die

Subsumtionslogik ist der Motor der bürokratischen Verwaltung: Etwas oder jemand wird als Fall von X klassifiziert und erhält die Behandlung Y, z.B. Hartz-IV-Unterstützung oder eine Baugenehmigung. Dies entspricht dem Modell rationaler Verwaltung nach Max Weber und führt in eine rationale, effiziente Arbeitsorganisation.

Tabelle 2. Subsumtion vs. Inferenz

	Subsumtion	**Inferenz**
Schlussart	Ein- und Unterordnen als „Fall von x", in der Regel verbunden mit einer Anweisung „x erhält y".	Schlussfolgerung, die über Subsumtion hinausgehen kann, um Fallbedingungen und ggf. Werte zu berücksichtigen.
Rationalität	rationale Verwaltung (nach Weber)	professionelles Ermessen (wie bei Freidson)
Arbeitsteilung	hierarchisch (z.B. ein Amt)	unabhängig bzw. kollegial bzw. leitend
Zuständigkeit	restriktiv	ermessensabhängig (ggf. explorativ)

Subsumtion geht mit einigen Umsetzungsbedingungen einher, die bei der Inferenz offen bleiben bzw. anders lauten. Subsumtion eignet sich für eine hierarchische Organisation der Arbeitsteilung, z.B. in der Industrie oder öffentlichen Verwaltung. Die Zuständigkeit wird restriktiv gehandhabt, z.B. bei einer Meldestelle, die für Personen zuständig ist, deren erster Buchstabe des Namens in der Alphabethälfte A bis L liegt. Eine Person namens Schmidt müsste sich dann an eine andere, für sie zuständige Meldestelle wenden (vermutlich „M bis Z"). Inferenz ist hingegen ein Schluss, bei dem Kontextbedingungen mit einbezogen werden können. Insbesondere kommen bei der Inferenz pragmatische Überlegungen ins Spiel; d.h., es besteht Handlungsdruck, es sollte eine Lösung gefunden oder ein nächster Schritt gegangen werden. Inferenz überwindet die *epistemisch-pragmatische Differenz*: Wissen lässt sich nicht immer so darstellen, dass alle Fälle (d.h. mögliche Diagnosen in Abb. 4) und alle Handlungsmöglichkeiten (d.h. Maßnahmen in Abb. 4) berücksichtigt werden. Inferenz führt zu zeitnahen Lösungen, auch bei Ungewissheit – und sei es, dass der Professionelle den Fall weiterleitet.

Die Ermessensfreiheit professioneller Arbeit ist *fachlich*. Die potenzielle Kontrolle erfolgt im Austausch mit Kollegen und Kolleginnen. Die naheliegende, „natürliche" Organisationsform professioneller Arbeit ist die *epistemische Ge-*

meinschaft. Epistemische Gemeinschaften sind mehr oder weniger formal organisierte Netzwerke, die dem kollegialen Fachaustausch dienen z.B. um „Best Practice“ auszuhandeln (vgl. Mieg & Evetts, forthcoming). Epistemische Gemeinschaften müssen groß genug sein, um einen Austausch über eine Problemklasse zu ermöglichen. Der Austausch ist fachlich, insofern er sich auf eine Lehre bezieht, z.B. Radiologie oder Montessori-Pädagogik, meist mit Bezug zu und Legimitation durch Wissenschaft. Epistemische Gemeinschaften können Berufsverbände sein, aber auch informelle Netzwerke. Die Notwendigkeit des Austausches ergibt sich aus der epistemisch-pragmatischen Differenz, insbesondere unter dem Aspekt der Dynamik: die Art der Fälle kann sich ändern, ebenso wie die Klasse der Handlungsmöglichkeiten (symbolisiert mit dem Zeitpfeil in Abb. 4).

Worin besteht nun die professionelle Leistung mit Bezug auf epistemische Gemeinschaften? Aus Sicht der Systemtheorie wurde argumentiert, dass Professionen zentrale Leistungen übernehmen und zu definieren helfen, etwa im Gesundheitsbereich oder im Rechtssystem, und sich mit der Zeit überflüssig machen könnten (vgl. Kurtz 2003, Stichweh 1996). Diese Befürchtung scheint unbegründet. Es hat nicht nur die Ärzteschaft überlebt, es gewinnen einige Professionen stark an Bedeutung, z.B. die Steuerberatung. Die Ausdifferenzierung und Internationalisierung macht die Steuerfragen keineswegs einfacher. Für Einzelpersonen wie für Firmen erhält Steuerberatung eine existenzielle Notwendigkeit im Sinne Oevermannscher stellvertretender Krisenbewältigung. All dies fügt sich in Freidsons (2001) Ansatz: Er verstand professionelle Arbeit als eine dritte Organisationslogik von Arbeit neben der Logik des Marktes und der hierarchischen Planungslogik in Organisationen.

Mit Rückgriff auf die oben ausgeführten epistemischen Überlegungen zur Rolle von Abstraktion und Formalisierung in der professionellen Arbeit lässt sich sagen: *Professionelle epistemische Gemeinschaften definieren Leistungsstandards für ihr Tätigkeitsfeld*. So entstehen Normen in den Ingenieurwissenschaften oder Leitbilder der Stadtentwicklungsplanung. Die Leistungsstandards bestimmen immer wieder neu die zu erzielende Qualität professioneller Arbeit. Diese Qualität, sei es ein „gesunder Körper“, eine „gelungene soziale Integration“ oder eine „belastbare Statik“, ist weitgehend nur abstrakt bewertbar. Diese Standards sind nur in Teilen wissenschaftlich ableitbar, da sie auch Werte einbeziehen, z.B. Ästhetik oder Gerechtigkeit. Sie wirken gleichermaßen handlungsleitend wie auch legitimatorisch. Man zeigt sich und anderen, was die epistemische Gemeinschaft – als Profession gedacht – leisten kann. Die Leistung der Profession besteht in der Definition von Qualität für einen Tätigkeitsbereich.

(3) Was wären die Alternativen zur professionellen Arbeit? Funktionale Äquivalenz und Abgrenzung

Jede gute Explikation sollte mit einer Betrachtung funktionaler Äquivalenz einhergehen (vgl. Stinchcombe 1987). Was wären also die Alternativen zur professionellen Organisation von Arbeit?

1. *Waren, Organisationen* Nach Abbott (1988) ist professionelle Arbeit die wichtigste gesellschaftliche Form der Nutzung von Experten in modernen Staaten, oder in Abbotts Worten:

> „For me the crucial environing question is how societies structure expertise. Professionalism has been the main way of institutionalizing expertise in industrialized countries." (p. 323)

Abbott (1991a) nennt zwei grundsätzliche Alternativen zu dieser Form der Nutzung individueller Expertise: erstens Waren (z.B. Computer, Tabletten, Heimwerkerbedarf etc.) und zweitens Organisationen. Nehmen wir das Beispiel Kochen. Als professionelle Form gedacht haben wir es mit ausgebildeten Köchen zu tun. Diese verkörpern individuelle Kochexpertise. Wir können fürs Kochen aber auch Anleitungen, z.B. Kochbücher oder Rezepte, käuflich erwerben (=Waren). Eine weitere Alternative wäre, den Prozess des Kochens in einer Organisation abzubilden und auf diese Weise genießbare Gerichte zu produzieren, ohne dass ein einziger Beteiligter kochen können muss. Dies erleben wir in der sog. Systemgastronomie, deren bekanntestes Beispiel McDonald's ist: In keiner der Filialen wird individuelle Kochkunst oder gar ein ausgebildeter Koch benötigt. Im Gegenteil, durch die Prozessorganisation soll eine einheitliche Qualität hergestellt werden, bei welcher individuelle Kochkunst eher störend wäre.

Immer neu zu denken gibt das Verhältnis von Professionellen und *Organisationen*. Klassische Beispiele sind Krankenhäuser und Universitäten. Auch das Organisationswissen – i.d.R. Managementwissen – professionalisiert sich. Aus Expertenorganisationen, wie dem kollegial geführten Krankenhaus oder der Gelehrtenuniversität, werden Unternehmen, welche eine Experten- mit einer Managementstruktur verbinden. Professionelle wechseln oft von der einen in die andere Struktur. Der organisatorische Wandel der Arbeitsstrukturen führt laut Noordegraaf (2007) zu „hybrider" professioneller Arbeit. Diese bezieht systematisch Kontrollwissen (d.h. Management- und Organisationswissen) mit ein. Ob wir es mit einem neuen Phänomen zu tun haben, sei dahingestellt. Schon immer gab es Handwerker und Ingenieure, die zu Unternehmern wurden. Ebenso ist in Industrieunternehmen der Wechsel von einer Expertenfunktion (z.B. in der Forschung und Entwicklung) hin zu einer Leitungsfunktion schon immer üblich gewesen. Neue Professionalisierungsschübe sehen wir hingegen in transnationalen professionellen Firmen, z.B. in der Marktforschung, Rechts- und Unternehmensberatung, die groß genug sind, intern epistemische Gemeinschaften auszubilden (vgl. Faulconbridge & Muzio 2011).

2. *Expertise* Auch wenn alle Professionellen Experten bzw. Expertinnen sind, so gilt doch nicht der Umkehrschluss. Es gibt vermutlich deutlich mehr Expertise, die nicht professionalisiert ist, als wir meist annehmen. Sozialpsychologie und Kommunikationswissenschaften haben wiederholt darauf aufmerksam gemacht, dass „Experte" eine wichtige und alltägliche Rollenzuschreibung ist. Wir sind in einer fremden Stadt und schaffen es nicht, den Weg zum Bahnhof zu finden. Dann können wir Leute auf der Straße fragen. Üblicherweise fragen wir zuerst, ob die angesprochene Person „von hier" ist. Wir unterstellen, dass sie sich dann auskennen müsse. Wir unterstellen ein spezifisches Sonderwissen, das auf Erfahrung beruht, d.h. Expertise. In unserem Alltagsleben sind wir gewohnt solche Zurechnungen von Expertise vorzunehmen. In der Regel folgen wir dem Rat dieser „Experten" und „Expertinnen". Der Sozialpsychologe Garold Stasser hat hierzu zahlreiche Experimente durchgeführt und konnte u.a. zeigen (vgl. Stasser & Titus 2003): Wichtiges, nicht geteiltes Spezialwissen wird in Gruppen erst dann zuverlässig genutzt, wenn ein Gruppenmitglied als „Experte" für dieses Wissen angesehen wird („der kennt sich aus, der wird das schon wissen").

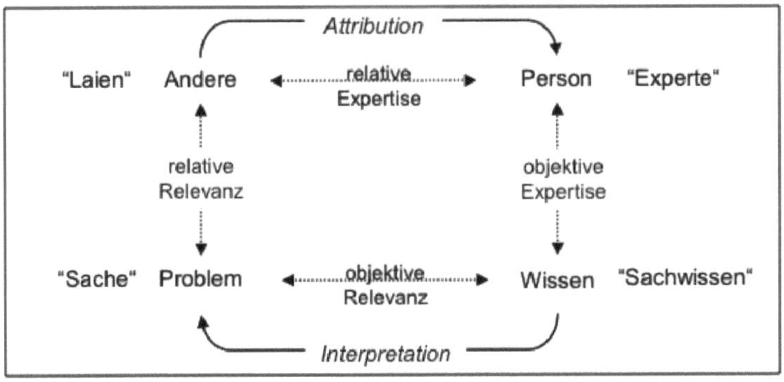

Abbildung 5. Expertenrollen-Attributionsmodell (Mieg 2001, 2007): „Experte" ist eine Form von Interaktion, in deren Mittelpunkt die Attribution (Zurechnung) von Expertise auf eine Person, den Experten, steht. Die Abbildung stellt die konstituierenden Elemente dieser Interaktion vor: Der „Experte" ist eine Attribution durch jemanden („Andere") auf eine Person aufgrund eines unterstellten Kompetenz- bzw. Expertisegradienten. Mit dieser Attribution wird die eine Person „Experte", die andere „Laie". Die Interaktion steht vor dem Hintergrund eines Problems (z.B. der Mieterhöhung), dessen Bearbeitung bestimmtes Sachwissen erfordert (juristische Kenntnisse). Die Anschlussfragen sind, ob der „Experte" tatsächlich über das nötige Sachwissen verfügt („objektive Expertise") und ob dieses Sachwissen tatsächlich relevant zur Lösung des Problems ist („objektive Relevanz").

Auf der Grundlage dieser Befunde habe ich ein Attributionsmodell der Expertenrolle entworfen (vgl. Abb. 5). Attribution ist die sozialpsychologische Bezeichnung für Zuschreibung, z.B. einer Rolle, von Kompetenz oder auch von Status. Aus sozialpsychologischer Sicht sind „Experten" Sachzeugen, welche durch eigene Erfahrung Spezialwissen gewonnen haben. Die Expertenrolle habe ich auf die Formel gebracht: *Der Experte (die Expertin) ist eine soziale Form der zeiteffizienten Nutzung von Wissen, das wir potenziell selber erworben haben könnten, wenn wir genug Zeit hätten.* Dies entspricht zum Beispiel der Rolle von Sachverständigen vor Gericht, wie ich in einem ersten Diskussionspapier darlegt habe (in diesem Band: Kap. 11). Experten müssen nur urteilen, soweit sie etwas wissen. Professionelle verpflichten sich mit ihrer Beauftragung zu einer Art Hilfeleistung nach den Regeln der Fachkunst. Daher definierte ich Professionalisierung – im weiten Sinn – als Übergang zu selbstständiger bezahlter Arbeit, welche potenziell einklagbaren Leistungsstandards unterliegt. Es handelt sich um den Übergang von einer bloßen Expertenrolle (die jeder von uns einnehmen kann) zu professioneller Arbeit (für welche i.d.R. formale Qualifikation nötig ist).

3. Freiwilligenarbeit Eine Abgrenzung, die in den meisten Darstellungen von Professionalisierung fehlt, ist die zur Freiwilligenarbeit. Auch in Freiwilligenarbeit kann eine echte Alternative zu professioneller Arbeit stecken. Wir kennen diese Übergänge vom Amateur- zum Profistatus zum Beispiel aus dem Sport. Früher spielte der Amateurstatus für olympische Spiele eine wichtige Rolle. Kritisch ist die Differenz nurmehr beim Boxen, da es für Amateurboxer lebensgefährlich sein kann, gegen Profis anzutreten. In der Regel ist dieser Übergang eine lebensbiographische Entscheidung: Möchte man aus einem Hobby oder einer Liebhaberei einen Beruf machen? Amateur meint Liebhaber, die heutige Wissenschaft hat ihren frühen Liebhabern viel zu verdanken, so war z.B. der große Mathematiker Fermat im Hauptberuf Richter. Der Amateurstatus hat einen großen Vorteil: man verliert nicht den Halt im Leben, wenn es mit der Liebhaberei nicht klappt. Einige Sonderbarkeiten in der Wissenschaft hängen auch damit zusammen, dass sie inzwischen für viele zum Beruf geworden ist.

Freiwilligenarbeit meint etwas anderes als eben nur unbezahltes Arbeiten (vgl. Mieg & Wehner 2002; Wehner et al. 2015). Freiwilligenarbeit ist der systematische Einsatz von Freiwilligen. In kleineren Gemeinden und einigen Bereichen des Lebens ist es nicht möglich, jede Arbeit zu bezahlen. Und oft ist dies auch gar nicht wünschenswert. Freiwilligenarbeit reicht von der freiwilligen Feuerwehr und freiwilligem Kampfeinsatz über ehrenamtliche Arbeit für Kirchen, Parteien oder Sportvereine bis hin zum Einsatz von Rentern in Krankenhäusern und der Pflege. Freiwilligenarbeit ist manchmal eine ernsthafte Alternative zu bezahlter Arbeit. Denn erstens muss Freiwilligenarbeit nicht unqualifizierte Arbeit bedeuten: Ich habe erlebt, dass in kleinen Schweizer Gemeinden das Raumplanungsamt von einem örtlichen Architekten übernommen wurde, der Mittwoch nachmittags ehrenamtlich für seine Gemeinde arbeitete. Zweitens verfügen Freiwillige über etwas, was den professionell Arbeitenden meist abgeht: Zeit. Zum Beispiel im Einsatz in Krankenhäusern und in der Pflege können Freiwillige sich Zeit für Patienten oder Sterbende nehmen – während die professionellen Pfleger oder Krankenschwestern das Gefühl haben, mehr Zeit mit dem Ausfüllen von Formularen zu verbringen als mit Patienten.

Zum Selbstverständnis von Professionen gehört auch der Dienst an der Gemeinde, z.B. kostenlose Rechtsberatung für

Bedürftige oder der freiwillige Einsatz im Ausland für Ärzte ohne Grenzen. Oft sind es nur wenige aus einer Profession, die tatsächlich in dieser Weise zu freiwilligem, ehrenamtlichem Einsatz bereit sind. Diese prägen aber das Selbstbild der Profession. Die Rede vom Honorar spricht auch von dieser gewissen Selbstlosigkeit und bezeichnet ein Ehrenentgelt, das nicht direkt in Verhältnis zu Aufwand und Leistung der Professionellen stehen muss.

Kommen wir für den Schluss auf die Ausgangsfrage der professionellen *Autonomie* zurück. Was kann Autonomie bzw. Selbstregulation auf institutioneller Ebene bedeuten? Es lassen sich mindestens vier Bereiche oder Dimensionen finden, auf denen den Professionen Autonomie zugestanden wird (Mieg 2010 vgl. in diesem Band Kap 1): 1) Ausbildung, 2) Marktzugang, 3) Entgeltung, 4) Leistungsbewertung. Die akademische Ausbildung erfolgt heute über Hochschulen, die Professionen kümmern sich ggf. um Fort- und Weiterbildung. Der Marktzugang wird – wenn überhaupt – über den Staat kontrolliert; im Zuge von Deregulation sind moderne Staaten jedoch immer weniger bereit, einzelnen Berufsgruppen exklusive Marktfelder zuzugestehen. Für das Entgelt werden meistens gebührenartige Regelungen geschaffen, welche Entgelt und Leistung entkoppeln (Borchert 2003), so etwa im Krankenkassensystem in Deutschland. Für Patienten bleibt intransparent, welche Leistungen wie vergütet werden. Der Rückzugsbereich professioneller Autonomie ist die *Leistungsbewertung*: Was eine fachgerechte Behandlung ist, wird durch die Medizin definiert. Ähnliches gilt für gute Architektur oder professionelle Soziale Arbeit. Ungeachtet aller Unterschiede: Das Gemeinsame aller Professionen ist die Definitionsmacht hinsichtlich der Leistungsbewertung. Professionen schaffen Standards der Leistungsbewertung und kontrollieren diese. Dies ist der abstrakte Mehrwert von Profession gegenüber bloßem Expertentum.

Literatur

Abbott, A. (1988). The system of professions. Chicago: The University of Chicago Press.

Abbott, A. (1991a). The future of professions, Research in the Sociology of Organizations, 8, 17 – 42.

Abbott, A. (1991b). The order of professionalization. In: Work and Occupations, 18(4), 355–384.

Abbott, A. (2005). Linked ecologies: States and universities as environments for professions. In: Sociological Theory, 23(3), 245–274.

Burrage, M. & Torstendahl R. (Hg.) (1990). Professions in theory and history: Rethinking the study of the professions. London: Sage.

Durkheim, E. (1893). De la division du travail social. Paris: Alcan.

Ericsson, K. A., Charness, N., Feltovich, P. & Hoffman, R. R. (Eds.) (2006). The Cambridge handbook of expertise and expert performance. Cambridge, UK: Cambridge University Press.

Evetts, J. (2003). The sociological analysis of professionalism. International Sociology, 18, 395–415.

Evetts, J., Mieg, H. A., & Felt, U. (2006). Professionalization, scientific expertise, and elitism: a sociological perspective. In K. A. Ericsson, N. Charness, P. Feltovich & R. R. Hoffman (Eds.), The Cambridge handbook of expertise and expert performance (pp. 105–123). Cambridge, UK: Cambridge University Press.

Faulconbridge, J. R., & Muzio, D. (2011). Professions in a globalizing world: Towards a transnational sociology of the professions. International Sociology, 27(1), 136–152.

Flyvbjerg, B. (2001). Making social science matter. Cambridge: Cambridge University Press.

Freidson, E. (1970). Profession of medicine: A study of the sociology of applied knowledge. Chicago: The University of Chicago Press.

Freidson, E. (1986). Professional powers: A study of the institutionalization of formal knowledge. Chicago: The University of Chicago Press.

Freidson, E. (2001). Professionalism: The third logic. London: Polity.

Geertz, C. (1973). The interpretation of cultures: Selected essays (Vol. 5019). New York: Basic books.

Hughes, E. C. (1965). Professions. In S. L. Kenneth (Hg.), The professions in America (pp. 1-14). Boston: Houghton Mifflin.

Kalberg, S. (1981). Max Webers Typen der Rationalität. Grundsteine für die Analyse von Rationalisierungs-Prozessen in der Geschichte. In W. M. Sprondel & C. Seyfarth (Hg.), Max Weber und die Rationalisierung sozialen Handelns (S. 9–38). Stuttgart: Enke.

Kristjánsson, K. (2015). Phronesis as an ideal in professional medical ethics: some preliminary positionings and problematics. Theoretical Medicine and Bioethics, 36(5), 299–320.

Kurtz, T. (2003). Gesellschaft, Funktionssystem, Person: Überlegungen zum Bedeutungswandel professioneller Leistung. In H. A. Mieg & M. Pfadenhauer (Hg.), Professionelle Leistung – Professional Performance (S. 89-107). Konstanz: UVK.

Larson, M. S. (1977). The rise of professionalism. Berkeley: University of California Press.

Mieg, H. A. (1993). Computers as experts? On the non-existence of expert systems. Frankfurt/New York: Peter Lang.

Mieg, H. A. (2001a). Professionalization and professional activities in the Swiss market for environmental services. In W. Leal Filho (Ed.), Environmental careers, environmental employment and environmental training (p. 133–160). Frankfurt/ New York: Lang.

Mieg, H. A. (2001b). The social psychology of expertise: Case studies in research, professional domains, and expert roles. Mahwah, NJ: Lawrence Erlbaum Associates. (Paperback 2012 by Psychology Press, New York)

Mieg, H. A. (2002). The use of abstract knowledge in professional competition: A study on the Swiss market for professional environmental services. Schweizerische Zeitschrift für Soziologie / Swiss Journal of Sociology, 28(1), 27–45.

Mieg, H. A. (2005). Professionalisierung. In F. Rauner (Hrsg.), Handbuch der Berufsbildungsforschung (S. 342-349). Bielefeld: Bertelsmann. (Neuauflage 2018)

Mieg, H. A. (2007). Expertisierung vs. Professionalisierung: Relative und andere Experten aus Sicht der psychologischen Expertiseforschung [Expertification vs. professionalization: Relative and further experts from the point of view of the psychology of expertise]. In K.-S. Rehberg (Hg.), Die Natur der Gesellschaft (Verhandlungsband des 33. DGS-Kongresses, CD-ROM). Frankfurt: Campus. [=Kapitel 2 in diesem Buch]

Mieg, H. A. (2010). Professionalisierung: eine dreifache Autonomieregulation. In K. von Schlieffen (Hrsg.), Professionalisierung und Mediation (S. 15-26). München: C.H. Beck. [=Kapitel 1 in diesem Buch]

Mieg, H. A. & Wehner, T. (2002). Frei-gemeinnützige Arbeit: Eine Analyse aus Sicht der Arbeits- und Organisationspsychologie (Harburger Beiträge zur Psychologie und Soziologie der Arbeit Nr. 33). Technische Universität Hamburg-Harburg, [vgl. Kapitel 3 in diesem Buch]

Mieg, H. A. & Evetts, J. (forthcoming). Professionalism, science, and expert roles: A social perspective. In K. A. Ericsson et al. (Eds.), The Cambridge handbook of expertise and expert performance (2nd ed.). Cambridge, UK: Cambridge University Press.

Mieg, H. A., de Sombre, S. & Naef, M. A. (2013). How formality works: The case of environmental professionals. Professions & Professionalism, 3(1). Online-Publication: http://dx.doi.org/10.7577/pp.564.

Noordegraaf, M. (2007). From „pure" to „hybrid" professionalism. Administration & Society, 39(6), 761–785.

Oevermann, U. (1996): Theoretische Skizze einer revidierten Theorie professionalisierten Handelns. In A. Combe & W. Helsper (Hg.), Pädagogische Professionalität: Untersuchungen zum Typus pädagogischen Handelns (S. 70-182). Frankfurt a. M.: Suhrkamp.

Parsons, T. (1968). Stichwort ‚Professions'. In D. L. Sills (Ed.), International Encyclopedia of the Social Sciences, 12, 536–547.

Pfadenhauer, M. (2003). Professionalität: Eine wissenssoziologische Rekonstruktion institutionalisierter Kompetenzdarstellungskompetenz. Opladen: Westdeutscher Verlag.

Rueschemeyer, D. (1986). Power and the division of labour. Cambridge, UK: Polity Press.

Saks, M. (2015). The professions, state and the market: Medicine in Britain, the United States and Russia. London. Routledge.

Schwartz, B., & K.E. Sharpe (2010). Practical wisdom: The right way to do the right thing. New York: Riverhead Books.

Siegrist, H. (1985). Gebremste Professionalisierung – Das Beispiel der Schweizer Rechtsanwaltschaft im Vergleich zu Frankreich und Deutschland im 19. und frühen 20. Jahrhundert. In W. Conze & J. Kocka (Hg.), Bildungsbürgertum im 19. Jahrhundert. Teil I: Bildungssystem und Professionalisierung in internationalen Vergleichen (S. 301-331). Stuttgart: Klett-Cotta.

Stasser, G., & Titus, W. (2003). Hidden profiles: A brief history. Psychological Inquiry, 14(3&4), 304–313.

Stichweh, R. (1994). Wissenschaft, Universität, Professionen. Frankfurt a. M.: Suhrkamp.

Stichweh, R. (1996). Professionen in einer funktional differenzierten Gesellschaft. In A. Combe & W. Helsper (Hg.), Pädagogische Professionalität. Untersuchungen zum Typus pädagogischen Handelns (S. 49-69). Frankfurt a. M.: Suhrkamp.

Stinchcombe, A. L. (1987). Constructing social theories. The University of Chicago Press.

Stinchcombe, A. L. (2001). When formality works. Chicago: The University of Chicago Press.

Wehner, T., Güntert, S. T., Neufeind, M., & Mieg, H. A. (2015). Freigemeinnützige Tätigkeit: Freiwilligenarbeit als Forschungs- und Gestaltungsfeld der Arbeits- und Organisationspsychologie. In T. Wehner & S. T. Güntert (Hg.), Psychologie der Freiwilligenarbeit (S. 3–22). Heidelberg: Springer.

Wilensky, H. L. (1964). The professionalization of everyone? In: The American Journal of Sociology, 70(2), 137–158.

Wie dieses Buch zu lesen ist: Kurzanleitung und Überblick

Die Kapitel dieses Buches sind einzeln lesbar, ein jedes entwickelt um sein Thema den Kontext, der beim Verständnis hilft. Die Kapitel entspringen Vorträgen, Einzelartikeln oder schriftlichen Diskussionsbeiträgen zu Fragen von Professionalisierung und Expertentum in unterschiedlichen Forschungscommunities. Gewisse Wiederholungen waren von daher nicht vermeidbar.

Überblick

Das Buch umfasst vier Teile, eine Einleitung und einen Schluss.

Die ***Einleitung*** stellt das Thema in die laufende *Fachdiskussion* und entwickelt den Begriff der Professionalisierung neu. Dieses Kapitel stellt einen eigenen, aktuellen Beitrag dar und bietet einen einfachen thematischen Überblick.

Teil I des Buches entwirft in vier zentralen Kapiteln eine *Theorieperspektive* auf professionelle Arbeit.

Kapitel 1 beschreibt *Autonomie* als den Kern professioneller Arbeit.

Kapitel 2 grenzt professionelle Arbeit von der (bloßen) *Expertenrolle* ab.

Kapitel 3 reflektiert das Verhältnis von professioneller zu *Freiwilligenarbeit.*

Kapitel 4 belegt die *Wirkung formalen Wissens* bei der Professionalisierung im Umweltbereich und zeigt die Ergebnisse meiner großangelegten Schweizer *Erhebung* aus dem Jahr 2001 zum Feld der Professionen im Bereich Umweltdienstleistungen.

Die ***Teile II** und **III*** sind spezifischen Teilfragen gewidmet.

Teil II befasst sich mit niederschwelliger *Professionspolitik.* Denn nicht immer finden wir klar profilierte Professionen am Werk, wenn Berufe und Tätigkeitsfelder entwickelt werden.

Teil III diskutiert Professionalisierung von *Psychologie als Wissenschaft und als Profession,* in einer Zeit, als es um die gesetzliche Fassung des psychologischen Psychotherapeuten ging.
Teil IV trägt den Titel *„Was ist und was leistet ein Experte?"*. Dieser Teil ist hoffnungslos divers und zeugt davon, warum der vorliegende Band keine Monographie werden konnte. Die hier behandelten Fragen und Ansätzen wären in der Systematik einer Monographie zerlegt worden und fortgefallen.

Kapitel 11 ist ein soziologisches Diskussionspapier, ich habe es in der Kollegenschaft herum- aber nie zur Veröffentlichung eingereicht. Kernstück ist die Explikation der Expertenrolle mittels einer Analyse der Rolle der Sachverständigen vor Gericht.

Kapitel 12 ist die schriftliche Fassung eines öffentlichen Vortrags zur *Rolle des Politikers* im Kontrast zum Expertendasein.

Kapitel 13 ist ein Traktat zur Wissenschaftsforschung beim Thema Professionalisierung.

Kapitel 14 ist ein wissenschaftlicher Artikel mit eigenem Schicksal, das mich viel über Disziplinen und Forschungsparadigmen gelehrt hat. Der Artikel behandelte *Expertensysteme,* war seinerzeit für die Community der Cognitive Science inakzeptabel und entspricht heute – ohne eigenes Mitwirken – einem Forschungskonsens, den es der Community nicht mehr mitzuteilen nötig ist.

Das ***Schlusskapitel*** verschafft noch einmal einen *Überblick* über die Themen und Aussagen des Buches sowie meine Forschung zu Professionalisierung. Hier finden sich:

- Schlussfolgerungen zu *jedem einzelnen Kapitel*
- Hinweise auf Forschung, die in diesem Buch nicht zur Vorstellung gelangte
- Erläuterungen zum Verständnis von Professionalisierung aus Sicht der *Sozialen Arbeit*

Themen und Thesen der Kapitel dieses Bandes

Im Folgenden stelle ich Thesen und Themen einzeln für jedes Kapitel vor.

Einleitung: Professionalisierung – eine konzeptionelle Wiederbelebung

Professionalisierung kann als Brückenbegriff zwischen Profession und Professionalität dienen. Er hebt das Prozesshafte hervor und ist auf verschiedenen Ebenen anwendbar: Professionalisierung bezieht sich auf individuelles wie auf korporatives Handeln von Professionellen bzw. Profession, ebenso auf die Entwicklung eines Tätigkeitsfeldes. Als umfassender Begriff für den professionellen Komplex – *professionalism* nach Freidson (2001) – schlage ich *professionelle Arbeit* vor.

Was ist das besondere der professionellen Arbeit, was ist die professionelle Leistung? Der Leistungskern individueller professioneller Arbeit besteht in der Inferenz: dem Urteil, was in einem konkreten Fall zu tun ist. Die Leistung der Profession besteht darin, hierfür formal-abstrakte Leistungsstandards zu definieren, d.h. die Qualität professioneller Arbeit in einem Feld zu bestimmen (z.B. Was ist gute Architektur?).

Kapitel 1: Professionalisierung: Eine dreifache Autonomieregulation

Bei professioneller Arbeit haben wir es mit dreifacher Autonomieregulation zu tun: Es geht erstens um die Wahrung und Stärkung der Autonomie des Klienten (im Oevermannschen Sinne). Zweitens geht es um die Autonomie der individuellen Professionellen, d.h. unabhängige, selbstständige Arbeit auf intellektueller Basis. Drittens geht es um die Autonomie der Profession bzw. des Berufes. Nach Freidson (2001) verkörpert professionelle Arbeit (professionalism) eine eigene Form von Arbeitsteiligkeit in modernen Gesellschaften. Meine Einleitung diskutiert hierfür epistemisch-pragmatische Gründe.

Kapitel 2: Expertisierung vs. Professionalisierung: Relative und andere Experten aus Sicht der psychologischen Expertiseforschung

In der Soziologie werden Expertisierung und Professionalisierung oft gleichgesetzt. Es gibt jedoch gute Gründe, zwischen beiden Begriffen zu unterscheiden. Insbesondere lässt sich die Expertenrolle unabhängig von Verberuflichung bestimmen (Mieg, 2001). Ein starkes Indiz ist das alltägliche Phänomen relativer Expertise: Wir nutzen – je nach Gelegenheit – andere Personen als Experten oder Expertin, solange wir unterstellen können, dass diese Personen hinreichend mehr wissen als wir. In meinem Artikel *Two factors of expertise? Excellence and professionalism of environmental experts* (2009) habe ich empirisch belegt, dass professionelle Arbeit mehr voraussetzt als bloßes Expertentum. Für professionelle Arbeit braucht es neben einer Expertenkompetenz (Exzellenz) insbesondere professionelle Schlüsselkompetenz (Kommunikation, Selbstorganisation, Kontextverständnis etc.).

Kapitel 3: Frei-gemeinnützige Arbeit – Professionalisierung

Professionelle Arbeit hat mit freiwilliger Arbeit einiges gemein: so die Unabhängigkeit und die empfundene Sinnhaftigkeit von Arbeit. Von daher ist die Koordination professioneller mit freiwilliger Arbeit nicht immer unproblematisch. Wegen der gemeinnützigen Leistung freiwilliger Arbeit wird hier von freigemeinnütziger Arbeit gesprochen (vgl. Wehner et al. 2015).

Kapitel 4: Wem vertrauen wir Umweltprobleme an? Gefragt sind Generalisten mit akademisch-abstraktem Wissen

Nach 1980 setzte die Professionalisierung des Feldes der Umweltdienstleistungen in der Schweiz ein. Verschiedene etablierte Berufsgruppen wie Ingenieure, Biologen, Juristen, sind hier aktiv, neue Berufsgruppen wie die Umweltfachleute sind am Entstehen. Das Kapitel gibt einen Überblick zum Stand im Jahre 2001 und belegt die Abbottsche These (1988), dass der Wettbewerb unter den Professionen über die Nutzung abstrakten Wissens erfolgt. In der Schweiz haben sich bislang die Ingenieure durchgesetzt; sie haben die Umweltfachleute „integriert“. Hingegen ist eine akademische Umwelt-Wissenschaftsdisziplin entstanden, die sich global vernetzt (Mieg et al. 2013).

Kapitel 5: Professionspolitik ohne Professionen?

Im anglo-amerikanischen Modell von Professionalisierung spielen Professionen eine prominentere Rolle, insbesondere regieren sie in Ausbildungsfragen hinein. Im kontinentaleuropäischen Modell, etwa in Frankreich oder Deutschland, wird Ausbildung eher staatlich organisiert. Das Beispiel der Umweltfachleute in der Schweiz zeigt, dass die Autonomie der professionellen Arbeit nicht unbedingt von der Gegenwart eines Verbandes abhängt. Verbände und Vereine – die keine Berufsverbände zu sein brauchen – sind jedoch für die politische Einflussnahme wichtig.

Kapitel 6: Gesundheit – Gerechtigkeit – Natur: Brauchen neue Professionen neue gesellschaftliche Zentralwerte?
Freie Berufe, wie wir sie im kontinentaleuropäischen Modell von Professionalisierung kennen, werden bisweilen über Gemeinwohlorientierung charakterisiert. Die Rede ist vom Bezug zu einem gesellschaftlichen Zentralwert, etwa Gesundheit im Fall der Medizin oder Gerechtigkeit im Fall der Juristerei. Der Bezug zu einem gesellschaftlich Zentralwert ist förderlich für Professionalisierung aber weder hinreichend noch notwendig. Die Psychologie ringt mit ihrem Wertebezug und ist unbestritten professionalisiert. Umweltfachleute können einen klaren Wertebezug aufweisen, allein eine Profession ist noch nicht entstanden.

Kapitel 7: Wissensmanagement durch Professionen? Daten vom Schweizer Umweltmarkt zur Differenzierung von (Berufs-) Ausbildung und Berufsarbeit
Die Idee der Flexibilisierung von Arbeit und des lebenslangen Lernens hat für viele Berufstätige eher etwas Beunruhigendes: Der Zusammenhang von durchlaufener Ausbildung und Art der Berufsarbeit wird unsicher. Der Fall der Umweltfachleute in der Schweiz zeigt: Die Starken, d.h. diejenigen, die sich selbst gut organisieren und vermarkten können, brauchen keinen Verband; sie finden ausbildungsangemessene Tätigkeiten. Für alle anderen hat die Verbandsmitgliedschaft eine „ordnende“ Wirkung: Der Zusammenhang von Ausbildung und Tätigkeit ist enger für Verbandsmitglieder als für Nichtmitglieder.

Kapitel 8: Vom ziemlichen Unvermögen der Psychologie, das Tun der Experten zu begreifen: Ein Plädoyer für Professionalisierung als psychologische Kategorie und einen interaktionsorientierten Expertenbegriff
Seit bald 100 Jahren gibt es eine psychologische Expertiseforschung (vgl. Ericsson et al. 2006). Deren Aufgabe ist es, den Leistungsvorteil der Experten zu erklären. Experten sind die Leistungselite oder die „Meister“. Paradigmatisch wurde die Schachforschung. Eines der Kernergebnisse ist die „deliberate practice“ (vgl. Ericsson et al. 1993): Um Meister zu werden braucht es langes, systematisches Üben mit

dem Ziel sich zu verbessern – mindestens zehn Jahre. Die Untersuchungen haben sich auf fast alle mehr oder weniger relevanten menschlichen Tätigkeitsbereiche ausgeweitet, vom Bearbeiten von Quizaufgaben bis zur Richtertätigkeit. Aus meiner Sicht unterschätzt die Expertiseforschung den Einfluss von Verberuflichung: Ein erfolgreicher Allgemeinarzt muss eine andere Klasse von Leistungserwartungen erfüllen als ein Schachmeister – daraus folgt auch eine andere Art von Verantwortung.

Kapitel 9: Professionalisierung: Ein Forschungsfeld der Wirtschaftspsychologie

In diesem Beitrag skizziere ich eine wirtschaftspsychologische Sicht auf Professionalisierung. Demnach müssen wir drei Kontexte der Untersuchung unterscheiden: (i) den Ausbildungskontext (Qualifikationen?); (ii) den politischen Kontext (z.B. Verbandstätigkeit); (iii) den betrieblichen Kontext (bezahlte Arbeit, Einbindung in Organisationen). Eine Forschungsfrage wäre, wie sich in diesen Kontexten professionelle Autonomie umsetzt. Was folgt z.B. für berufliche Identität (Mieg 2008) oder für das Verständnis von Qualifikation in der betrieblichen Praxis (vgl. Woschnack & Mieg 2003)?

Kapitel 10: Droht die Psychologie auseinander zu fallen? Zwei Fragen hinsichtlich der Professionalisierbarkeit der Psychologie

Gegen Ende des 20sten Jahrhunderts bildete sich die Wirtschaftspsychologie als starke Teilsdisziplin der Psychologie heraus. Das Gemeinsame mit anderen psychologischen Teildisziplinen ist nicht mehr so leicht zu vermitteln. Was hat Wirtschaftpsychologie z.B. mit Psychotherapie zu tun? Eine der großen Fragen, die sich nun stellte, war: Gibt es für die Psychologie einen vermittelbaren, gesellschaftlich zentralen Wert, der das Psychologische an den Leistungen von Psychologinnen und Psychologen aus verschiedenen Tätigkeitsfeldern auf einen Nenner bringt und somit wahrnehmbar und abgrenzbar macht?

Kapitel 11: Von unprofessionellen Experten, unabstraktem Expertenwissen und dem diesbezüglichen Zustand von Soziologie, Psychologie und Sozialpsychologie

Es mangelt in Soziologie und Psychologie an einer alltagsgerechten Expertendefinition. Der „Experte“ oder auch „die Experten“ ist eine häufig anzutreffende Formel; die

Beispiele sind Legion. Mein Vorschlag war, mit der Analyse dort zu starten, wo „Experten“ tagtäglich anzutreffen sind: nämlich vor Gericht. In der ZPO und der StPO wird die Rolle des Sachverständigen vor Gericht eingegrenzt und ein Alltagsverständnis von Experte vorausgesetzt und indirekt bestimmt; dieses entspricht dem Alltagsverständnis von „Experte“: dem Sachzeugen.

Kapitel 12: Person & Funktion: Politiker vs. Experten
Politiker ist ein Beruf, der in modernen Demokratien nicht professionalisiert werden kann. Man kann nicht eine mehr oder weniger exklusive Ausbildung zum Politiker durchlaufen und qualifiziert sich somit für die Kaste der Politik. Im Gegenteil: Der Zugang zur Politik muss im Prinzip allen offen stehen und hängt vom Gewähltwerden ab. Während der Experte als Person hinter seine Funktion als „Sachzeuge“ zurücktreten kann, muss der Politiker „als Person“ oder „Persönlichkeit“ in der Öffentlichkeit auftreten. Wie sich ein Experte kleidet, ist letztlich egal – bei einem Politiker keineswegs, Politiker haben eigentlich nur öffentliche Seiten.

Kapitel 13: Epistemologische Probleme eines umfassenden Verständnisses professionellen Handelns
Die Psychologie und mit ihr die Expertisepsychologie verfolgen den Ansatz eines methodologischen Objektivismus. Man geht davon aus, dass man mit Forschung „Welt“ entdeckt. Aus soziologischer Sicht wirkt dies „naiv“ und unreflektiert im Hinblick auf sich reproduzierende soziale Wirklichkeit – z.B. Machtansprüche professioneller Gruppen. Dadurch wird ein gemeinsamer Expertenbegriff schwierig. Die Explikation der Expertenrolle kommt nicht ohne den Wahrheitsbegriff und einen gewissen „Objektivismus“ aus. Wenn es keine wirkende Idee von Wahrheit gibt, gibt es keine Experten.

Kapitel 14: Zur Evaluation von Expertensystemen: Psychologische und empirische Analyse von Diagnosesystemen
Regelbasierte Expertensysteme können nicht funktionieren. Expertensysteme waren Computerprogramme, die Experten ersetzen sollten. Regelbasierte Expertensysteme beruhen auf der Sammlung und Programmierung der Regeln, denen professionelle Experten folgen. Regelbasierte Expertensysteme werden jedoch rasch zu groß und damit zu komplex, um getestet werden können – es wären mehr Rechenoperationen nötigen, als Computer heute leisten können.

Teil I

Die Theorieperspektive auf professionelle Arbeit

1

Professionalisierung

Eine dreifache Autonomieregulation

Dieser Beitrag beleuchtet das Phänomen der Professionalisierung und gibt eine Einführung in die Theorien und Forschungsergebnisse der Professionssoziologie. Vor diesem Hintergrund wird die Frage der Professionalisierung von Mediation betrachtet.

Ein entscheidender Aspekt von Professionen und professioneller Arbeit – auch in der Mediation – ist Autonomie. Die zentrale Aussage dieses Beitrags wird sein: Professionalisierung geht mit einer dreifachen Autonomieregulation einher, und zwar (i) auf der Ebene der Profession (Monopolisierung von Leistungsbewertung), (ii) auf der Ebene des praktizierenden Professionellen (eigenverantwortliches professionelles Urteilen und Handeln) und (iii) der Klientenebene (Berücksichtigung der Eigenverantwortlichkeit der Person / Institution in der professionellen Praxis). Will die Mediation sich als Fach und Beruf etablieren, so muss sie sich nicht nur im Feld der Professionen positionieren, sondern auch diese dreifache Autonomieregulation leisten. Die größte Herausforderung dürfte hierbei sein, als eine Profession die Definitionsmacht für Mediation zu erlangen.

Mieg, H. A. (2010). Professionalisierung: eine dreifache Autonomieregulation. In K. von Schlieffen (Hrsg.), Professionalisierung und Mediation (S. 15-26). München: C.H. Beck. Vortrag gehalten am 17.10.2008 am Contarini-Institut für Mediation, München. Wiederabdruck mit freundlicher Genehmigung des Verlages C.H. Beck.

Profession und Autonomie

Die Professionssoziologie begann mit vereinzelten Beiträgen vor und nach dem ersten Weltkrieg. Die zentrale Frage lautete: Wie konnten bestimmte Berufsgruppen wie die Ärzte oder Juristen derart an Macht und Ansehen gewinnen? Diese durch Macht und Ansehen ausgezeichneten Berufsgruppen sind *Professionen*.

Carr-Saunders und Wilson (1933) stellten eine Liste von Professionen auf, in der sich beispielsweise auch die Ingenieure, Architekten und Steuerberater befanden (Tab. 1). Macht und Ansehen dieser Berufsgruppen beruhen letztlich darauf, dass ihnen gesellschaftlich eine gewisse *Autonomie* zugeschrieben wird, d.h. ein Recht zur Selbstorganisation, das bis hin zur Definition des Kernes ihrer Dienstleistung reicht. Die Autonomie der Professionen äußert sich in der Kontrolle über Arbeitsbedingungen, im speziellen:

- in der Definitionsmacht für die Berufsausbildung,
- in der Kontrolle über den Marktzutritt,
- in der Bestimmung der Entgeltung bestimmter Leistungen sowie im Monopol zur Leistungsbewertung

Tabelle 1: Professionen mit Bezug auf Carr-Saunders & Wilson (1933)

Klassische Beispiele	Neuere Professionen (19. / 20. Jahrhundert)	Neue Professionen?
Ärzte	Ingenieure	Umweltfachleute
Juristen	Architekten	Mediatoren
	Steuerberater	
	Wirtschaftsprüfer	
	Journalisten	
	Psychologen	

Zwei Modelle

Die Autonomie von Professionen kann jedoch sehr unterschiedlich ausgeprägt sein. Im anglo-amerikanischen Modell (z.B. USA, England) reicht diese Autonomie deutlich weiter als im kontinentaleuropäischen Modell (z.B. Deutschland, Frankreich) und erfasst insbesondere auch die Kontrolle über Berufsausbildung, zum Beispiel in der Einrichtung von „professional schools“ oder in der Kooperation von Profession und Universität (vgl. Abbott, 2005). Anders die Situation in Deutschland und Frankreich: dort werden Berufe traditionell durch staatlich organisierte Ausbildung definiert. Man spricht hier auch weniger von Professionen als von freien Berufen bzw. „professions liberales“. Im kontinentaleuropäischen Modell erfolgt Professionalisierung – so McClelland (1990) – „from above“, von oben. Im anglo-amerikanischen Modell haben wir es hingegen mit „profesionalization from within“ zu tun: Professionen organisieren sich selbst. Tabelle 2 zeigt die beiden Modelle. Die Unterschiede waren im 19ten Jahrhundert deutlicher als heute ausgeprägt und verschwimmen, zumal durch die Ausweitung der Staatstätigkeit in den USA und England im 20ten Jahrhundert.

Tabelle 2: Unterschiedliche Definitionsmacht von Professionen

Autonomieaspekt	definiert durch	
	im anglo-amerikanischen Modell („professions")	im kontinentaleuropäischen Modell („freie Berufe")
Ausbildung	Profession	Staat/Profession
Marktzugang	Profession/Staat	Staat/Profession
Leistungsentgeltung	Profession	Staat
Leistungsbewertung	Profession	Profession

Ungeachtet aller Unterschiede: das Gemeinsame aller Professionen ist die Definitionsmacht hinsichtlich der Leistungsbewertung. Insofern kann die professionelle Leistungsbewertung von Leistungsentgeltung entkoppelt und z.B. über Kassen organisiert werden (Borchert, 2003). Professionen schaffen Standards der Leistungsbewertung und kontrollieren diese. Darin besteht ein wesentlicher Teil der Autonomie der Professionen. Industrie und Gewerbe unterliegen vielfältigen staatlichen Kontrollen, die Professionen jedoch kontrollieren sich weitgehend selber. Diese Kontrolle erfolgt z.B. durch das Setzen von Standards, durch innerprofessionelle Wettbewerbe und Leistungsshows und nicht zuletzt durch Einflussnahme auf die Besetzung von Arbeitsplätzen.

Professionen wird in unseren Gesellschaften eine gewisse Autonomie zugestanden. Kern dieser Autonomie ist das Monopol, die Kriterien zu definieren, nach denen die Leistung ihrer Professionsmitglieder bewertet werden.

Exkurs: Freie Berufe

Den anglo-amerikanischen „professions" entsprechen in der deutschsprachigen Arbeitswelt am ehesten die freien Berufe. Die Bezeichnung „frei" bezieht sich ursprünglich auf das Studium der sieben freien Künste: Grammatik, Rhetorik, Dialektik, Arithmetik, Geometrie, Astronomie und Musik. Dieses Studium war im spät-mittelalterlichen Hochschulwesen Voraussetzung für das Studium in Theologie, Medizin und Jurisprudenz (vgl. Michalski, 1989). Die freien Berufe unterliegen in Deutschland gesetzlichen Rahmenbestimmungen, insbesondere handelt es sich um Berufe, die nach § 18 EStG (Einkommensteuergesetzbuch) von der Gewerbesteuer ausgenommen sind. Nach Max Weber gehören freie Berufe zu den „positiv privilegierten Erwerbsklassen" (1972, S. 178).

Zwei Merkmale freiberuflicher Tätigkeit werden in der Literatur hervorgehoben, sie gelten sozusagen für Freiberuflichkeit im engeren Sinn (vgl. Deneke, 1956):

1. Es handelt sich um persönliche Leistungen. Die freiberuflich Tätigen treten in ein besonderes, schutzwürdiges Vertrauensverhältnis zu ihren Klienten.
2. Es handelt sich um selbstständige, weisungsungebundene Arbeit. Selbstständigkeit ist das Ideal freiberuflicher Tätigkeit, auch wenn die Selbstständigenquote in freien Berufen 1996 nur 22.5 % betrug (Bögenhold, 2000).

Professionalisierung

Wir sollten zwei Begriffsverwendungen von Professionalisierung unterscheiden (Mieg, 2005). Professionalisierung in einem *weiten* Sinn meint den Übergang zu einer bezahlten Tätigkeit, die bestimmten Leistungskriterien unterliegt, deren Einhaltung potenziell einklagbar ist. Professionalisierung in einem *starken* Sinn meint den Übergang einer Berufsgruppe zu einer autonomen Profession. Professionalisierung kann damit auf Berufsentwicklung einer einzelnen Person bezogen werden, wie auch auf den Werdegang von Berufsgruppen oder die Transformation von Tätigkeitsfeldern. Dass Mediation als Dienstleistung eingekauft werden kann und gewissen Standards unterliegt, zeugt von Professionalisierung in einem – zumindest – schwachen Sinn. Professionalisierung von Mediation in einem starken Sinne würde bedeuten, dass daraus ein eigener Berufsstand entsteht.

Professionalisierung im weiten Sinn: Übergang zu einer bezahlten Tätigkeit, die bestimmten Leistungskriterien unterliegt, deren Einhaltung potenziell einklagbar ist. Professionalisierung im starken Sinn: Übergang einer Berufsgruppe zu einer autonomen Profession.

In der anglo-amerikanischen Theorietradition gibt es verschiedene Versuche, Professionalisierung als Prozess zu erfassen und empirisch zu belegen. Wilensky (1964) beschrieb ein Phasenmodell der Professionalisierung:

1. ein Job wird Vollzeittätigkeit
2. es gibt eine Ausbildungsstätte
3. es gibt einen Studiengang
4. ein lokaler Berufsverband entsteht
5. ein nationaler Berufsverband wird gegründet
6. die staatliche Anerkennung folgt
7. ein berufsethischer Kodex kommt auf.

Abbott (1991) konnte zeigen, dass diese Phasen je nach politischer Organisationsstufe – Kommune, US-Bundesstaat, nationale Ebene – in unterschiedlicher Reihenfolge ablaufen können. Nicht zuletzt im internationalen Vergleich stellt sich Professionalisierung als ein Muster mit vielen

Varianten dar (vgl. Torstendahl & Burrage, 1990; Burrage & Torstendahl, 1990).

Die Professionalisierungsforschung hat einige *Rahmenbedingungen* der Professionalisierung aufgezeigt. Ihre Kenntnis erlaubt, den Bereich potenzieller Professionen einzugrenzen, und zeigt Möglichkeiten der Theoriebildung auf (Mieg, 2003). Diese Bedingungen sind:

Es lassen sich Entwicklungsschritte und Bedingungen für Professionalisierung bestimmen (z.B. Berufsverband, formalisierte Ausbildung).

1. Es gibt einen gesellschaftlich relevanten *Problembereich* und einen zugehörigen Bereich an *Handlungs- und Erklärungswissen*. Bei der Medizin handelt es sich hier um die Erklärung und Behandlung körperlicher Erkrankungen des Menschen.
2. Es gibt den Bezug zu einem *gesellschaftlichen Zentralwert*. Bei manchen Professionen ist dieser Zentralwert offensichtlich, so z.B. der Bezug der medizinischen Profession auf „Gesundheit“, ein Wert der insofern als zentral gilt, als sich damit eine Reihe von Maßnahmen, etwa zur Prophylaxe, gesellschaftlich rechtfertigen lässt.
3. Es gibt eine weitgehend *akademisierte* Ausbildung. Bei etablierten Professionen wie den Ärzten und Anwälten ist das Universitätsstudium verpflichtende Voraussetzung. Akademisierte Ausbildung stellt abstraktes Wissen zur Verfügung, das für die professionelle Berufstätigkeit von Professionellen unverzichtbar scheint (Abbott, 1988). Parsons sprach von der „intellektuellen Komponente“ (Parsons, 1968, S. 536), Freidson von „formalem Wissen“ (1986).
4. Es gibt einen *Berufsverband* beziehungsweise eine berufsständische Vertretung. Ohne Organisation können Berufsgruppen kaum als wirtschaftsregulierende Verbände auftreten. Goode (1957) beschrieb Profession als zunftähnliche „community within a community“.

Neben den Bedingungen von Professionalisierung zeigt die Forschung, dass es mindestens zwei Klassen von Professionen gibt (Hanlon, 1998; Svensson, 1999): Zum einen Professionen mit Fürsorge- und Beziehungsorientierung, dazu gehören die Ärzte, Anwälte und Psychologen. Die Klientenbeziehung beruht in diesem Fall stark auf dem Vertrauen der Klienten oder Patienten in die professionelle Expertise und Integrität des Arztes, Anwalts, Psychologen etc.. Zum anderen die Professionen mit Marktorientierung, zum Beispiel Wirtschaftsberater oder Ingenieure. Für Professionen mit Marktorientierung spielt die innerprofessionelle Konkurrenz über den Preis eine gewisse Rolle, zudem dominiert eine Einkommensorientierung. Professionen mit Fürsorge- und Beziehungsorientierung sind hingegen eher bereit, in Notfällen kostenfrei zu arbeiten.

Professionelle Autonomie und Konflikt

Lässt sich aus der Autonomie von Professionen ein entsprechendes generelles Autonomiebedürfnis der Professionsmitglieder ableiten? Hall (1968) untersuchte die Korrelation von Professionalisierungsgrad der Berufsgruppe und individuellem Autonomiebedürfnis der Angehörigen der betreffenden Berufsgruppe. Er konnte zeigen, dass Mitglieder von stärker professionalisierten Berufsgruppen (z.B. Juristen) eher in Konflikt mit inner-betrieblicher Verwaltungsautorität geraten als Mitglieder von weniger stark professionalisierten Berufsgruppen (z.B. Buchhalter) und daher mit Vorzug in kleinen Organisationen bzw. unter flachen Hierarchien arbeiten. Die Befundlage aus dreißig Jahren Forschung zu innerbetrieblichen Konflikten von Professionellen ist jedoch nicht eindeutig (Mieg, 2001). Zumindest lässt sich auch heute noch ein Einfluss des Professionalisierungsgrades einer Berufsgruppe auf berufliche Selbstbilder seiner Mitglieder nachweisen (Mieg / Woschnack, 2002).

Die Frage des professionellen Autonomiebedürfnisses muss vermutlich je nach Art von Arbeitsteilung, in welche sich die Professionellen begeben, betrachtet werden. Nach Abbott (1988) können wir drei Komponenten der professionellen Tätigkeit unterscheiden (vgl. Abb. 1):

- Diagnose: Hier geht es um eine Problemanalyse;
- Inferenz: Hier geht es um die Ableitung von Maßnahmen;
- Maßnahme: Hier geht es um konkrete Umsetzung, zum Beispiel Therapie.

Nach Abbott stellt die Inferenz die wesentliche Komponente professioneller Tätigkeit dar (ähnlich bei Schön, 1983) und definiert damit auch den Raum autonomen, selbstverantworteten Entscheidens. Hierzu gehört insbesondere die Wahl der Methoden.

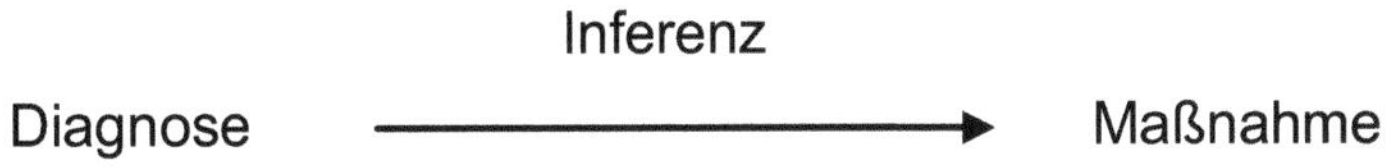

Abbildung 1: Komponenten professioneller Tätigkeit nach Abbott (1988)

Die Praxis zeigt, dass die erste und die dritte Komponente professioneller Tätigkeit delegiert werden kann. Ein Arzt kann sich externe Hilfe bei der Diagnose holen oder die Therapie – etwa durch Überweisung zur Krankengymnastik – delegieren. Nicht so bei der Inferenz-Komponente, d.h. dem professionellen Urteil darüber, welche Maßnahmen aus der fallspezifischen Diagnose zu treffen sind. Daher wird das fachliche Urteil bzw. das professionelle Vorgehen allenfalls mit den professionellen Kollegen ernsthaft diskutiert, nicht aber mit Klienten und Professionsfremden. Zu erwarten ist, dass Professionelle dann in Konflikte geraten, wenn sie in ihrer Urteilsautonomie – z.B. bei der Eigenverantwortung für die Wahl der Methoden – bedroht sind. Dies lässt sich empirisch belegen (Mieg, 2000).

Auch die individuelle professionelle Praxis ist durch Autonomie geprägt. Kernbereich dieser Autonomie ist das fachliche Urteil bzw. das professionelle Vorgehen.

Theorien der Professionssoziologie

Die Grundfrage der Professionssoziologie kann wie folgt formuliert werden: Wie ist zu erklären, dass in unseren Gesellschaften bestimmten Berufsgruppen – den Professionen – eine so große Autonomie (bzw. Macht, Prestige etc.) zugestanden wird? Es geht also darum, die spezielle Macht der Professionen zu erklären.

Die Diskussion in der frühen Professionssoziologe rankte lange Jahre um den Versuch einer Bestimmung von Professionen, die sich auf Eigenschaften von Professionen abstützen lässt und eine Abgrenzung von anderen, nicht-professionalisierten Berufsgruppen erlaubt. Dieser Weg gilt heute als fruchtlos. Spätestens seit dem Werk von Freidson (2001) hat sich die Professionssoziologie dem Begriff und Phänomen der Professionalität (*professionalism*) zugewandt. Freidson versteht Professionalität als eine dritte Organisationslogik von Arbeit neben der Logik des Marktes und der Logik hierarchischen Verwaltens. Neben Orgarnisation durch Markt und Hierarchie (Williamson, 1975) tritt demnach Professionalität als Selbstorganisation und -regulation von Experten. Freidson gilt als der wichtigste Analytiker und zugleich der entschiedenste Verfechter der heutigen Professionen (1983, 1986, 1994, 2001).

Drei Theoriekreise

Die Theorien in der Professionssoziologie kreisen um drei Ansätze (vgl. Tab. 3). Nach dem *funktionalistischen* Ansatz erfüllen Professionen gesellschaftlich relevante Aufgaben. So ist die Medizin der zentrale Leistungsträger im Gesundheitsbereich, Juristen im Rechtsbereich. Von daher wird den Professionen entsprechende Autonomie zugestanden. Auch die Forschung zu freien Berufen rekurriert mit Vorzug auf diesen Ansatz (z.B. Sahner, 1989). Nach Auffassung des *machttheoretischen* Ansatzes beruhen Macht und Ansehen von Professionen hingegen rein auf Monopolen, welche einige Gruppen im Lauf der Zeit errungen haben. Professionen sind Resultat „sozialer Schließungsprozesse“: andere Berufsgruppen werden von bestimmten Märkten und Ressourcen – z.B. im Gesundheitswesen – systematisch ausgeschlossen. Der Entwicklung der Professionen liegen Aufstiegsprojekte sozialer Gruppen zugrunde, sie unterscheidet sich strukturell nicht von der Entwicklung von Parteien oder Wirtschaftsmonopolen. Ein dritter Kreis von Ansätzen umfasst *Interaktionstheorien*: Hier steht die Beziehung von Professionellem und Klient im Vordergrund. Diese Sicht kann mit einer kritischen Konnotation verbunden sein, wenn zum Beispiel Ärzte als „Götter in Weiß“ dargestellt werden. In der Regel geht es um die Notwendigkeit, dass sich der „Profi“ in der Arbeit auf jeden Klienten spezifisch einlassen können muss.

Tabelle 3: Klassische Theorien der anglo-amerikanischen Professionssoziologie

Theorieansatz	Kernaussage	Literatur
Funktionalistischer Ansatz (Parsons, Goode, 60er Jahre)	Professionen erfüllen gesellschaftlich zentrale Aufgaben (Zentralwertbezug)	Parsons (1968), Goode (1957)
Machttheoretischer Ansatz (Johnson, Larson, 70er Jahre)	Professionen sind Monopole und Resultat „sozialer Schließungsprozesse“	Johnson (1972), Larson (1977)
Interaktions-Ansatz (Hughes, seit 50er Jahre)	Professionen definiert durch spezifische Interaktion Professioneller - Klient	Hughes (1965)

Zur aktuellen Diskussion

Ein Ansatz, der alle drei Theorieansätze aufgreift, findet sich bei Abbott (1988). Abbott geht davon aus, dass eine Profession nicht isoliert betrachtet werden kann, sondern stets in einem Feld von Berufsgruppen gesehen werden muss, welche gegenüber Klienten, Staat und in Betrieben um Zuständigkeit für bestimmte Aufgaben konkurrieren. Der Wettbewerb der Professionen erfolgt heute über *abstraktes* Wissen, d.h. über die Definitionsmacht von Professionen für spezifische Problemfelder (vgl. auch Mieg, 2002; Mieg & de Sombre, 2004).

Zu erwähnen ist auch der Ansatz Oevermanns (1996), der im Bereich der sozialen Arbeit stark rezipiert wird und der den Klientenbezug des professionellen Handelns ganz in Mittelpunkt stellt. Oevermann versteht professionelles Handeln als *stellvertretende Krisenbewältigung*. Das Ziel professioneller Tätigkeit ist demnach die Sicherung der individuellen Autonomie des Klienten in bestimmten Funktionskontexten. Dies kann sich konkret auf Gesundheit und körperliche Unversehrtheit beziehen und die Arzttätigkeit begründen. Im rechtlichen Kontext ist damit die personale Entscheidungs- und Handlungsfähigkeit gemeint. Arzt oder Juristin helfen ihren Patienten bzw. Klientinnen durch eine persönliche Krise, sei es Krankheit oder ein Gerichtsprozess.

Die professionelle Tätigkeit kann auch als stellvertretende Krisenbewältigung verstanden werden (Oevermann). So betrachtet erscheint Mediation als „paradoxales Professionalisierungsprojekt“ (Maiwald).

Mit der Oervermannschen Methodik hat Maiwald (2003) die Grundannahmen der Familienmediation untersucht. Er kommt zu dem Schluss, dass es sich hierbei um ein „paradoxales Professionalisierungsprojekt“ handele. Denn der professionelle Mediator wird zum einen als eine Art „Nullstelle“ verstanden, als „unsichtbar“ im Vermittlungsprozess, der von den beteiligten Konfliktparteien getragen wird; zum anderen gilt der professionelle Mediator als „Manager“ und „Regisseur“, kurzum als Gestalter des Vermittlungsprozesses (S. 219–221). Maiwald schließt, dass der Fall der Familienmediation zeige, wie die Integration von Expertenkritik („wider die Bevormundung durch Experten“) strukturelle Folgeprobleme in einem Professionalisierungsprojekt erzeugen könne (S. 225–226).

Herausforderungen einer Professionalisierung der Mediation

Will die Mediation sich als Fach und Beruf etablieren, so muss sie sich im Feld der Professionen positionieren. Dies erfolgt, folgt man Abbott (1988), durch abstraktes Wissen. Mittels abstrakten Wissens werden Forschung und Lehre organisiert und die nötige Definitionsmacht erreicht, um das Tätigkeitsfeld der Mediation zu monopolisieren. Nach Maßgabe der genannten Bedingungen von Professionalisierung ist ein hoher Grad an Verbandsorganisation und Ausbildungsdefinition nötig. Dies wird besonders deutlich, wenn wir auf die aktuellen, generellen Herausforderungen an Professionen blicken:

Die generellen Herausforderungen

Derzeit sind mehrere Trends zu beobachten, aus welchen sich Herausforderungen an Professionen ergeben. Zu nennen sind:

1) *Akademisierung* (inkl. wissenschaftlicher Ausweis): Weltweit findet eine zunehmende Akademisierung statt. Der Zugang zu vielen Tätigkeiten erfordert heute eine Hochschulausbildung. Hierbei ist vor allem an Qualifikationsstufen unterhalb des deutschen Universitäts-Diploms zu denken. Auf Ebene der Konkurrenz unter Professionen reicht die Einrichtung akademischer Ausbildungsgänge allein nicht aus. Darüber hinaus muss ein Minimalbestand an spezifischer, hochschulgestützter Forschung Zuarbeit für die Profession leisten (vgl. Abbott, 1988, 2005).
2) *Europäische Harmonisierung:* Im Zuge der europäischen Harmonisierung haben organisierte Berufsverbände neues Gewicht gewonnen, da sie zu gesuchten Ansprechpartnern der EU-Kommission wurden. Die europäische Harmonisierung führt mithin zu einer Reprofessionalisierung bzw. Aufwertung der Professionen auf europäischer Ebene (Evetts, Mieg & Felt, 2006). Die Ingenieure sind hierbei – neben den europäisch organisierten Ärzten und Anwälten – vorweg gegangen (Arkell, 1999).
3) *„Demokratisierung der Leistungsbewertung“* (vgl. Evetts, 2003): Eine Gegenbewegung erleben wir derzeit mit der Demokratisierung der Leistungsbewertung, wie

sie im medizinischen Bereich im Zusammenhang mit der Fallpauschale oder am Beispiel von Rankings von Krankenhäusern und Praxen zu beobachten ist. Hierbei geht es um Bewertung der professionellen Leistung nach Kundengesichtspunkten (Patienten, Staat...). Dies untergräbt die professionelle Autonomie der Leistungsbewertung.

Dreifache Autonomieregulation

Professionalisierung geht letztlich mit einer dreifachen Autonomieregulation einher, und zwar

i. auf der Ebene der Profession: in Richtung Autonomie der Leistungsbewertung;
ii. auf der Ebene des praktizierenden Professionellen: in Richtung Autonomie des professionellen Urteilens (Inferenz!);
iii. auf der Klientenebene: in Richtung einer stärkeren Berücksichtigung der Autonomie des individuellen Klienten – Person oder Institution – in der professionellen Leistungserbringung.

Die Notwendigkeit der dreifachen Autonomieregulation ist zugleich Herausforderung und Hoffnung für eine Professionalisierung von Mediation. Herausforderung, weil die professionelle Autonomie, d.h. die Definitionsmacht von Mediation als Profession über Mediationsprozesse, noch keineswegs Realität ist. Hoffnung, weil das „paradoxale Professionalisierungsprojekt" der Mediation (Maiwald, 2003) mit Blick auf die Arten der Autonomieregulation konstruktiv gewendet werden könnte. Demnach umfasst Mediation beides: die Autonomie der Konfliktparteien, z.B. hinsichtlich der zu treffenden Entscheidung, und die Autonomie des professionellen Mediatorurteils, z.B. in der Methode der Entscheidungsunterstützung.

Die dreifache Autonomieregulation (Profession, Professionelle, Klienten) ist zugleich Herausforderung und Hoffnung für eine Professionalisierung von Mediation.

Literatur

Abbott, A. (1988). The system of professions. Chicago: The University of Chicago Press.

Abbott, A. (1991). The order of professionalization. Work and Occupations, 18(4), 355-384.

Abbott, A. (2005). Linked ecologies: States and universities as environments for professions. Sociological Theory, 23(3), 245-274.

Arkell, J. (1999). International engineering practice: Adapting to multiple jurisdictions. International Review of Sociology, 9(1), 101–115.

Bögenhold, D. (2000). Die Freien Berufe an der Schwelle des 21. Jahrhunderts. Der Freie Beruf, 28(4), 14–19.

Borchert, J. (2003). Die professionelle Leistung und ihr Preis. In H. A. Mieg & M. Pfadenhauer, M. (Hrsg.): Professionelle Leistung – Professional Performance: Positionen der Professionssoziologie (S. 267–312). Konstanz: UVK.

Burrage, M. & Torstendahl R. (Eds.) (1990). Professions in theory and history: Rethinking the study of the professions. London: Sage.

Carr-Saunders, A. M. & Wilson, P. A. (1933/1964). The professions. London: Frank Cass.

Deneke, J. F. V. (1956): Die freien Berufe. Stuttgart: Vorwerk.

Evetts, J. (2003). Professionalization and professionalism: explaining professional performance initiatives. In H. A. Mieg & M. Pfadenhauer, M. (Hrsg.): Professionelle Leistung – Professional Performance: Positionen der Professionssoziologie (S. 49–69). Konstanz: UVK.

Evetts, J., Mieg H. A., & Felt, U. (2006). Professionalization, scientific expertise, and elitism: a sociological perspective. In K. A. Ericsson, N. Charness, P. Feltovich & R. R. Hoffman (Eds.), The Cambridge handbook of expertise and expert performance (pp. 105–123). Cambridge, UK: Cambridge University Press.

Freidson, E. (1983). The theory of professions: State of the art. In R. Dingwall & P. Lewis (Eds.), The sociology of the professions (pp. 19–37). London: Macmillan.

Freidson, E. (1986). Professional powers. Chicago: The University of Chicago Press.

Freidson, E. (1994). Professionalism reborn: Theory, prophecy and policy. Chicago: The University of Chicago Press.

Freidson, E. (2001). Professionalism: The third logic. Cambridge, UK: Polity.

Goode, W. J. (1957). Community within a community: The professions. American Sociological Review, 22, 194–200.

Hall, R. H. (1968). Professionalization and bureaucratization. American Sociological Review, 33, 92–104.

Hanlon, G. (1998). Professionalism as an enterprise: Service class politics and the redefinition of professionalism. Sociology, 32(1), 43–46.

Hughes, E. C. (1965): Professions. In S. L. Kenneth (Ed.): The professions in America (pp. 1–14). Boston: Houghton Mifflin.

Johnson, T. (1972). Professions and power. London: Macmillan.

Larson, M. S. (1977). The rise of professionalism. Berkeley: University of California Press.

Maiwald, K.-O. (2003). Der unsichtbare Mediator: Probleme der Ausweisung beruflicher Leistung in der Familienmediation. In H.A. Mieg & M. Pfadenhauer (Hrsg.), Professionelle Leistung – Professional Performance: Positionen der Professionssoziologie (S. 195–226). Konstanz: UVK.

McClelland, C. E. (1990): Escape from freedom? Reflections on German professionalization, 1870–1933. In R. Torstendahl & M. Burrage (Eds.), The formation of professions. London: Sage.

Michalski, L. (1989). Der Begriff des freien Berufs im Standes- und im Steuerrecht.

Köln: Deutscher Ärzteverlag.

Mieg, H. A. (2001). The social psychology of expertise. Mahwah, NJ: Erlbaum.

Mieg, H. A. (2002). The use of abstract knowledge in professional competition: A study on the Swiss market for professional environmental services. Schweizerische Zeitschrift für Soziologie / Swiss Journal of Sociology, 28, 27–45.

Mieg, H. A. (2003). Problematik und Probleme der Professionssoziologie. In H. A. Mieg & M. Pfadenhauer, M. (Hrsg.): Professionelle Leistung – Professional Performance: Positionen der Professionssoziologie (S. 11–46). Konstanz: UVK.

Mieg, H. A. (2005). Professionalisierung. In F. Rauner (Hrsg.), Handbuch der Berufsbildungsforschung (S. 342–349). Bielefeld: Bertelsmann.

Mieg, H. A. & de Sombre, S. (2004). Wem vertrauen wir Umweltprobleme an? Gefragt sind Generalisten mit akademisch-abstraktem Wissen (NFP43, Synthesis 17). Bern: Schweizerischer Nationalfonds.

Mieg, H. A. & Woschnack, U. (2002). Die berufliche Identität von Umwelt-dienstleistern: Altes, neues oder ohne Berufsbild? ARBEIT, 11, 185–198.

Oevermann, U. (1996). Theoretische Skizze einer revidierten Theorie professionalisierten Handelns. In A. Combe &W. Helsper (Hrsg.), Pädagogische Professionalität: Untersuchungen zum Typus pädagogischen Handelns (S. 70–182). Frankfurt a. M.: Suhrkamp.

Parsons, T. (1968). Stichwort ‚Professions'. In D. L. Sills (Ed.): International Encyclopedia of the Social Sciences, Vol. 12, 536–547.

Sahner, H. (1989). Zur Situation der Freien Berufe. In H. Sahner et al, Zur Lage der Freien Berufe 1989, Teil I: Empirischer Überblick; soziologische, wirtschaftswissenschaftliche und rechtswissenschaftliche Betrachtung. Lüneburg: Forschungsinstitut Freie Berufe, Universität Lüneburg.

Schön, D. A. (1983). The reflective practitioner. How professionals think in action. New York: Basic Books.

Svensson, L. (1999). Professionals as a new middle class: The Swedish case. In I. Hellberg, M. Saks & C. Benoit (Eds). 1999. Professional identities in transition (pp. 83–107). Göteborg: Almquist & Wiksell.

Torstendahl, R. & Burrage, M. (Eds.) (1990). The formation of professions: Knowledge, state and strategy. London: SAGE Publications.

Weber, M. (1972). Wirtschaft und Gesellschaft. Grundriss einer verstehenden Soziologie. Tübingen: Mohr.

Wilensky, H. L. (1964). The professionalization of everyone? The American Journal of Sociology, 70(2), 137–158.

Williamson, O. E. (1975). Markets and hierarchies: Analysis and antitrust implications. New York: The Free Press.

2

Expertisierung vs. Professionalisierung

Relative und andere Experten aus Sicht der psychologischen Expertiseforschung

In der Soziologie werden Expertisierung und Professionalisierung oft gleichgesetzt. Es gibt jedoch gute Gründe, zwischen Expertisierung und Professionalisierung zu unterscheiden (Mieg, 2001, 2005). Begreift man Professionalisierung mit Bezug auf Verberuflichung (auf Makro- wie Mikroebene) und Expertisierung mit Bezug auf die Nutzung von Expertenwissen bzw. von Expertise, so können wir festhalten: (i) Die Entwicklung von Expertise (als individueller Fähigkeit) lässt sich unabhängig von Professionalisierung untersuchen. (ii) Die Nutzung von Expertenwissen ist nicht immer an das Mitwirken professioneller Experten gebunden. Ein häufiges Phänomen ist die die Nutzung nicht-professioneller *relativer* Expertise.

Der Beitrag zeigt die Ergebnisse der psychologischen Expertiseforschung. Diskutiert werden Brückenkonzepte, zum Beispiel Typisierungen von Experten bzw. Expertenrollen (Professionelle, relative Experten etc.). Erörtert werden zudem die Folgen für die Analyse der Nutzung von Expertenwissen und der temporären Zusammenarbeit mit relativen Experten, zum Beispiel im Kontext von *frei-gemeinnütziger* Arbeit.

Mieg, H. A. (2007). Expertisierung vs. Professionalisierung: Relative und andere Experten aus Sicht der psychologischen Expertiseforschung. In K.-S. Rehberg (Hrsg.), Die Natur der Gesellschaft (Verhandlungsband des 33. DGS-Kongresses, CD-ROM). Frankfurt: Campus. Vortrag gehalten am 12.10.2006 am Kongress der Deutschen Gesellschaft für Soziologie an der Universität Kassel. Wiederabdruck mit freundlicher Genehmigung des Campus Verlages.

1 Expertisierung/Professionalisierung: Begriffe und Thesen

Soziologie und Psychologie gehen schon fast immer getrennte Wege. So fällt es nicht auf, wenn zu ähnlichen Fragen geforscht wird, ohne dass ein Austausch stattfindet oder gesucht würde. Dies ist auch der Fall in der Expertenforschung. Seit rund achtzig Jahren gibt es eine psychologische Expertenforschung (vgl. Ericsson u.a., 2006), welche seither fast alle menschlichen Tätigkeitsbereiche beleuchtet hat. Das reicht von Architekten über medizinische Diagnostik bis hin zum Backgammonspielen oder Experten für Star-Wars-Filme. Diese Forschung kreist heute um den

Begriff der *Expertise* – im Sinne von Spezialkompetenz – sowie um die Frage, wie Expertise ausgebildet und ausgeübt wird. Expertise bedeutet auf Englisch soviel wie »Sachkenntnis«, »Kompetenz« oder »Geschick«. Im Kontext der psychologischen Expertiseforschung wird Expertise als Kompetenz beziehungsweise Exzellenz aufgefasst. Demgemäß ist ein Experte eine Person mit Kompetenz beziehungsweise mit Exzellenz. Folgt man K. Anders Ericsson, dem Doyen der Expertiseforschung, ist *Exzellenz* gar das einzige Maß für Expertise. Als Experten zählen nach Ericsson nur die obersten 10 Prozent der Leistungsstärksten eines Bereiches (Ericsson, 1996).[1]

Eine ähnlich lange Forschungstradition wie die psychologische Expertenforschung kennt die Professionssoziologie (vgl. Mieg, 2003; Schmeiser, 2006). Die Professionssoziologie befasst sich mit der gesellschaftlichen Organisation von Expertentum. Solange hierbei die Organisation von bestimmten Berufen gemeint ist, wird man Nähe zur Psychologie weder erkennen noch vermissen. Denn die Psychologie untersucht nicht Organisationen oder Institutionen, nicht den sozialen Sinn, sondern das Individuum und sein Erleben und Verhalten. Wenn jedoch Professionssoziologie darauf hinausläuft, *wissensbasierte* Berufstätigkeit (»knowledge-based«) zu untersuchen und dabei die Wissensbasierung konstituierenden Charakter für das professionelle Handeln gewinnt (vgl. Evetts, 1999), ist die Nähe zur Expertisepsychologie nicht mehr von der Hand zu weisen. Nun muss die Ähnlichkeit des Gegenstandes nicht bedeuten, dass ähnliche Fragen behandelt werden und ein Austausch vonnöten wäre. Der Blick in die psychologische Expertiseforschung kann jedoch helfen, professionssoziologisch relevante Begriffe besser zu verankern. So im Fall von Expertisierung und Professionalisierung.

In der Soziologie wird Expertenarbeit oft mit Professionalisierung gleich gesetzt. Selbst Andrew Abbott versteht sein Werk *The System of Professions* (1988) als Analyse der Arbeit von Experten. Er schreibt: »For me the crucial environing question is how societies structure expertise. Professionalism has been the main way of institutionalizing expertise in industrialized countries.« (Abbott, 1988: 323) Nach Abbott stellt professionelle Arbeit die wichtigste Form der Institutionalisierung von Kompetenz (Expertise)

1 Korrektur: Dieses Kriterium wird informell in der Community der Psychology of Expertise verwendet. Ericsson spricht von „outstanding performers".

in Industriegesellschaften dar. Die gesellschaftliche Organisation von kompetenter Expertenarbeit ist mithin eine Frage der Organisation der Berufe bzw. des *System of Professions*. Kurz gefasst: Das System der Experten entspricht dem System der verberuflichten Arbeit.

Es gibt jedoch gute Gründe, zwischen Expertisierung und Professionalisierung zu unterscheiden. Zum Beispiel finden wir in vielen Bereichen *relative* Experten beziehungsweise Expertise ohne Professionalisierung. Relative Experten verfügen nicht über die Ausbildung und Qualifizierung wie professionalisierte Experten, leisten aber ähnliche Arbeit. Die Rede ist hier zum Beispiel von Freiwilligen im Pflege-, Sozial- und Erziehungsbereich oder im Sport (vgl. Mieg/Wehner, 2005). Das Phänomen der relativen Experten geht mit sehr praktischen Konsequenzen einher, zum Beispiel dem Konfliktpotenzial in der Zusammenarbeit mit professionalisierten Experten. Die Existenz von relativen Experten verweist aber auch auf grundsätzliche Bedingungen der Konstitution der Expertenrolle. Dies soll an späterer Stelle ausführlich dargelegt werden. Hier geht es vorerst darum, eine begriffliche Unterscheidung zu motivieren:

Von Professionalisierung soll die Rede sein, wenn damit Fragen und Prozesse der *Verberuflichung* impliziert sind. Die gilt für die Makroebene, also zum Beispiel für das System der Berufe, wie auf der Mikroebene, das heißt für einzelne Berufsbiographien. Es scheint sinnvoll, einen engen von einem weiten Begriff von Professionalisierung zu unterscheiden (Mieg, 2005): Professionalisierung im engen Sinn meint die Entwicklung zu einer *autonomen* Berufsgruppe (»Profession«, freier Beruf). Professionalisierung im weiten Sinn meint den Übergang zu bezahlter Tätigkeit, die gewissen *Leistungsstandards* unterliegt (professionalism, Professionalität). Eine ehrenamtliche Beratertätigkeit, zum Beispiel für Kirchen, kann sich professionalisieren, indem sie zu einer bezahlten Vollzeittätigkeit übergeht. In der Regel geht dies einher mit der Bindung an bestimmte Leistungsstandards, deren Erfüllung im Ernstfall eingeklagt werden kann. Professionalisierung im weiten Sinn betrifft Tätigkeiten und Personen. Professionalisierung im engen Sinn bezieht sich auf Berufe.

Von Expertisierung soll die Rede sein, wenn damit die Nutzung von Kompetenz – beziehungsweise von Exzellenz – impliziert wird. In der Regel geht Professionalisierung mit Expertisierung einher, aber nicht umgekehrt. Die Zusammenhänge möchte ich als zwei Thesen formulieren:

These 1: Die Entwicklung von Expertise (als individueller Kompetenz) lässt sich unabhängig von Professionalisierung untersuchen.

Dies ist auch einer der Gründe, warum die Professionssoziologie und die psychologische Expertiseforschung bislang noch nicht zusammengefunden haben.

These 2: Die Nutzung von Expertenwissen ist nicht immer an das Mitwirken professioneller Experten gebunden.

Ein häufiges Phänomen ist wie erwähnt die Nutzung nicht-professioneller, relativer Expertise oftmals in der einfachen Form des »sich von jemandem, der/die es besser weiß, fachlichen Rat holen«. Diese geht – obzwar temporär – mit der Zurechnung eines Expertenstatus' einher.

2 Psychologische Expertiseforschung

Die psychologische Expertiseforschung begann in den zwanziger Jahren des letzten Jahrhunderts mit Untersuchungen zum Schachspielen in Deutschland und Russland. Die Frage war: Welche besonderen Fähigkeiten und Vorgehensweisen liegen der überragenden Leistung von Schachgroßmeistern zu Grunde? Man suchte nach generellen Merkfähigkeiten ebenso wie nach spezifischen Denkstrategien. Als ein Meilenstein gelten heute die Studien von Adriaan de Groot (1965), ursprünglich aus den 1940er Jahren. Er untersuchte und verglich das Schachspielen von Großmeistern mit dem von Anfängern und fortgeschrittenen Schachspielern. Dazu gehörten auch spezifische experimentelle Merkfähigkeitstests. Zum Beispiel zeigte de Groot kurz ein Schachbrett mit der Stellung eines Mittelspiels und bat seine Versuchsteilnehmer anschließend, die Stellung zu rekonstruieren. Das gelang den Schachgroßmeistern klar besser und schneller als den Fortgeschrittenen. Diese waren wiederum besser als die Anfänger. In einer Variation wandte de Groot einen genialen Kniff an: Er verteilte die Figuren *zufällig* auf dem Schachbrett. Nun waren die Großmeister keineswegs besser als die Anfänger oder fortgeschrittenen Schachspieler. William G. Chase und Herbert A. Simon (1973) replizierten die Studien von de Groot und machten sie auf diese Weise berühmt. Die Experten – die Schachgroßmeister – sind offenbar nur dann besser im Erinnern, wenn es sich um *sinnvolle* Stellungen handelt. Die Expertise der Schachgroßmeister besteht also nicht auf einer besonderen generellen Gedächtnisfähigkeit. Vielmehr haben sie gelernt, Figuren-Stellungen als Ganze wahrzunehmen. Schachgroßmeister sehen auch nicht Figuren, sondern Züge in einem möglichen Spiel.

Die Arbeiten de Groots haben nicht nur das heutige Standarduntersuchungsdesign vorgeben, nach welchem man den Vergleich von Experten zu Fortgeschrittenen und Anfängern sucht. Sie boten auch den Nährboden für den wichtigsten Erklärungsansatz: Experten, so Chase und Simon (1973), verfügen über komplexe kognitive Muster (»chunks«, Superzeichen), welche es ihnen erlauben, spezifische komplexe Probleme rasch zu erfassen und anzugehen. Die Notwendigkeit der Bildung solcher Muster besteht in der Begrenzung des menschlichen Kurzzeitgedächtnisses. Dieses kann nur etwa sieben Sinneinheiten beziehungsweise Muster auf einmal verarbeiten (Miller, 1956). Durch Rückbindung an Wissen im Langzeitgedächtnis können solche Sinneinheiten oder Muster jedoch beliebig komplex entfaltet werden. Für den Schachgroßmeister kann so eine Sinneinheit auch der Marke für ein komplettes Spiel darstellen (z.B. Spasski gegen Fischer, 1972).

Dieser Erklärungsansatz ließ sich bei vielen weiteren Tätigkeiten zur Anwendung bringen und ergibt ein *kognitives Grundmodell* der Expertise: Demnach stellt Expertise eine hoch spezialisierte kognitive Anpassung an ein Problemfeld dar. Die wichtigsten Befunde der psychologischen Expertiseforschung sind:

1. *Bereichsspezifität:* Expertenfähigkeiten lassen sich nicht von einem Bereich auf einen anderen übertragen. Mathematische Fähigkeiten machen einen per se nicht zum guten Ökonomen oder Schachspieler.
2. *Zehn-Jahres-Regel:* Es braucht etwa zehn Jahre, um Expertise ausbilden zu können. Nötig ist ein gezieltes, systematisches Training mit dem Ziel, sich stetig zu verbessern (*deliberate practice*). Die Gültigkeit der Zehn-Jahres-Regel konnte in so unterschiedlichen Bereichen wie Sport, Wissenschaft oder medizinischer Diagnostik nachgewiesen werden (Ericsson/Krampe/Tesch-Römer, 1993).
3. Generelle Fähigkeiten und Persönlichkeitsmerkmale, zum Beispiel Intelligenz, spielen keine ausschlaggebende Rolle.

Diesem Modell der Expertiseentwicklung liegt ein positives Bild vom Experten zu Grunde. Es orientiert sich an einem

Verständnis vom Experten als dem Meister in seinem Fach. Ein weniger positives Bild von den Experten zeichnet die psychologische *Entscheidungsforschung*. Der Entscheidungsforscher Daniel Kahneman resümierte, dass Experten nicht weniger anfällig für Denkfehler seien als normale Leute:

> »There is much evidence that experts are not immune to the cognitive illusions that affect other people.« (1991: 144)

Der vermutlich wichtigste Beitrag der Entscheidungsforschung zur psychologischen Expertiseforschung ist die Unterscheidung in zwei Leistungsklassen von Expertisebereichen nach James Shanteau (1992). Tabelle 1 zeigt einen Ausschnitt.[2] Auf der einen Seite finden wir eine Klasse von Bereichen, in denen Studien zu Expertise und Expertenurteilen eine konsistent hohe Prognosegüte aufweisen, das heißt, die Leistung von Experten ist stabil vorhersehbar, ebenso sind die Expertenurteile zuverlässig. Hierzu gehören Bereiche wie Wettervorhersage, Schach und Physik. Auf der anderen Seite finden wir Bereiche wie klinische Psychologie, Bewährungshilfe und Aktienanalyse. Hier sind keine konsistenten oder zuverlässigen Prognosen möglich. Medizinische Experten fallen je nach Spezialisierung in die Klasse hoher oder niedriger Prognosegüte.

Zur Erklärung der Differenz zwischen beiden Bereichsklassen gibt es eine laufende Diskussion (vgl. Mieg, 2001: 30). Es lässt sich jedoch sagen, dass ein wesentlicher Unterschied darin besteht, dass wir es in den Bereichen geringer Prognosegüte mit Systemen von Erwartungen zu tun haben. Ein Delinquent, der der Bewährungshilfe unterliegt, weiß, was der Bewährungshelfer hören möchte und orientiert sich daran – dies wiederum weiß der Bewährungshelfer etc.
In den Bereichen hoher Prognosegüte haben wir es eher mit »objektivierbaren«, nicht-reaktanten Systemen zu tun: Das Wetter orientiert sich nicht an der Wettervorhersage.

2 Shanteau hat seine Tabelle in unterschiedlichen Fassungen vorstellt. Hier und an allen weiteren Stellen dieses Buches wird aus rechtlichen Gründen eine Kompilation aus mehreren dieser Tabellen verwendet. Diese Zusammenstellung beruht auf den drei Texten:
Shanteau, J. (1992). Competence in experts: The role of task characteristics. Organizational Behavior and Human Decision Processes, 53, 252-266.
Shanteau, J. (1992). The psychology of experts. In G. Wright & F. Bolger (Eds), Expertise and decision support (pp. 11-23). New York: Plenum Press.
Shanteau, J. (2015). Why task domains (still) matter for understanding expertise. Journal of Applied Research in Memory and Cognition, 4, 169-175.

Good Performance: Klasse hoher Leistung (z.B. hohe Prognosegüte, reliable Expertenleistung)	Poor Performance: Klasse geringer Leistung (z.B. geringe Prognosegüte, kaum reliable Expertenleistung)
Schach	klinische Psychologie/ Psychotherapie
Wettervorhersage/ Meteorologie	Aktienanalyse/ Börsenmakler
Physik	Bewährungshilfe
Mathematik	Personalselektion
Buchhaltung	Richter
...	...
Medizin (z.B. Chirurgie)	Medizin (z.B. Psychiatrie)

Tabelle 1: Zwei Klassen von Expertisebereichen in Anlehnung an Shanteau 1992

Abschließend ist zu erwähnen, dass im Jahre 2006 mit dem *Cambridge Handbook of Expertise and Expert Performance* (Ericsson u.a., 2006) das erste internationale Expertise-Handbuch erschienen ist. Hieran war die gesamte weltweite *Scientific Community* der psychologischen Expertiseforschung beteiligt. Die Herausgabe des Handbuches markiert einen wichtigen Schritt in der Formalisierung dieses Faches.

3 Relative Experten

Relative Experten sind ein alltägliches Phänomen. Stellen Sie sich vor, Sie reisen in eine fremde Stadt und suchen dort das Postamt. Dann fragen Sie eine Person auf der Straße, ob sie den Weg zum Postamt kennt. Sie nutzen auf diese Weise die Orts-Expertise der Person, die sie fragen. Ein anderes Beispiel: Ich habe ein Problem mit meinem Vermieter wegen einer Mieterhöhung und frage deswegen meine Nichte, die gerade Jura studiert. Relativ zu mir besitzt meine Nichte eine gewisse juristische Expertise. Im Kontext ihrer Disziplin kann sie jedoch allenfalls als Anfängerin gelten.

Befunde zu relativen Experten finden sich auch in der angewandten Linguistik, so zeigt sich (Jacoby/Gonzales, 1991):

1. *Dualer und relativer Charakter der Expertenrolle:* Wird in einer Unterhaltung eine Person als Experte ausgewiesen, so erscheinen damit andere als Laien.
2. *Wechsel der Expertenrolle:* Ein und dieselbe Person kann in einer Unterhaltung – je nach Thema – mal als Experte, mal als Laie dastehen; bzw. als mehr oder weniger Experte.

»Experte« ist letztlich eine Form von Interaktion, in deren Mittelpunkt die Attribution von Expertise auf eine Person, den Experten, steht. Abbildung 1 stellt die konstituierenden Elemente dieser Interaktion vor: Der »Experte« ist eine Attribution durch jemanden (»Andere«) auf eine andere Person aufgrund eines unterstellten Kompetenz- bzw. Expertisegradienten. Mit dieser Attribution wird die eine Person »Laie«, die andere »Experte«. Die Interaktion steht vor dem Hintergrund eines Problems (z.B. der Mieterhöhung), dessen Bearbeitung bestimmtes Sachwissen erfordert (juristische Kenntnisse). Die Anschlussfragen sind, ob der »Experte« tatsächlich über das nötige Sachwissen verfügt (»objektive Expertise«) und ob dieses Sachwissen tatsächlich relevant zur Lösung des Problems ist (»objektive Relevanz«). Es kann durchaus sein, dass das Problem andere Kompetenz als das unterstellte Sachwissen erfordert, zum Beispiel dass die Frage der Mieterhöhung mit dem bereits schlechten persönlichen Verhältnis zwischen Mieter und Vermieter zu tun hat. Das Problem wird im Licht des gewählten Sachwissens *interpretiert* und somit als rechtliches oder Beziehungs-Problem ausgewiesen.

Abbildung 1: »Experte« als Form von Interaktion (vgl. Mieg 2006)

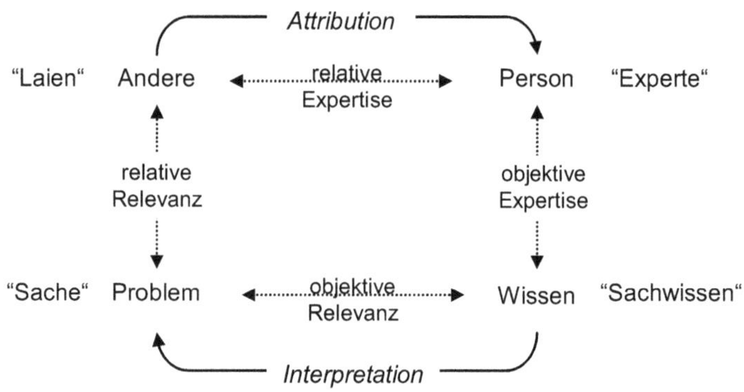

Die Leistung des »Experten« ist zu verstehen als das Bereitstellen von »objektivierbarem« Wissen, das heißt von Wissen, zu dem jeder gelangen könnte, vorausgesetzt, er oder sie hätte genug Zeit zur Verfügung, um sich das Wissen oder entsprechende Erfahrung *selber* anzueignen. Nach Harald A. Mieg (2001) handelt es sich bei der Experten-Interaktion um eine *zeiteffiziente* Nutzung von menschlicher Erfahrung (welche Zeit benötigt). Die Experten-Interaktion ist konstitutiv für unsere Gesellschaften und mithin eine *soziale Form* im Sinne Georg Simmels. Kurz gefasst lässt sich sagen:

1. »Experte« ist eine soziale Form der Nutzung von Wissen, das in Personen verkörpert ist.
2. Der Gebrauch der sozialen Form »Experte« geht mit der Attribution von »Expertise« auf eine Person einher.
3. Die Leistung eines Experten besteht in der zeiteffizienten Zurverfügungstellung von Wissen, zu dem jeder gelangen könnte, vorausgesetzt, er hätte genug Zeit zur Verfügung (zeiteffiziente Erfahrungsnutzung).

4 Expertenrollen

Die grundsätzliche Unterscheidung von Expertisierung und Professionalisierung erlaubt eine weitergehende analytische Aufschlüsselung von Expertenrollen. Hierzu können wir auf Andrew Abbotts (1988) Analyse von professioneller Arbeit zurückgreifen. Nach Abbott besteht jedwede professionelle Arbeit aus drei Komponenten (vgl. Abbildung 2): einer *Diagnose*, einer *Maßnahme* und der *Inferenz* – der Schlussfolgerung – von der Diagnose auf die Maßnahme, zum Beispiel eine Therapie. Nach Abbott stellt Inferenz die wesentliche Komponente *professioneller* Arbeit dar und verkörpert die professionelle Autonomie. Ein Arzt kann viele Komponenten »outsourcen«, zum Beispiel die Therapie einem Spezialisten überlassen und die Diagnose von einem Labor durchführen lassen: Der Schluss von der Diagnose auf die durchzuführende Maßnahme bleibt jedoch Kern der ärztlichen Tätigkeit. Es lässt sich zeigen, dass Professionelle vor den Tätigkeiten ausweichen, welche ihre Urteilsautonomie bedrohen (Mieg, 2000).

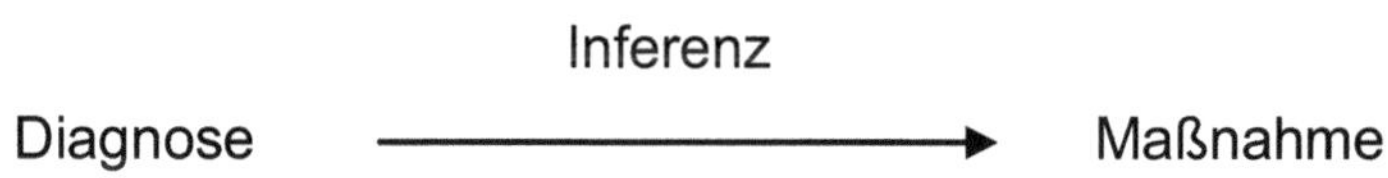

Abbildung 2: Komponenten professioneller Tätigkeit (Abbott, 1988)

Ausgehend von dieser Analyse der professionellen Tätigkeit lassen sich wenigstens vier Expertenrollen unterscheiden (vgl. Mieg, 2005, 2006):

1. *Professionelle* sind für die ganze professionelle Tätigkeit – wie in Abbildung 2 skizziert – verantwortlich.
2. *Analysten* bzw. Forscher sind als Experten nur für die Analyse und die Korrektheit der Ergebnisse – der Diagnose – verantwortlich.
3. *Formalexperten* (vgl. Otway/von Winterfeldt, 1992) bieten methodische Entscheidungsunterstützung an, zum Beispiel Risikoanalysen; sie fokussieren sozusagen auf die Inferenzkomponente.
4. *Relative Experten* stellen lediglich Information zur Verfügung.

Anzumerken ist, dass Forscher heutzutage in der Regel *professionalisierte Wissenschaftler* sind und sehr wohl professionellen Rollenzwängen unterliegen. In der Interaktion mit der Öffentlichkeit ist die Expertenrolle des »reinen« Analysten jedoch auch bei Wissenschaftlern immer wieder aktivierbar.

In diesem Zusammenhang sei zudem eine Bemerkung zum Verhältnis professioneller und frei-gemeinnütziger Arbeit angebracht. Denn bei frei-gemeinnütziger Arbeit handelt es sich vielfach (aber nicht notwendig) um relative Experten. Es finden sich überraschender Weise einige Parallelen (Mieg/Wehner, 2004). Der Bereich *frei-gemeinnütziger Arbeit* umfasst unbezahlte, organisierte, soziale Arbeit; gemeint ist ein persönliches, gemeinnütziges Engagement, das mit einem Zeitaufwand verbunden ist, prinzipiell auch von einer anderen Person ausgeführt und potenziell bezahlt werden könnte. Die Gemeinsamkeiten professioneller und frei-gemeinnütziger Arbeit liegen zum Beispiel in einer gewissen Autonomie in der Tätigkeitsausübung sowie in dem »Commitment« zur Tätigkeit als solcher (ebd.). Trotz der Parallelen ist die Koordination von professioneller und frei-gemeinnütziger Arbeit nicht unproblematisch. In nicht vollständig professionalisierten Tätigkeitsfeldern wie Sozialarbeit und Pflege rührt das Konfliktpotenzial von drei Quellen her:

1. dem Umstand, dass ähnliche bzw. koordinierte Arbeiten in einem Fall bezahlt werden, im anderen Fall nicht;
2. der Abgrenzungstendenz von nicht vollständig »professionalisierter« Arbeit gegenüber geringer qualifizierter Arbeit;
3. dem generellen Problem der Organisation von freiwilliger Arbeit (vgl. ebd.).

Solche Konflikte zwischen professioneller und frei-gemeinnütziger Arbeit sind vor allem in Bereichen mit geringer Prognosegüte (vgl. Tabelle 1) zu erwarten. Denn dort ist die konsistente Abgrenzung von nachweisbar »exzellenten« Experten nicht so einfach möglich. Mangels »objektivierbarer« Leistungsgrößen muss der Zugang dann über formale Qualifikationen, zum Beispiel Diplome, geregelt werden. In teil-geregelten, nicht vollständig professionalisierten Tätigkeitsfeldern, zum Beispiel der Altenbetreuung, gibt daher der günstigere Preis von Dienstleistungsangeboten oft allein den Ausschlag.

Abschließend und zusammenfassend lässt sich sagen: Die Unterscheidung von Professionalisierung einerseits (mit einem Fokus auf Verberuflichung) und Expertisierung andererseits (mit einem Fokus auf Kompetenz bzw. Expertise) erlaubt es nicht nur, eine Typologisierung von Experten vorzunehmen. Sie ermöglicht auch, Konfliktpotenziale zwischen Expertenrollen zu verstehen und darzustellen.

Literatur

Abbott, Andrew (1988), The System of Professions, Chicago.

Chase, William G./Simon, Herbert A. (1973), »The Mind's Eye in Chess«, in: Chase, William G. (Hg.), Visual Information Processing, New York, S. 215–281.

de Groot, Adriaan D. (1965), Thought and Choice in Chess. The Hague.

Ericsson, K. Anders (Ed.), (1996), The Road to Excellence: The Acquisition of Expert Performance in the Arts and Sciences, Sports, and Games. Mahwah.

Ericsson, K. Anders / Charness, Neil / Feltovich, Paul / Hoffman, Robert R. (Hg.), (2006), The Cambridge Handbook of Expertise and Expert Performance. Cambridge.

Ericsson, K. Anders. / Krampe, Ralf T. / Tesch-Römer, Clemens (1993), »The Role of Deliberate Practice in the Acquisition of Expert Performance«, Psychological Review, 100(3), S. 363–406.

Evetts, Julia (1999), »Professions: Changes and Continuities«, International Review of Sociology, 9, S. 75–85.

Jacoby, S. / Gonzales, P. (1991), »The Constitution of Expert-Novice in Scientific Discourse«, Issues in Applied Linguistics, 2(2), S. 149–181.

Kahneman, Daniel (1991), »Judgment and Decision Making: A Personal View«, Psychological Science, 2, S. 142–145.

Mieg, Harald A. (2000), »University-Based Projects for Local Sustainable Development: Designing Expert Roles and Collective Reasoning«, International Journal of Sustainability in Higher Education, 1, S. 67–82.

Mieg, Harald A. (2001), The Social Psychology of Expertise. Mahwah.

Mieg, Harald A (2003), »Problematik und Probleme der Professionssoziologie«, in: Mieg, Harald A. / Pfadenhauer, Michaela (Hg.), Professionelle Leistung – Professional Performance: Positionen der Professionssoziologie, Konstanz, S. 11–46.

Mieg, Harald A. (2005), »Professionalisierung«, in: Felix Rauner (Hg.), Handbuch der Berufsbildungsforschung, Bielefeld, S. 342–349.

Mieg, Harald A. (2006), »Social and Sociological Factors in the Development of Expertise«, in: Ericsson, K. Anders / Charness, Neil / Feltovich, Paul / Hoffman, Robert R. (Hg.), The Cambridge Handbook of Expertise and Expert Performance, Cambridge, S. 743–760.

Mieg, Harald A. / Wehner, Theo (2004), »Frei-gemeinnützige Arbeit – Professionalisierung«, in: Bungard, Walter / Koop, Barbara / Liebig, Christian (Hg.), Psychologie und Wirtschaft leben. Aktuelle Themen der Wirtschaftspsychologie in Forschung und Praxis, Heidelberg, S. 457–463.

Mieg, Harald A. / Wehner, Theo (2005), »Freiwillige Arbeit«, in: Frey, Dieter / Rosenstiel, Lutz v. / Hoyos, Carl Graf (Hg.), Wirtschaftspsychologie, Weinheim, S. 101–105.

Miller, George A. (1956), »The Magical Number Seven, Plus or Minus Two«, Psychological Review, 63, S. 81–97.

Otway, H., & von Winterfeldt, D. (1992), »Expert Judgment in Risk Analysis and Management: Process, Context, and Pitfalls«, Risk Analysis, 12(1), S. 83–93.

Schmeiser, Martin (2006), »Soziologische Ansätze der Analyse von Professionen, der Professionalisierung und des professionellen Handelns«, Soziale Welt, 57, S. 295–318.

Shanteau, James (1992), »The Psychology of Experts«, in: Wright, Georg / Bolger, Fergus (Hg.), Expertise and Decision Support, New York, S. 11–23.

3

Frei-gemeinnützige Arbeit – Professionalisierung

Mieg, H. A. & Wehner, T. (2004). Frei-gemeinnützige Arbeit - Professionalisierung. In W. Bungard, B. Koop & Ch. Liebig (Hrsg.), Psychologie und Wirtschaft leben. Aktuelle Themen der Wirtschaftspsychologie in Forschung und Praxis (S. 457-463). Mering: Hampp. Wiederabdruck mit freundlicher Genehmigung des Rainer Hampp Verlags - www.Hampp-Verlag.de. Vortrag gehalten am 24.9.2003 an der Fachtagung der Fachgruppe Arbeits- und Organisationspsychologie der Deutschen Gesellschaft für Psychologie in Mannheim.

„Angesichts anhaltend hoher Zahlen von erwerbslosen Menschen wird dem Bereich unbezahlter Arbeit eine zunehmende Bedeutung zugesprochen: Bürgerschaftliches Engagement oder Nachbarschaftshilfe könnten demnach z.B. sowohl Lücken der öffentlichen Wohlfahrtssorge schließen als auch dem Einzelnen ein sinnvolles Betätigungsfeld neben einer reduzierten Erwerbsarbeit bieten.“ (GfA, 2000, S. 14)

1. Frei-gemeinnütziger Arbeit

Ohne die unbezahlte Mithilfe von Freiwilligen kann kein Gemeinwesen bestehen. Die Pflege von Alten und Behinderten, das Engagement für Umwelt- und Naturschutz, der Einsatz als Wahlhelfer oder Schöffe, die Ehrenämter in Kommunen, Sport und Kirchen; all diese Gemeinaufgaben und Funktionen sind faktisch auf freiwillige Arbeit angewiesen. Die Konturen einer Arbeits- und Organisationspsychologie freiwilliger Arbeit beginnen jedoch erst sichtbar zu werden.

Der Anteil an erwerbsfähigen Personen, die in Deutschland frewillige Arbeit leisten, schwankt je nach Studie und Erhebungszeitraum zwischen 18 % und 34 % (vgl. Tab. 1).

Zur Definition. Der Bereich frei-gemeinnütziger Arbeit umfasst *unbezahlte, organisierte, soziale Arbeit*; gemeint ist ein persönliches, gemeinnütziges Engagement, das mit einem *Zeitaufwand* verbunden ist, prinzipiell auch von einer *anderen* Person ausgeführt und *potenziell bezahlt* werden könnte (Mieg & Wehner, 2002). Einige Unterscheidungen werden bei der Beurteilung frei-gemeinnütziger Arbeit oft vermengt.

- bezahlte Arbeit vs. unbezahlte Arbeit
- Erwerbsarbeit vs. Nicht-Erwerbsarbeit
- hauptberufliche Arbeit vs. nebenberufliche Aurbeit
- professionelle Arbeit vs. Laienarbeit

Frei-gemeinnützige Arbeit ist nicht gleichzusetzen mit Nicht-Erwerbsarbeit, denn letztere umfasst neben Freiwilligenarbeit im engeren Sinn auch die Hausarbeit, „Zwangsarbeit“ oder freiwillige, unbezahlte Praktika zu Ausbildungszwecken. Frei-gemeinnützige Arbeit ist zudem nicht identisch mit Laienarbeit, denn oftmals leisten Fachspezialisten freiwillige Arbeit, z.B. Rechtsanwälte bei der ehrenamtlichen Übernahme von Vormundschaften oder Krankenschwestern in der ehrenamtlichen Arbeit für eine AIDS-Hilfe.

Tabelle 1: Anteil an erwerbsfähigen Personen, die in Deutschland freiwillige Arbeit leisten

Eurovol 1994 (Gaskin, Smith, & Paulwitz 1996)	18 %
Sozioökonomisches Panel 1985	25 %
Sozioökonomisches Panel 1992	28 %
Sozioökonomisches Panel 1999	32 %
Freiwilligensurvey 1999 (Rosenbladt, 2000)	34 % (= 21,6 Mio Menschen)

Die Ergebnisse bisheriger Forschung (vgl. Tab. 2) zu frei-gemeinnütziger Arbeit können wir zu drei Aussagen verdichten:

(1) Frei-gemeinnützige Arbeit ist *multifunktional* hinsichtlich der beteiligten Motive. Mit ihr lassen sich Hilfemotivation, soziale Anbindung, Kompetenzerwerb und andere Bedürfnislagen verbinden. Frei-gemeinnützige Arbeit kann durchaus eine Ausgleichfunktion gegenüber der Erwerbsarbeit gewinnen.

(2) Eine notwendige Bedingung für individuell frei-gemeinnütziges Engagement ist die *persönliche Sinnhaftigkeit* der Arbeit. Der persönliche Sinn wird bedroht durch Bezahlung dieser Arbeit, da sie dann in den Rang von Erwerbs- und Auftragsarbeit sinkt. Persönliche Sinnhaftigkeit einer Arbeit widerstrebt auch der Einführung einklagbarer Qualitätsstandards.

(3) Prekäre Organisation: Die Organisation von frei-gemeinnütziger Arbeit ist *prekär*, schon allein aufgrund der Freiwilligkeit des Engagements, das im Prinzip jederzeit widerrufbar ist – und sei es nur, dass der oder die Freiwillige den persönlichen Aufwand reduziert. Das Wachstum von Organisationen, die auf Freiwilligenarbeit ruhen, ist kaum rational steuerbar.

Bierhoff (et al.), z.B. Bierhoff, & Schülken, 2001	Bochum	FEES Fragebogen zur Ehrenamtlichen Einstellungsstruktur, Solidarität
Resch (et al.), z.B. Krause & Resch, 2002	Flensburg	Hausarbeit, ehrenamtliches Engagement
Clary, Snyder (et al.), z.B. Clary & Snyder, 1999	USA	Volunteering motivation
Wehner, Ostendorp, Mieg (et al.), z.B. Wehner, Ostendorp & Ostendorp, 2002	ETH Zürich	Organisation frei-gemeinnütziger Arbeit, Koordination mit professionalisierter Arbeit

Tabelle 2: Beispiele für psychologische Forschung zu frei-gemeinnütziger Arbeit

Freiwillige Arbeit ist nicht auf den sog. Dritten Sektor (d.h. die Non-Profit-Unternehmen) beschränkt, ihre Organisationskontexte sind vielfältig, z.B.:

- Gemeinden, Nachbarschaft
- Bewegungen, Vereine, Parteien
- Kirchen, NGOs, Stiftungen
- Freiwilligen-Agenturen, Koordinationsstellen (Rosenkranz & Weber, 2002)
- öffentliche Verwaltung, Justiz
- Expertenorganisationen (z.B. Krankenhäuser, Universitäten)
- Privatunternehmen

Das Nebeneinander von freiwilliger Arbeit mit bezahlter Arbeit schafft in einigen Organisationskontexten ein Spannungsverhältnis, in dem freiwillige Arbeit unter Rechtfertigungsdruck geraten kann (vgl. Graeff & Weiffen, 2001).

2. Ein neuer Begriff von Arbeit?

Frei-gemeinnützige Arbeit hat in den vergangenen Jahren die Aufmerksamkeit der Politik gewonnen, da man sich von ihr eine Entlastung der staatlichen Systeme sozialer Unterstützung verspricht (Deutscher Bundestag, 2002). Nadai (2001) spricht in diesem Zusammenhang von drei Krisendiskursen:

- der „Krise der Arbeitsgesellschaft“: So schwindet u.a. das Normalarbeitsverhältnis;
- der „Krise des Sozialstaates“: Um die Einsatzmöglichkeiten von Freiwilligen in der sozialen Arbeit und Pflege zu erweitern, wird in der Schweiz u.a. die Forderung nach „Professionalisierung“ (Qualifizierung) von frei-gemeinnütziger Arbeit laut.

- der „Krise der Demokratie“. z.B. in der politischen Forderung nach mehr bürgerschaftlichem Engagement in Deutschland.

Hierzu Nadai:

> „Freiwilligenarbeit im weitesten Sinne ist in diesen Diskursen Teil der Lösung, gleichzeitig aber auch Teil des Problems, indem sie nämlich in der individualisierten Gesellschaft zur knappen Ressource geworden ist“ (S. 60).

Das Phänomen unbezahlter Arbeit macht es erforderlich, den Arbeitsbegriff zu überdenken (vgl. Ulich, 2001, S. 167ff.; Resch, Bamberg & Mohr, 1997). Auf diese Diskussion kann in unserem Zusammenhang nur hingewiesen werden, anzumerken ist: Den Begriff der Arbeit beziehen wir auf *Leistungen*, die von einem Individuum unter der Bedingung gesellschaftlicher Arbeitsteilung erbracht werden (vgl. Weber, 1979). Eine Leistung ist nicht immer an bestimmte Tätigkeiten gebunden, manche Leistung lässt sich durch sehr verschiedene Tätigkeiten erbringen. So ist die Unterstützung von Bedürftigen eine Leistung, die ebenso durch Nachbarschaftshilfe wie durch Spenden oder professionelle Sozialarbeit erfolgen kann. Wesentlich für unser Verständnis von Arbeit ist jedoch, dass sie im sozialen Raum erfolgt: diese Leistungen könnten prinzipiell auch durch andere erbracht werden (=*Kriterium der dritten Person*).

3. Professionalisierung

Wir müssen an dieser Stelle zwei Formen von Professionalisierung unterscheiden. Professionalisierung in einem schwachen Sinn bedeutet den Übergang von Tätigkeiten zu bezahlter Arbeit, die gewissen Leistungsstandards unterliegt (*Professionalität*, professionalims). Professionalisierung in einem starken Sinn bedeutet, dass diese Leistungskriterien nicht von den Leistungsempfängern oder staatlichen Stellen, sondern im Wesentlichen von einer *Profession* bestimmt werden (vgl. Abbott, 1988; Freidson, 2001, Mieg & Pfadenhauer, 2003). Ärzte, Juristen, Wissenschaftler sind solche Professionen, die die Leistungsbewertung in der Regel nur ihren eigenen Mitgliedern zugestehen.

Entstehungsbedingungen für Professionalisierung (im starken Sinn) sind:

(1) Es gibt einen gesellschaftlich relevanten *Problembereich* und einen zugehörigen Bereich an *Handlungs- und Erklärungswissen* (Abbott, 1988, Freidson, 1986). Bei der Medizin handelt es sich hier um die Erklärung und Behandlung körperlicher Erkrankungen des Menschen.

(2) Es gibt den Bezug zu einem *gesellschaftlichen Zentralwert* (als Ausdruck von „Altruismus" nach Parsons, 1968; bzw. als „Ideologie" nach Freidson, 2001). Bei manchen Professionen ist dieser Zentralwert offensichtlich, so z.B. der Bezug der medizinischen Profession auf „Gesundheit", ein Wert der insofern für zentral gilt, als sich damit eine Reihe von Maßnahmen, etwa zur Prophylaxe, gesellschaftlich rechtfertigen lässt. Bei anderen Professionen, so der Psychologie, fällt es eher schwer, einen solchen Bezug zu einem gesellschaftlichen Zentralwert zu entdecken.

(3) Es gibt eine weitgehend *akademisierte* Ausbildung. Bei etablierten Professionen wie den Ärzten und Anwälten ist das Universitätsstudium verpflichtende Voraussetzung.

(4) Es gibt einen *Berufsverband* beziehungsweise eine berufsständische Vertretung. Ohne Organisation können Berufsgruppen kaum als wirtschaftsregulierende Verbände auftreten.

Wie Abbildung 1 zeigt, betrifft die Frage der Professionalisierung (in einem starken Sinn) aus Sicht von Arbeits- und Organisationspsychologie

- auf Seiten des Individuums, die Frage der Ausbildung von Spezialkompetenz (Fertigkeiten und Fähigkeiten);
- auf Gruppenebene, die Anbindung an eine etablierte Berufsgruppe bzw. einen Verband;
- auf Tätigkeitsebene, die Frage des autonomen, eigenverantwortlichen Handlungsspielraumes professionellen Handelns.

Die Forschungsthemen ergeben sich aus der Interaktion dieser drei Ebenen (vgl. Mieg, 2002a), nämlich als

1) Frage der Qualifikation (Bergmann, 2000; Woschnack & Mieg, 2003);
2) Frage der beruflichen Identität (Mieg & Woschnack,

2002; Hoff, 1990; Abele, Hoff & Hohner, 2003; Raeder & Grote, 2000);

3) Frage der Intergruppenkonflikte um Zuständigkeit (Mieg, 2002b, Heisig, Lane, Littek & Tutschner, 2001).

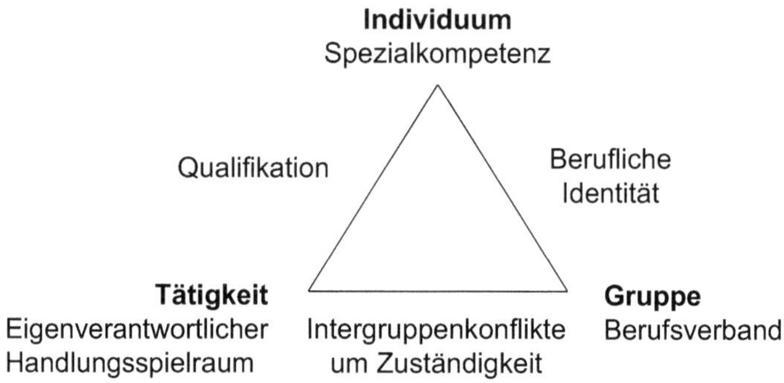

Abbildung 1: Professionalisierung aus Sicht der Arbeits- und Organisationspsychologie

4. Frei-gemeinnützige vs. professionalisierte Arbeit

Es gibt einige Parallelen von frei-gemeinnütziger Arbeit und professionalisierter Arbeit

- *Sinnhaftigkeit / Commitment:* Freiwillige und Professionelle messen gleichermaßen der Sinnhaftigkeit der eigenen Arbeit große Bedeutung zu. Das Commitment in der professionellen Experten-Arbeit – genauer: die starke Beziehung zum Arbeitsinhalt – ist Gegenstand bzw. Befund der Expertisepsychologie (vgl. Ericsson, in prep.) wie auch der Professionssoziologie (vgl. z.B. Dubas, 2000; Freidson, 2001).
- *Autonomie:* Die Autonomie professionellen Arbeitens kann in Konflikt mit betrieblich-bürokratischen Verwaltungszwängen geraten (vgl. Hall, 1968; Mieg, 2001). Wie sich zeigt, handelt es sich hierbei v.a. um eine Autonomie in der Methodenwahl (vgl. Mieg, 2000). Ebenso können wir das freiwillige Engagement als prinzipiell autonom (da freiwillig) ansehen; hierbei handelt es sich v.a. um Zeitautonomie, d.h. die eigene Verfügung über die ins Engagement investierte Zeit.
- *„interne" Leistungsbewertung:* Bei Professionen besteht die Tendenz zur Entkoppelung von Leitungserbringung und Leistungsentgeltung, so z.B. in Form des Krankenkassensystems für ärztliche Leistung (Borchert, 2003); Professionen regeln die Leistungsbewertung ihrer Mitglieder intern. Freiwillige lassen sich – aufgrund ihrer relativen

Zeitautonomie – nur schwer einem Leistungskriterium im Sinne von Effizienz (= Arbeit : Zeit) unterwerfen.
- Es lässt sich *historisch* argumentieren, dass in Gesellschaften mit relativ starken Professionen und vergleichsweise geringer Tätigkeit zentraler staatlicher Organe (z.B. USA, CH) auch die frei-gemeinnützige Arbeit einen hohen Stellenwert hat (vgl. Mieg, 2003), z.B. im Schweizer Milizsystem (Schweizer Monatshefte, 2001). Eine andere Bedeutung hat Freiwilligenarbeit hingegen in Staaten des kontinentaleuropäischen Typus (Frankreich, Deutschland), in denen tendenziell alle öffentlichen Bereiche unter staatlicher Regelung stehen.

Trotz aller Parallelen ist die Koordination frei-gemeinnütziger und bezahlter, professionalisierter Arbeit nicht unproblematisch. In nicht vollständig professionalisierten Tätigkeitsfeldern wie Sozialarbeit und Pflege rührt das Konfliktpotenzial von drei Quellen her:

(1) dem Umstand, dass ähnliche bzw. koordinierte Arbeiten in einem Fall bezahlt werden, im anderen Fall nicht;
(2) der Abgrenzungstendenz von nicht vollständig „professionalisierter" Arbeit gegenüber geringer qualifizierter Arbeit;
(3) dem generellen Problem der Organisation von freiwilliger Arbeit.

Die Organisationsfrage frei-gemeinnütziger und bezahlter, professionalisierter Arbeit spitzt sich in der Gestaltung des psychologischen Kontraktes zu. Am einfachsten haben es dabei religiöse oder ideologisch getragene Organisationen. Sie können ihre Tätigkeit unter einen übergeordneten, sinnstiftenden Wert stellen und somit bezahlte und unbezahlte Arbeit konfliktarm integrieren.

Versuche der Professionalisierung freiwilliger Arbeit (im schwachen Sinn) bedrohen die Professionalisierungsbestrebungen (im starken Sinn) bestehender, nicht vollständig „professionalisierter" Berufsgruppen, die sich mit den Freiwilligen in demselben Tätigkeitsfeld befinden. Dies gilt für den Gesundheits-, Erziehungs- wie auch Sozialarbeitsbereich. Indikator hierfür ist die Diskussion um „professionelle Identität", welche gerade in den semi-professionellen Berufsgruppen eine offene Frage ist (z.B. Wendt, 1995).

5. Schluss

Aus der arbeits- und organisationspsychologischen Betrachtung von frei-gemeinnütziger und professionalisierter Arbeit lassen sich Folgerungen zur Diskussion um freiwillige Arbeit im Kontext der erwähnten drei „Krisendiskurse“ ziehen:

1) Sozialstaat: Der Versuch der Professionalisierung von frei-gemeinnütziger Arbeit ist wenig sinnvoll. Koordination mit professionalisierter Arbeit ist nötig.
2) Arbeitsgesellschaft: Frei-gemeinnützige Arbeit hat durchaus eine Ausgleichsfunktion, jedoch: die Rahmenbedingungen müssen stimmen – das lehren auch die Erfahrung mit der Work-Life-Balance (Kodz, Harper & Dench, 2002).
3) Demokratie: Frei-gemeinnützige Arbeit lässt sich nicht einfach in „Bürgerengagement“ ummünzen; dazu bräuchte es ein anderes Staatsverständnis.

Literatur

Abbott, A. (1988). The System of Professions. Chicago: The University of Chicago Press.

Abele, A.E.,Hoff, E.-H & Hohner, H.-U. (2003). (Hrsg.). Frauen und Männer in akademischen Professionen. Berufsverläufe und berufserfolg. Heidelberg: Asanger.

Bergmann, B. (2000). Arbeitsimmanente Kompetenzentwicklung. In B. Bergmann, A. Fritsch, P. Göpfert, F. Richter, B. Wardanjan & S. Wilczek (Hrsg.), Kompetenzentwicklung und Berufsarbeit. (S. 11–39). Münster: Waxmann.

Bierhoff, H.W. & Schülken, T. (2001). Ehrenamtliches Engagement. In H.-W. Bierhoff, & D. Fetchenhauer (Hrsg.), Solidarität. Konflikt, Umwelt und Dritte Welt (S. 183 – 204). Opladen: Leske + Budrich.

Borchert, J. (2003). Die professionelle Leistung und ihr Preis. In H. A. Mieg & M. Pfadenhauer (Hrsg.), Professionelle Leistung – Professional Performance: Positionen der Professionssoziologie (S. 267–312). Konstanz: UVK.

Clary, E. G. & Snyder, M.(1999) The motivations to volunteer: Theoretical and practical considerations. Psychological Science, 8 (5), 156–159.

Deutscher Bundestag (2002). Bürgerschaftliches Engagement: auf dem Weg in eine zukunftsfähige Bürgergergesellschaft, Bericht (Enquete-Kommission „Zukunft des Bürgerschaftlichen Engagements“, Schriftenreihe: Band 4). Opladen: Leske + Budrich.

Dubar, C. (2000). La socialisation (3e ed.). Paris: Armand Colin.

Ericsson, K.A. (ed.). (in prep.). Cambridge handbook of expertise and expert performance. Cambridge, UK: Cambridge University Press.

Freidson, E. (1986) Professional Powers. Chicago: The University of Chicago Press.

Freidson, E. (2001) Professionalism: The third logic. Cambridge, UK: Polity.

Gasik, K., Smith, J.D. & Paulwitz, I. (Hrsg.). (1996) Ein neues bürgerschaftliches Europa: Eine Untersuchung zur Verbreitung und Rolle von Volunteering in zehn Ländern. Freiburg im Breisgau: Lambertus.

GfA – Gesellschaft für Arbeitswissenschaft (2000). Die Zukunft der Arbeit erforschen (Memorandum). Stuttgart: Ergon.

Graeff, P. & Weiffen, B. (2001). Das gestörte zwischen Haupt- und Ehrenamtlichen – Was ist zu tun? Theorie und Praxis der sozialen Arbeit, 52, 368–375.

Hall, R.H. (1968). Professionalization and bureaucratization. American Sociological Review, 33, 92-104.

Heisig, U., Lane, C., littek, W. & Tutschner, R. (2001) Professionelle Berufe zwischen Regulierung und Markt. Institut ARBEIT – BERUF – BILDUNG (abb), Universität Bremen.

Hoff, E.-H. (1990). Identität und Arbeit. Psychosozial, 13, 7-25.

Kodz, J., Harper, H. & Dench., S. (2002). Work-life balance: Beyond the rhetoric. Brighton, UK: The Institute for Employment Studies.

Krause, A. & Resch, M. (2002). Ehrenamtliches Engagement in Flensburg – eine repräsentative Befragung (Discussionpaper No 2). Universität Flensburg, Internationales Institut für Management.

Mieg, H. A. (2000). University-based projects for local sustainable development: Designing expert roles and collective reasoning. International Journal of Sustainability in Higher Education, 1, 67–82.

Mieg, H. A. (2001). The social psychology of expertise, Mahwah, NJ: Erlbaum.

Mieg, H. A. (2002a). Professionalisierung - ein Forschungsfeld der Wirtschaftspsychologie. In E. H. Witte (Hrsg.). Sozialpsychologie wirtschaftlicher Prozesse (S. 125–144). Lengerich: Pabst.

Mieg, H. A. (2002b). The use of abstract knowledge in professional competition: A study on the Swiss market for professional environmental services. Schweizerische Zeitschrift für Soziologie / Swiss Journal of Sociology, 28 (1), 27–45.

Mieg, H. A. (2003). Problematik und Probleme der Professionssoziologie. In H.A. Mieg & M. Pfadenhauer (Hrsg.), Professionelle Leistung – professional Performance: Positionen der Professionssoziologie. (S. 11–46). Konstanz: UVK.

Mieg, H. A. & Pfadenhauer, M. (Hrsg.). (2003). Professionelle Leistung – Professional Performance: Wege zur Professionssoziologie. Konstanz: UVK.

Mieg, H. A., & Wehner, T. (2002). Frei-gemeinnützige Arbeit: Eine Analyse aus der Sicht der Arbeits- und prganisationspsychologie (Harburger Beiträge zur Psychologie und Soziologieder Arbeit Nr. 33). Technische Universität Hamburg-Harburg. Arbietswissenschaft.

Mieg, H. A., & Wehner, T. (2005). Freiwillige Arbeit. In D. Frey, L. v. Rosenstiel & C. Graf Hoyos (Hrsg.), Wirtschaftspsychologie. (S. 101-105) Weinheim: PsychologieVerlags-Union.

Mieg, H. A. & Woschnack, U. (2002). Die berufliche Identität von Umweltdienstleistern: Altes, neues oder ohne Berufsbild? Arbeit, 11 (3), 185–198.

Nadai, E. (2001). (De-)Qualifizierung durch Freiwilligenarbeit? Olympe, (15), 60–62.

Parsons, T. (1968). Professions. International Encyclopedia oft he Social Sciences, 12, 536–547.

Raeder, S. & Grote, G. (2000). Flexibilisierung von Arbietsverhältnissen und psychologischer Kontakt – neue Formen persönlicher Identität und betrieblicher Identifikation. Eidgenössische Technische Hochschule Zürich, Institut für Arbeitspsychologie.

Resch, M. G., Bamberg, E. & Mohr, G. (1997). Von der Erwerbsarbeitspsychologie zur Arbietspsychologie. In I. Udris (Hrsg.), Arbietspsychologie für morgen (S. 37–52). Heidelberg: Asanger.

Rosenbladt, B. von (Hrsg.). (2000). Freiwilliges Engagement in Deutschland. (Ergebnisse der Repräsentativerhebung 1999 zu Ehrenamt, Freiwillligenarbeit und bürgerschaftlichem Engagement, Gesamtbericht). Stuttgart: Kohlhammer.

Rosenkranz, D. & Weber, A. (Hrsg.). (2002). Freiwilligenarbeit: Einführung in das Management vn Ehrenamtlichen in der sozialen Arbeit. Weinheim: Juventa.

Schweizer Monatshefte (2001). Freiwilligenarbeit, Milizprinzip und Sozialengagement. 81 (7/8).

Ulich, E. (2001). Arbeitspsychologie (5. Aufl.). Zürich: vdf.

Weber, M. (1972). Wirtschaft und Gesellschaft (5., rev. Aufl., hrsg. V. J. Winckelmann). Tübingen: Mohr.

Wehner, T., Ostendorp, C. & Ostendorp, A. (2002). Good practice? Auf der Suche nach Erfolgsfaktoren in gemeinwohlorientieren Freiwilligeniniativen. Arbeit, 11(14), 48–62.

Wendt, W. R. (Hrsg.). (1995). Soziale Arbeit im Wandel ihres Selbstverständnisses. Beruf und Identität. Freiburg im Breisgau: Lambertus.

Woschnack, U. & Mieg, H.A. (2003). Fachwissen – Expertise – Schlüsselqualifikationen: Drei Dimensionen eines integrativen Modells der Qualifikation für professionalisierte Dienstleistungen. Arbeit, 12, 54–67.

4

Wem vertrauen wir Umweltprobleme an?

Gefragt sind Generalisten mit akademisch-abstraktem Wissen

1. Umweltprobleme: Zuständigkeit unklar

Harald A. Mieg, Steffen de Sombre (2004) – ETH Zürich. Es handelt sich um die „populärwissenschaftliche" Vorstellung des Projektes „The Knowledge Base of Professional Work", das von 2000-2003 im Schweizerischen Nationalen Forschungsprogramm 43 „Bildung und Beschäftigung" lief. Wiederabdruck mit freundlicher Genehmigung des Schweizerischen Nationalfonds.

Umweltprobleme gehen uns alle an. Katastrophen wie die Reaktorschmelze in Tschernobyl oder der Austritt giftiger Chemikalien in Schweizerhalle, in Seveso oder in Bophal zeigen dies auf dramatische Weise. Aber auch „alltäglichere" Belastungen beispielsweise durch Ozon oder Feinstäube dringen immer mehr ins Bewusstsein. Kein Zufall deshalb, dass die Zahl von Gesetzen und Vorschriften zunimmt, mit denen Industriestaaten umweltbezogene Aufgaben, wie z.B. Umweltverträglichkeitsprüfungen, Gewässer- oder Bodenschutz, institutionalisieren wollen.

Angesichts dieser Relevanz ist es erstaunlich, dass immer noch unklar ist, welche Berufsgruppe für die Bearbeitung von Umweltproblemen zuständig ist. Anders hingegen zum Beispiel beim Thema Gesundheit. Werden wir krank, gehen wir zum Hausarzt, oder zu einem Spezialisten. Die Kompetenz der Berufsgruppe der Mediziner für die Behandlung von Krankheiten ist unbestritten. Ob für Umweltprobleme jedoch Biologen oder Ingenieure, Raumplaner oder Umweltnaturwissenschafter[3] zuständig sind, ist (noch) nicht ausgemacht. Unklar ist zudem, über welche fachlichen Qualifikationen diese Spezialisten für Umweltprobleme verfügen sollten.

Wem vertrauen wir also Umweltprobleme an? Um Missverständnissen vorzubeugen, sollen vorab zwei Ebenen unterschieden werden: eine normative und eine deskriptive.

In einem normativen Verständnis zielt die Frage darauf, wer mit der Bearbeitung von Umweltproblemen beauftragt

3 Der Text wurde für den Schweizerischen Nationalfonds verfasst. Im Schweizerdeutschen wird noch die alte Bezeichnung „Wissenschafter" verwendet. In Deutschland hat sich die Bezeichnung „Wissenschaftler" durchgesetzt. Meines Wissens handelt es hierbei ursprünglich um eine Spottbezeichnung, wie wenn man von „Gewerkschaftlern" statt von „Gewerkschaftern" sprechen würde.

werden *sollte*. Es geht also um eine praktisch-politische Handlungsempfehlung. Demgegenüber zielt die Frage in einem deskriptiven Verständnis darauf, wer zur Zeit *faktisch* mit Umweltproblemen betraut ist. Es geht um Beschreibung und Analyse der Gegenwart. Die Antwort auf diese zweite Frage kann auch als Basis für die Antwort auf die Frage, was in der Praxis und in der Politik zu tun ist, verstanden werden.

Im Folgenden werden wir uns ausschließlich mit der Frage im deskriptiven Sinne beschäftigen: Wer wird mit der Bearbeitung von Umweltproblemen beauftragt? Wir wollen dazu die *Berufsgruppen* betrachten, die auf dem Umweltmarkt aktiv sind und um die Zuständigkeit für Problembearbeitung, das heißt, um Aufträge, konkurrieren. Basis unserer Untersuchung ist eine im Herbst 2001 durchgeführte Befragung unter hochqualifizierten, meist akademisch ausgebildeten Berufstätigen im Umweltbereich in der Schweiz. Es wurden knapp über 10 000 Fragebögen per Post verschickt. 3361 zurückgesandte Fragebögen konnten wir für unsere Untersuchung auswerten.

2. Professionalisierung: Voraussetzungen erfüllt

Bevor wir uns den «im Feld» aktiven Berufsgruppen zuwenden, ist es sinnvoll, den allgemeineren Rahmen zu beleuchten, in dem die Frage nach Zuständigkeiten steht. An die einleitenden Bemerkungen anknüpfend, kann man Problemfelder danach unterscheiden, ob für die Bearbeitung der Probleme eine Berufsgruppe eine exklusive Zuständigkeit erlangt hat, oder ob *verschiedene* Berufsgruppen um die Zuständigkeit konkurrieren.

Ist es einer Berufsgruppe gelungen ihre Zuständigkeit zu monopolisieren, spricht man, bezogen auf hochqualifizierte Dienstleistungstätigkeiten, von einem *professionalisierten* Feld. Der Prozess, in dem eine Berufsgruppe dieses Zuständigkeitsmonopol durchsetzen kann, wird entsprechend als *Professionalisierung* des Feldes von Tätigkeiten bezeichnet. Dass sich eine Berufsgruppe durchgesetzt hat, bedeutet zugleich, dass ein bestimmtes Wissenssystem vorherrschend wird. Und dass aus dessen Perspektive künftig die Probleme und Aufgaben dieses Feldes definiert werden.

Hand in Hand mit der Professionalisierung eines Feldes geht die Professionalisierung einer Berufsgruppe, das heißt, ihre Entwicklung hin zu einer *Profession*. Die Kriterien, anhand derer eine Profession identifiziert werden kann, sind zwar umstritten, doch lassen sich einige Rahmenbedingungen identifizieren. Erforderlich sind demnach:

- ein gesellschaftlich relevanter Problembereich und ein zugehöriges Repertoire an Handlungs- und Erklärungswissen;
- der Bezug auf einen gesellschaftlichen, zentralen Wert (zum Beispiel Gesundheit, Gerechtigkeit);
- eine akademisierte Ausbildung von Fachleuten;
- und eine Selbstorganisation dieser Fachleute, zum Beispiel in einem Berufsverband.

In dem von uns betrachteten Feld der Umwelttätigkeiten können diese Rahmenbedingungen in der Schweiz als erfüllt betrachtet werden, denn es gibt offenkundig

- Umweltproblem- und Handlungswissen
- „Natur" als einen gesellschaftlich zentralen Wert
- verschiedene akademische Ausbildungen, die für Umwelttätigkeiten qualifizieren, zum Beispiel die Biologie, die Umweltingenieurwissenschaften oder neuerdings die ETH-Umweltnaturwissenschaften
- den Schweizerischen Verband der Umweltfachleute (SVU) sowie einige weitere verwandte Berufsverbände.

Trotzdem scheint es aufgrund der vielfältigen und komplexen Aufgabe unwahrscheinlich, dass eine der etablierten Berufsgruppen wie Biologen und Ingenieure die Zuständigkeit monopolisieren. Den Ingenieuren fehlt meist das naturwissenschaftliche Verständnis, den Biologen das technische Wissen. Eine Entwicklung in Richtung einer umfassenden Umweltprofession – so die These – ist am ehesten den Umweltnaturwissenschaften zuzutrauen.

Der Studiengang Umweltnaturwissenschaften an der ETH Zürich

Die ETH-Umweltnaturwissenschaften sind einer der wenigen Vollstudiengänge für Umweltwissenschaften in der Welt. Aus dem Leitbild: «Die Ausbildung in Umweltnaturwissenschaften an der ETH Zürich vermittelt Wissen und Verständnis darüber, wie die natürliche Umwelt funktioniert und wie die Wechselwirkungen zwischen dem Menschen und seiner belebten und unbelebten Umwelt beschaffen sind. Die Studierenden lernen Umweltfragen mit

wissenschaftlichen Methoden zu analysieren, daraus Lösungen zu entwickeln sowie diese zu bewerten und umzusetzen. Besonderes Gewicht wird auf interdisziplinäres Arbeiten gelegt, das neben den Naturwissenschaften auch die Sozial- und Geisteswissenschaften sowie die Technik einschliesst.» (www.env.ethz.ch)
Der Studiengang Umweltnaturwissenschaften wurde im Herbst 1987 an der ETH Zürich eingerichtet. Anstatt der erwarteten 20 bis 30 Studierenden schrieben sich 130 Studierende ein. Heute liegt die Zahl der Studierende in den Umweltnaturwissenschaften bei über 700. Seit 1990 gibt es das Departement Umweltnaturwissenschaften.
2004 entstand durch die Fusion mit den ETH-Forstwissenschaften das neue Departement Umweltwissenschaften, das weiterhin den Studiengang Umweltnaturwissenschaften anbietet.
Lehre und Forschung im Departement Umweltwissenschaften erfolgen auf verschiedenen Umwelt-Ebenen:

- Physikalische und chemische Prozesse in den Sphären Wasser, Boden und Luft.
- Biologische Systemstrukturen und -prozesse von der suborganismischen Ebene bis zu Ökosystemclustern.
- Wechselwirkungen zwischen einer sich verändernden Umwelt und anthropogenen Prozessen.
- Beeinflussung und Gestaltung von Öko- und Landschaftssystemen durch ein Integrieren von System-, Ziel- und Transformationswissen.

3. Berufsgruppen und Markt: Umweltnaturwissenschafter in der „Pole-position“

Einen Eindruck der verschiedenen Berufsgruppen auf dem Umweltmarkt geben die von den Befragten absolvierten Fächer. Die sieben am häufigsten genannten Studienfächer waren:

Studienfach	Nennungen (in % der Befragten)	Alters- durchschnitt	Anteil Frauen
Agrar- und Forstwissenschaften	**25,5%**	43,7	15,1%
Biologie	13,7%	42,2	**36,4%**
Umweltnaturwissenschaften	12,9%	35,2	34,7%
andere Ingenieurwissenschaften	11,2%	42,6	9,1%
Umweltingenieurwissenschaften	9,6%	38,9	12,7%
Geologie	8,8%	**43,9**	13,0%
Raumplanung	8,7%	42,2	12,3%

Tabelle 1: Studienfächer der Umweltfachleute (Mehrfachnennungen möglich, 3361 Befragte)

Die Agrar- und Forstwissenschafter sind die mit Abstand am stärksten vertretene Gruppe, danach folgen Biologen, Umweltnaturwissenschafter und Ingenieure. Die Ingenieure sind hier mit zwei Ausbildungsgängen vertreten, einmal als Umweltingenieurwissenschaften sowie als „andere Ingenieurwissenschaften". Zusammengenommen ist die Ingenieurgruppe kleiner als die Gruppe der Fachleute aus den Agrar- und Forstwissenschaften. Betrachten wir zwei einfache demographische Merkmale, Alter und Geschlecht, so stellen wir fest:

- Am ältesten – und damit am längsten „im Geschäft" – sind die Geologen. Der Altersdurchschnitt bei den Agrar- und Forstwissenschaftern liegt nur knapp darunter. Die Jüngsten kommen aus den Umweltnaturwissenschaften.
- Der Anteil an Frauen liegt bei den Biologen und Umweltnaturwissenschaftern deutlich höher als bei anderen Berufsgruppen, zumal im Vergleich mit den Umweltingenieuren.

Woher rührt die Dominanz der Agrar- und Forstwissenschafter? Betrachten wir die Seite der Fachkompetenz. Die folgende Tabelle zeigt, wie die Fachleute ihr berufsrelevantes Wissen einschätzen. Die Einschätzungen wurden auf einer 7er Skala vorgenommen, wobei 7 „sehr viel Wissen" und 1 „sehr wenig Wissen" im jeweiligen Bereich bedeutet:

Tabelle 2: Wissen der Umweltfachleute: Inhaltlicher Kernbereich (7= sehr viel, 6= viel,... 1= sehr wenig)

Inhaltlicher Kernbereich	naturwissen-schaftliches Wissen	technisches (Ingenieurs-) Wissen	Wissen über Ökosysteme
Agrar- und Forstwissenschaften	5,4	4,7	5,0
Biologie	**5,8**	3,7	**5,5**
Umweltnaturwissenschaften	5,6	3,9	5,4
andere Ingenieurwissenschaften	4,7	**5,7**	4,1
Umweltingenieurwissenschaften	4,9	5,4	4,7
Geologie	5,4	4,6	4,4
Raumplanung	4,5	5,1	4,4

Es sind also nicht die Agrar- und Forstwissenschafter, sondern andere Berufsgruppen, vor allem die Biologen, welche die höchsten Werte für berufsrelevantes Umweltwissen erzielen. Bei den Agrar- und Forstwissenschaftern hingegen lässt sich höchstens konstatieren, dass sie über die verschiedenen Wissensbereiche hinweg ungefähr ausgeglichen sind. Jedoch nicht so ausgeprägt, dass sich damit eine herausragende Präsenz der Berufsgruppe erklären könnte. Blicken wir zum Beispiel auf das inhaltliche oder formale Ergänzungswissen, sehen wir einen leichten Vorteil der Agrar- und Forstwissenschaftern gegenüber den Biologen beim betriebswirtschaftlichen und kaufmännischen Wissen, ihr Planungs- und Organisationswissen sowie ihr juristisches Wissen hingegen sind beinahe identisch.

Tabelle 3: Wissen der Umweltfachleute: inhaltliches Ergänzungswissen (7= sehr viel, 6= viel,... 1= sehr wenig)

inhaltliches Ergänzungswissen	Medizinisches Wissen	Psychologisches und soziologisches Wissen
Agrar- und Forstwissenschaften	2,2	3,4
Biologie	2,6	3,4
Umweltnaturwissenschaften	**2,8**	**3,7**
andere Ingenieurwissenschaften	1,9	3,1
Umweltingenieurwissenschaften	1,8	3,1
Geologie	2,0	3,1
Raumplanung	1,7	3,3

formales Ergänzungswissen	Planungs- und Organisationswissen	Betriebswirtschaftliches und kaufmännisches Wissen	Juristisches Wissen
Agrar- und Forstwissenschaften	4,7	**4,3**	3,0
Biologie	4,6	3,2	3,0
Umweltnaturwissenschaften	4,7	3,3	3,2
andere Ingenieurwissenschaften	5,1	4,1	3,3
Umweltingenieurwissenschaften	5,2	3,8	3,7
Geologie	4,6	3,5	3,3
Raumplanung	**5,3**	3,8	**4,0**

Tabelle 4: Wissen der Umweltfachleute: formales Ergänzungswissen (7= sehr viel, 6= viel,... 1= sehr wenig)

Insgesamt sticht keine Berufsgruppe mit besonderer Kompetenz in einer Vielzahl der relevanten Wissensgebiete hervor. Die Fachleute bringen vielmehr ihr ausbildungstypisches Wissen in den Umweltbereich ein: Biologen und Biologinnen zeichnen sich durch naturwissenschaftliches Wissen aus, Ingenieure (und die wenigen Ingenieurinnen) durch technisches Wissen.

Betrachten wir nun im Folgenden die wechselseitige Wahrnehmung der Berufsgruppen im Umweltbereich. Wir fragten die Umweltfachleute nach Konkurrenten aus fremden Berufsgruppen. Je häufiger eine bestimmte Berufsgruppe von Mitgliedern anderer Berufsgruppen als wichtiger Konkurrent genannt wird, desto zentraler erscheint die Bedeutung dieser Berufsgruppe. Die sieben am häufigsten genannten Berufsgruppen sind (Mehrfachnennungen möglich):[4]

Berufsgruppe	% Nennungen
Umweltnaturwissenschafter	34,6%
Umweltingenieure	29,8%
Agrar- und Forstwissenschafter	27,5%
Biologen	26,8%
andere Ingenieure	23,3%
Raumplaner	20,9%
Geographen	20,0%

Tabelle 5: Wichtigste Konkurrenten unter Umweltfachleuten

In dieser Perspektive bietet sich ein deutlich anderes Bild. Nun sind es die Umweltnaturwissenschafter, denen die do-

4 Genannt ist der Anteil an Tätigkeitsfeldern, für die eine Berufsgruppe von Angehörigen jeweils anderer Berufsgruppen als Konkurrent genannt wurde.

minierende Rolle «im Feld» zukommt. Hingegen rangieren die Agrar- und Forstwissenschafter „nur" noch auf Platz 3. An Bedeutung gewonnen haben zudem die Umweltingenieure. Auffällig ist auch der relative Bedeutungsverlust der Geologen, die durch die Geographen verdrängt werden.

Um die Rolle der Umweltnaturwissenschaften besser zu verstehen, wollen wir die Konkurrenzbeziehungen genauer analysieren. Für die sieben am häufigsten als Konkurrenten genannten Berufsgruppen lässt sich die Struktur der Konkurrenzbeziehungen in Abbildung 1 veranschaulichen. Hierin bedeutet ein durchgezogener Pfeil von A nach B, dass A wichtigster Konkurrent von B ist (in der Wahrnehmung von B); ein gestrichelter Pfeil bedeutet „zweitwichtigster Konkurrent". Berücksichtigt sind hier nur Konkurrenzen *zwischen verschiedenen* Berufsgruppen. Die Agrar- und Forstwissenschafter halten also zum Beispiel die Naturwissenschafter für ihre wichtigsten Konkurrenten.

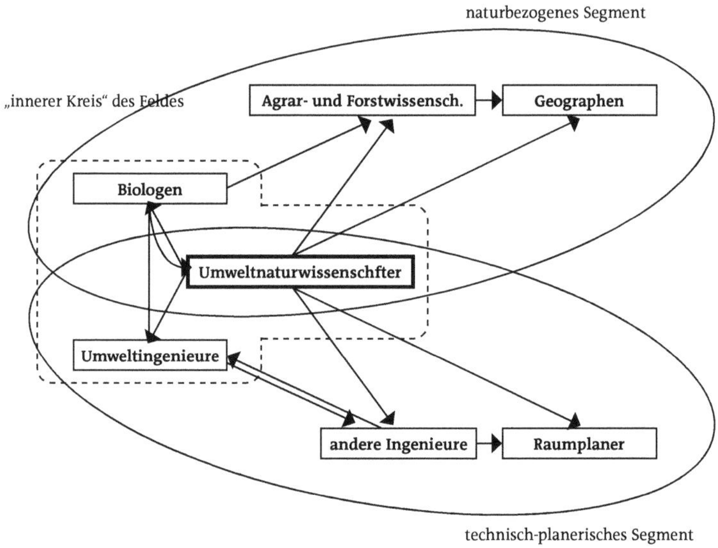

Abbildung 1: Konkurrenzbeziehungen der Berufsgruppen im Feld der Umweltdienstleistungen. Ein durchgezogener Pfeil von A nach B bedeutet, dass A wichtigster Konkurrent von B ist (in der Wahrnehmung von B). Ein gestrichelter Pfeil bedeutet zweitwichtigster Konkurrent. Die Agrar- und Forstwissenschafter halten z.B. die Umweltnaturwissenschafter für ihre wichtigsten Konkurrenten. Man sieht, dass die Umweltnaturwissenschaften eine zentrale Stellung im Feld haben.

Es zeigt sich, dass die Umweltnaturwissenschafter in den Konkurrenzbeziehungen eine zentrale Rolle spielen. Sie sind für jede der anderen sechs Berufsgruppen wichtigster Konkurrent (vier Mal) oder zweitwichtigster Konkurrent (zwei Mal). Die Umweltnaturwissenschafter bilden zusammen mit den Biologen und den Umweltingenieuren, das heißt ihren wichtigsten und zweitwichtigsten Konkurrenten, einen inneren Kreis im Feld der Umweltberufsgruppen. Insgesamt gesehen, ergeben die sieben gezeigten Berufsgruppen ein abgeschlossenes System: Keine weitere Berufsgruppe ist wichtigster oder zweitwichtigster Konkurrent einer dieser sieben Berufsgruppen.

Dieser Befund legt eine Art „Zwiebelschalen-Modell" nahe: Im Kern die Umweltnaturwissenschaften. In der ersten Schale treten die Biologie und die Umweltingenieurwissenschaften hinzu und in einer zweiten Schale die weiteren vier genannten Berufsgruppen. Die übrigen, hier nicht gezeigten Berufsgruppen wären weiter außen liegenden Schalen zuzuordnen. Die Struktur zeigt auch, dass sich offenbar zumindest zwei verschiedene Bereiche im untersuchten Feld unterscheiden lassen: Ein sozusagen „naturbezogenes" Segment, das die Biologen, die Agrar- und Forstwissenschafter sowie die Geographen umfasst, sowie ein technisch-planerisches Segment mit den beiden Ingenieurgruppen sowie den Raumplanern.

4. Tätigkeitsfelder: Zuständig wird, wer das Problem definieren kann

Wie erwähnt hängt die Professionalisierung davon ab, ob und wie stark sich die spezifische Sichtweise einer Berufsgruppe durchsetzt. Je stärker sie sich durchsetzt, desto stärker ihre Definitionsmacht. Praktische (Umwelt-) Probleme werden dann so verstanden („definiert"), dass sie mit dem Wissenssystem der zuständigen Berufsgruppe kompatibel sind.

Der Soziologe Andrew Abbott hat in seinem Werk „The System of Professions" (1988) die Konkurrenz um Definitionsmacht zu einem zentralen Gedanken seines professionstheoretischen Ansatzes gemacht. Der Wettbewerb von Berufsgruppen um Bearbeitungszuständigkeiten wird demnach mittels konkurrierender Problemdefinitionen ausgetragen.

Betrachten wir zum Beispiel das (Umwelt-) Problem der Gewässerverschmutzung. Verstehen wir die Gewässerverschmutzung vor allem als ein verfahrenstechnisches Problem der Abwasserreinigung, so machen wir uns eine Ingenieur-Perspektive zu eigen. So gesehen wird das Problem der Gewässerverschmutzung durch den Bau von Kläranlagen bearbeitet und gelöst. Und zuständig sind Ingenieure. Verstehen wir hingegen Gewässerverschmutzung als Störung von Lebensgemeinschaften im Lebensraum „Gewässer“, so nehmen wir eine eher ökologische Perspektive ein. Zuständig sind nun Biologen, da sie zur Analyse von natürlichen Lebensgemeinschaften und Lebensräumen am kompetentesten sind.

Welche Definitionsangebote werden von den «im Feld» präsenten Berufsgruppen gemacht? Um verschiedene Definitionen von Umweltproblemen zu erheben, haben wir die Befragten in einer offenen Frage gebeten, ihre „drei wichtigsten umweltbezogenen Tätigkeitsfelder“ zu nennen. Diese Tätigkeitsfelder sind zugleich Definitionen der bearbeiteten Probleme. Insgesamt nannten die 3361 Befragten 7588 verschiedene Tätigkeiten, die wir zu Tätigkeitsfeldern zusammengefasst haben. Die zehn wichtigsten dieser Felder sind:

Tabelle 6: Tätigkeitsfelder („Problem-Definitionen“) der Schweizer Umweltfachleute

Tätigkeitsfelder	Nennungen
Aus- und Weiterbildung	417
Bauen	317
Beratung & Expertise	313
Landwirtschaft	292
Abfallentsorgung	265
Umweltverträglichkeitsprüfung	249
Management	217
Wissenschaft & Forschung	184
Altlastensanierung	181
Wasserreinigung	180

Betrachtet man die angegebenen Definitionen getrennt nach Berufsgruppen, so finden sich charakteristische Unterschiede. Die Definitionen der Tätigkeitsfelder der wichtigsten Berufsgruppen sind:[5]

5 Basis sind die Tätigkeitsfeldbeschreibungen von Befragten, die genau ein Studienfach angegeben haben. Diese Gruppen sind die „reinen“ Berufsgruppen. Unberücksichtigt bleibt hier die Raumplanung, die in der Schweiz fast ausnahmslos als Nachdiplomstudium angeboten wird.

Berufsgruppe	Wichtigstes Tätigkeitsfeld	Anteil bei dieser Berufs gruppe
Agrar- und Forstwissenschaften	Landwirtschaft	15,5%
Umweltnaturwissenschaften	Wissenschaft & Forschung	7,0%
Biologie	Naturschutz	8,4%
andere Ingenieurwissenschaften	Vermessungen, Karten & GIS	7,7%
Umweltingenieurwissenschaften	Abwasser	8,2%
Geologie	Altlasten	20,6%

Tabelle 7: Wichtigste Tätigkeitsfelder („Problem-Definitionen") nach Berufsgruppe

Zunächst fällt eine gewisse „intuitive Stimmigkeit" auf: Agrar- und Forstwissenschafter sehen ihr wichtigstes Tätigkeitsfeld in der „Landwirtschaft", Biologen definieren ihre Aufgaben unter der Rubrik „Naturschutz", und Geologen als „Altlasten". Die Umweltnaturwissenschafter hingegen nennen als einzige Berufsgruppe (mit Ausnahme der „anderen Ingenieure") keinen konkreten, auf Umweltprobleme bezogenen Anknüpfungspunkt! Ihr wichtigstes Betätigungsfeld ist „Wissenschaft & Forschung". Selbst die zweit- und drittwichtigsten Tätigkeitsfelder der Umweltnaturwissenschafter, nämlich „Beratung & Expertise" sowie „Aus- und Weiterbildung", zeigen nur einen *abstrakten* Bezug zu Natur oder Umwelt. Wie passen dieser Mangel an konkretem Umweltbezug und die zentrale Bedeutung der Umweltnaturwissenschaften zusammen?

5. Professionalisierung: Bei hochqualifizierten Umweltdienstleistungen wenig ausgeprägt

Andrew Abbott (1988) behauptet, dass der wichtigste „Trumpf" der Berufsgruppen im Wettbewerb um Zuständigkeiten ihr problemspezifisches Wissen ist. Er behauptet zudem, dass dem abstrakten, akademischen Wissen heute eine entscheidende Rolle zukommt.

Abbott unterscheidet zwei Formen von Abstraktheit. Erstens, eine Form von Abstraktheit, die sich auf den Inhalt der Problemdefinition bezieht und die im Folgenden als *Problemreduktion* bezeichnet wird. Sie bezieht sich darauf, wie nahe oder wie fern vom Ausgangsproblem eine Berufsgruppe das Problem inhaltlich definiert. In diesem

Sinne ist die Definition von Gewässerverschmutzung als „Abwasserproblem" (Ingenieure) oder als „Störung von Lebensgemeinschaften" (Biologen) eine relativ „unreduzierte" Problemdefinition, das heißt nah am zugrundeliegenden Umweltproblem. Demgegenüber ist sie Sichtweise des Problems „Gewässerverschmutzung" als ein Problem der (Umwelt-) „Beratung", „Forschung" oder des „Managements" stark reduziert, das heißt abstrakt in dem Sinne, dass ein konkreter inhaltlicher Bezug auf Umweltprobleme nicht mehr zu erkennen ist. Solche Problem-Definitionen könnten sich auch auf Eheprobleme oder Finanzanlagen beziehen.

Die Abstraktionsform der Problemreduktion hat im Wettbewerb, wer für welche Probleme zuständig ist, eine *offensive* Funktion. Weil reduzierte Problemdefinitionen inhaltlich wenig festgelegt sind, können sehr umfassende Ansprüche erhoben werden. Mit einer Problemdefinition „Management" können Umweltfachleute Bezug nehmen auf fast alle Bereiche eines Problemfeldes: „Managen" lassen sich Ausbildungsprobleme genau wie Bau-, Landwirtschafts- oder Abfallprobleme. Mit derart reduzierten Definitionen können auch Berufsgruppen Zuständigkeitsansprüche erheben, deren Wissenssystem kaum inhaltlichen Bezug zum Umweltbereich aufweist, wie zum Beispiel Juristen oder Informatiker.

Als zweite Form von Abstraktion unterscheidet Abbott *Formalisierung.* Sie bezieht sich darauf, wie Fachleute Probleme bearbeiten. Einen hohen Formalisierungsgrad haben Problemdefinitionen, wenn Fachpersonen Probleme mit formalen oder gar mathematischen Verfahren angehen. Abbott erläutert Formalisierung am Beispiel der modernen Teilchenphysik: Niemand würde es wagen, Fragen der Teilchenphysik anzugehen, der nicht den mathematischen Formalismus dieser wissenschaftlichen Disziplin beherrscht. Formalisierung hat folglich eine *defensive* Funktion. Denn damit dieser Mechanismus greifen kann, muss das Verfahren, wie eine bestimmte Berufsgruppe Probleme löst, bereits akzeptiert sein. Das heißt ihre Zuständigkeit ist geklärt.

Im Feld der Umweltprobleme und Umwelttätigkeiten sind die Zuständigkeiten noch nicht allgemein etabliert. Daher ist zu erwarten:

- Die Abstraktionsform „Problemreduktion" sollte als offensiver Mechanismus zur Etablierung von Zuständigkeiten eine wichtigere Rolle spielen als die defensive Ab-

straktionsform „Formalisierung". Denn eine bestimmte Berufsgruppe muss ja noch keine etablierte Zuständigkeit verteidigen.
- Aus demselben Grund sollte sich „Problemreduktion" auch stärker auf die Konkurrenz im Feld der Umweltprobleme und Umwelttätigkeiten auswirken als „Formalisierung". Den Berufsgruppen geht es heute erst einmal darum, eine gewisse exklusive Definitionsmacht bei Umweltfragen zu erlangen, und zwar mittels Problemreduktion.

Die Vermutungen lassen sich anhand der erhobenen Daten bestätigen. Zum Einen zeigt die Verteilung der Abstraktionsgrade, dass hoch reduzierte Definitionen wesentlich häufiger auftreten als hoch formalisierte. 48,6 Prozent aller Tätigkeitsfeld-Definitionen sind stark „reduziert", jedoch nur 16,1 Prozent stark „formalisiert":

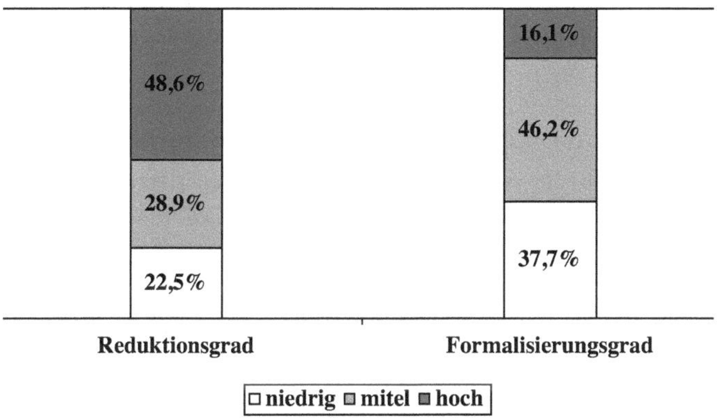

Abbildung 2: Reduktions- und Formalisierungsgrade bei den „Problem-Definitionen" der Schweizer Umweltfachleute. Die große Bedeutung der inhaltlichen Abstraktion (Reduktion) zeigt sich am hohen Anteil hoch reduzierter, d.h. sehr abstrakter Problem-Definitionen (48,6%). Umgekehrt zeigt der vergleichsweise niedrige Anteil hoch formalisierter Problem-Definitionen (16,1%) die geringe Bedeutung von Formalisierung in dem noch wenig professionalisierten Feld der Umweltdienstleistungen.

Zum Zweiten findet sich ein deutlich signifikanter Zusammenhang zwischen der Intensität der Konkurrenz und dem Reduktionsgrad von Problemdefinitionen. Der Zusammenhang zwischen Konkurrenz und Formalisierungsgrad ist hingegen nur schwach ausgeprägt

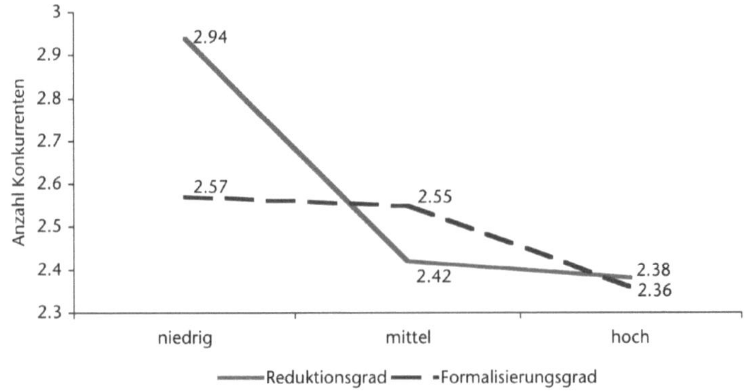

Abbildung 3: Anzahl der Konkurrenten nach Reduktions- bzw. Formalisierungsgrad. Die mittlere Zahl der in Tätigkeitsfeldern wahrgenommenen Konkurrenten sinkt (von 2,94 auf 2,42 bzw. 2,38), wenn der Grad der Reduktion steigt (von niedrig auf hoch). Einen hohen Reduktionsgrad (und wenig Konkurrenz) haben Tätigkeitsfelder wie z.B. „Beratung" und „Management", einen niedrigen Reduktionsgrad (und viel Konkurrenz), haben Tätigkeitsfelder wie z.B. „Naturschutz" und „Altlasten". Wie man sieht, ist der Zusammenhang mit Konkurrenz für den Formalisierungsgrad weniger deutlich als für den Reduktionsgrad.

Wie Abbildung 3 zeigt, findet sich die größte Konkurrenz im Bereich der konkret (das heisst wenig abstrakt) definierten Tätigkeitsfelder – zum Beispiel im Naturschutz, bei Altlastenproblemen oder Gewässerverschmutzung. Der Wettbewerb erfolgt heute offenbar auf den Kernfeldern des Umweltbereichs. Dies wären die Tätigkeitsfelder, die eine erstarkte Umweltprofession für sich in Anspruch nehmen müsste (vgl. Mieg 2001). Damit zeigt sich auch, dass hochqualifizierte Umweltdienstleistungen noch wenig professionalisiert sind.

Betrachten wir nun die Reduktionsgrade der Problemdefinitionen aufgeschlüsselt nach Berufsgruppen. Wir beschränken uns dabei auf die drei «im Feld» zentralen Berufsgruppen der Umweltnaturwissenschafter, Biologen und Umweltingenieure:[6]

6 Basis sind die Befragten, die jeweils nur das entsprechende Studienfach als akademischen Ausbildungshintergrund angegeben haben, dies sind 415 Umweltnaturwissenschafter, 308 Biologen und 195 Umweltingenieure (siehe Tabelle 1).

Berufsgruppe	Grad der Problemreduktion			
	niedrig	mittel	hoch	Mittelwert[7]
Umweltnaturwissenschafter	26,0%	12,8%	61,2%	2,35
Biologen	25,0%	20,8%	54,2%	2,29
Umweltingenieure	37,9%	19,5%	42,6%	2,05

Tabelle 8: Grad der Problemreduktion bei der Definition von Tätigkeitsfeldern

Dargestellt für die Umweltnaturwissenschafter, Biologen und Umweltingenieure. Wir sehen, dass die Umweltnaturwissenschafter den höchsten Anteil an abstrakten („hoch reduzierten") Tätigkeitsdefinitionen aufweisen (61,2%). Die Tätigkeitsdefinitionen der Umweltnaturwissenschafter haben zudem den höchsten Reduktionsgrad (im Mittel 2,35).

Die Umweltnaturwissenschafter weisen die am stärksten reduzierten Problemdefinitionen auf. Hier findet sich auch der höchste Anteil an hoch reduzierten Problemdefinitionen. Und es zeigt sich die akademisch-wissenschaftliche Basis der Umweltnaturwissenschaften mit ihrem *generalistischen* Ansatz. Umweltnaturwissenschafter treten offensiv auf. Möglicherweise auch getrieben durch das Fehlen einer etablierten Zuständigkeit für ein bestimmtes Problemfeld, erheben sie den generellen Anspruch, Lösungen zu Umweltfragen bieten zu können. Nicht ohne Erfolg. Die Umweltnaturwissenschafter werden als zentrale Konkurrenten wahrgenommen. Generalistentum zahlt sich offenbar aus.

Mit Blick auf eine mögliche Professionalisierung lässt sich vermuten, dass die Umweltnaturwissenschaften der naheliegende Kandidat für eine *Umweltprofession* sind, mit der Biologie als wichtigster Konkurrentin. Die Umweltingenieure gelten zwar – aus Sicht der anderen Berufsgruppen – als zweitwichtigster Konkurrent. Sie sind jedoch kein Kandidat für eine Umweltprofession, die eine *umfassende* Zuständigkeit für ein bestimmtes Problemfeld durchsetzen könnte. Im Falle einer Professionalisierung übernähmen die Umweltingenieure vermutlich die Rolle von technischen Spezialisten, die von einer Umweltprofession je nach Bedarf

7 Den Reduktionsgraden wurden wie folgt Werte zugewiesen: niedrig=1; mittel=2; hoch=3. Daraus wurde der Mittelwert als ein Gesamtmaß für die Reduziertheit von Problem-Definitionen errechnet.

hinzugezogen werden.

Sollten sich die Ingenieure aufgrund ihrer gesellschaftlichen Machtstellung – gut sichtbar in der Bedeutung des Schweizerischen Ingenieur- und Architektenvereins (SIA) – die Zuständigkeiten für die Bearbeitung von Umweltproblemen sichern können, wäre die Folge vermutlich keine Professionalisierung, sondern eine „Kolonialisierung" des Tätigkeitsfeldes.

Ihre Zuständigkeit würde nicht mit einer umfassenden Perspektive auf Umweltprobleme und Natur einhergehen, sondern sich auf ihre technische Kompetenz für Teilprobleme stützen. Auch dies ist ein mögliches Szenario.

6. Die europäische Perspektive: Ingenieure als Meinungsführer und die Rolle der Schweiz

Im Vergleich mit anderen europäischen Ländern ist in der Schweiz die Professionalisierung im Umweltbereich sogar relativ weit vorangeschritten. Es gibt eine erfolgreiche umweltspezifische Hochschulausbildung und – anders als zum Beispiel in Deutschland – einen Umweltberufsverband. Von daher wäre zu erwarten, dass die Zuständigkeit für Umweltprobleme langfristig in die Hände der Umweltnaturwissenschaften oder einer anderen Umweltprofession mit akademischer Basis übergeht. Doch dürfen wir die Entwicklung in der Schweiz nicht isoliert betrachten.

Die europäische Kommission hat 2003 die Berufsverbände eingeladen, sich an der Definition von beruflicher Qualifikation in Europa zu beteiligen. Dies bedeutet eine Aufwertung der Professionen, denn zuvor waren in erster Linie nationale Kommissionen gefragt. Neben der medizinischen Profession und den Juristen sind die Ingenieurverbände bereits stark auf europäischer Ebene vertreten. Zum Einen gibt es die FEANI (Fédération Européenne d'Associations Nationales d'Ingénieurs), die daran ist, unter dem Titel des „EurIng" europäische Berufsstandards für Ingenieure zu definieren. Zum Anderen die EFCA (European Federation of Engineering Consultancy Associations), eine Vereinigung von mehr als 8000 europäischen Ingenieurbüros. Die EFCA wurde 1992 als Repräsentanz bei der Europäischen Kommission gegründet.

So verwundert auch nicht, dass die Ingenieure aktuell auch die europäische Vertretung der Umweltberufe übernommen haben. Hierzu wurde die so genannte EFAEP (European Association of Environmental Professionals) gegründet. Biologen und Fachleute mit naturwissenschaftlicher Ausbildung sind hier nachrangig vertreten.

Die Schweiz wird im Rahmen der bilateralen Verträge mit der Europäischen Union unter anderem auch im Bereich der „Umwelt" mitarbeiten und der Europäischen Umweltagentur beitreten. Welche Wirkung dieser Schritt hat, bleibt abzuwarten. Eventuell könnten auf diesem Weg nicht-technische Umweltfachleute eine stärkere Rolle als bisher spielen.

Literatur

Abbott, A. (1988). The system of professions. Chicago: The University of Chicago Press.

de Sombre, S., Woschnack, U., Näf, M., & Mieg, H. A. (2002). Professionelle Umwelt-Tätigkeiten in der Schweiz 2001: Bericht zur Befragung Herbst 2001. Bern: Schweizerischer Verband der Umweltfachleute SVU/ETH Zürich: Professur für Mensch-Umwelt-Beziehungen.

Mieg, H. A. (2001). Umwelt und Profession. Gaia, 10, 182–189.

Mieg, H. A., & de Sombre, S. (2004). Wem vertrauen wir Umweltprobleme an? Gefragt sind Generalisten mit akademisch-abstraktem Wissen (NFP43, Synthesis 17). Bern: Schweizerischer Nationalfonds. Online verfügbar: www.snf.ch/SiteCollectionDocuments/nfp/nfp43_mieg_synthesis17.pdf

Mieg, H. A., & Pfadenhauer, M. (Hrsg.). (2003). Professionelle Leistung – Professional Performance: Positionen der Professionssoziologie. Konstanz: UVK.

Teil II

Professionspolitik

5

Professionspolitik ohne Professionen?

Im Folgenden handelt es sich um den Beitrag für eine Tagung des Arbeitskreises „Professionelles Handeln" am Max-Planck-Institut für Bildungsfoschung in Berlin, 6.6.1998.

„Profession" ist, zumindest in Hinsicht auf die kontinentaleuropäischen Formen von „freien" Dienstleistungen, ein problematischer Begriff. Die historische und gesellschaftliche Selbständigkeit der anglo-amerikanischen Professions findet wenig Parallelen im kontinentaleuropäischen System der staatlich getragenen Ausbildungsberufe (gemeint sind v.a. Deutschland und Frankreich). Auch die historische Rückbindung von „Profession" auf die Fakultäten der mittelalterlichen Universität – darunter Medizin, Recht und Theologie – trifft nicht auf die englischen Professions zu (cf. Parsons, 1968). Die Politik amerikanischer Professions, insbesondere das fortwährende Bestreben um staatliche Lizensierung (cf. Freidson, 1986), steht in einer völlig anderen Tradition als die Interessens- und Berufsverbandspolitik kontinentaleuropäischer Ausbildungsberufe. Es fragt sich, ob wir aus der langen Tradition anglo-amerikanischer Professionsforschung (Carr-Saunders, Hughes, Parsons, Freidson, Abbott...) fruchtbare Verallgemeinerungen gewinnen. Für Hall (1968) war der Konflikt zwischen professionellem Handeln und bürokratischer Organisation unmittelbares Indiz für Professionsautonomie. Wenn wir hingegen das Thema Autonomie und Professionspolitik aufgreifen wollen, sollten wir uns vergewissern, inwiefern wir unter kontinentaleuropäischen Verhältnissen überhaupt mit dem Phänomen Profession rechnen können.

Professions = freie Berufe?

Was ist eine Profession? Ein Gemeinplatz der Professionssoziologie ist, dass Profession nicht als Bündel von Merkmalen verstanden werden kann. Dennoch ist die Angabe von eingrenzenden Merkmalen forschungspragmatisch unabdingbar. Im Lehrbuch von Hodson und Sullivan über Berufsarbeit, 1990, finden wir folgende Definition:

> Many sociologists would define a profession as a high-status, knowledge-based occupation that is characterized by
> (1) *abstract,* specialized knowledge,
> (2) *autonomy,*
> (3) *authority* over clients and subordinate occupational groups, and
> (4) a certain degree of *altruism.*
> We will refer to these four characteristics as the hallmarks of a profession.
> (Hodson & Sullivan, 1990, p. 258)

Viele der Definitionsversuche führen auf den Handbuchartikel Parsons` von 1968 zurück, dort heißt es:

> First among these criteria is the requirement of formal technical training accompanied by some institutionalized mode of validating both the adequacy of the training and the competence of trained individuals. [...] giving prominence to an intellectual component [...]
> The second criterion is that not only must the cultural tradition be mastered, in the sense of being understood, but skills in some form of its use must also be developed.
> The third and final core criterion is that a full-fledged profession must have some institutional means of making sure that such competence will be put to socially responsible uses.
> (Parsons, 1968, p. 536)

Parsons hebt in seinem Beitrag die „intellectual component" hervor. Generell gilt die Wissensbasierung, meist akademisch gestützt, als wesentlich für professionelle Tätigkeit. In diesem Sinne nannte Freidson seine Arbeit über „professional powers", 1986: „a study of the institutionalization of formal knowledge". Zugleich machte Freidson deutlich, dass diese Institutionalisierung zu einer Autonomie von Professionen geführt hat, wie sie in Kontinentaleuropa unbekannt ist. Das Faktum der Autonomie von Professionen – das zweite Merkmal in Hodson und Sullivans Definitionsversuch – berechtigt Abbott (1988) und andere, Professionen als historische Entitäten zu verstehen. Dies steht in gewissem Gegensatz zu den freien Berufen und Ausbildungsberufen in Kontinentaleuropa – z.B. Deutschland und Frankreich – die dem regulativen Zugriff durch Staat und Arbeits- und Bildungspolitik unterliegen. Ein Resümée von Daheim (1992):

> Seit einiger Zeit gibt es auch aus amerikanischer Sicht Bedenken gegen die Verbreitung des Modells. So besteht etwa Freidson (1986) darauf, dass Professsion und Professionalisierung im Kontext der spezifisch angelsächsischen gesellschaftlichen Entwicklung analysiert werden müssen. Dagegen vertritt Rüschemeyer (1986) unter Hinweis auf Webers Bürokratiemodell die Möglichkeit der Generalisierung eines (revidierten) angelsächsischen Modells [...] (S. 21)

Exkurs: Schwierigkeiten für ein Verständnis des Phänomens Profession auf Grundlage von professioneller Selbstdarstellung – die Rolle von Professionellen vor Gericht

Nun finden sich auch in der anglo-amerikanischen Professionssoziologie interaktionistische Ansätze, die nicht zwangsläufig eine Hypostasierung des Phänomens Professions implizieren. Hughes etwa bestimmt Profession über die Tätigkeit der Professionellen:

> A profession delivers esoteric services – advice of action or both – to individuals, organizations or government [...] Professionals *profess.* (Hughes, 1965, pp. 1–2)

Diese Charakterisierung trifft grosso modo auch auf die freien Berufe in Deutschland und Frankreich zu. Von daher scheint der handlungsorientierte, interaktionistische Ansatz geeignet, die von Rüschemeyer (1986) geforderte Verallgemeinerung des anglo-amerikanischen Modells herbeizuführen.

Welche Schwierigkeiten sich jedoch für eine solche Verallgemeinerung auftun, zeigt das Beispiel der Rolle der Professionellen vor Gericht. Untersuchungen zu amerikanischen Gerichten (z.B. Jasanoff, 1995) zeugen von ausgeprägtem professionellen Imagemanagement. Eine Interpretation im

Sinne Goffmans (1959) scheint sich aufzudrängen. Eine solche Interpretation vernachlässigt jedoch die institutionellen Rahmenbedingung, die das anglo-amerikanische Recht – im Sinne des „common law" – setzt.

Der amerikanische Prozess läßt sich mit den Worten von Robert H. Jackson, ehemals Mitglied des US Supreme Court, wie folgt charakterisieren:

> A *common law* trial is and always should be an adversary proceeding. (Abraham, 1993, p. 96)

Für Professionsangehörige, die als Experten vor Gericht – „expert witnesses" – auftreten bedeutet dies:

1. Expert witnesses sind Zeugen.
2. Expert witnesses sind parteilich.
3. Sie unterliegen dem Cross-examination.

Professionsangehörige treten vor amerikanischen Gerichten in der Regel als Zeugen einer Prozesspartei auf. Zu ihrer Rolle gehört daher Parteilichkeit. Da sie als Zeugen auftreten, müssen sie irgendeine Art von (abgeleitetem) Zeugnis und Augenschein von der zu verhandelnden Sache darlegen können. Sie können sich nur bedingt auf professionelle oder fachliche Standards berufen, zumal da die Gegenpartei frei ist, einen Experten zu berufen, der die professionellen und fachlichen Standards anders einschätzt. Im Cross-examination versuchen die Anwälte, die Glaubwürdigkeit des Experten der Gegenseite in Frage zu stellen. Der Experte muss vor der Jury seine Glaubwürdigkeit verteidigen. Letztlich ist es die Jury, die über die Sache zu befinden hat. Zu einer Studie über „expert witnesses" (Cecil & Willging, 1993) beklagte ein Richter:

> the „swearing contests" that take place between expert witnesses are a national disgrace (p.13)

Die Studie untersuchte ein Phänomen an amerikanischen Gerichten, nämlich den seltenen Einsatz von „court-appointed experts", also von Sachverständigen, die vom Gericht berufen werden. Die Studie zeigte, dass zwar 87% der Richter den Einsatz von offiziellen Sachverständigen für sinnvoll halten (table 2, p. 19), jedoch nur 20% jemals einen Sachverständigen beriefen (table 1, p. 8) – die meisten davon (52%) nur ein einziges Mal. Der Hauptgrund liegt

– neben der Achtung vor dem „adversary system" – in der ungebührlichen Objektivität, die eine Jury einem offiziellen Sachverständigen zurechnen wird. Die Studie berichtet von einem Beispiel:

> The most dramatic illustration of dominance by a court expert occurred in a case in which a large number of workers claimed damages due to working conditions. At the behest of the court, a physician examined all of the workers and reported findings for each plaintiff. The physician's court-appointed status was disclosed to the jury, and the judge reported „the jury discounted the experts for each side". In fact, in each individual case, the jury followed the findings of the court-appointed expert, finding sometimes for the plaintiff and sometimes for the defendant. (Cecil & Wilging, 1993, p. 54)

Das kontinentaleuropäische Rechtssystem ist wesenlich stärker systematisch differenziert. Von daher wird auch die Rolle von Sachverständigen enger bestimmt. Nach deutscher Prozessordnung (ZPO §§ 404–414, StPO §§ 72–92) gilt für Sachverständige:

1. Sachverständige sind nicht Zeugen, sondern „persönliche Beweismittel". Als Zeugen müssten sie von der Tat oder dem Sachverhalt persönlich Kenntnis bekommen haben. Dies ist in der Regel nicht der Fall. Stattdessen stellen sie Beweismittel für die Urteilsfindung des Gerichts dar. Die Urteilsfindung bleibt ausschließlich Sache des Gerichts und braucht nicht den Schlüssen der Sachverständigen zu folgen.
2. Sachverständige sind „Gehilfen des Gerichts", sie sind grundsätzlich vertretbar. Das Gericht bzw. der Richter bestimmt die Sachverständigen. Da sie keine Zeugen sind, sind sie auch vertretbar, austauschbar. Die Urteilsfindung darf nicht davon abhängen, welcher individuelle Sachverständige zu Rate gezogen wurde.
3. Sachverständige verfertigen i.d.R. ein Gutachten, das verständlich und nachvollziehbar sein muss. Sie erhalten vom Gericht bzw. dem Richter eine spezifische Sachfrage gestellt. Die Ausführung des Gutachtens erfolgt unter Anleitung des Gerichts.

Nach amerikanischem Recht wird der Experte bzw. Professionelle als Person Teil des Prozesses. Aus Sicht der deutschen Prozessordung reduziert sich die Rolle des Sachverständigen auf die Anfertigung eines Gutachtens zuhänden des Gerichts. Auf diese Weise versuchen die deutschen – und anderen kontinentaleuropäischen – Prozessordnungen das Sachverständigenwissen zu nutzen und zugleich den Einfluss von Objektivitätszuschreibungen an den Sachverständigen auszuschalten. Dies zeigt sich nicht zuletzt in den Grundsätzen für das Abfassen des Gutachtens:

> ... für den Inhalt [...] und für die Gliederung hat als oberster Grundsatz zu gelten, dass ein jedes Gutachten aus sich heraus verständlich ist – auch für einen mit den gegebenen Verhältnissen nicht vertrauten Dritten. Dazu gehört, dass es alle tatsächlichen Angaben enthält, die zum Erfassen des Sachverhaltes und zum Verständnis der weiteren Ausführungen erforderlich sind, und das es die einzelnen Gedankengänge und Schlußfolgerungen so lückenlos erkennen läßt, dass sie in ihrem logischen Zusammenhang für jedermann, sofern er nur hinreichend vorgebildet ist, "nach-gedacht" und nachgeprüft werden können (Wellmann, 1988, S. 21).

Der Vergleich zwischen der Rolle von Professionellen aus der Sicht der amerikanischen und deutschen Prozessordungen soll zeigen: Eine vorschnelle theoretische Generalisierung von Tätigkeiten von Professionellen läuft Gefahr, implizite institutionelle Rahmenbedingungen als allgemein zu betrachten. Eine ausführliche Diskussion findet sich bei Mieg (1998b).

„Professionspolitik“ am Beispiel der Schweizer Gewässerschutzgesetzgebung

Wie bereits dargelegt (Mieg, 1997b), ist der Markt der Umweltdienstleistungen ein Feld, auf dem wir die „Aushandlungen, Auseinandersetzungen oder Abgrenzungskämpfe“ (M. Corsten) unterschiedlicher Berufsgruppen studieren können. Ingenieure, Biologen, Raumplaner und neue „Umwelt“-Ausbildungsberufe konkurrieren dort. Insbesondere können wir das Entstehen einer neuen „Profession“ – der Umweltfachleute – von den ersten Anfängen an verfolgen. Unsere Untersuchungen beziehen sich auf die Schweiz. Die Bedingungen für das Entstehen einer neuen Umwelt“profession“ sind in der Schweiz günstig: Umwelt gilt als anerkanntes Problemfeld; „Natur“ ist ein anerkannter bzw. verteidigbarer gesellschaftlicher Wert; es gibt akademische Umwelt-Ausbildungsgänge; Umwelt-Berufsverbände formieren sich. Gleichwohl können die Umweltfachleute bislang bestenfalls als eine Proto-Profession gelten.

Bussman (1981) hat den historischen Aspekt von Umwelt-“Professions“-Politik in der Schweiz am Beispiel der Gewässerschutzgesetzgebung ausführlich dokumentiert. Der Schutz des Trinkwassers ist ein altes kommunales bzw. staatliches Anliegen. Die ersten Ansätze zu einer gesetzlichen Regelung des Gewässerschutzes finden sich in der Schweiz im Fischereigesetz von 1888, das nach Bekunden des Bundesrates 1953 jedoch „weitgend toter Buchstabe geblieben“ war. 1944 gründete sich der *Verband Schweizerischer Abwasserfachleute* (VSA) als ein „Interessenverband freierwerbender Ingenieure“. Der Leiter, Nationalrat Zigerli, brachte im Bundesrat ein Postulat ein, um die Notwendigkeit einer gesetzlichen Regelung des Gewässerschutzes zu prüfen. Als Ergänzung bzw. Konkurrenz zum VSA gründete sich 1949 die *Schweizerische Vereinigung für Gewässerschutz* (heute Schweizerische Vereinigung für Gewässerschutz und Lufthygiene, VGL), worin sich die „idealistischen“ Gewässerschützer wiederfanden. Deren Vorsitzender, Prof. Jaag, leitete ab 1950 die außerparlamentarische Kommission, die einen Entwurf für einen Verfassungsartikel zum Gewässerschutzgesetz erarbeiten sollte. Auf die weitere Geschichte der Gewässerschutzgesetzgebung nahm nicht zuletzt die Verwaltung Einfluss. Zu diesem Zweck gründete sich auf der Ebene der Fachstellenleiter sogar ein Verband, die *Vereinigung kantonaler Gewässerschutzlimnologen* (VkGL). Die Anfänge der schweizerischen Umweltschutzgesetzgebung (und damit des Umweltschutzmarktes) bestimmen sich also gleichermaßen durch „professionelle Politik“ wie durch „Professionspolitik“.

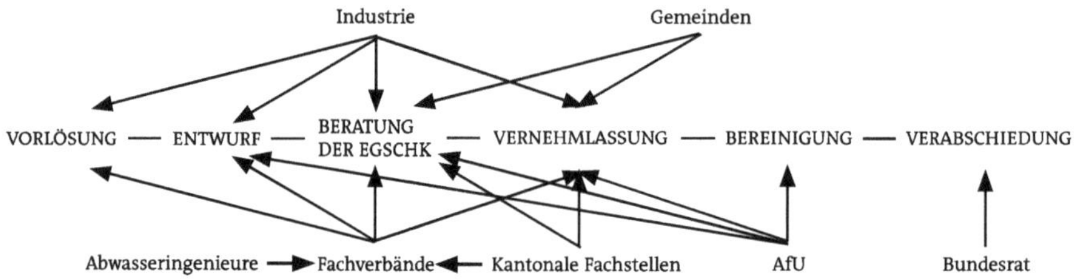

Abbildung 1: Die wichtigsten Akteure bei der Erarbeitung des Schweizerischen Gewässerschutzgesetzes, ein Zusammenwirken von „professioneller Politik" und „Professionspolitik"; Professionelle (Abwasseringenieure) gründeten einen Verband (VSA), als Reaktion kam es zu einer alternativer Verbandsgründung (VGL). AfU=Amt für Umweltschutz; EGSCHK=Eidgenössische Gewässerschutzkommision Abbildung nach Bussmann (1981, Abb. 12, S. 228)

Professionspolitik im Zusammenhang mit der Gesetzgebung zum Schweizerischen Gewässerschutzgesetz (Zitate aus Bussmann, 1981)

Sieben private Ingenieure empfanden den Mangel, „dass unter den schweizerischen Abwasserfachleuten aller die Abwassertechnik berührenden Fachgebiete kein Zusammenhang besteht" und ergriffen die Initiative zur Gründung des *Verbands Schweizerischer Abwasserfachleute* (VSA). Der Verein konstituierte sich am 3. Juli 1944 in Zürich und wurde zu einem großen Teil von den Fachleuten dieses Kantons und seiner Nachbarkantone getragen. Der Schulterschluss unter den Abwasseringenieuren gab Nationalrat Zigerli, selbst Inhaber eines Ingenieurbüros und Mitgründer des VSA, genügend Rückendeckung, um einige Tage später im Nationalrat die Schaffung eines eidgenössischen Gewässerschutzgesetzes zu fordern.

Vor allem die beruflich mit dem Gewässerschutz nur lose verbundenen idealistischen Gewässerschützer fanden im eher dem SIA [Schweizerischer Ingenieur- und Architektenverein] nachmodellierten Berufsverband nicht das geeignete Forum. Der Fischereiverband, von welchem bis anhin wichtige Impulse für den Gewässerschutz ausgegangen waren, vertrat eher spezifische Interessen. Es galt deshalb, die Gewässerschutzbewegung auf eine breite Basis zu stellen. Diesem Zwecke diente die *Schweizerische Vereinigung für Gewässerschutz*, welche 1949 gegründet wurde. Der Verband hatte damals im wesentlichen die Aufklärung über die drohenden Gefahren von Gewässerverschmutzungen und die "Propaganda" für vermehrten Gewässerschutz zur Aufgabe. (S. 156)

Die Bedeutung der VSA manifestiert sich in ständig zunehmenden Mitgliederzahlen (1960: 257 Mitglieder, 1978: 955 Mitglieder). Allerdings verlief die Entwicklung nicht vollständig reibungslos. Ende der Fünfzigerjahre wollte die Firma Von Roll, welche bis anhin einzelne Bauteile zu Kläranlagen hergestellt hatte, den Bau schlüsselfertiger Anlagen übernehmen. Durch Verhandlungen mit der Geschäftsleitung erreicht der VSA, dass sich das Engagement der Von Roll im Kläranlagenbereich auf vergleichsweise niedriger Stufe hielt. Dies trug sicher dazu bei, dass sich der Bau von Kläranlagen auf kommunaler Ebene relativ leicht durchsetzen ließ, weil lokale Ingenieure und Bauunternehmer davon profitieren. Divergenzen ergaben sich jedoch auch innerhalb der im VSA vertretenen Berufssparten. Vor allem die kantonalen Gewässerschutzchemiker und Limnologen fanden im abwassertechnisch orientierten VSA nicht das geeignete Forum für ihre Anliegen. Sie waren mit schwierigen administrativen Problemen konfrontiert, welche den Anstoß zur Gründung der *Vereinigung kantonaler Gewässerschutzlimnologen* (VkGL) gaben.

Hängt das Ausmaß beruflicher (professioneller) Autonomie von der Aktivität der Profession ab? – Daten vom Schweizer Umweltmarkt

Die Konkurrenz zwischen den „Professionen" auf dem Schweizer Umweltmarkt folgt – wie gezeigt (Mieg, 1997b) – Abbotts Beschreibung inner- und interprofessioneller Konkurrenz (1988): Der Wettbewerb der Professionen bestimmt sich demnach durch die unterschiedliche Definitionsmacht der Professionen für bestimmte Problemlösungen.

Wie aber steht es um professionelle Autonomie", d.h die Fähigkeit der „Selbstbestimmung" der Umweltfachleute? In der Schweizer Befragung der Umweltfachleute 1997 finden wir einige Größen, die als (grobe) Indikatoren für professionelle Autonomie herangezogen werden können. Dies sind:

- berufliches Prestige (Selbsteinschätzung)
- Wichtigkeit des potentiellen Gutachterstatus
- politische Macht/Einflussnahme
- der Betriebsumsatz.

In der Schweiz – wie in Deutschland und Frankreich – bestimmen sich Professionen im wesentlichen als Ausbildungsberufe. Es zeigt sich jedoch, dass die Autonomie-Indikatoren nicht alle von der Ausbildung abhängen (vgl. Tabelle 1). Auch der professionelle Problem- bzw. Tätigkeitsbereich und das Ausmaß der Verbandstätigkeit bestimmen die wahrgenommene Autonomie. Autonomie in Form von politischer Macht und Einflussnahme scheint nur über Verbandstätigkeit realisiert. Der Einfluss der Ausbildung zeigt sich hingegen beim wahrgenommen beruflichen Prestige und in der beruflichen Selbstdefinition. Die Ausbildung bestimmt immerhin bei 50% der Umweltfachleute die berufliche Selbstdefinition (vgl. Tabelle 2). Professionelle Selbstdefinition und professionelle Politik (im engeren Sinne von politischer Einflussnahme) scheinen also nicht notwendig parallel zu laufen.

Unabhängige Variable	**Erklärte Variable**
Ausbildung	Gutachterstatus** & Prestige*
Problemfeld-Tätigkeitsbereich	Gutachterstatus** & Betriebsumsatz*
Verbandstätigkeit	politische Macht**

Tabelle 1: Indikatoren der Autonomie (rechte Tabellenhälfte) und Bedingungen, von denen sie abhängen könnten (linke Tabellenhälfte). Ergebnisse aus Umweltmarkt- und Umweltfachleute-Befragung 1997 (Mieg, 1998a). Korrelationen zwischen den Indikatoren der Autonomie bestehen nur für Macht & Prestige ($r=.2$, $p<.01$) sowie Macht & Betriebsumsatz ($r=.2$, $p<.01$).
* $p<.05$ ** $p<.01$ (ANOVA), N=406

Weitere Re-Analysen dieser Daten zeigen: Die Indikatoren der Autonomie variieren nicht nach der Mitgliedschaft im Berufsverband (*Schweizerischer Verband der Umweltfachleute*, SVU). Sie zeigen zudem keinerlei Zusammenhang mit dem Berufshandlungswissen, weder im Sinne von Fachwissen noch von Schlüsselqualifikationen.

Wir sehen also im Fall des Schweizer Umweltbereichs: Die politische Einflussnahme der Professionellen erfolgt über die Tätigkeit für Verbände, die nicht Berufsverbände zu sein brauchen; auch Interessen- und Fachverbände sind „professions"-politisch aktiv (vgl. auch Höpflinger, 1984).

Die zehn häufigsten Nennungen:	Σ	Ausbildung	Profession (Umwelt/ Natur / Ökologie)	Umwelt Problem	sonstiges
Biologe/in	77	x			
Umweltberater/in	26		x		
Ökologe/in	24		x		
Umweltingenieur/in	21		x		
Umweltnaturwissenschaftler/in	19	x			
Ingenieur/in	14	x			
Geograph/in	12	x			
Forstingenieur/in	11	x			
Naturwissenschaftler/in	10	x			
Umweltfachmann/frau	10		x		
Total	396	50 %	29 %	15	6 %

Tabelle 2: Berufliche Selbstdefinition im Umweltbereich (aus Mieg, 1998a). Gefragt wurde: „Angenommen, jemand auf der Straße würde Sie nach Ihrem Beruf fragen, was würden Sie antworten?" Bei 50% bestimmt die Ausbildung die Selbstbezeichnung. 29% der Befragten geben sich eine professions-orientierte Berufsbezeichnung (Zusammensetzungen mit „Umwelt", „Natur" oder „Öko").

Professionspolitik ohne Professionen?

Fassen wir zusammen:

- Das Phänomen Profession ist unter kontinentaleuropäischen Bedingungen schwerer fassbar als in der anglo-amerikanischen Berufswelt. Dies gilt auch für professionelle Autonomie bzw. die Autonomie von Professionen. Fassen wir Professionspolitik als Politik von Professionen auf („Aushandlungen, Auseinandersetzungen oder Abgrenzungskämpfe" nach M. Corsten), so müssen wir fragen, wer die Akteure, d.h. agierenden Einheiten, dieser Politik sind.
- Die Geschichte der Gewässerschutzgesetzgebung in der Schweiz zeigt, wie von einzelnen Professionellen die Verbandsgründung als Mittel der politischen Einflussnahme genutzt werden kann. Eine Re-Analyse von Daten zum Schweizer Umweltmarkt zeigt zudem, dass die Art der Ausbildung keineswegs in jeder Hinsicht das Ausmaß der selbstzugeschriebenen Autonomie bestimmt. Nach Maßgabe dieser Daten erfolgt politische Einfluss-

nahme über Verbände und Vereine – welche nicht Berufsverbände zu sein brauchen.

Kurzum: Ob das Bild von der Profession, die ihre Autonomie gegenüber Staat und anderen Professionen „professionspolitisch“ aushandelt, in dieser Form zutrifft, kann durchaus in Frage gestellt werden.

Literatur

Abbott, A. (1988). The system of professions. Chicago: The University of Chicago Press.

Abraham, H. J. (1993). The judicial process (6th ed.). New York: Oxford University Press.

Bussmann, W. (1981). Gewässerschutz und kooperativer Föderalismus in der Schweiz. Bern: Haupt.

Carr-Saunders, A. M., & Wilson, P. A. (1933/1964). The professions. London: Frank Cass.

Cecil, J. S., & Willging, T. E. (1993). Court-appointed experts: Defining the role of experts appointed under Federal Rule of Evidence 706. Federal Judicial Center.

Daheim, H. (1992). Zum Stand der Professionssoziologie. In B. Dewe, W. Ferchhoff, & F.-O. Radtke (Hrsg.), Erziehen als Profession (S. 21 – 35). Opladen: Leske + Budrich.

Freidson, E. (1986). Professional powers. Chicago: The University of Chicago Press.

Goffman, E. (1959). The presentation of self in everyday life. New York: Anchor Books.

Hall, R. H. (1968). Professionalization and bureaucratization. American Sociological Review, 33, 92–104.

Hodson, R., & Sullivan, T. A. (1990). The social organization of work. Belmont, CA: Wadsworth.

Höpflinger, F. (1984). Verbände. In U. Klöti (Hrsg.), Handbuch Politisches System der Schweiz (S. 163 – 188). Bern: Haupt.

Hughes, E. C. (1965). Professions. In K. S. Lynn (Eds.), The professions in America (pp. 1 – 14). Boston: Houghton Mifflin.

Jasanoff, S. (1995). Science at the bar. Cambridge, MA: Havard University Press.

Mieg, H. A. (1997a). Epistemologische Probleme eine umfassenden Verständnisses professionellen Handelns. In M. Pfadenhauer (Hrsg.), Explorationen zum Begriff des professionellen Handelns (S. 38–41). München: Ludwig-Maximilians-Universität München, Soziologisches Seminar.

Mieg, H. A. (1997b). The Swiss market for professional environmental services: A test of Abbott`s (1988) abstraction criteria for professionalization. In A. Brosziewski & C. Maeder (Hrsg.), Organisation und Profession (S. 100–122). Rorschach / St. Gallen: HFS Ostschweiz, Universität St. Gallen (Universitätsdruck).

Mieg, H. A. (1998). Bericht zur Umweltmarkt- und Umweltfachleute-Befragung 1997. Bern: Schweizerischer verband der Umweltfachleute SVU.

Mieg, H. A. (1998). Expert Thinking and the Expert`Role. Habilitationsschrift, ETH Zürich: Abteilung Umweltnaturwissenschaften.

Parsons, T. (1968). Professions. International Encyclopedia of the Social Sciences, 12, 536 –547.

Rueschemeyer, D. (1986). Power and the division of labour. Cambridge, UK: Polity.

Wellmann, C. R. (1988). Die Pflichten des Sachverständigen und seine zivilrechtliche Verantwortung. In C. R. Wellmann (Hrsg.), Der Sachverständige in der Praxis (S. 1 - 33). Düsseldorf: Werner.

6

Gesundheit – Gerechtigkeit – Natur

Brauchen neue Professionen neue gesellschaftliche Zentralwerte?

Übersicht

Vortrag gehalten am 18.11.1999 auf der Tagung des Arbeitskreises „Professionelles Handeln“ an der Universität Witten-Herdecke.

1. Professionen, Gemeinwohlorientierung, gesellschaftliche Zentralwerte
   Gemeinwohlorientierung von Professionen bzw. Berufsgruppen kann auch als Bezug zu einem gesellschaftlichen Zentralwert verstanden werden.

2. Zentralwert „Natur“: Das Beispiel der Umweltfachleute
   Natur stellt einen Wert dar, der nicht auf ein Schutzgut reduziert werden kann. Der gesellschaftliche Zentralwert Natur ist förderlich für die Professionalisierung von Umweltdienstleistungen (zumindest in der Schweiz).

3. Profession ohne Zentralwert? Das Beispiel der Psychologie
   Der fehlende Bezug der Psychologie zu einem gesellschaftlichen Zentralwert erschwert die Wahrnehmbarkeit von professionellen psychologischen Leistungen sowie die Professionalisierung von Psychologie überhaupt.

4. Zur Handlungsrelevanz von Zentralwerten
   Am Beispiel der Umweltfachleute diskutieren wir: der Bezug zu einem gesellschaftlichen Zentralwert muss sich auch im Verhalten (zumindest hinreichend vieler) einzelner Professioneller widerspiegeln.

5. Schluss
   Brauchen neue Professionen neue gesellschaftliche Zentralwerte? Nein, aber solch ein Bezug erleichtert die Professionalisierung.

1. Professionen, Gemeinwohlorientierung, gesellschaftliche Zentralwerte

Talcott Parsons ging von einer spezifischen Gemeinwohlorientierung von Professionen aus. Die Gemeinwohlorientierung gehörte für Parsons zu den definierenden Eigenschaften von Profession. Als paradigmatisch sah er den Fall der Medizin an.

> ...a full-fledged profession must have some institutional means of making sure that such [professional] competence will be put to socially responsible uses... The most obvious uses are in the sphere of practical affairs, such as the application of medical science to the cure of diseases (Parsons 1968, p. 536).

Terence Johnson (1972, 1977) und andere Forscher widersprachen dieser Sicht vehement und verwiesen auf die Status- und Monopolorientierung von Professionen. Aus der Sicht eines Monopolansatzes sind auch berufsethische Codices nicht Ausdruck von Gemeinwohlorientierung. Die Existenz eines Berufscodex muss so gesehen dem Imagemanagement der Profession zugerechnet werden oder dient zur Standardisierung und berufsständischen Abschließung gegen Konkurrenz von außen (vgl. a. Baer 1987). Gleichwohl gehört Gemeinwohlorientierung – „a certain degree of altruism" (Hodson & Sullivan 1990, p. 258) – heute zur lehrbuchmäßigen Charakterisierung von Profession.

In der Diskussion um Gemeinwohlorientierung werden mitunter verschiedene Thesen miteinander vermengt. Für die Behauptung, dass Professionen gemeinwohlorientiert seien, gibt es mindestens drei Interpretationen:

1. Professionen als Berufsorganisationen dienen dem Gemeinwohl (die funktionalistische These).
2. Alle Professionellen sind gemeinwohlorientiert (eine psychologisierende Unterstellung).
3. Gemeinwohlorientierung legitimiert Professionen.

Aus These 1 folgt nicht notwendigerweise These 2. Eine Gemeinwohlfunktion auf der Ebene Profession impliziert nicht generell prosoziales Verhalten auf der Ebene individueller Professioneller. These 1 macht zudem nur Sinn, wenn man Professionen als historische oder organisatorische Entitäten auffasst. Die Diskussion hierüber haben wir an anderer Stelle geführt (Mieg 1998b).

These 3 scheint auf den ersten Blick unproblematisch, ja trivial. Professionen bzw. Professionelle können ihre Tätigkeit und ihren Status durch Verweis auf eine Art von Gemeinwohlorientierung rechtfertigen. Problematischer wird These 3, wenn man bedenkt, dass sich eine Legitimation auf Dauer nur aufrechterhalten lässt, wenn es einen Realgrund dafür gibt. Nach funktionalistischer Lesart wäre dieser Realgrund in der Gemeinwohlfunktion von Professionen zu sehen (= These 1). Einen anderen Realgrund stellt der Bezug zu einem gesellschaftlichen Zentralwert dar. These 3 meint dann: Es gibt für eine Profession einen Bezug zu einem gesellschaftlichen Zentralwert. Bei der Medizin ist dies gemeinhin „Gesundheit", bei der Juristerei „Gerechtigkeit". Medizin und Juristerei können sich demnach damit rechtfertigen, dass sie der Gesundheit bzw. der Gerechtigkeit dienen. Wichtig ist nicht, dass jeder Mediziner und jede Juristin immer dieser Erwartung entsprechen. Wichtig ist vielmehr, dass von Medizin und Juristerei insbesondere in Abgrenzung zu anderen Berufsgruppen ein solcher Anspruch geltend gemacht werden kann: Wenn eine Berufsgruppe der Gesundheit dient, dann ist dies die Medizin. Über die gesellschaftliche Funktion oder Wirklichkeit dieser Zentralwerte ist damit nichts ausgesagt.

Was sind nun gesellschaftliche Zentralwerte? Im „Staatslexikon" finden wir folgende Definition für „Werte":

> Unter Werten versteht man im allgemeinen diejenigen Instanzen, die konstitutiv sind für den Bereich der Kultur und der Institutionen, innerhalb derer Individuen handeln. (Staatslexikon, Band 5, S. 963)

Diese Definition identifiziert Werte mit geltenden grundlegenden gesellschaftlichen Verhaltensregelungen. Eine solche Definition ist jedoch wenig hilfreich, wenn wir nach dem Spezifischen der Handlungsregulation durch Werte fragen. Was unterscheidet Werte von Anordnungen oder Gesetzen? Grundsätzlich – philosophisch – betrachtet zeichnen sich Werte durch ihren moralischen (bzw. „sittlichen") Charakter aus. Dies bedeutet:

1. Ein Wert ist *an sich gut* (er ist insofern absolut). Er bedarf keines Dritten zur Legitimation.
2. Für Werte gilt *Kontrafaktizität.* Ein Wert verliert nicht dadurch, dass niemand sich an ihn zu halten scheint.

Diese Charakterisierung scheint auch auf Gesundheit und Gerechtigkeit zuzutreffen. Ein – gar exklusiver – Bezug zu einem gesellschaftlichen Zentralwerte kann also eine Berufsgruppe auszeichnen und helfen, berufsständische Interessen durchzusetzen.

Wie steht es mit dem Bezug verschiedener Professionen bzw. Berufsgruppen zu gesellschaftlichen Zentralwerten? Tabelle 1 zeigt einige Beispiele. Der Bezug zu einem Zentralwert scheint offensichtlich bei den paradigmatischen Beispielen Medizin und Juristerei. Er scheint jedoch fraglich bei den Ingenieuren, einer gewachsenen Profession und bei den Unternehmensberatern, einer einflussreichen neuen Berufsgruppe. Technik und Wirtschaftlichkeit haben nur bedingt Wertcharakter. Technik ist und hat keinen Wert an sich, sondern wird in der Regel instrumentell verstanden; Technik dient anderen Zwecken, zum Beispiel dem Verkehr. Vergleichbares gilt für Wirtschaftlichkeit.

Tabelle 1: Professionen / Berufsgruppen und gesellschaftliche Zentralwerte

Medizin:	Gesundheit
Juristerei:	Gerechtigkeit
Ingenieure:	Technik?
Unternehmensberater:	Wirtschaftlichkeit?
Umweltfachleute:	Natur

2. Zentralwert „Natur": Das Beispiel der Umweltfachleute

Einen interessanten Fall bilden die Umweltfachleute, d.h. die professionellen Ökologen. Hier findet sich der Bezug zu einem neuen Wert: Natur. Im berufsethischen Codex des Schweizerischen Verbands der Umweltfachleute heißt es:

> Natur hat Eigenwert. Sie ist deshalb auch dort zu schützen bzw. zu schonen, wo sie nicht von unmittelbarem Nutzen für den Menschen ist. (SVU 1997)

Der Bezug zum Zentralwert Natur wird unter den Umweltfachleute (in der Schweiz) stark bejaht und zwar unabhängig von der Verbandszugehörigkeit oder Einkommen und Umsatz. Die Zustimmung liegt bei 96,5 % (Mieg 1998a). Die verbleibenden 3,5 % der Umweltfachleute, die nur mäßig oder keine Zustimmung gaben, zeichnen sich durch ihren signifikanten Mangel an naturwissenschaftlichem und

Ökosystemwissen aus.

Der starke Bezug zum Wert Natur hat bereits dazu geführt, dass sich der Berufsverband bereits einmal umbenannt hat. Zuvor hieß er „Schweizerischer Verband der Ökologinnen und Ökologen". Nach einer ersten Konsolidierungsphase von rund 10 Jahren schien der Name zu „grün", das heißt zu „ideologisch" und zu wenig „professionell". Deswegen nannte sich der Verband Mitte der 90er Jahre um.

Die Umbenennung verdeutlicht überdies, dass Natur nicht einfach ein weiteres Schutzgut darstellt, so wie man Eigentum und Familie als Schutzgüter auffassen kann. Vielmehr dient Natur auch als – moralisierter – Maßstab. Dies führt u.a. dazu, dass Lebensmittel, ja ganze Lebensstile gemäß ihrer „Natürlichkeit" bewertet werden. Aus Sicht des Verbandes ergab sich ein Konflikt zwischen der Konnotation von „grünem" bzw. naturnahem Handeln einerseits und Professionalität andererseits.

Die Aussichten auf Professionalisierung der Umweltdienstleistungen scheinen – zumindest in der Schweiz – gut. Fasst man den Zentralwertbezug als definierend für eine Profession auf, so ergäbe sich der interessante Fall des Entstehens einer wirklich neuen Profession, nämlich der Umweltprofession (Mieg 1998c).

3. Profession ohne Zentralwert? Das Beispiel der Psychologie

Auf der Suche nach dem Zentralwertbezug von Professionen stoßen wir auf einen anderen interessanten Fall: die Psychologie. Die Bemühungen um Professionalisierung der Psychologie reichen bis zum Anfang des 20sten Jahrhunderts zurück. Immer in Kriegszeiten ergab sich ein neuer Schub in Richtung Professionalisierung (vgl. Geuter 1988); im Vordergrund standen Tests zur Heerestauglichkeit. Zum Beispiel wurde das Diplom in Psychologie in Deutschland im Jahre 1941 eingeführt.

Das Besondere im Fall der Psychologie als Profession ist: Ein besonderer Bezug zu einem gesellschaftlichen Zentralwert ist nicht sichtbar, zumindest nicht für die ganze Psychologie. So etwas wie „Seelenheil" hat sich nicht als Wert etabliert und fällt entweder in den Bereich „Gesundheit" (zuständig: die Medizin) oder den Bereich „Erlösung" (zuständig: Kirche, Prediger). So verwundert nicht, dass

Psychologie in Deutschland zwar als freier Beruf gilt (Gewerbesteuerbefreiung nach EStG § 18 Abs. 1), die Berufsbezeichnung „Psychologe" jedoch nicht geschützt ist (wohl aber der „Diplom-Psychologe").

Die Psychologie befindet sich in der prekären Lage, dass sie im Alltagsverständnis mit Psychotherapie identifiziert wird und dass sie gerade in diesem Bereich mit Medizin bzw. Psychiatrie konkurriert. Seit 1.1.1999 ist nun das Psychotherapeutengesetz in Kraft, das die Gleichstellung von Medizinern und Psychologen in der Psychotherapie regelt. Es gibt für diesen Tätigkeitsbereich eine geschützte Bezeichnung, sie schließt andere Berufsgruppen, zum Beispiel die Sozialarbeiter, aus.

Die gesetzliche Anerkennung der Psychologie im Bereich Psychotherapie verstärkt eher ihr Wahrnehmungsproblem, als dass es dies löst. Betrachten wir hierzu in Tabelle 2 die Welt der freien Berufe aus Sicht des Bundesverbandes der freien Berufe. Danach fällt die Psychologie als Psychotherapie einmal in den Kreis der heilkundlichen Berufe, gemeinsam mit der Medizin. Zudem findet sich die Psychologie neben den Journalisten und Tanztherapeuten in der (Rest-) Kategorie der „Kulturberufe" wieder. Die Psychologie besitzt jedoch auch eine lange Tradition in der Wirtschaftsberatung und Arbeitsgestaltung, insbesondere im Bereich Personal und Organisation. Eine weitere Professionalisierung dieses psychologischen Tätigkeitsbereichs könnte zur Bildung einer Berufsgruppe „Wirtschaftspsychologie" führen. Diese wäre im Kreis der Rechts- und Wirtschaftsberatenden Berufe anzusiedeln. Die Einheit der Wahrnehmung von psychologischer Leistung wäre stark gefährdet und mithin die Bemühung um Professionalisierung von Psychologie als solcher.

Tabelle 2: Kreise freier Berufe (Bundesverband freier Berufe, 1999)

Heilkundliche Berufe	Technische / naturwissenschaftl. Berufe	Rechts- / Wirtschaftsberatende Berufe	Kulturberufe
Ärzte	Architekten	Rechtsanwälte	Psychologen
Zahnärzte	Landschaftsarchitekten	Notare	Tanztherapeuten
Tierärzte	Innenarchitekten	Patentanwälte	Künstler
Apotheker	Ingenieure	Wirtschaftsprüfer	Tanzlehrer
Physiotherapeuten	Vereid. Sachverständige	Steuerberater	Diplompädagogen
Krankengymnasten	Weinanalytiker	Wirtschaftsberater	Dolmetscher
Logopäden	See-/ Hafenlotsen	Unternehmensberater	Übersetzer
Psychotherapeuten	Chemiker	PR-Berater	Schriftsteller
Krankenpfleger	Biologen	Rentenberater	Designer
Ergotherapeuten	Geophysiker / Mineralogen	Verkaufsförderer/-Trainer	Restauratoren
Motopäden	Erfinder	Versicherungs- u. Wirtschaftsmathematiker	Tonkünstler
Medizinische Fußpfleger	Umweltgutachter		Journalisten
Betreuer	Geologen		
Ocularisten	Freiber. Informatiker / Softwareentwickler		
252.000	109.000	183.000	124.000

4. Zur Handlungsrelevanz von Zentralwerten

Wie steht es um die Handlungsrelevanz von Zentralwerten? Dass es nicht jedem Mediziner zuerst und vor allem um die Gesundheit seiner Patienten geht ist ein Gemeinplatz. Sollte sich jedoch der Wert Gesundheit so überhaupt nicht durch das Handeln der Mediziner realisieren, so würde vermutlich stärker der Dienst anderer heilorientierter Berufsgruppen nachgesucht werden, die auch Gesundheit versprechen. Abbildung 1 skizziert den zu untersuchenden Zusammenhang. Der Bezug zu einem gesellschaftlichen Zentralwert ist eine Zurechnung, die auf der Ebene der Profession erfolgt. Das individuelle Verhalten erfolgt auf Ebene der einzelnen Professionellen und wird durch individuelle Werte gesteuert. Inwiefern individuelle Werte konstitutiv für gesellschaftliche Werte sind soll hier ebensowenig diskutiert werden, wie die Frage, inwiefern das Handeln Professioneller konstitutiv für eine Profession ist.

Abbildung 1: Von der Zurechnung des Bezugs zu einem gesellschaftlichen Zentralwert (auf Ebene Profession) zum individuellen Verhalten von Professionellen

Zurechnung ⟶	**gesellschaftliche Werte**	Profession
	⇅	⇅
Verhalten ⟶	**individuelle Werte**	Professioneller

Betrachten wir den Fall der Umweltfachleute. Das allgemeine Umweltbewusstsein in unserer Gesellschaft ist generell hoch. Wie wirkt sich dies auf das individuelle Handeln aus? Diekmann und Preisendörfer (1992) postulieren die Low-Cost-Hypothese. Demnach stehen umweltideologischer Effekt und Kosten entsprechenden Verhaltens in gegenläufigem Verhältnis; Umweltbewusstsein wirkt sich nur aus, wenn der ideologische Effekt hoch und die Kosten gering sind. Dies, so Diekmann und Preisendörfer, ist der Fall bei Kaufverhalten und Recycling. Der Aufwand der Mülltrennung ist nicht besonders hoch, der imageträchtige Ideologiewert ist hoch. Anders bei Verkehr und Energie. Hier sind die Opportunitätskosten zu hoch, als dass sich Umweltbewusstsein verhaltensrelevant auswirkt.

Eine gewisse Bestätigung für die Low-Cost-Hypothese bietet zum Beispiel die Untersuchung zum allgemeinen Umweltbewusstsein, 1998 durchgeführt im Auftrag des Umweltbundesamtes. Wie Tabelle 3 zeigt, schwindet die Bereitschaft zu umweltgerechten Verhalten, sobald Kosten ins Spiel kommen.

Tabelle 3: Allgemeines Umweltbewusstsein in Deutschland (Bundesumweltministerium 1998)

	Erhebung 1998	Erhebung 1996
Egal, was die anderen tun, ich selber versuche, mich soweit wie möglich umweltgerecht zu verhalten (Zustimmung)	77 %	75 %
Zugunsten der Umwelt sollten wir alle bereit sein, unseren derzeitigen Lebensstandard einzuschränken (Zustimmung)	44 %	54 %
Ich verhalte mich auch dann umweltgerecht, wenn es zusätzlich erheblich höhere Kosten und Mühen verursacht (Zustimmung)	31 %	38 %
Umweltschutzmaßnahmen sollten auch dann durchgesetzt werden, wenn dadurch Arbeitsplätze verloren gehen (Zustimmung)	19 %	27 %

Welche Rolle spielen diese Zusammenhänge für das Verhalten von professionellen Umweltfachleuten? Professionalität bedeutet, dass umweltgerechtes professionelles Verhalten multi-determiniert bzw. -motiviert sein: durch Bezahlung, Image und/oder Umweltbewusstsein. Eine Trennung ist schwer möglich, ja vermutlich nicht einmal sinnvoll. Mehr Aufschluss bietet das para-professionelle Verhalten: Wie umweltbewusst erweisen sich Umweltfachleute, wenn sie „außer Dienst" sind? Gelegenheit, diese Frage zu untersuchen, erhielt ich auf zwei Kongressen zum Bereich Altlasten mit Teilnehmern aus verschiedenen Berufsgruppen. Auf beiden Kongressen wurden die Teilnehmer angehalten, zum Zwecke des Recyclings ihre Namensschilder zurückzugeben. Die erste dieser Tagungen fand im September 1996 in Zürich statt. Ich prüfte die Hypothese, ob Berufsgruppen, die im engeren Sinn mit Umwelt zu tun haben (Umweltämter, Umweltforscher), eher dem Recyclingaufruf folgen als zum Beispiel Berufsgruppen aus dem Baubereich (Ingenieurbüros, Bauämter).

Altlastentagung Zürich, September 1996		**Tagung „Sanfte Bodensanierung" Zürich, November 1996**	
„Umwelt"-Berufs gruppen	Bau-Berufsgruppen	Berufsgruppen mit Stoffebezug	Berufsgruppen ohne Stoffebezug
64 % (N = 143)	59 % (N = 118)	71 % (N= 42)	45 % (N =128)

Tabelle 4: Durchschnittlicher Anteil an Personen, die ihre Namensschilder zum Zwecke des Recyclings zurückgegeben haben (N: Gesamtzahl der Teilnehmer aus einer Sorte von Berufsgruppen)

Wie Tabelle 4 (links) zeigt, gaben zwar mehr Mitglieder aus „Umwelt"-Berufsgruppen ihre Namensschilder zurück als Mitglieder aus Bau-Berufsgruppen; der Unterschied ist jedoch nicht signifikant (64% vs. 59%; 2=0.9, df=1, ns). Verblüffend war, dass die Berufsgruppe mit der höchsten Rückgabequote (83 %) der Abfall- und Recyclingverband war. Es zeigt sich also eine Art „déformation professionelle". Um diese weiter zu erhellen, wurden die Berufsgruppen des zweiten Kongresses in zwei Klassen geteilt: erstens solche, die unmittelbar mit Stoffen zu tun haben (Recylingindustrie, Labore) und solche, die nur indirekt mit Stoffen in Berührung kommen (Ämter, Hochschullehre). Tatsächlich zeigte sich, dass die Mitglieder von Berufsgruppen mit direktem Stoffkontakt signifikant häufiger dem Recyclingaufruf folgten (71 % vs. 45 %; 2=8.6, df=1, p<.01). Welcher Art der Vermittlungs-Zusammenhang zwischen dem professionellem Umgang mit Stoffen und der Bereitschaft zu umweltgerechtem Verhalten ist, bleibt interpretationsbedürftig. Eine einfache Erklärung im Sinne von „Berufssozialisation“ scheint nicht hinreichend.

5. Schluss

Brauchen neue Professionen neue gesellschaftliche Zentralwerte? Das Beispiel der Psychologie besagt: nein. Jedoch zeigt das Beispiel der Psychologie, dass ohne einen solchen Bezug die Wahrnehmung der Profession und damit ihre Einfluss-Chancen beeinträchtigt werden. Das Beispiel der Umweltfachleute zeigt die Identifizierungs- und Mobilisierungskraft eines Bezugs zu einem gesellschaftlichen Zentralwert.

Literatur

Baer, W. (1987). Expertise and professional standards. Work and Occupations, 13 (4), 532–552.

Bundesumweltministerium (1998). Umweltbewusstsein in Deutschland 1998: Ergebnisse einer repräsentativen Bevölkerungsumfrage (Bearbeitung: P. Preisendörfer). Berlin: Bundesumweltministerium.

Bundesverband freier Berufe (1999): siehe: http://www.freie-berufe.de/fakten.html

Diekmann, A. & Preisendörfer, P. (1992). Persönliches Umweltverhalten. Kölner Zeitschrift für Soziologie und Sozialpsychologie, 44 (2), 226–251.

Geuter, U. (1988). Die Professionalisierung der deutschen Psychologie im Nationalsozialismus. Frankfut: Suhrkamp.

Hodson, R., & Sullivan, T. A. (1990). The social organization of work. Belmont, CA: Wadsworth.

Johnson, T. (1972). Professions and power. London: Macmillan.

Johnson, T. (1977). The professions in the class structure. In R. Scase (Ed.), Industrial society (pp. 93–108). London: George Allen & Unwin.

Parsons, T. (1968). Professions. International Encyclopedia of the Social Sciences, 12, 536 –547.

Mieg, H. A (1998a). Bericht zur Umweltmarkt- und Umweltfachleutebefragung 1997. Bern: Schweizerischer Verband der Umweltfachleute.

Mieg, H. A. (1998b). Professionspolitik ohne Professionen? In M. Corsten (Hrsg.), Professionspolitik (S. 35–44). Berlin: Max-Planck-Institut für Bildungsforschung.

Mieg, H. A. (1998c). The Swiss market for professional environmental services: A test of Abbott`s (1988) abstraction criteria for professionalization. In A. Brosziewski & C. Maeder (Hrsg.), Organisation und Profession (S. 100–122). Rorschach / St. Gallen: HFS Ostschweiz, Universität St. Gallen (Universitätsdruck).

SVU (Schweizerischer Verband der Umweltfachleute). (1997). Berufsethischer Kodex des SVU. Bern: SVU.

7

Wissensmanagement durch Professionen?

Daten vom Schweizer Umweltmarkt zur Differenzierung von (Berufs-) Ausbildung und Berufsarbeit

Nach Gary S. Becker ist Bildung eine Investition in Humankapital. Es stellt sich die Frage: Welche Art von Bildung ist für welche Art von Berufsarbeit zu investieren? Das Konzept, dass eine spezifische, primäre (Berufs-)Ausbildung für eine spezifische Art von Berufsarbeit hinreicht (Abb. 1), scheint an Gültigkeit zu verlieren. Die Entwicklung von Arbeit auf einigen Märkten – etwa bei den Informationstechnologien – sowie in einigen Problemfeldern – etwa im Umweltbereich – beschleunigt sich und scheint eine fortlaufende Regeneration von individueller Bildung unabdingbar zu machen. (Berufs-)Ausbildung und Berufsarbeit entkoppeln sich. Der Bildungsschwerpunkt verlagert sich von der berufsqualifizierenden Ausbildung hin zur berufsbegleitenden Weiterbildung bzw. zum „Learning on the job". Damit bestimmt sich berufliche Bildung immer weniger durch ein vordefiniertes Berufsbild. Bildung wird flexibilisiert und „individualisiert": das Individuum kann sich nicht einfach für einen Beruf und eine zugehörige Berufsausbildung entscheiden, sondern muss zunehmend auch eine eigene Bildungsbiographie gestalten – sei es im Rahmen eines bestehenden Berufsbildes oder unabhängig von diesem.

Mieg, H. A. (1999). Wissensmanagement durch Professionen. In H. Hansen, B. Sigrist, H. Goorhuis & H. Landoldt (Hrsg.), Bildung und Arbeit: Das Ende einer Differenz? (S. 257-266). Aarau: Sauerländer.

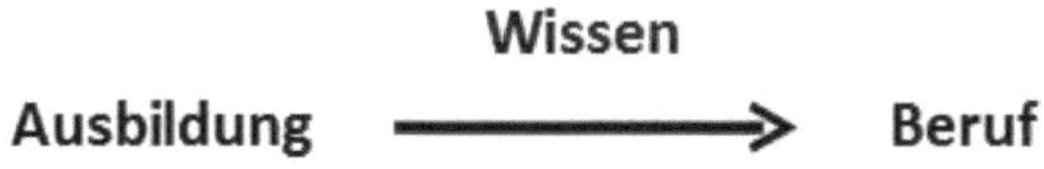

Abbildung 1: Konzept der berufsqualifizierenden Ausbildung: (Berufs-)Ausbildung produziert Wissen, das für einen spezifischen Beruf (inkl. Berufsarbeit, Berufsbild) qualifiziert.

Manche Berufsbilder werden heutzutage (noch) von Professionen getragen, zum Beispiel der Arzt- oder Anwaltsberuf. Professionen definieren spezifische Problemlösekompetenzen und versuchen auf diese Weise für ihre Angehörigen den Zugriff auf einen Problem- bzw. Dienstleistungsbereich zu sichern. Ausschlaggebend ist die Definitionsmacht von Professionen: Welche Profession kann die Lösungskompetenz für welches Problemfeld für sich behaupten? So etwa konkurrieren Mediziner und Psychologen auf dem Psychotherapiemarkt, oder Pädagogen und Betriebswirte im Bereich Weiterbildung. Die These ist: Wenn sich in unserer Gesellschaft (Berufs-)Ausbildung und Berufsarbeit weiter entkoppeln, gewinnen Professionen neues Gewicht als eine tätigkeitsnahe Organisationsform von Bildung, Wissen und Arbeit.

1. Was sind Professionen?

Professionen sind organisierte Berufsgruppen. Die Entwicklung von Professionen ist ein ausgiebig untersuchtes Thema der Soziologie, zumal der anglo-amerikanischen Professionssoziologie (Carr-Saunders & Wilson 1933; Parsons 1968; Freidson 1986; Abbott 1988). Professionen kennzeichnen sich durch[8]

1. einen spezifischen Wissens- und Problembereich;
2. den Aspekt der Gemeinnützigkeit bzw. den Bezug zu einem zentralen gesellschaftlichen Wert;
3. eine akademische (zertifizierte) Ausbildung;
4. einen Berufsverband.

Als klassische Professionen gelten die Medizin und die Juristerei. Die zentralen gesellschaftlichen Werte im Fall von Medizin und Juristerei sind Gesundheit bzw. Gerechtigkeit. Der Bezug zu einem gesellschaftlichen Wert meint nicht, dass die Mitglieder der Profession entsprechend moralisch motiviert sein müssen, etwa, dass es einem Arzt nur um die Gesundheit seiner Patienten zu tun wäre, oder einer Rechtsanwältin um Gerechtigkeit. Vielmehr dient der Wertbezug zur möglichen Legitimation professionellen Handelns. Professionen verbinden Ausbildung, Wissen und Geschäftstätigkeit auf verschiedenen Ebenen,

1. auf Individualebene: Mitglieder von Berufsverbänden

8 vgl. Anmerkung 1 zu Definitionsfragen am Ende des Kapitels.

sind in der Regel Einzelpersonen, die eine bestimmte Ausbildung erworben haben.
2. auf Marktebene: Professionen versuchen, den Zugriff auf einen Bereich des Dienstleistungsmarktes zu regulieren bzw. zu monopolisieren.
3. auf der Ebene des Berufes: Professionen definieren und propagieren bestimmte Berufsbilder, insbesondere durch Verfahrenshilfen und das Erstellen eines berufsethischen Kodex. Professionen betreiben auf diese Weise eine eigene Form von Wissensmanagement.

Der Markt für professionelle Dienstleistungen im Umweltbereich bietet die Gelegenheit, den Wettbewerb etablierter Professionen und das mutmaßliche Entstehen einer neuen Profession zu untersuchen.

2. Profession als Institutionalisierung von Wissen und Problemlösekompetenz

Professionen verkörpern Wissen in Form von Problemlösekompetenz. Sie stellen eine Institutionalisierung von Wissen bzw. Problemlösekompetenz dar. Nach Andrew Abbott (1991) gibt es verschiedene Möglichkeiten der Institutionalisierung von Problemlösekompetenz, nämlich über:

1. Individuen: Professionen sind eine Institutionalisierung von Problemlösekompetenz per Individuen. Professionelle verfügen über Spezialwissen und Spezialfertigkeiten, die sie durch eine – meist akademische – Ausbildung erworben haben und durch ihre Berufstätigkeit und den Austausch mit Kollegen erweitern.
2. Waren: Problemlösekompetenz lässt sich auch käuflich erwerben. Hierbei handelt es sich nicht nur um Bücher (z. B. Kochbücher, Gesundheitsratgeber), sondern auch um Verfahren und Techniken. Buchhaltungsprogramme ersetzen mitunter die Steuerberatung.
3. Organisation: Unternehmungen inkorporieren mit ihren Strukturen und Prozessen Problemlösekompetenz. Die Angestellten eines Fastfood-Restaurants benötigen keinerlei Kochkenntnisse. Firmen, die einen EDV-Rechnungsstellungsservice (z. B. für Ärzte) anbieten, können sich ohne größeren Mehraufwand auch um Buchhaltung und das Erstellen von Steuererklärungen kümmern.

Das Gemeinsame aller drei Formen der Institutionalisierung von Problemlösekompetenz ist: Es handelt sich um potentiell singuläre Problemlöser. Für einen Kunden bzw. Klienten genügt es in der Regel, einen einzigen Professionellen zu konsultieren oder ein einzelnes Unternehmen zu beauftragen. Selbst wenn eine Hausärztin mit verschiedenen Fachärztinnen zusammenarbeitet, so liegt es doch in ihrer Entscheidung, wohin sie die Patientin überweist. Die Patientin muss in der Regel nicht selber dafür Sorge tragen, zusätzliche Verfahren oder Fachpersonen für eine Behandlung zu organisieren. Das professionelle Wissen lässt sich nicht auf das akademische Wissen beschränken. Zur professionellen Problemlösekompetenz gehören auch die Fertigkeiten in Umsetzung und Vermarktung von akademischem Wissen (vgl. a. Hitzler 1994). Kurzum: Professionelle müssen auch über ein Mindestmaß an Schlüsselqualifikationen verfügen.

Tabelle 1: Faktoren des Wissens der Umweltfachleute in der Schweiz

Wissensbereich (Selbstbeurteilung durch Umweltfachleute in der Schweiz, 1997)	**Organisationswissen (Schlüsselqualifikation)**	**Natursystemwissen**
naturwissenschaftliches Wissen	- (r = -.3)	++ (r = .8)
technisches (Ingenieur-)Wissen	+ (r = .5)	0 (r = 0)
Wissen über Ökosysteme	- (r= -.2)	++ (r = .8)
Betriebswirtschaftliches und kaufmännisches Wissen	++ (r = .7)	0 (r = 0)
juristisches Wissen	++ (r = .7)	0 (r = 0)
psychologisches (und soziologsches) Wissen	++ (r = .6)	+ (r= .2)
EDV-Kenntnisse	+ (r = .5)	+ (r= .4)
Fremdsprachen	+ (r = .3)	+ (r= .4)
Durch den Faktor erklärte Varianz	30%	19%

Anmerkung: Dargestellt sind die Korrelationen (r = , „) der einzelnen Wissensbereiche mit den beiden gefundenen Faktoren (Hauptkomponentenanalyse, keine Rotation). Bei Wissensbereichen, die eine starke positive Korrelation aufweisen und damit den jeweiligen Faktor definieren, ist die Korrelation mit „++" gekennzeichnet. Daten aus der Umweltmarkt- und Umweltfachleutebefragung 1997 (Mieg 1998a), N = 406. Die Daten zeigen zudem: Die selbst eingeschätzte Berufskompetenz korreliert signifikant mit dem Faktor Organisationswissen (r = .24, p < .0001), nicht jedoch mit dem Faktor Natursystemwissen (r = . 1 2, nicht signifikant).

Tabelle 1 zeigt die Ergebnisse einer Befragung von Umweltfachleuten hinsichtlich ihres Wissens (Mieg 1998a). Die verschiedenen Wissensbereiche ließen sich auf zwei Faktoren reduzieren,

1. das Organisationswissen – im Sinne von Schlüsselqualifikation;
2. das naturwissenschaftliche Wissen in Verbindung mit dem Wissen über Ökosysteme, hier genannt „Natursystemwissen".

Tabelle 1 zeigt zudem, dass dem Organisationswissen mehr Gewicht zukommt als dem Natursystemwissen (30% erklärte Varianz vs. 19% erklärte Varianz). Bedeutsam ist auch ein weiterer Befund: Die selbst eingeschätzte Berufskompetenz der Umweltfachleute steht in einem direkten Zusammenhang mit ihrem Organisationswissen, nicht jedoch mit dem Natursystemwissen (vgl. Tab. 1, Anm.). Aus Sicht der Umweltfachleute hängen also Berufskompetenz und Organisationswissen zusammen.

Andrew Abbott (1991) sieht Professionen unter starkem Druck durch die Konkurrenz der alternativen Formen der Institutionalisierung von Problemlösekompetenz, insbesondere durch privatwirtschaftliche Unternehmungen. In der Tat lassen sich sogar Professionelle als Ein-Person-Unternehmungen auffassen, die ihr eigenes Wissen „managen". Werden Professionen als Verbände von Professionellen überflüssig?

3. Verbandsmitgliedschaft und der Zusammenhang von Ausbildung und Geschäftstätigkeit auf dem Schweizer Markt für professionelle Dienstleistungen im Umweltbereich

Der Blick auf den Schweizer Markt für professionelle Dienstleistungen im Umweltbereich zeigt, dass die Berufsverbandsbildung sehr wohl eine unterstützende Funktion haben kann, insbesondere für Berufstätige mit wenig Organisationswissen. Dies zeigte sich in der Umweltmarkt- und Umweltfachleutebefragung von 1997. Dort wurden 989 einzelne Geschäftstätigkeiten erhoben. Davon ließen sich 901 (ca. 91%) in ein System von 39 Geschäftszweigen bringen. Als mit Abstand häufigste Geschäftstätigkeit erwiesen sich Umweltverträglichkeitsberichte (ca. 9%). Erfragt wurde auch die Ausbildung der Umweltfachleute; am häufigsten finden wir Biologen, ihr Anteil macht 28% aus. Die Daten zeigen nun, dass sich für die Umweltfachleute je nach deren Organisationswissen der Zusammenhang zwischen Ausbildung und Art der Berufstätigkeit anders darstellt. Abbildung 2 stellt die Zusammenhänge graphisch dar; es gilt:

A. Bei Umweltfachleuten mit relativ großem Organisationswissen besteht ein enger, nicht zufälliger Zusammenhang von Ausbildung und Art der Berufstätigkeit (Abb. 2, Feld A, rechtes Quadrat; N=160). Hier finden sich viele Ingenieure (und Architekten), die sich besonders mit Planung beschäftigen.

B. Bei Umweltfachleuten mit relativ geringem Organisationswissen besteht kein bzw. nur ein zufälliger Zusammenhang von Ausbildung und Art der Berufstätigkeit (Abb. 2, Feld B, linkes Quadrat; N=142).

Betrachten wir jedoch die Umweltfachleute mit relativ geringem Organisationswissen, die im Berufsverband organisiert sind, so zeigt sich wiederum ein Zusammenhang von Ausbildung und Art der Berufstätigkeit.

C. Bei Umweltfachleuten mit relativ geringem Organisationswissen, die im Berufsverband organisiert sind, besteht ein enger Zusammenhang von Ausbildung und Art der Berufstätigkeit (Abb. 2, Feld C, linkes Quadrat, Mitte; N=68). Hier finden sich vor allem Biologen, die immerhin noch in mehr als 50% aller erfassten Geschäftsbereiche tätig sind.

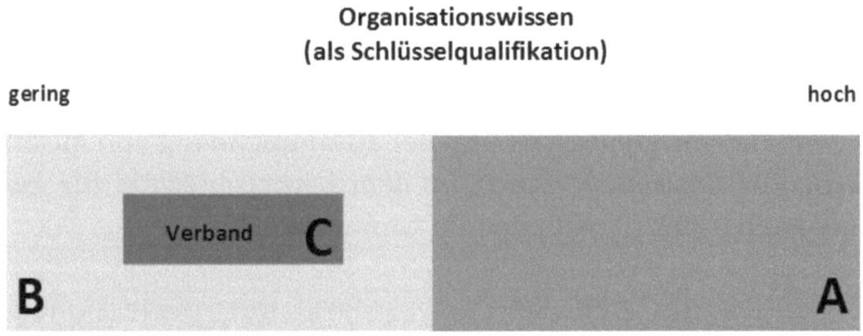

Abbildung 2: Zusammenhang von Ausbildung und Art der Berufstätigkeit. Bei Umweltfachleuten mit relativ geringem Organisationswissen besteht kein Zusammenhang von Ausbildung und Art der Berufstätigkeit (B); hingegen besteht ein Zusammenhang für Umweltfachleute, die im Berufsverband organisiert sind (C).[9]

9 vgl. Anmerkung 2 zu Statistik am Ende des Kapitels

Der Befund lässt vermuten: Ein Berufsverband (bzw. eine Profession) hilft, den Zusammenhang von Ausbildung und Berufsarbeit aufrechtzuerhalten.
Welche spezifischen Aktivitäten oder Eigenschaften eines Berufsverbands hierbei wirksam sind, darüber sind verschiedene Annahmen und Interpretationen möglich. Einen nicht unerheblichen Anteil dürften die professionellen Kooperationsnetze und der Wissensaustausch zwischen organisierten Professionellen haben.[10] Bekannt und beschrieben ist hingegen das politische Wirken von Professionen. Insbesondere in den USA nehmen Professionen aktiv Einfluss auf die Gestaltung von Ausbildung und die Reglementierung des Marktzutritts (Freidson 1986). Was die Entwicklung des Schweizer Umweltmarkts anbelangt, so zeigte Werner Bussmann (1981) den Einfluss von Professionellen und die strategische Wirkung von Verbandsgründungen auf die schweizerische Gewässerschutzgesetzgebung.

Wenig untersucht ist die Seite der individuellen Professionsangehörigen, insbesondere die Frage, was die Mitgliedschaft zu einer Profession im Berufsalltag bedeutet. Nach der Theorie der sozialen Identität (Tajfel 1978) ist zu erwarten, dass durch solch eine Mitgliedschaft die *professionelle Selbstdefinition* geprägt wird. Hierzu gehört auch die Selbsteinschätzung der Professionellen über ihre Marktchancen. Der enge Zusammenhang von Ausbildung und Art der Berufstätigkeit, der sich für berufsverbands-organisierte Professionelle zeigt, könnte also auch durch eine Verstärkung der professions-orientierten Selbstdefinition erklärt werden.

4. Schlussfolgerung: Stabilisierendes Wissensmanagement durch Professionen

Professionen sind organisierte Berufsgruppen. Sie definieren den Zusammenhang von Problemlösekompetenzen und spezifischen Dienstleistungen, insbesondere durch Definition von spezifischen professionellen Berufsbildern. Professionen betreiben auf diese Weise eine eigene Form von Wissensmanagement.

Für den Schweizer Markt für professionelle Dienstleistungen im Umweltbereich zeigt sich: Bei Umweltfachleuten mit zusätzlicher Schlüsselqualifikation finden wir einen

10 vgl. Anmerkung 3 zu Fachwissen und Professionalisierung am Ende des Kapitels

Zusammenhang von Ausbildung und Art der Berufstätigkeit. Für Umweltfachleute mit mangelnder Schlüsselqualifikation gilt dies nur, wenn sie im Berufsverband organisiert sind.

Die Art von Wissensmanagement durch Professionen scheint geeignet, den Zusammenhang von individueller (Berufs-)Ausbildung und Berufsarbeit – wie in Abbildung 1 – zu stabilisieren. Eine Profession vereint Berufstätige aus disparaten Geschäfts-, aber zusammengehörigen Wissens- und Bildungsbereichen. Insofern bedeuten Professionen ein Regulativ bzw. eine Organisationsform für Berufstätigkeit in einer Knowledge based society.

Anmerkungen

1. Es ist durchaus zu diskutieren, ob sich das Modell der anglo-amerikanischen Professionen auf die kontinentaleuropäische Situation – auf die freien Berufe insbesondere in Frankreich und Deutschland – verallgemeinern lässt (vgl. Daheim 1992; Mieg 1998). Ein wesentliches Merkmal anglo-amerikanischer Professionen ist ihre Autonomie. Autonomie meint Selbstregulierung und erstreckt sich nicht zuletzt auf die Kontrolle von Ausbildung. Zum Beispiel verlief die Entwicklung der englischen Professionen außerhalb der Universitäten (Parsons 1968). Im Gegensatz hierzu handelt es sich bei den kontinentaleuropäischen freien Berufen im weitesten Sinn um Ausbildungsberufe; sie sind abhängig von staatlich regulierten Ausbildungsgängen. Unbeschadet dieser Diskussion werden in diesem Beitrag auch die freien Berufe und andere organisierte Berufsgruppen als Professionen angesprochen.

2. An dieser Stelle folgen einige Anmerkungen zur Auswertung und Interpretation. Getestet wurde die Verteilung der Matrix aus Ausbildungen (8 Kategorien) x Geschäftstätigkeit (39 Kategorien). Chi^2-Tests erbringen folgende Resultate: für Professionelle mit großem Organisationswissen (A) $Chi^2 = 312$, $df = 224$, $p < .0001$; für Professionelle mit geringem Organisationswissen (B) $Chi^2 = 262$, $df = 238$, n. s.; für Professionelle mit schwachem Organisationswissen, jedoch organisiert im Berufsverband (C) $Chi^2 = 269$, $df = 180$, $p < .0001$. Bei den Professionellen mit großem Organisationswissen sind etwa 32% Mitglied im Berufsverband SVU. Mitgliedschaften in anderen Be-

rufsverbänden (z. B. FFU, SIA) wurden in den Analysen nicht berücksichtigt. Die gefundene Ungleichverteilung könnte sich auch auf Unterschiede zwischen den berücksichtigten Berufsgruppen zurückführen lassen, es ließe sich zum Beispiel einwenden: Ingenieure zeigen mehr Organisationswissen und tendieren daher zu spezifischen, einträglichen Geschäftstätigkeiten. Zu diesem Einwand können wir mit Blick auf die Verteilung der Ausbildungs- bzw. Berufsgruppen Folgendes feststellen: Umweltwissenschafts-Abgänger finden sich gleich verteilt in den Feldern A, B und C. In A gibt es wie erwartet mehr Architekten, Ingenieure und Raumplaner als in B (d. h. sie schreiben sich tatsächlich in besonderem Maße Organisationswissen zu). In B gibt es mehr Biologen. In C jedoch gibt es wiederum mehr Biologen als sonst in B, dafür weniger (!) Ingenieure. Dies bedeutet: Wir finden also Ingenieure nicht nur dort, wo sich auch ein Zusammenhang von Ausbildung und Art der Berufstätigkeit zeigt. Fazit: Der unterschiedliche Zusammenhang von Ausbildung und Art der Berufstätigkeit je nach Organisationswissen kann in den Daten nicht auf die unterschiedlichen Berufsgruppen zurückgeführt werden.

3. Welche Rolle spielt (neben Schlüsselqualifikation) das professionstypische, akademische Fachwissen? Das Fachwissen bestimmt generell den Wettbewerb zwischen Professionen um bestimmte Geschäftsbereiche (Abbott 1988). Dies lässt sich auch für den Schweizer Umweltmarkt aufzeigen (Mieg 1997, 1998b). In der Schweiz gibt es seit 1980 einen Berufsverband, den Schweizerischen Verband der Umweltfachleute (SVU). Nach Maßgabe der Professionskriterien haben die Umweltfachleute bzw. „Ökologen“ die Chance, sich zu einer Profession zu entwickeln. Es gibt:

1. einen spezifischen Wissens- und Problembereich: nämlich Umweltbelastungen- und Umweltschutz. Ein Großteil der Maßnahmen und Aufgaben ergibt sich aus den Regelungen des Umweltschutzgesetzes (USG). **2.** den Bezug zu einem neuen gesellschaftlichen Zentralwert: der Natur. Im berufsethischen Kodex des SVU heißt es z. B.: „Natur hat Eigenwert. Sie ist deshalb auch dort zu schützen bzw. zu schonen, wo sie nicht von unmittelbarem Nutzen für den Menschen ist“ (SVU 1997). **3.** eine akademische Ausbildung, z. B. die Umweltnaturwissenschaften an der Eidgenössischen Technischen Hochschule Zürich, sowie umweltwissenschaftliche Studienangebote an allen Schweizer Universitäten. **4.** einen Berufsverband, den SVU, mit etwa 700 Mitgliedern. Daneben bestehen der Verband FachFrauen Umwelt mit etwa 450 Mitgliedern sowie eine eigene Fachgesellschaft im Schweizerischen Ingenieur- und Architektenverein (SIA).

Literatur

Abbott, Andrew: The system of professions. Chicago: The University of Chicago Press, 1988.

Abbott, Andrew: The future of professions. Research in the Sociology of Organiztions, 8, 1991, 17–42.

Becker, Gary S.: Human capital, 3rd ed. Chicago: The University of Chicago Press, 1993.

Bussmann, Werner: Gewässerschutz und kooperativer Föderalismus in der Schweiz. Bern: Haupt, 1981.

Carr-Saunders, Alexander M., & Wilson, Paul A. (1933/1964): The professions. London: Frank Cass.

Daheim, Hansjürgen: Zum Stand der Professionssoziologie, in: Bernd Dewe, Wilfried Ferchhoff & Radtke, Frank-Olaf (Hrsg.): Erziehen als Profession. Opladen: Leske + Budrich, 1992, 21–35.

Freidson, Eliot: Professional powers. Chicago: The University of Chicago Press, 1986.

Hitzler, Ronald: Wissen und Wesen des Experten, in: Hitzler, Ronald, Honer, Anne & Maeder, Christoph (Hrsg.): Expertenwissen. Opladen: Westdeutscher Verlag, 1994, 13–30.

Mieg, Harald A.: The Swiss market for professional environmental services: A test of Abbott's (1988) abstraction criteria for professionalization, in: Achim Brosziewski & Christoph Maeder (Hrsg.): Organisation und Profession. Rorschach / St. Gallen: HFS Ostschweiz, Universität St. Gallen (Universitätsdruck), 1997, 100–122.

Mieg, Harald A.: Bericht zur Umweltmarkt- und Umweltfachleute-Befragung 1997. Bern: Schweizerischer Verband der Umweltfachleute SVU, 1998a.

Mieg, Harald A.: Expert thinking and the expert's role. Habilitationsschrift, ETH Zürich: Departement Umweltnaturwissenschaften, 1998b.

Mieg, Harald A.: Professionspolitik ohne Professionen?, in: Michael Carsten (Hrsg.): Professionspolitik. Berlin: Max-Planck-Institut für Bildungsforschung, 1998, Kapitel 5 in diesem Band.

Parsons, Talcott: Professions, in: International Encyclopedia of the Social Sciences, 12, 1968, 536–547.

SVU (Schweizerischer Verband der Umweltfachleute): Berufsethischer Kodex des SVU. Bern: SVU, 1997.

Tajfel, Henri: Differentiation between social groups. London: Academic Press, 1978.

Teil III

Professionalisierung und Psychologie

8

Vom ziemlichen Unvermögen der Psychologie, das Tun der Experten zu begreifen

Ein Plädoyer für Professionalisierung als psychologische Kategorie und einen interaktionsorientierten Expertenbegriff

Mieg, H. A. (2001). Vom ziemlichen Unvermögen der Psychologie, das Tun der Experten zu begreifen: Ein Plädoyer für Professionalisierung als psychologische Kategorie und einen interaktionsorientierten Expertenbegriff. In R. K. Silbereisen & M. Reitzle (Hrsg.), Bericht über den 42. Kongress der Deutschen Gesellschaft für Psychologie 2000 (S. 635-648). Lengerich: Pabst. Mit freundlicher Genehmigung des Pabst-Verlages.

Eine Wissenschaft definiert sich durch Gegenstand und Methode. Gegenstand der Psychologie ist das Erleben und Verhalten des Menschen. Gegenstand der Soziologie ist, so Max Weber, soziales Handeln bzw. der soziale Sinn von Handeln. Unterschiede im Gegenstand gehen einher mit unterschiedlichen Ausschnitten im Methodenspektrum. Experimentelle Verfahren, wie sie in der allgemeinen Psychologie und der Sozialpsychologie gängig sind, sind der Soziologie fremd. Hingegen dürften ethnomethodologische Vorgehensweisen den meisten Psychologen und Psychologinnen unbekannt sein. Dies braucht kein Schaden zu sein, handelt es sich ja um unterschiedliche Phänomene, die erklärt werden sollen: einmal generelle psychische Phänomene, Motivation, Kognition; zum anderen die spezifische Sinnwelt eines gesellschaftlichen Ausschnitts oder einer Institution.

Was aber, wenn zwei Wissenschaften oder Teildisziplinen aus Psychologie und Soziologie denselben Gegenstand haben? Dies ist der Fall bei der Erforschung des Phänomens „Experte“ bzw. „Expertenwissen“. Zwei Forschungstraditionen – psychologische Expertiseforschung einerseits und Professionssoziologie andererseits – erforschen seit Jahrzehnten dasselbe Phänomen, ohne wechselseitig voneinander Kenntnis zu nehmen. Ich behaupte:

1) dass dies zum Schaden auf beiden Seiten ist, denn wichtige Forschungsresultate werden nicht wahrgenommen;
2) dass dies dazu führt, dass keine der beiden Seiten das Phänomen erklären kann;

3) dass es sehr wohl Ansätze gibt, um einen Austausch von Forschung zu ermöglichen und zu einem Erklärungsfortschritt zu gelangen;
4) dass sogar die Psychologie als Profession selbst davon profitieren kann.

Dass die psychologische Expertiseforschung und die Professionssoziologie tatsächlich dasselbe Phänomen untersuchen, würden viele der beteiligten Forscher für strittig halten. Auf diesen Punkt möchte ich später ausführlich zu sprechen kommen. Zuvor lassen Sie mich darstellen, dass es sich bei diesen beiden Forschungsprogrammen um zwei wirkliche disziplinäre Erfolgsgeschichten handelt.

1. Expertiseforschung – Professionssoziologie: Zwei Wissenschaften von demselben Phänomen?

Die *psychologische Expertiseforschung* in ihrer heutigen Form begann mit Adriaan de Groot. De Groot war Schüler von Otto Selz, begeisterter Anhänger der sowjetischen Tätigkeitspsychologie und darüberhinaus ein guter Schachspieler. Spätestens in den vierziger Jahren begann er mit seinen Untersuchungen zur Kognition von Schachmeistern. Mit diesen Untersuchungen definierte de Groot sowohl den paradigmatischen Anwendungsbereich von Expertiseforschung, nämlich Schach, sowie das Methodenparadigma, nämlich den Vergleich von Fortgeschrittenen und wahren Könnern, den Schachmeistern – heute würden manche sagen: den Experten. Ganz nebenbei unterstützte de Groot damit die Einführung der Ordensmetapher in die Expertiseforschung: die Rede vom Vergleich der Novizen – d.h. der Anfänger – mit den Meistern eines Faches; außerhalb dieser Fachwelt stehen die Laien. Diese Metapher hat viel Schaden angerichtet.

De Groot nutzte das Forschungsdesign für seine Gedächtnisstudien mit Schachspielern. Er zeigte kurz ein Schachbrett mit einer Stellung aus einem Mittelspiel und ließ seine Probanden anschließend auf einem leeren Brett die Konstellation nachstellen. Im Gegensatz zu den Nur-Fortgeschrittenen vermochten die Schachmeister mit nur geringer Fehlerquote die Stellungen zu rekonstruieren. Die Fortgeschrittenen taten sich schwerer.

Es war vermutlich de Groot selbst, der eine geniale Variation einführte: nämlich die Figuren zufällig auf dem Schachbrett zu platzieren. Was sich herausstellte war: Die Schachmeister waren nun keineswegs besser im Rekonstruieren der Schachstellungen. Chase und Simon griffen Anfang der siebziger Jahre de Groots Untersuchungsansatz auf und bestätigten seine Befunde.

De Groots Resultate wurden wegweisend für die psychologische Expertiseforschung:

1) Die Leistungsvorteile von Experten beruhen nicht auf generellen Gedächtnisleistungen. Sie beruhen auch nicht – wie sich später zeigen sollte – auf besonderen Intelligenzvorteilen.
2) Die Leistungsvorteile von Experten beruhen vielmehr auf einer besonderen kognitiven Fertigkeit von Experten, komplexe Sinnstrukturen ihres Sachbereichs zu erfassen. Bromme fasste den Befund in der Wendung zusammen: Experten denken nicht mehr, sondern: Experten *sehen* mehr. Diese besondere kognitive Fertigkeit ist mit dem Ausdruck Expertise gemeint: ein *erfahrungsgestützter Leistungsvorteil.*

Ich möchte hier nicht auf die Theorien zur Erklärung von Expertise eingehen, auch kann ich nicht die Unzahl von Befunden vorstellen. Ich möchte lediglich darauf hinweisen, wie fruchtbar dieses Forschungsparadigma ist. Tabelle 1 zeigt einen Ausschnitt der Expertenleistungen, die bislang untersucht wurden. Es sind gewiss weit mehr als ich hier aufgelistet habe. Anzumerken ist, dass sich neben der Untersuchung des Schachspielens ein zweiter paradigmatischer Anwendungsbereich ergeben hat: die klinisch-medizinische Expertise. Anzumerken bleibt weiterhin, dass es in der Psychologie auch expertise-kritische Stimmen gibt, insbesondere vor dem Hintergrund der normativen Entscheidungsforschung. Deren herausragender Vertreter Kahneman fasste seinen Befund in die Worte (1991):

> „[T]here is much evidence that experts are not immune to the cognitive illusions that affect other people.“

Tabelle 1: Felder der Psychologischen Expertiseforschung (Auswahl)

Aktienkurse (Stael v. Holstein, 1972)
Baupläne (Akin, 1980)
Buchhalter (Capstaff et al., 1995)
Dreher (Hacker et al., 1973)
Fettstoffwechselstörungen (Mieg, 1993)
Getreidegutachter (Hughes, 1917)
Go (Reitman, 1976)
Kliniker (Elstein, 1978)
Kopfrechnen (Staszewski, 1988)
Krankenschwestern (Grier, 1976)
Kreditbearbeitung (Weber, 1997)
Landvermessung (Northcraft et al., 1987)
Lehrer (Bromme, 1992)
Mathematik (Gustin, 1985)
Meteorologen (Williams, 1951)
Pathologen (Einhorn, 1974)
Psychotherapeuten (Oskamp, 1962)
Röntgendiagnose (Lesgold et al., 1978)
Physikaufgaben (Chi et al., 1981)
Programmierer (Anderson et al., 1988)
Richter (Ebbesen et al., 1975)
Schach (De Groot, 1965)
Schreibmaschinenschreiben (Gentner u.a., 1988)
Schwermetallbelastungen (Scholz, 1988)
Schwimmen (Kalinowski, 1985)
Spuler (Rühle, 1979)
Star-Wars-Filme (Means et al., 1985)
Tennis (Monsaas, 1985)
Violine (Ericsson et al., 1993)
Wirtschaftsprüfer (Ashton, 1983)

Die *Professionssoziologie* reicht in etwa so weit zurück wie die psychologische Expertiseforschung. Den ersten Meilenstein setzten Carr-Saunders und Wilson, zwei britische Soziologen, mit ihrem Buch „The professions" von 1933. Sie versuchten aufzuzeigen, wie bestimmte Berufsgruppen – zumal die Mediziner – im Lauf der Zeit derart an Macht und gesellschaftlichem Ansehen gewinnen, dass sie zu beinahe autonomen gesellschaftlichen Institutionen werden. Autonom meint hier insbesondere: Diese Berufsgruppen können auf Ausbildung und Zulassung ihres eigenen Nachwuchses Einfluss nehmen. Damit haben Professionen eine ähnliche Stellung wie die Zünfte im Spätmittelalter. Paradigmatische Beispiele der Professionsforschung sind die Medizin und das Juristentum.

Seit Carr-Saunders und Wilson hat es eine Reihe von Versuchen gegeben, Professionen näher zu bestimmen. Heute ist man sich einig, dass der definitorische Ansatz nicht hilft, um das Phänomen Profession zu erklären oder zu begreifen. Er hilft jedoch zur Eingrenzung. Voraussetzung einer Profession sind:

1) Es gibt einen gesellschaftlich relevanten Problembereich und einen zugehörigen Bereich an Handlungs- und Erklärungswissen. Bei der Medizin handelt es sich hier um die Erklärung und Behandlung körperlicher Erkrankungen des Menschen.
2) Es gibt den Bezug zu einem gesellschaftlichen Zentralwert: Bei der Medizin ist dies „Gesundheit" bei der Juristerei das „Recht" bzw. die „Gerechtigkeit".
3) Es gibt eine weitgehend akademisierte Ausbildung.
4) Es gibt einen Berufsverband, bzw. eine berufsständische Vertretung.

Zur Erklärung der Macht von Professionen haben sich zwei Ansätze durchgesetzt.

1) Der *Wissensansatz*: Demnach verwalten Professionen gesellschaftlich zentrales Wissen. Dieses Wissen ist einerseits so abstrakt und formalisiert, dass es besonderer Erfahrung und Ausbildung bedarf, um es korrekt anzuwenden. Diesen Ansatz finden Sie bei Talcott Parsons und der sogenannten funktionalistischen Schule (vgl. Parsons, 1968). Parsons behauptete, dass die Wissensverwaltungsfunktion altruistisch aufgefasst werden könne.
2) Der *Marktmonopolansatz:* Aus Sicht dieses Ansatzes kann von einem Professions-Altruismus keine Rede sein, im Gegenteil: Professionen streben nach der Monopolisierung von Dienstleistungsmärkten. Zu diesem Zweck werden sie politisch aktiv und versuchen Tätigkeiten staatlich lizensieren zu lassen (vgl. Johnson, 1972; Freidson, 1986; Larson, 1977).

Beide Ansätze gehen von Professionen als historisch-gesellschaftlichen Entitäten aus. Dies mag uns nicht unmittelbar einleuchten, die Wirklichkeit scheint eher so zu sein: Man lernt einen Beruf und übt ihn aus; Berufsverbände oder -stände bleiben oft unsichtbar. Die Professionssoziologie ist eine anglo-amerikanische Forschungstradition. Es gibt einen Unterschied zwischen anglo-amerikanischen *professions* und kontinentaleuropäischen Berufen (auch den freien Berufen), insbesondere in Deutschland und Frankreich. Dieser Unterschied besteht in der Frage der *Autonomie* einer Profession. Anglo-amerikanische *professions* sind autonom in dem Sinne, dass sie auch auf die Berufsausbildung ihrer Mitglieder unmittelbaren Einfluss nehmen können. Die kontinentaleuropäischen Berufe sind weitgehend durch staatlich definierte Ausbildungsgänge bestimmt. Die deutschsprachige Soziologie befasst sich denn auch weniger mit Professionen als solchen, als vielmehr mit den Voraussetzungen professionellen Handelns. Ein besonderes Augenmerk gilt der Frage, wie professionelles Handeln inszeniert wird (Hitzler, 1994). In den Mittelpunkt rückt hier das Verhältnis Klient-Professioneller (Oevermann, 1996).

Inwieweit ist nun die Professionsforschung für das Thema „Experte, Expertise" relevant? Kurzgefasst: Nach Verständnis der Professionssoziologie sind Experten die Professionellen. In allen anderen Fällen liegt ein nur abgeleiteter Gebrauch des Wortes „Experte" vor.

2. Epistemologische Differenzen

Bevor wir Gemeinsamkeiten und Trennendes der Expertenforschung zwischen Psychologie und Soziologie erörtern, sollten einige grundlegende epistemologische Differenzen erwähnt werden. Die psychologische Expertiseforschung – wie auch andere Bereiche der Psychologie – geht von einem *methodologischen Objektivismus* aus. Wir nehmen an, dass die kognitiven Strukturen des Menschen die Welt abbilden und dass die Psychologie mit geeigneten Mitteln dieses Verhältnis von Welt und Abbildung erhellen und erklären kann.

Solch ein – auch nur methodologischer – Objektivismus ist in vielen Teilen der Soziologe verpönt. Welt ist eine *soziale Konstruktion*. Abbildungen von Welt gehorchen sozialen Wissens-Kategorien. Eine Vermittlung zwischen Psychologie und Soziologie in der Expertenfrage hätte nun zwei Probleme zu gewärtigen:

1) Das *epistemische Gegenstandsproblem*? Wer ist der eigentlich Handelnde? Wer ist Träger von Wissen und Werten? Für die Psychologie ist dies ganz eindeutig das menschliche Individuum. Aus Sicht der Sozio-

logie sind dies die sozialen Institutionen, zum Beispiel Professionen.

2) Das *epistemologische Methodenproblem.* Die psychologische Expertiseforschung zielt auf verallgemeinerbare Aussagen. Dieser Ansatz nutzt Hypothesentests, um Differenzen zwischen Experten und Novizen prüfbar zu machen. Die Professionssoziologie arbeitet hingegen mit – oftmals historischen – Fallstudien, um aufzuzeigen, wie sich bestimmte Professionen entwickelt haben. Den Charakter von Fallstudien haben auch die ethnomethodologischen Studien zum Handeln von Professionellen, zum Beispiel von Wissenschaftlern oder Medizinern.

3. Doch nur unterschiedliche Aspekte, unterschiedliche Komponenten?

Psychologische Expertiseforschung und Professionssoziologie – sofern sie sich überhaupt wahrnehmen – halten wechselseitig ihre Befunde für interessant, aber für letztlich irrelevant in Hinsicht auf die jeweils eigene Forschung.

Wissen und Können einer Person bilden aus Sicht der Soziologie weder eine hinreichende noch notwendige Bedingung, damit diese Person als Experte auftreten kann. Entscheidend ist der soziale Kontext, zum Beispiel: als Arzt in einem Krankenhaus zu arbeiten. Umgekehrt scheint es aus Sicht der Psychologie unerheblich, in welchem Kontext der Experte sein Wissen zur Anwendung bringt (auch wenn man es nicht in jedem Kontext in gleicher Weise abrufen kann). Ein Mediziner verliert nicht seine Kompetenz, wenn er die Klinik verlässt.

Es ließe sich nun einwenden, psychologische Expertiseforschung und Professionssoziologie handelten doch nicht von demselben Gegenstand: Nur zufällig oder in übertragenem Sinne sei hier jeweils vom Experten die Rede. Ist dem so?

In dem Standardwerk „The nature of expertise“ von Chi und anderen (1988) wird der Gegenstand wie folgt eingegrenzt:

> „How do we identify a person as exceptional or gifted?“ (Posner, 1988)

Gemeint sind Personen mit Spitzenleistungen, die oberen 1% bis 10% einer Leistungsklasse. Aus psychologischer Sicht handelt es sich hier um eine Frage der differentiellen Entwicklungs- und Lernpsychologie, um die sich zum Beispiel Ericsson verdient gemacht hat (vgl. Ericsson et al., 1993). Die Voraussetzung für Spitzenleistungen sind Talent und Training. Für die meisten Bereiche, von Schachspielen bis zum Schwimmen, gilt eine Art 10-Jahres Regel: Es braucht etwa 10 Jahre Praxis und praxisorientiertes Training, um Spitzenleistungen zu erringen.

Diese 10-Jahres-Regel wirkt aus Sicht der Professionssoziologie eher irritierend und würde sich nur als verlängerte Qualifizierungsphase, d.h. als verlängerte Ausbildung, verstehen lassen. Aus Sicht der Professionssoziologie stellt sich die Natur des Professionellen als eine besondere Form der Interaktion dar. Hughes (1965) brachte diesen Interaktions-Charakter von Profession auf die Formel:

professions = to profess (sich bekennen)

Das Phänomen, das es aus Sicht der Professionssoziologie zu erklären gilt, sind nicht Spitzenleistungen sondern die gesellschaftliche Stellung, die bestimmte Berufsgruppen erlangt haben – oder genereller: Expertengläubigkeit.
Man kann zu folgenden Schlüssen kommen:

1) Wenn Spitzenleistungen nichts mit professionellem Expertentum zu tun haben, so handeln psychologische Expertiseforschung und Professionssoziologie von unterschiedlichen Phänomenen. Dies wirkt gerade mit Blick auf die Liste in Tabelle 1 unwahrscheinlich.
2) Ansonsten könnte man von einer Art Arbeitsteilung reden, in dem Sinne, dass die Psychologie die besten Experten identifiziert, sie sucht sozusagen die wahren Experten.

Doch gerade eine solche scheinbare Arbeitsteilung macht die Psychologie für manche Soziologen und Soziologinnen suspekt, es sieht so aus, als ob die psychologische Expertiseforschung in ihrem Bestreben nach Objektivierbarkeit und Verallgemeinerbarkeit nolens volens Expertentum und Expertengläubigkeit zu rechtfertigen helfe, gerade mit einer Liste wie in Tabelle 1.

Es geht also bei psychologischer Expertiseforschung und

Professionssoziologie sehr wohl um dasselbe Phänomen, wenn auch nicht unter demselben Aspekt. Eine sinnvolle Arbeitsteilung ergäbe sich, wenn die beiden Disziplinen unterschiedliche, relativ unabhängige Komponenten untersuchten. In diesem Fall ließen sich die Komponenten nach Beendigung der Forschungsarbeiten zusammensetzen (dass es vermutlich kein solches Ende von Forschung geben wird, soll hier kein Einwand sein).

Aus Sicht der psychologischen Expertiseforschung könnte sich solch eine Arbeitsteilung an folgenden Komponenten orientieren:

TALENT + LERNEN = KÖNNEN → ANWENDEN

Die Psychologie misst Talent und untersucht Lernen. Dies ergibt so etwas wie das Expertenkönnen. Die Soziologie ist dann für die Untersuchung der Anwendungsseite zuständig, genauer: für die Untersuchung der institutionellen Rahmenbedingungen individueller Anwendung von Expertenwissen.

Eine wissenssoziologische Analyse der Anwendung von professionellem Wissen sähe hingegen folgendermaßen aus:

ANWENDEN bedeutet
KOMPETENZ (AUFTRAG, KÖNNEN, MOTIVATION)

Demnach bedeutet Anwenden Kompetenz, die sich zusammensetzt aus der Dreiheit von Auftrag, Können und Motivation. Der Auftrag der Psychologie besteht aus dieser Sicht darin, die Motivation zu untersuchen. Die Komponente „Können" lässt sich über Qualifikation bestimmen. Dass dem so sei, vermittelt indirekt auch die psychologische Expertiseforschung, wenn sie nämlich von der ordensgleichen Stufung: Laie – Novize – Meister spricht. Was ein Meister bzw. Experte ist, bestimmen andere Meister bzw. Experten, indem sie Qualifikationskriterien definieren und überprüfen. Dies gilt im Schach wie auch für Professoren.

Wenn schon psychologische Expertiseforschung und Professionssoziologie dasselbe Phänomen behandeln – den Experten – und zwar nicht in disparat aggregierbaren Komponenten, so könnte man sich fragen, ob nicht eine der Wissenschaften es besser macht und sich deswegen um die Resultate der anderen nicht zu kümmern braucht. Aus Sicht der Psychologie fällt es leicht, sich einige Befunde zu denken, die die Soziologie zur Kenntnis nehmen sollte. Um den wichtigsten zu nennen:

Expertise bedeutet erfahrungsgestütztes Wissen. Bei der Herausbildung dieses Wissen spielen Prozesse von Wahrnehmung und Gedächtnis eine wichtige Rolle. Insbesondere die Beschränkungen des Kurzzeitgedächtnisses bedingen die Form und Bereichsabhängigkeit von Expertise. Experten sind sozusagen auf einen Sach- bzw. Handlungsbereich hin adaptiert.

Demgegenüber wirken die Wissenskonzepte der Professionssoziologie hilflos und veraltet. Symptomatisch ist, dass man immer wieder auf die Kategorie des „tacit knowledge“ zurückkommt, weil gewisses Handeln von Professionellen nicht mit deren offensichtlichem Wissen erklärt werden kann. Die Psychologie hingegen kennt seit über einem Jahrhundert ein Gedächtnisforschungsprogramm. Die Unterscheidung von deklarativem und prozeduralem Wissen ist nur eine, wenn auch die grundlegende. Die Professionssoziologie ist in dieser Hinsicht epistemisch blind – allein schon weil sie das Experiment als Forschungsinstrument nicht kennt.

Schwieriger wird der umgekehrte Fall. Was kann die psychologische Expertiseforschung von der Professionssoziologie lernen? Die Problematik ist nämlich grundlegender Art. Nehmen wir die Liste in Tabelle 1 und sehen, welche Experten behandelt werden. Es stellen sich zwei Fragen:

1) Handelt es sich in jedem Fall um Experten in dem Sinne, in dem nicht nur Psychologen sie als Experten titulieren würden? Auf diese Frage werde ich später zurückkommen.
2) Lassen sich alle wesentlichen Leistungs-Unterschiede zwischen Gruppen von Experten psychologisch erklären?

Nehmen wir die Paradebeispiele Schach und Medizin. Die Erforschung von Schachexpertise ist paradigmatisch für die psychologische Expertiseforschung: Die Resultate lassen sich auf andere Spiele wie Go oder Bridge übertragen. Jedoch auch auf die Medizin? Ein solcher Versuch fand ganz praktisch mit der versuchsweisen Entwicklung von medizinischen Expertensystemen statt. Auch wenn die Diskussion um die Automatisierung von medizinischen Diagnosen älter ist als die Hauptarbeiten zur psychologischen Expertiseforschung, so hat letztere einen besonderen Schub in diese

Diskussion gebracht. Die Geschichte des wohl bekanntesten Versuches, ein stand-alone-System, d.h. ein weitgehend selbstständiges, medizinisches Expertensystem zu schaffen ist die Geschichte von *Mycin* (vgl. Shortliffe & Buchanan, 1984; Mieg, 1993). Mycin, ein System zur Diagnostik bakterieller Infektionen, wurde in Stanford entwickelt, ausgiebig evaluiert, zum Einsatz aufgestellt – und tatsächlich nie genutzt. In einer Serie von Artikeln wurden von den Entwicklern die Nutzungsprobleme diskutiert, den Medizinern wurde mangelnde Kooperationsbereitschaft vorgeworfen. Ich denke, auch die Psychologie würde sich sehr wehren, wenn alle psychologischen Tests z.B. durch neurologische Messung ersetzt werden sollen. Aber so einfach ist das Problem nicht. Vielmehr müssen wir den zwischen Schachspielern und Medizinern offensichtlich unterschiedlich strukturierten Tätigkeitskontext berücksichtigen.

4. Sozialpsychologie der Expertise

Selbst Robert Hoffman, der sowohl als Herausgeber von Sammelwerken zur psychologischen Expertiseforschung aufgetreten ist, als auch die Expertensystemforschung vorantreibt, resümiert:

> The minimum unit of analysis is the
> „expert-in-context“ (1997, p. 553)

Somit wird Expertise Gegenstand von Sozialpsychologie. Einer, der sich um eine Aufarbeitung der Ergebnisse der psychologischen Expertiseforschung unter Einbezug des Kontexts bemüht, ist James Shanteau. Seit knapp einem Jahrzehnt lässt er die Forscher über folgenden Befund diskutieren (vgl. Tab. 2): Offenbar gibt es zwei Leistungsklassen von Expertenurteilen bzw. Expertisebereichen. In die obere Leistungsklasse fallen Schach, Mathematik, Meteorologie. In die untere Leistungsklasse klinische Psychotherapie, Personalselektion, Börsenmakler etc. Die Mediziner gehören je nach Studie in mal die eine, mal die andere Leistungsklasse. Shanteau bietet verschiedene Erklärungsmöglichkeiten an: Zum einen, dass in der oberen Leistungsklasse die Experten mit Dingen oder Objekten der physischen Welt zu tun haben, in der anderen gehe es um Menschen und soziale Interaktionen. Eine andere Erklärungsmöglichkeit sei, dass es in der oberen Leistungsklasse mehr Möglichkeiten für Lernen gäbe, zumal es Kriterien für Feedback gibt. Wie auch immer die Erklärung sei, es handele sich, so Shanteau, um Kontextphänomene.

Tabelle 2: Experten-Leistungsklassen in Anlehnung an (Shanteau 1992, table 1)

Good Performance: Klasse hoher Leistung (z.B. hohe Prognosegüte, reliable Expertenleistung)	**Poor Performance: Klasse geringer Leistung (z.B. geringe Prognosegüte, kaum reliable Expertenleistung)**
Schach	klinische Psychologie / Psychotherapie
Wettervorhersage / Meteorologie	Aktienanalyse / Börsenmakler
Physik	Bewährungshilfe
Mathematik	Personalselektion
Buchhaltung	Richter
...	...
Medizin (z.B. Chirurgie)	Medizin (z.B. Psychiatrie)

Worin besteht nun der Kontext? Die Domänspezifität oder: Bereichsabhängigkeit von Expertise ist eines der frühen Ergebnisse der psychologischen Expertiseforschung. Aus einer kognitionspsychologischen Sicht zeugt Tabelle 2 nur von der mehr oder weniger guten Repräsentierbarkeit von Kontexten.

Hilft die Professionssoziologie zum Verständnis von Kontexteffekten? Den Nutzen von professionssoziologischen Befunden für die psychologische Expertiseforschung habe ich bislang nur andeutungsweise dargestellt. Wie ich eingangs gesagt habe, sehe ich eine grundlegende Problematik; eine einfache komponentenorientierte Arbeitsteilung scheint nicht möglich. Daher möchte ich an dieser Stelle noch einmal ausholen und auf einen Aspekt des Phänomens Experte hinweisen, für den beide, psychologische Expertiseforschung und Professionssoziologie, blind zu sein scheinen: *das Phänomen der relativen Expertise bzw. relativen Experten.*

Es gibt Situationen, in denen Personen als Experten angesprochen werden, denen dies außerhalb dieser Situation wohl kaum passieren würde. Nehmen wir z.B. die Jurastudentin, die von ihrer Freundin wegen eines Problems mit dem Mietvertrag um Rat gefragt wird. In diesem Fall gilt die Jurastudentin als Expertin, einen Status, den sie im Kreis von Juraprofessoren nicht erhalten würde. Solche situationsbedingten Zuschreibungen des Expertenstatus sind sehr häufig. Jacoby, Gonzales und andere (1991) führten eine Reihe von Studien zur Gruppeninteraktion durch und belegten, dass innerhalb einer Konversation die Zuschreibung des Expertenstatus wechseln kann – je nach Thema und unterstelltem oder signalisiertem Wissen der Beteiligten. Dies nutzt Stasser für die sozialpsychologische Gruppenforschung. Er untersuchte in experimentellen Gruppen, unter welchen Bedingungen Spezialwissen einzelner Gruppenmitglieder tatsächlich in den Gruppenprozess eingebracht wird. Stassers Befund ist: Es braucht dazu die offene Zuschreibung von Expertenrollen (Stewart & Stasser, 1995).

Auch die Professionssoziologie tut sich mit dem Phänomen der relativen Experten schwer. Wenn Experten Professionelle sind, so dürfen relative Experten nicht vorkommen. Dass solche relativen Experten nicht nur vorkommen, sondern eine wichtige Rolle in unseren Gesellschaften spielen, zeigt der Blick auf das Gerichtswesen. Dort treten Experten als Sachverständige auf (im französischen und amerikanischen Recht ist unmittelbar von „experts" die Rede). So unterschiedlich die Rollen der Experten in den jeweiligen Prozessordnungen auch sind, gemeinsam ist allen: das Verständnis von „Experte" wird dort vorausgesetzt, nicht aber definiert, auch nicht mit Blick auf Professionen oder Wissenschaftlichkeit. Im deutschen Gerichtswesen gibt es für die häufig vorkommenden Fallklassen vereidigte Sachverständige, doch im Prinzip ist der Richter frei, v.a. wenn der Fall ungewöhnlich ist, selbst die Sachverständigen zu bestimmen. Dokumentiert sind Astrologen, Pendler und selbst Okkultisten, die kraft ihrer Expertise „gute" Geschäftspraxis begutachteten.

Der Beitrag der soziologischen Perspektive zur psychologischen Expertiseforschung besteht meiner Auffassung nach darin, den *Interaktionscharakter* von Experten zu verstehen und zu berücksichtigen. Experte oder Expertin ist nur, wessen Leistung als Experte *nachgefragt* wird. D.h. Experte ist abhängig von der Konstellation mit anderen Personen, insbesondere wenn eine Person eine andere als Experten nutzt. Den Brückenbegriff zur Vermittlung zwischen Professionssoziologie und psychologischer Expertiseforschung kann der Begriff der *Attribution*, Zurechnung von Expertise, bilden. Der Expertenstatus wird einer Situation einer Person zugeschrieben.

Auch wenn es aus Sicht der psychologischen Expertiseforschung wenig interessant ist, warum jemand als Experte aufgefasst wird, so stellen doch die Randbedingungen dieser Expertenattribution wesentliche Bedingungen für das Tun von Experten und die Nutzung von Expertenwissen dar. Ich möchte nur auf eine einzige dieser Randbedingungen hier näher eingehen: nämlich die mit der Attribution der Expertenrolle verbundene Zuschreibung von *Verantwortlichkeit*. Einen Experten, zumal einen Professionellen, kann man für seine Expertenleistung verantwortlich machen, d.h. bei fehlerhafter Leistung können Sie den Experten verklagen oder wechseln. Wie aber machen Sie das bei einem Expertensystem? Ich selbst habe 1989 die Geschichte von SERVOLIP, eines deutschen medizinischen Expertensystem zur Fettstoffwechseldiagnostik verfolgt. Hin und wieder ergab das System inkonsistente Befunde, die für einen Hausarzt erkennbar waren, nicht jedoch zum Beispiel für ein privatwirtschaftliches Labor, das dank SERVOLIP Fettstoffwechselbefunde erstellte. Die Beschwerden gingen zurück zur Vertriebsgesellschaft, diese wandte sich an den Hochschulprofessor, der die Wissensbasis erstellt hatte, was er gewiss nach bestem Wissen und Gewissen vorgenommen hatte und nun auf den Konstrukteur des Inferenzmechanimus verwies. Auch jener hatte nach bestem Wissen und Gewissen ein System erstellt, das jedoch ohne Inhalt gewesen war. Kurzum: Verantwortlichkeit diffundierte. Letztlich musste die Vertriebsgesellschaft das System mit allerlei Warnhinweise versehen, der wichtigste war: das Gerät nicht als urteilsfähigen Experten zu verstehen. Hier erahnt man den großer Unterschied zwischen Expertise in Schach und Medizin: Wir können ungeachtet der Folgen einen Schachcomputer verkaufen, nicht aber ein medizinisches Diagnose-Expertensystem.

5. Arbeits- und Organisationspsychologie professioneller Tätigkeiten

Eine Öffnung der psychologischen Expertiseforschung in Richtung Professionssoziologie bedürfte nicht nur sozialpsychologischer Konzept- und Forschungsarbeit. Vielmehr hat sie auch Folgen für die Arbeits- und Organisationspsychologie. Ein Thema aus Sicht von Organisationen sind die verschiedenen Arten von *Rollenkonflikten bei der Integration und Zusammenarbeit mit Experten*, das völlig neu bearbeitet werden kann. Neue Impulse erhielte die in eine konzeptionelle Sackgasse geratene Forschung zu Konflikten von Professionellen in bürokratisch verwalteten Organisationen. Dies möchte ich an dieser Stelle nur andeuten.

Ein neues Feld, auf dem die Psychologie auch ihre gesellschaftliche Relevanz zeigen könnte, ist die Untersuchung von *sich ändernden professionellen Dienstleistungsmärkten*. Solche Märkte finden sich um Beispiel im IT-Bereich, bei den neuen Medien, aber auch bei den Umweltdienstleistungen. In Zürich untersuchen wir den Schweizer Dienstleistungsmarkt hinsichtlich der wirkenden Expertise und der Konkurrenz zwischen verschiedenen Berufsgruppen, deren Mitglieder unterschiedliche Expertise in den Markt einbringen. Denken Sie sich einen Bereich wie zum Beispiel die innerstädtische Grünraumplanung: Je nachdem ob Sie einen Verkehrsingenieur, einen Verwaltungswissenschaftler oder einen Architekten-Stadtplaner für diese Aufgabe ansprechen, erhalten Sie leicht unterschiedliche Definitionen der im Kern selben Aufgabe. Diese unterschiedlichen Definitionen – z.B. mal als Planungsaufgabe, mal als Stadtbelebungsmaßnahme – verweisen auf unterschiedliche professionelle Kompetenzen. Folgen wir dem Professionssoziologen Andrew Abbott (1988), so sind professionelle Tätigkeiten ohnedies nur innerhalb eines Systems von Professionen bzw. Berufsgruppen zu sehen. Die Professionen versuchen, über professionsgerechte Definitionen und Bereitstellung von entsprechender Expertise sich den Zugang zu bestimmten Tätigkeitsfeldern zu sichern.

Es scheint nötig, dass die Psychologie die Kategorie der Professionalisierung übernimmt. Der Arbeits- und Organisationspsychologie ist diese Kategorie ja nicht fremd. Professionalisierung kann jedoch nicht nur von innen heraus – als Charakteristik bestimmter Handlungen – sondern muss vielmehr von außen her bestimmt werden: über die Formen beruflicher Qualifizierung; mit Blick auf die Konkurrenz in und zwischen Berufsgruppen; vor dem Hintergrund des Wandels der professionellen, akademischen und nicht-akademischen Wissenssysteme.

6. Psychologie als Profession

Zum Abschluss einige Anmerkungen zur Psychologie als Profession. Die erste Frage ist: Ist die Psychologie überhaupt eine Profession? Meine Antwort würde lauten, ja, aber sie hat es nicht leicht. Es gibt einen nationalen Berufsverband, den BDP, es gibt eine akademisierte Ausbildung – eben das Psychologie-Diplomstudium – und es gibt einen definierten Problem- und Wissensbereich: das menschliche Erleben und Verhalten, seine Erklärung und Veränderung.

Wenn wir uns noch einmal die Leistungsklassen aus Tabelle 2 vor Augen führen, so sehen wir, dass sich die Psychologie als Profession in Expertisebereichen der unteren Leistungsklasse bewegt: Psychotherapie, Personalselektion etc. Da ein Nachweis von Effektivität und Effizienz nicht einfach oder nur mit Ungewissheiten zu erbringen ist, muss, sofern die Geschäftsfelder der Psychologie attraktiv genug sind, immer mit Konkurrenz durch andere Berufsgruppen gerechnet werden: bei der Therapie vornehmlich mit Medizinern, aber auch mit Pädagogen, Medizinern, Theologen und Natur- und Geistheilern. In der Personalselektion vornehmlich mit Betriebswirten und Betriebswirtinnen. Die große Zahl anderer Berufsgruppen oder Qualifizierungswege, die zu Personalarbeit führen können, möchte ich nicht aufzählen.

Ein Ausweg wäre, die Effizienz und Effektivität von psychologischen Verfahren zu erhöhen – wenn das möglich ist. Die Entwicklung und Handhabung psychometrischer Tests hat viel dazu beigetragen, dass die Psychologie als Profession an Profil gewonnen hat. Jedoch nicht alle Erwartungen konnten erfüllt werden. Heute muss die Psychologie sie mit anderen Mitteln zeigen – z.B. durch vergleichende Therapieforschung –, wie sie professionell zu Erklärung und Veränderung im Bereich des notorisch schlecht vorhersagbaren menschlichen Verhaltens beitragen kann.

Auf eines möchte ich noch hinweisen: Es gibt für die Psychologie (noch) keinen klar definierten, wertbezogenen gesellschaftlichen Auftrag bzw. kein solches Image. Bei der Medizin gibt es den Bezug zu Gesundheit als gesellschaftlichem Zentralwert, bei der Juristerei das Recht. Dies kann für die Psychologie als Profession ungünstige Folgen haben. In der Liste der freien Berufe taucht sie unter den „Kulturberufen“ zusammen mit Journalisten und Tanzlehrern auf (vgl. Bundesverband freier Berufe, 1999); die Psychotherapie erscheint abgesondert im Kreis der Heilberufe, gemeinsam mit der Medizin. Sollte sich die A&O-Psychologie weiter professionalisieren, so würde sie vermutlich im Kreis der Wirtschaft- und Unternehmensberatungen aufzunehmen sein. Aus Sicht der Psychologie als Profession ist diese separierte Wahrnehmbarkeit nicht unbedingt wünschenswert.

Insofern kann auch die Psychologie als Profession davon profitieren, wenn in ihren eigenen Reihen Professionalisierungsforschung betrieben würde.

Literatur

Abbott, A. (1988). The system of professions. Chicago: The University of Chicago Press.

Carr-Saunders, A. M., & Wilson, P. A.(1933). The professions. Oxford: Oxford University Press.

Bromme, R., (1992). Der Lehrer als Experte. Bern: Huber.

Bundesverband freier Berufe (1999): siehe: http://www.freie-berufe.de/fakten.html Chase, W. G., & Simon, H. A. (1973). The mind's eye in chess. In W. G. Chase (Ed.), Visual information processing (pp. 215–281). New York: Academic Press.

Chi, M. T.H., Glaser R., & Farr, M. J. (Eds.). (1988). The nature of expertise. Hillsdale, NJ: Erlbaum.

DeGroot, A. (1965). Thought and choice in chess. The Hague: Mouton.

Dippel, K. (1986). Die Stellung des Sachverständigen im Strafprozeß. Heidelberg: R.v. Decker's.

Ericsson, K. A., Krampe, R. T., & Tesch-Römer, C. (1993). The role of deliberate practice in the acquisition of expert performance. Psychological Review, 100(3), 363- 406.

Evetts, J. (1999). Professions: Changes and continuities. International Review of Sociology, 9, 75–85.

Freidson, E. (1986). Professional powers. Chicago: The University of Chicago Press.

Gruber, H., & Ziegler, A. (Hrsg.). (1996). Expertiseforschung. Opladen: Westdeutscher Verlag.

Hitzler, R. (1994). Wissen und Wesen des Experten. In R. Hitzler, A. Honer, & C. Maeder (Hrsg.), Expertenwissen (S. 13- 30). Opladen: Westdeutscher Verlag.

Hoffman, R. R., Feltovich, P. J., & Ford, K. M. (1997). A general conceptual framework for conceiving of expertise and expert systems. In K. M. Ford & R. R. Hoffman (Eds.), Expertise in context (pp. 543–580). Cambridge: The MIT Press.

Hughes, E. C. (1965). Professions. In K. S. Lynn (Ed.), The professions in America (pp. 1- 14). Boston: Houghton Mifflin.

Jacoby, S., & Gonzales, P. (1991). The constitution of expert-novice in scientific discourse. Issues in Applied Linguistics, 2(2), 149–181.

Johnson, T. (1972). Professions and power. London: Macmillan.

Kahneman, D. (1991). Judgment and decision making: A personal view. Psychological Science, 2, 142–145.

Larson, M. S. (1977). The rise of professionalism. Berkeley: University of California Press.

Mieg, H. A. (1993). Computers as experts? Frankfurt/New York: Lang.

Mieg, H. A. (1998). The Swiss market for professional environmental services: A test of Abbott`s (1988) abstraction criteria for professionalization. In A. Brosziewski & C. Maeder (Hrsg.), Organisation und Profession (S. 100–122). Rorschach / St. Gallen: HFS Ostschweiz, Universität St. Gallen (Universitätsdruck).

Mieg, H. A. (2001). The Social Psychology of Expertise. Mahwah NJ: Erlbaum. [Veröffentlichung der Habilitationsschrift Expert thinking and the expert's role, Departement Umweltnaturwissenschaften der ETH Zürich]

Mieg, H. A. (1999). Wissensmanagement durch Professionen. In H. Hansen, B. Sigrist, H. Goorhuis & H. Landoldt (Hrsg.), Bildung und Arbeit: Das Ende einer Differenz? (257–266). Aarau: Sauerländer.

Mieg, H. A., & Scholz, R. W. (1993). Zur psychologischen Evaluation von (diagnostischen) «Expertensystemen». Praxis der Informationsverarbeitung und Kommunikation, 16(4), 218–224.

Oevermann, U. (1996). Theoretische Skizze einer revidierten Theorie professionalisierten Handelns. In A. Combe & W. Helsper (Hrsg.), Pädagogische Professionalität (S. 70–182). Frankfurt: Suhrkamp.

Parsons, T. (1968). Professions. International Encyclopedia of the Social Sciences, 12, 536–547.

Posner, M. I. (1988). Introduction: What is it to be an expert? In M. T. H. Chi, R. Glaser, & M. J. Farr (Eds.), The nature of expertise (pp. xxix–xxxvi). Hillsdale, NJ: Erlbaum.

Shanteau, J. (1992). The psychology of experts. In G. Wright & F. Bolger (Eds.), Expertise and decision support (pp. 11–23). New York: Plenum.

Shortliffe, E. H., & Buchanan, B. G. (1984). (Eds.). Rule-based expert systems. Reading: Addison-Wesley.

Stewart, D. D., & Stasser, G. (1995). Expert role assigment and information sampling during collective recall and decision making. Journal of Personality and Social Psychology, 69(4), 619–628.

9

Professionalisierung

Ein Forschungsfeld der Wirtschaftspsychologie

1. Was ist Professionalisierung?

Mieg, H. A. (2002). Professionalisierung – ein Forschungsfeld der Wirtschaftspsychologie. In E. H. Witte (Hrsg.), Sozialpsychologie wirtschaftlicher Prozesse (S. 127–146). Wiederabdruck mit freundlicher Genehmigung des Verlages Pabst. Vortrag gehalten am 12.1.2001 am Hamburger Symposium zur Methodologie der Sozialpsychologie.

Professionalisierung im weiten Sinn meint die Entwicklung eines Berufsbildes mit beruflichen Standards und festen Organisationsformen. Als klassische Beispiele gelten die Ärzte und die Rechtsanwälte. Professionalisierung erfolgt auf verschiedenen Ebenen:

- auf *Individualebene*: Professionalisierte Tätigkeiten erfordern eine spezifische Qualifikation, meist verbunden mit einer akademischen Ausbildung. Damit einher geht die Entwicklung einer gewissen beruflichen Identität.
- auf *Marktebene*: Eine bestimmte Berufsgruppe erlangt ein gewisses Zuständigkeitsmonopol für ihre Tätigkeitsfelder. Dieses Monopol kann rechtlich abgesichert sein (z.B. Anwaltszulassung) oder auf einer allgemein anerkannten Kompetenzzuschreibung beruhen (z.B. bei bestimmten Wirtschaftsprüfern).
- auf der Ebene des *Berufes*: Es entsteht ein spezifisches Berufsbild. Damit verbunden ist die Entwicklung von Verfahrensstandards (z.B. diagnostische Verfahren), verbandlichen Organisationen (Fach- und Berufsverbände) sowie eines Berufscodex'.

Professionalisierung im engen Sinn meint die Entwicklung in Richtung einer Berufsorganisation oder eines Berufsstandes, im anglo-amerikanischen Raum als „Profession" bezeichnet. Im deutschsprachigen Raum handelt es sich meist um die freien Berufe, das sind bestimmte Dienstleister, die den Sonderregelungen nach § 18 EStG unterliegen und z.B. von der Gewerbesteuer befreit sind (Deneke, 1986). Im Folgenden werden alle organisierten Berufsgruppen als *Professionen* bezeichnet.

Professionen sind ein etabliertes Forschungsfeld der anglo-amerikanischen Professionssoziologie (z.B. Carr-Saunder & Wilson, 1933; Parsons, 1968, Freidson, 1986; Abbott, 1988;

Evetts, 1999). Lange Zeit diskutiert wurde ein Konzept von Professionalisierung im engeren Sinn, nämlich als *typische* Abfolge in der Entwicklung eines Berufsbildes, das zu einer Profession führt (z.B. Wilensky, 1964). Diese Entwicklung beginnt damit, dass sich Leute finden, die gewisse Tätigkeiten zu ihrem „Full-time Job" machen (z.B. freiberufliche Berufsberatung); es folgt die Einrichtung von „Professional Schools" bzw. neuen Studiengängen; nach einer gewissen Zeit erfolgt die staatliche Anerkennung; gewisse Teiltätigkeiten werden allmählich an weisungsabhängige Personen oder Berufsgruppen delegiert; die Professionalisierung findet ihren Abschluss in der Etablierung eines Berufsverbandes, der sich einen berufsethischen Kodex gibt. Dieses Konzept von Professionalisierung i.e.S. als Entwicklungsmuster wurde wiederholt variiert und stark kritisiert. Tatsächlich fanden sich vielfältige Wege der Berufsbildentwicklung (vgl. Abbott, 1988, S. 9–20).

Professionen lassen sich – auch in England und den USA – kaum typologisch oder definitorisch fassen. Kriterien für Professionalisierung (z.B. Hodson & Sullivan, 1990) dienen nur zur thematischen Eingrenzung und nicht zur begrifflichen Festlegung. Zu diesen Kriterien gehören (vgl. Mieg, 1998a, 1999):

- Es gibt einen gesellschaftlich relevanten Problembereich, der hinreichend abgrenzbar ist und für den *wissenschaftlich abgestütztes Handlungswissen* verfügbar ist. Eine Profession gilt als „zuständig" für einen solchen Problembereich und das zugehörige Wissen.
- Es gibt einen *gesellschaftlich zentralen Wert,* mit dessen Hilfe bestimmte professionalisierte Dienstleistungen zusätzliche Legitimation erlangen. Zum Beispiel lassen sich medizinische Tätigkeiten (und Kosten!) mit Hinweis auf den gesellschaftlichen Zentralwert „Gesundheit" begründen.
- Es gibt eine *akademisierte Ausbildung*, zum Beispiel das Medizin- oder Jurastudium.
- Es gibt einen *Berufsverband*.

Als weiteres Kriterium für Professionalisierung gilt *Autonomie* (vgl. Hodson & Sullivan, 1990). Es gibt hierin jedoch große Unterschiede zwischen anglo-amerikanischen und kontinaleuropäischen Professionen bzw. freien Berufen (vgl. Torstendahl & Burrage, 1990). Anglo-amerikanische „Professions" sind autonom in den Sinne, dass sie auf die

Berufsausbildung ihrer Mitglieder unmittelbaren Einfluss nehmen können. Dies geschieht etwa durch die Einrichtung von „Professional Schools". Die kontinentaleuropäischen Professionen bzw. freien Berufe sind weitgehend durch staatlich definierte Ausbildungsgänge bestimmt. Wegen dieser Unterschiede hat Rueschemeyer (1986) vorgeschlagen, weniger von Professions und Professionen zu reden, sondern dieses Phänomen der Organisation von Berufsgruppen generell unter dem Titel „Professionalisierung" zu untersuchen.

2. Was hat Professionalisierung mit Psychologie zu tun?

Die Entwicklung und Anwendung von Spezialwissen und -fertigkeiten ist ein Forschungsfeld der *psychologischen Expertiseforschung* (z.B. De Groot, 1965; Chi, Glaser & Farr, 1988; Gruber & Ziegler, 1996; Hoffman, Feltovich & Ford, 1997). Die paradigmatischen Beispiele sind medizinische Tätigkeiten und das Schachspielen. Diese Forschung greift meist auf einen undifferenzierten Expertenbegriff zurück, wonach Experten „Bestarbeiter" sind (Hacker, 1992) oder – differentialpsychologisch – als die zehn Prozent Leistungsstärksten anzusehen sind (vgl. Ericsson & Smith, 1991). Expertise wird hierbei im Sinne von Kompetenz verstanden. Die Kognitionspsychologie von Expertise hat eine Reihe von robusten Befunden erbracht. Demnach

- sind Expertenleistungen *bereichsspezifisch*, d.h. Leistungen in einem Bereich (z.B. Mathematik) sind nicht auf einen anderen übertragbar (z.B. Schach);
- sind Expertenleistungen nicht abhängig von generellen Fähigkeiten wie Intelligenz oder Gedächtniskapazität;
- gilt eine *10-Jahres-Regel* der Entwicklung von Expertise: es sind etwa 10 Jahre an Training und Erfahrung nötig, um vollgültige Expertenleistungen erbringen zu können (vgl. Ericsson, Krampe & Tesch-Römer, 1993).

Insgesamt zeigt sich eine bereichsspezifische kognitive Adaption von Experten an einen Problemlösebereich; Expertise beruht demnach auf spezialisierten, *erfahrungsgestützen* Wahrnehmungsstrukturen. Experten *denken* nicht mehr, sondern: Experten *sehen* mehr (Bromme, 1992).

Der psychologischen Expertiseforschung fehlt ein expliziter Begriff von beruflicher Tätigkeit. Shanteau (1992a,

1992b) hat versucht, die Bereiche von Expertentätigkeit danach zu klassifizieren, wie reliabel und valide die Expertenleistungen – oftmals Diagnosen und Prognosen – sind. Er fand eine klare Trennung zwischen Bereichen zuverlässiger Expertenleistung (z.B. Meteorologie, Schach) und wenig zuverlässiger Expertenleistung (z.B. klinische Psychologie, Börse). In einer groben, wenn auch nicht definitiven Interpretation können wir den Bereich der wenig zuverlässigen Expertenleistung durch solche Tätigkeiten charakterisieren, welche eine Behandlung von Menschen oder die Interaktion zwischen Menschen zum Gegenstand haben. Eine Charakteristik von *beruflichen* Tätigkeiten ist damit noch nicht gewonnen; diese bedürfte insbesondere des Einbezugs einer arbeits- und organisationspsychologischen Sicht.

Abbildung 1: Aspekte von Professionalisierung

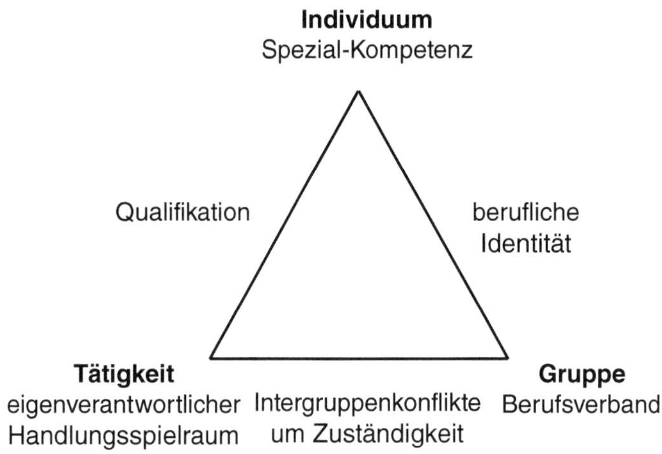

Abbildung 1 zeigt die unterschiedlichen Aspekte von Professionalisierung. Die psychologische Expertiseforschung erfasst den Aspekt der individuellen *Spezial-Kompetenz.*
Sie untersucht insbesondere

- differential- und entwicklungspsychologisch die Entwicklung dieser Spezial-Kompetenz;
- Kognitionspsychologisch ihre Struktur.

Shanteau hat mit seiner Differenzierung nach Leistungsklassen der Expertise bereits einen Bogen zur Unterscheidung von Tätigkeiten geschlagen. Entscheidend für den Zugang zu einem Tätigkeitsfeld ist jedoch nicht die Expertenleistung oder das „Expertenkönnen" per se, sondern die Qualifikation; denn Qualifikation schließt einen *Kompetenznachweis* ein.

Professionalisierung bestimmt auch die Art von Tätigkeit. Bei den professionalisierten Tätigkeiten handelt es sich meist um Dienstleistungen, welche ein hohes Maß an Ausbildung, fachlicher Kompetenz und persönlichem Einsatz erfordern, zum Beispiel die medizinische Therapie, qualifizierte Rechtsberatung oder Ingenieurtätigkeiten. Gemeinsam ist allen professionalisierten Dienstleistungen, dass für die Professionellen ein *eigenverantwortlicher Handlungsspielraum* besteht, insbesondere in der Anwendung von Methoden und der Ableitung von Maßnahmen. Der Tätigkeitsaspekt wird bereits weitgehend von der bestehenden arbeits- und organisationspsychologischen Forschung erfasst (z.B. Ulich, 1994; Brucks, 1998). Inbesondere Nerdinger (1994) hat sich umfassend mit der Psychologie von Dienstleitungen und ihrer Messung auseinandergesetzt.

Wie eingeführt, gehört zu Professionalisierung die Entwicklung von Berufs-Organisationen, etwa Berufsverbänden und speziellen Schulungsstätten. Dies ist Gegenstand von Berufs- und Professionssoziologie. Aus psychologischer Sicht gilt es zum einen, diese Forschungen zur Kenntnis zu nehmen. Zum anderen lassen sich Berufsverbände als Gruppen auffassen und sozialpsychologisch untersuchen. Das besondere Forschungspotenzial liegt jedoch weniger bei den drei genannten zentralen Aspekten – Spezial-Kompetenz, Tätigkeit, Verbände – als in deren Schnittbereichen, zum Beispiel in der Frage der wahrgenommenen Zugehörigkeit zu einer Berufsgruppe oder in den Intergruppenkonflikten zwischen Berufen. Sozialpsychologische Forschung wird auf diese Weise unmittelbar relevant für Wirtschaftspsychologie.

3. Forschungsthemen

Von den genannten Forschungspotenzialen sei hier insbesondere die Frage der Qualifikation genauer betrachtet.

3.1 Qualifikation

Professionelle Qualifikation ist aus einer streng kognitionspsychologischen Sicht identisch mit beruflicher *Expertise*. Das Konzept von Expertise unter einer individuellen Sicht hat in den letzten Jahren – insbesondere durch den Einfluss des „Situated Cognition"-Ansatzes (Clancey, 1997)

– eine Erweiterung erfahren. Die Rede ist nun von „Expertise-in-Context“ (Hoffman et al., 1997) oder „Cognition in the Wild“ (Hutchins, 1995), um anzudeuten, dass Expertenleistung notwendig ein spezifisches Arbeitsumfeld voraussetzt. Aus Sicht des „Situational Cognition“-Ansatzes ist ein Teil des Experten-Handlungswissens im sozio-technischen Arbeitsumfeld verankert; dies gilt für einen Industriearbeitsplatz genauso, wie für die Praxis einer niedergelassenen Ärztin, zu deren Arbeitsumfeld die Analysegeräte wie auch die Unterstützung durch die eigenen Angestellten und externe Labore gehört.

Aus Sicht der *Eignungsdiagnostik* müssen wir Qualifikation als eine spezifische berufliche Handlungskompetenz auffassen. Die psychologische Aufgabe besteht nun darin, die Dimensionen dieser Handlungskompetenz zu finden und entsprechende Tests zu entwickeln (z.B. Schuler, Funke, Moser & Donat, 1995). Sonntag und Scharper (1992) unterscheiden folgende Dimensionen

- Sozialkompetenz
- Fachkompetenz
- Methodenkompetenz
- Selbstkompetenz.

Die Selbstkompetenz bezieht sich auf persönlichkeitsbezogene Dispositionen und Eigenschaften wie Führungsfertigkeit und Verantwortungsbereitschaft. Eine Operationalisierung findet sich im Kasseler-Kompetenz-Raster (Kauffeld, 1999; Kauffeld & Frieling, 2001).

Alternativ zu den psychologischen Ansätzen hat sich in der Berufspädagogik das Konzept der *Schlüsselqualifikation* entwickelt. Mertens (1974) verstand darunter eine *generelle Lernfähigkeit*, die neben aller Fachkompetenz für die individuelle berufliche Kompetenz nötig sei. Das Konzept der Schlüsselqualifikation hat – mit gewissen Ausnahmen (z.B. Didi, Fay, Kloft & Vogt, 1993; Weinert, 1998) – in der Psychologie wenig Resonanz gefunden; in der Differential- und Persönlichkeitspsychologie sind viel differenziertere Modelle zu Persönlichkeit und Fertigkeiten entwickelt worden. Das Konzept der Schlüsselqualifikation spielt jedoch in der Diskussion um professionalisierte Dienstleistungen eine große Rolle, zum einen weil es als Anforderung an die Hochschulausbildung auftaucht (z.B. Gensch, Länge-Soppa & Schindler, 1996). Zum anderen trifft es das undifferenzierte Konzept von „Persönlichkeit und Flexibilität“, mit dem in der Personalauswahl gearbeitet wird (vgl. Gonon, 1999). Eine genauere Untersuchung wert wären die Erwartungen und mentalen Modelle, welche die Personalverantwortlichen zu Qualifikationsvoraussetzungen entwickeln.

Dies ist umso dringlicher, als Qualifikation mehr als nur eine spezifische Kompetenz bedeutet; vielmehr gehört zu Qualifikation wesentlich der *Nachweis* von Kompetenz. Bei der Personalauswahl – und Projektvergabe – spielen nachgewiesene Qualifikationen eine wesentliche Rolle: darunter fallen im wesentlichen Zeugnisse von Ausbildungsstätten sowie die Zertifikate über Fort- und Weiterbildungen. Bewertungsrelevant sind nicht nur Noten sondern auch das Renomee der besuchten Ausbildungsbildungsstätte. Hinzukommt die Bewertung branchenspezifischer Erfahrung: Für welche Firmen hat die Kandidatin bislang gearbeitet? Für welche Projekte war sie verantwortlich? Wie wir sehen, kommen hier *Attributionen* zum Tragen: daraus, wie und womit eine Kandidatin sich bewirbt, werden individuelle Dispositionen erschlossen. Gerade ein Konzept wie Schlüsselqualifikation erlaubt personale Zurechnungen und den generellen Schluss, ob jemand fähig ist, ein Projekt erfolgreich zu leiten. Dies ist für professionalisierte Dienstleistung von Bedeutung, da hier eigenverantwortete Aufgaben vergeben werden. Wir haben in diesem Zusammenhang ein vereinfachtes Modell von Qualifikation getestet (Woschnack & Mieg, 2001). Das Modell enthält lediglich Indikatoren für

- Schlüsselqualifikation,
- Branchenerfahrung (interpretiert als Expertise) und
- Fachwissen.

Mit diesem Modell unterzogen wir drei Studien zu Angebot und Nachfrage von Fachkräften mit umweltorientierten Aufgaben einer Re-Analyse. Die Daten stammten von verschiedenen Befragungen von Personalverantwortlichen, Umweltfachleuten und Hochschulabsolventen. Mit den drei Indikatoren ließen sich branchenspezifische Qualifikationsprofile unterscheiden.

Nur kurz sei auf die beiden weiteren hier genannten Forschungsthemen eingegangen.

3.2 Berufliche Identität

Das Thema der beruflichen Identität zerfällt in drei Teilthemen.

- Die Frage der *Zugehörigkeit zu einer Berufsgruppe*. Zu klären wäre, ob hier lediglich ein Fall von selbstzugeschriebener Gruppenzugehörigkeit vorliegt, wie er bereits im Minimal-Group-Ansatz untersucht wurde (Tajfel, Billig, Bundy & Flament, 1971); oder ob hier auch familien-biographische Einflüsse – zum Beispiel bei den Medizinern – eine Rolle spielen (vgl. Hoerning, 2000).
- Die Frage der spezifischen *Berufs-Sozialisation* (im Extremfall gar eine „Deformation professionelle“). In wie weit bilden sich durch spezifische Ausbildung und Tätigkeiten spezifische geteilte Weltbilder heraus? Welche handlungsleitende Relevanz haben diese Weltbilder (Schallberger, 1987)?
- Die Frage der Entstehung und Wirkung von *Berufsmoral*. Dies ist ein wichtiger Teilaspekt der Sozialisation. Gibt es so etwas wie Berufsmoral? Welche Reichweite hat diese Moral? Im Umweltbereich gibt es hierzu einige Untersuchungen, etwa bei Hoff (vgl. Hoff, 1990; Hoff, Lempert & Lappe, 1991).

3.3 Intergruppenkonflikte um Zuständigkeit

Wenig Beachtung fand bislang das Thema der Intergruppenkonflikte um die Zuständigkeit für spezifische Tätigkeitsfelder. Auch hier ist die Frage, ob es sich um einen Anwendungsfall von Intergruppenkonflikten handelt (vgl. Wagner, 2001), oder ob hier spezifische Bedingungen vorliegen.

Die bisher genannten Forschungsthemen geben keineswegs erschöpfend das Forschungsfeld Professionalisierung wieder. Abbildung 2 zeigt, dass die drei vorgestellten Aspekte von Professionalisierung (wie in Abb. 1) verschiedenen Kontexten zugeordnet werden können. So ist die individuelle Spezial-Kompetenz wesentlich in einem *Ausbildungs*-Kontext zu sehen. Professionalisierte Dienstleistungen setzen in der Regel akademische Ausbildungen voraus. In diesem Kontext spielen Evaluationen von Ausbildungen eine zunehmend wichtigere Rolle. In diesem Zusammenhang leistet die Psychologie einen wichtigen, methodischen Beitrag (z.B. Wottawa & Thierau, 1998). Der *politische* Kontext von Professionalisierung ist bislang kein naheliegender Forschungsgegenstand der Psychologie. Nicht vergessen sollten wir in diesem Zusammenhang die Beiträge der Psychologie zur Erforschung ihrer eigenen Professionsentwicklung und berufspolitischen Stellung (vgl. Geuter, 1984; Schorr, 1991; Mieg, 1999; Lück & Sewz-Vosshenrich, 2000). Hier dominierte bislang die Diskussion über die Abgrenzung von Klinischer Psychologie zur Medizin (z.B. Eilers, 1998). Eine noch anstehende Diskussion ist die Stellung der arbeits- und organisationspsychologischen Tätigkeit im Kreis der wirtschaftsberatenden Berufe (Mieg, 2000a). Der *betriebliche* Kontext, in welchem Professionalisierung zu sehen ist, stellt ein bedeutendes, nicht-therapeutisches Tätigkeitsfeld der Psychologie dar (wo die arbeits- und organisationspsychologische Tätigkeit in gewisser Konkurrenz zu betriebswissenschaftlicher Forschung steht). Die organisationale Einbindung von Professionellen und anderen Experten ist ein psychologisches Forschungspotenzial, auf das es hier näher einzugehen lohnt.

Abbildung 2: Kontexte von Professionalisierung

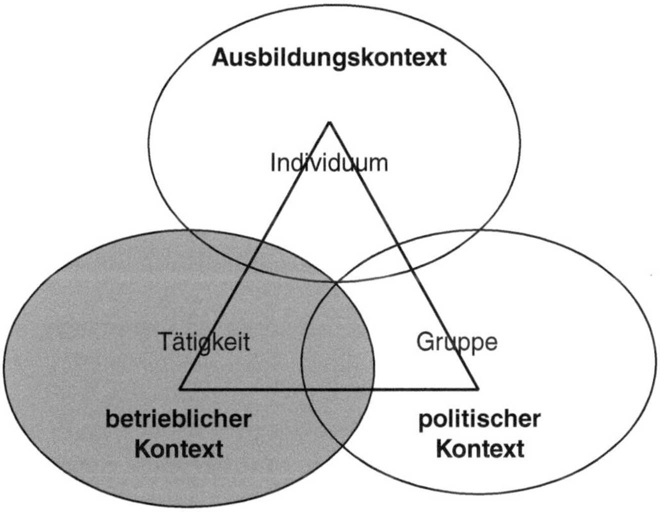

3.4 Expertenrollen in Organisationen

1968 veröffentlichte der Soziologe Richard Hall eine Studie zur Arbeit von Professionellen in Organisationen (Hall, 1968). Seine Hypothese war, dass Mitglieder von hoch entwickelten Professionen als Mitarbeiter in Organisationen Konflikte erfahren müssten. Entwickelte Professionen sind weitgehend autonom, was auch eine exklusive Zuständigkeit für gewisse Tätigkeiten bedeute. Der Autonomieanspruch professionellen Arbeitens müsse mit hierarchisch-bürokratischen Organisationen in Konflikt geraten. Tatsächlich fand Hall in seiner berufsübergreifenden Studie negative Korrelationen zwischen

- dem Autonomieempfinden von Professionellen und
- dem Bürokratisierungsgrad von Organisationen, in denen sie arbeiten.

Ebenso fand er, dass die Mitglieder hoch entwickelter Professionen (Mediziner, Rechtsanwälte) in der Regel in Organisationen mit geringerer Bürokratisierung arbeiten als Mitglieder von Semi-Professionen (Krankenschwestern, Buchhalter). Obgleich das Phänomen professionssoziologisch plausibel scheint, erbrachten 30 Jahre Forschung hierzu keine eindeutige Befundlage (vgl. Mieg, 2001).

Aus soziologischer Sicht besteht in Halls Beispielen ein Konflikt auf institutioneller Ebene, nämlich zwischen Profession und Bürokratie, der sich jedoch empirisch kaum nachweisen lässt. Eine organisationspsychologische Sicht verlagert den potenziellen Konflikt auf die Ebene der konkreten, innerbetrieblichen Tätigkeit. Um das Konfliktpotenzial zu verstehen, müssen wir die Struktur professioneller Tätigkeit analysieren. Nach Abbott (1988) können wir drei Komponenten der professionellen Tätigkeit unterscheiden (vgl. Abb. 3):

- Diagnose: Hier geht es um eine Problemanalyse;
- Inferenz: Hier geht es um die Ableitung von Maßnahmen;
- Maßnahme: Hier geht es um konkrete Umsetzung, zum Beispiel Therapie.

Nach Abbott stellt die Inferenz die wesentliche Komponente professioneller Tätigkeit dar und definiert damit auch den Raum autonomen, selbstverantworteten Entscheidens (deshalb wird Inferenz in Abbildung 3 hervorgehoben). Hierzu gehört insbesondere die Wahl der Methoden.

Abbildung 3: Komponenten professioneller Tätigkeit nach Abbott (1988)

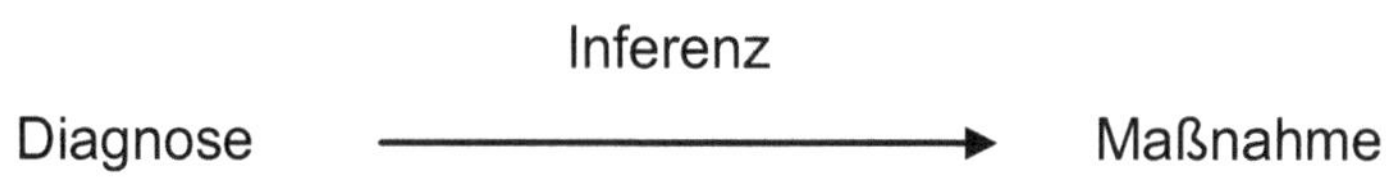

Diese vereinfachte Darstellung von professioneller Tätigkeit zeigt Möglichkeiten der Arbeitsteilung und der Unterscheidung von Expertenrollen. Tabelle 1 unterscheidet Professionelle, Forscher, Formalexperten und relative Experten. Demnach sind Professionelle für die ganze Tätigkeit verantwortlich; Forscher sind als Experten nur für die Analyse und die Korrektheit der Ergebnisse verantwortlich; und Formalexperten (vgl. Otway & von Winterfeldt, 1992) bieten formale Entscheidungsunterstützung an (z.B. Risikoanalyse). Zu ergänzen bleibt: Relative Experten besitzen relativ zu ihrem Tätigkeits-Kontext einen Wissen- und Fertigkeitsvorteil und werden deswegen nachgefragt (vgl. Mieg, 1993, 1994, im Druck). Zu erwarten ist, dass Professionelle dann in Konflikte geraten, wenn sie in ihrer Methodenautonomie bedroht sind. Kein Problem dürfte hingegen bestehen, solange nur ihre Diagnosekompetenz gefragt ist. Die Umsetzung erfolgt in Organisationen zumeist arbeitsteilig. Nicht eingehen können wir hier auf die Problematik der Formalexperten und anderer Expertenrollen; mehr hierzu in Mieg (2001).

Expertenrolle	Leistungs-Verantwortung	Qualifikation
Professionelle	ganze professionelle Tätigkeit (Abb. 3)	tertiäre Bildung
Forscher	Diagnose (Analyse)	tertiäre Bildung
Formalexperten	Inferenz (Entscheidungsunterstützung)	tertiäre Bildung
relative Experten	Information (unterstützt Diagnose)	offen

Tabelle 1: Expertenrollen in Organisationen

Expertenrollen spielen in unterschiedlichen Fragestellungen der Wirtschaftspsychologie eine Rolle, insbesondere bei der Entscheidung, welche Spezialkompetenz im Unternehmen internalisiert werden soll oder je nach Bedarf „eingekauft" wird. Die Bandbreite der Fragen reicht von der Funktion von Unternehmensberatern (vgl. bereits Neukom, 1975) bis hin zum Verständnis der informellen innerbetrieblichen Expertenwissensnetze (vgl. Stein, 1992).

4. Anwendungsbeispiel: Professionalisierung der Umweltdienstleistungen

In den vergangenen Jahren haben wir eine Reihe von Analysen zu Umweltdienstleistungen in der Schweiz durchgeführt. Tätigkeiten im Umweltbereich erfüllen die Kriterien für Professionalisierung, denn:

- Es gibt wissenschaftlich abgestütztes Handlungswissen,

z.B. zum Umgang mit belasteten Böden.
- Es gibt einen gesellschaftlich zentralen Wert: „Natur".
- Es gibt umweltorientierte Ausbildung in der Schweiz als Vollstudium (Umweltnaturwissenschaften, ETH Zürich).
- Es gibt in der Schweiz einen Berufsverband (SVU, Schweizerischer Verband der Umweltfachleute).

Einige der Befunde seien hier ausschnittweise vorgestellt.

4.1 Mitarbeit von Professionellen in Projektgruppen

Untersucht wurden die Expertenrollen in Zusammenhang mit der Mitarbeit von Experten in den sog. ETH-UNS-Fallstudien (Mieg, 2000c). Die Fallstudien sind hochschulgestützte Projekte zur Stadt- und Regionalplanung, mit denen zudem Ausbildungs- und Forschungszwecke verfolgt werden (Mieg & Scholz, 2001; Mieg, Scholz & Stünzi, 1996). In diesen Projekten arbeiten Forscher, professionelle Umweltfachleute und Studierende zusammen; Forscher und Professionelle können sich bewerben. Seit 1994 wird jedes Jahr ein neues Projekt durchgeführt. Die Projektgruppen wurden in den Jahren 1994 bis 1996 nach dem Format von Problemlösegruppen umstrukturiert (vgl. Mieg, Bösch, Stünzi & Zwicker, 1997); hierbei erhielten sie immer engere methodische Vorgaben, zum Beispiel zu Mediation oder Ökobilanzierung (vgl. Scholz & Tietje, 2001). Tabelle 2 zeigt, dass sich die Verteilung der Expertenrollen in den Jahren änderte. Obgleich die Mitarbeit von Professionellen in diesen Gruppen erwünscht ist und finanziert wird, sank deren Zahl von 13 (= 68 %) im Jahre 1994 auf 9 (= 30 %) im Jahre 1996. Zugenommen hat die Zahl der Forscher und relativen Experten, wobei es sich bei letzteren um Studierende mit Projekterfahrung oder Ortsansässige handelt. Es ist stark anzunehmen, dass die Mitwirkung von Professionellen durch die Einschränkung der Methodenverantwortung erschwert wurde.

Tabelle 2: Verteilung der Expertenrollen in den ETH-UNS-Fallstudien in den Jahren 1994 bis 1997 (Mieg, 2000c, table III)

Expertenrolle	1994	1995	1996	1997
Professionelle	13	11	9	8
Forscher	6	13	16	16
relative Experten	0	1	5	3

Anmerkung: Die Verteilungsunterschiede sind signifikant für die ersten drei Jahre. Nach 1996 ändert sich die Verteilung kaum mehr (Daten aus Mieg, 2000c).

4.2 „Wissensmanagement" durch den Verband

Professionalisierung stärkt den Zusammenhang zwischen Ausbildung und Berufstätigkeit. Gerade der Bereich der Umweltgeschäftstätigkeiten ist noch undefiniert; verschiedene Berufsgruppen, aber auch Geschäftstätige mit individuellem Werdegang sind hier tätig. Im Jahre 1997 erfolgte eine Befragung der Umweltfachleute in der Schweiz zu ihren Qualifikationen und Geschäftstätigkeiten (vgl. Mieg, 2000b). Erfasst wurden 989 individuelle Tätigkeiten, von denen 901 in 39 Tätigkeitsfelder klassifizierbar waren; solche Tätigkeitsfelder waren z.B.: Umweltverträglichkeitsberichte; Lehrverpflichtungen; Altlasten.

Die Umweltfachleute mussten ihr *Wissen* in acht verschiedenen Bereichen einschätzen. Eine Hauptkomponentenanalyse ergab zwei Faktoren (vgl. Mieg 1999):

1. Das *Organisationswissen*: Das Organisationswissen wird v.a. bestimmt durch kaufmännisches, juristisches und psychologisches Wissen; im Zusammenhang von Umwelttätigkeiten können wir es im weitesten Sinne als *Schlüsselqualifikations-Wissen* auffassen;
2. Das *Natursystemwissen*: Das Natursystemwissen wird v.a. bestimmt durch naturwissenschaftliches Wissen sowie Wissen über Ökosysteme und stellt das *Fachwissen* dar.

Je nach Grad des Organisationswissens zeigten sich andere (korrelationsstatistische) Zusammenhänge zwischen Ausbildung und beruflicher Tätigkeit (Mieg, 1999):

- Bei Umweltfachleuten mit *großem* Organisationswissen besteht ein enger Zusammenhang zwischen Ausbildung und Tätigkeit.
- Bei Umweltfachleuten mit *geringem* Organisationswissen (geringer Schlüsselqualifikation) besteht i.d.R. kein Zusammenhang zwischen Ausbildung und Tätigkeit.
- Bei Umweltfachleuten mit geringem Organisationswissen, die jedoch Mitglied im *Berufsverband* sind, besteht wiederum ein enger Zusammenhang zwischen Ausbildung und Tätigkeit.

Abbildung 4 stellt den Zusammenhang graphisch dar. Offenbar „kanalisiert" die Verbandszugehörigkeit besonders bei den Umweltfachleuten mit geringem Organisationswissen (geringer Schlüsselqualifikation) die berufliche Tätigkeit; wobei hier nichts über kausale Wirkungen ausgesagt werden kann. Wir können vermuten: Durch die Zugehörigkeit zu einer Profession, zumal für Mitglieder des Berufsverbands, erfolgt eine Art „Wissensmanagement", das insbesondere individuelle Mängel im Schlüsselqualifikations-Wissen ausgleicht (vgl. Mieg, 1999).

Abbildung 4: Zusammenhang von Ausbildung und beruflicher Tätigkeit (aus Mieg, 1999)

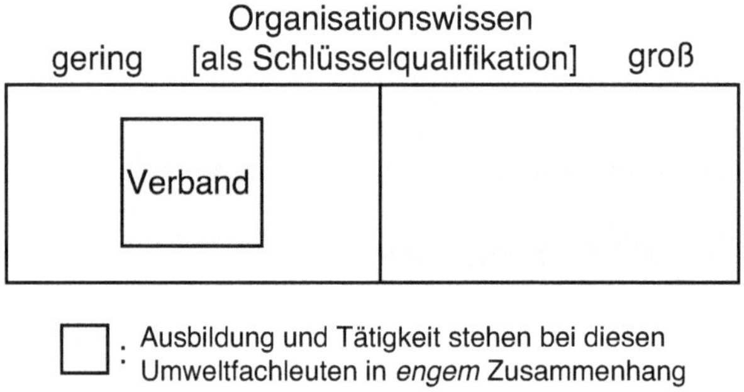

4.3 Tätigkeitsfelder & professionelle Konkurrenz

Wie zu erwarten, differieren das Organisations- und Natursystemwissen (bzw. Schlüsselqualifikation und Fachwissen) signifikant nach den verschiedenen 39 Tätigkeitsfeldern (vgl. Woschnack & Mieg, 2001). Zu beachten ist, dass Organisations- und Natursystemwissen kaum nach Branchen differieren (z.B. öffentliche Verwaltung, Industrie etc.). Das bedeutet, dass aus Sicht der professionellen Umweltfachleute der entscheidende Kontext für ihren Wisseneinsatz durch die *Tätigkeit* definiert wird, und nicht durch die Branchenzugehörigkeit. Je nach Tätigkeit variieren auch das Commitment zum Beruf („Würden Sie wieder diesen Beruf wählen?") sowie die Einschätzung der durch Ausbildung erworbenen Berufskompetenz. Tabelle 3 zeigt die Unterschiede zwischen einer Branchen- und Tätigkeitsfelderbetrachtung. Lediglich beim Geschäftsumsatz erweist sich die Einteilung nach Branchen als besserer Prädiktor.

Tabelle 3: Varianzanalysen mit Umwelt-Tätigkeitsfeldern und Branchen

Abhängige Variable	**Tätigkeitsfelder (N=39)**	**Branchen (N≤28)[a]**
Firmen-Umsatz	*	**
Nach Tätigkeit gewichteter Umsatz[b]	*	ns
Organisationswissen (Schlüsselqualifikation)	p<.0001	*[c]
„Natursystemwissen" (Fachwissen)	*	ns
Durch Ausbildung erworbene Berufskompetenz	*	ns
Commitment zum Beruf	*	ns
Berufliches Engagement für Umweltbelange	**	*
Gesamtkonkurrenz	p<.0001	*
- Konkurrenz innerhalb der Berufsgruppe	**	**
- Konkurrenz mit anderen Berufsgruppen	p<.0001	**
Kundenbeziehung zu Privatwirtschaft	p<.0001	p<.0001
Kundenbeziehung zu öffentlicher Verwaltung	p<.0001	p<.0001
„betriebsinterne Leistungen" (als Kundenbeziehung)	p<.0001	p<.0001
Kundenbeziehung zu Verbänden, Organisationen	**	ns
Bedeutung der Gutachtertätigkeit	p<.0001	**

Anmerkung: Zu den Varianzanalysen der 39 Tätigkeitsfelder vgl. Mieg (1998b). Die Branchen sind nach dem offiziellen Schweizer Branchenschlüssel klassifiziert (Bundesamt für Statistik, 1995); eine Aufstellung der Tätigkeitsfelder findet sich bei Mieg (2000).
[a] Wegen Missings variiert N zwischen 15 und 28. [b] Nach Tätigkeit gewichteter Firmen-Umsatz = Firmenumsatz x Anteil des durch die eigene, individuelle Tätigkeit generierten Geschäftsumsatzes. [c] signifikant nur für die 24 größten Branchen.
* p < .05 ** p < .01

Die Unterscheidung nach Tätigkeitsfeldern erlaubt eine tätigkeitsfeldspezifische Vorhersage der *Konkurrenz* innerhalb und zwischen Berufsgruppen (vgl. Mieg, 1998b). Dies sei hier nur angedeutet. Hinzuweisen ist in diesem Zusammenhang auf die Bedeutung der Gutachtertätigkeit. Die Gutachtertätigkeit macht bei den Umweltfachleuten im Schnitt 23% ihrer beruflichen Tätigkeit aus (vgl. Mieg, 2000). Die Bedeutung der Gutachtertätigkeit ist nicht unabhängig von der Konkurrenz zwischen Berufsgruppen (r=.1, p<.01), steht jedoch in keinem Zusammenhang mit der Konkurrenz innerhalb einer Berufsgruppe (r=0). Daraus folgt: Um den professionellen Intergruppenkonflikt um Zuständigkeit für Geschäftsfelder zu erfassen, sollten wir nicht zuletzt die Konkurrenz um Gutachteraufträge beachten und die Frage untersuchen: Wer erhält weshalb Gutachteraufträge? Die Antwort liegt vermutlich in Unterschieden in Qualifikation, Fachwissen und Berufsgruppenimage.

Fazit

Professionalisierung ist ein Forschungsfeld der Wirtschaftspsychologie. Es ergeben sich Fragen, die mit den Mitteln der Arbeits- und Organisationspsychologie angegangen werden können, so etwa

- zu den Qualifikationen für professionelle Tätigkeiten und
- zur Charakteristik professioneller Tätigkeit selber.

Die vorgestellten Forschungsbefunde zur Professionalisierung des Schweizer Umweltmarktes zeigen, dass wir unser Augenmerk auf konkrete Tätigkeitsfelder richten müssen. Professionelles Wissen und professionelle Konkurrenz sind tätigkeitsfeldspezifisch.

Professionalisierung als Forschungsfeld erfordert nicht zuletzt sozialpsychologisches Verständnis, zumal wenn es um Fragen der Wirkung von Verbandstätigkeit, die tätigkeitsspezifische Konkurrenz von Berufsgruppen und andere Marktprozesse geht. Unabdingbar ist hierzu der Blick über den psychologischen Tellerrand hinaus auf Professionssoziologie sowie Bildungs- und Arbeitsmarktforschung.

Literatur

Abbott, A. (1988). The system of professions. Chicago: The University of Chicago Press.

Bromme, R., (1992). Der Lehrer als Experte. Bern: Huber.

Brucks, U. (1998). Arbeitspsychologie personenbezogener Dienstleistungen. Bern: Huber

Bundesamt für Statistik (1995). NOGA: Allgemeine Systematik der Wirtzschaftszweige. Bern: Bundesamt für Statistik.

Carr-Saunders, A. M., & Wilson, P. A.(1933). The professions. Oxford: Oxford University Press.

Chi, M. T. H., Glaser, R., & Farr, M. J. (Eds.). (1988). The nature of expertise. Hillsdale, NJ: Erlbaum.

Clancey, W. J. (1997). Situated cognition: On human knowledge and computer representations. Cambridge, UK: Cambridge University Press.

DeGroot, A. (1965). Thought and choice in chess. The Hague: Mouton.

Deneke,V. (1986). Freie Berufe. In Görres-Gesellschaft (Hrsg.), Staatslexikon (7. Aufl., Bd. 2, S. 675–678). Freiburg: Herder.

Didi, H.-J., Fay, E., Kloft, C., & Vogt, H. (1993). Einschätzungen von Schlüsselqualifikationen aus psychologischer Perspektive (Gutachten im Auftrag des BIBB – Zusammenfassung). Bonn: Institut für Bildungsforschung.

Eilers, H.-E. (1998). Zur Integration des Psychologischen ins Gesundheitswesen. Report Psychologie, 23 (4), 295–297.

Ericsson, K. A., Krampe, R. T., & Tesch-Römer, C. (1993). The role of deliberate practice in the acquisition of expert performance. Psychological Review, 100(3), 363– 406.

Ericsson, K. A., & Smith, J. (1991). Prospects and limits of the empirical study of expertise: An introduction. In K. A. Ericsson & J. Smith, (Eds.), Toward a general theory of expertise (pp. 1–38). Cambridge, MA: Cambridge University Press.

Evetts, J. (1999). Professions: Changes and continuities. International Review of Sociology, 9, 75–85.

Feltovich, P. J., Ford, K. M., & Hoffman, R. R. (Eds.). (1997). Expertise in context: Human and machine. Menlo Park, CA: AAAI.

Freidson, E. (1986). Professional powers. Chicago: The University of Chicago Press.

Gensch, S., Länge-Soppa, R., & Schindler, G. (1996). Evaluierung des Zusatz- und Ergänzungsstudiums „Öffentliche Gesundheit und Epidemiologie" an der Universität München. München: Bayerisches Staatsinstitut für Hochschulplanung und Hochschulforschung.

Geuter, U. (1984). Die Professionalisierung der deutschen Psychologie im Nationalsozialismus. Frankfurt/Main: Suhrkamp.

Gonon, P. (1999). Schlüsselqualifikation als Überbrückung des Gegensatzes zwischen Arbeit und Bildung? In H. Hansen, B. Sigrist, H. Goorhuis & H. Landoldt (Hrsg.), Bildung und Arbeit: Das Ende einer Differenz? (S. 75–83). Aarau: Sauerländer.

Gruber, H., & Ziegler, A. (Eds.). (1996). Expertiseforschung. Opladen: Westdeutscher Verlag.

Hacker, W. (1992). Expertenkönnen. Göttingen: Verlag für Angewandte Psychologie.

Hall, R. H. (1968). Professionalization and bureaucratization. American Sociological Review, 33, 92–104.

Hodson, R., & Sullivan, T. A. (1990). The social organization of work. Belmont, CA: Wadsworth.

Hoerning, E. M. (2000). Gemeinwohlorientierung im staatssozialistischen System der DDR. In M. Meuser & M. Pfadenhauer (Hrsg.), Im Dienste der Menschheit? Gemeinwohlorientierung als Maxime professionellen Handelns. Universität Dortmund, Lehrstuhl für Allgemeine Soziologie. (=Dokumentation des 5. Workshops des Arbeitskreises ‚Professionelles Handeln' am 18. und 19. November 1999 in Witten, www.hitzler-soziologie.de/akprofhandelndokus.html)

Hoff, E.-H. (1990). Kontrolle und Moral – Problematische Arbeitsprodukte im Urteil von Arbeitern. In F. Frei & I. Udris (Hrsg.), Das Bild der Arbeit (S. 91–106). Bern: Huber.

Hoff, E.-H., Lempert, W., & Lappe, L. (Hrsg.). (1991). Persönlichkeitsentwicklung in Facharbeiterbiographien. Bern: Huber.

Hoffman, R. R., Feltovich, P. J., & Ford, K. M. (1997). A general conceptual framework for conceiving of expertise and expert systems. In K. M. Ford & R. R. Hoffman (Eds.), Expertise in context (pp. 543–580). Cambridge: The MIT Press.

Hutchins, E. (1995). Cognition in the wild. Cambridge, MA: The MIT Press.

Kauffeld, S. (1999). Mitarbeiterkompetenz – Das Kasseler-Kompetenz-Raster. In E. Frieling, H. Bernhard, S. Grote, S. Kauffeld & R. F. Müller (1999). Flexible Unternehmen und ihr Beitrag zur Entwicklung von Mitarbeiterkompetenzen (unveröff. Zwischenbericht). Institut für Arbeitswissenschaft, Universität Gesamthochschule Kassel. (zitiert nach Kauffeld & Freiling, 2001).

Kauffeld, S., & Frieling, E. (2001). Die berufliche Handlungskompetenz bei der Bewältigung von Optimierungsaufgaben in betrieblichen Gruppen. In R. Fisch, D. Beck & B. Englich (Hrsg.), Projektgruppen in Organisationen (S. 75–89). Göttingen: Verlag für Angewandte Psychologie.

Lück, H. E., & Sewz-Vosshenrich, G. (2000). Die Anfänge des BDP nach historischen Quellen. Report Psychologie, 25 (11/12), 728–733.

Mertens, D. (1974). Schlüsselqualifikationen. Thesen zur Schulung für eine moderne Gesellschaft. Mitteilungen aus der Arbeitsmarkt- und Berufsforschung, 7, 36–43.

Mieg, H. A. (1993). Computers as experts? On the non-existence of expert-systems. Frankfurt/New York: Lang.

Mieg, H. A. (1994). Die Expertenrolle. (UNS-Working Paper No. 3). Professur für Umweltnatur- und Umweltsozialwissenschaften, ETH Zürich. (www.uns.umnw.ethz.ch/uns/research/publications/papers/paper3/Expertenrolle.html)

Mieg, H. A. (1998a). Professionspolitik ohne Professionen? In M. Corsten (Hrsg.), Professionspolitik (S. 35–44). Berlin: Max-Planck-Institut für Bildungsforschung.

Mieg, H. A. (1998b). The Swiss market for professional environmental services: A test of Abbott's (1988) abstraction criteria for professionalization. In A. Brosziewski & C. Maeder (Hrsg.), Organisation und Profession (S. 100–122). Rorschach / St. Gallen: HFS Ostschweiz, Universität St. Gallen (Universitätsdruck).

Mieg, H. A. (1999). Wissensmanagement durch Professionen. In H. Hansen, B. Sigrist, H. Goorhuis & H. Landoldt (Hrsg.), Bildung und Arbeit: Das Ende einer Differenz? (S. 257–266). Aarau: Sauerländer.

Mieg, H. A. (2000a). Gesundheit – Gerechtigkeit – Natur: Brauchen neue Professionen neue gesellschaftliche Zentralwerte? In M. Meuser & M. Pfadenhauer (Hrsg.), Im Dienste der Menschheit? Gemeinwohlorientierung als Maxime professionellen Handelns. Universität Dortmund, Lehrstuhl für Allgemeine Soziologie. (=Dokumentation des 5. Workshops des Arbeitskreises ‚Professionelles Handeln' am 18. und 19. November 1999 in Witten, www.hitzler-soziologie.de/akprofhandelndokus.html)

Mieg, H. A. (2000b). Schlussbericht zur Umweltmarkt- und Umweltfachleute-Befragung 1997 des Schweizerischen Verbands der Umweltfachleute (Working Paper 3). Professur für Mensch-Umwelt-Beziehungen der ETH Zürich. (zugleich Bern: SVU)

Mieg, H. A. (2000c). University-based projects for local sustainable development: Designing expert roles and collective reasoning. International Journal of Sustainability in Higher Education, 1, 67–82.

Mieg, H. A. (2001). The social psychology of expertise. Mahwah, NJ: Erlbaum.

Mieg, H. A. (im Druck). Vom ziemlichen Unvermögen der Psychologie, das Tun der Experten zu begreifen: Ein Plädoyer für Professionalisierung als psychologische Kategorie und einen interaktionsorientierten Expertenbegriff. In R. K. Silbereisen (Hrsg.), Bericht über den 42. Kongress der Deutschen Gesellschaft für Psychologie 2000. Lengerich: Pabst. (=Kapitel 8 in diesem Band)

Mieg, H. A. & Scholz, R. W. (2001). Projektgruppen im Bereich öffentlicher Planung: Hochschulgestützte Projekte zur Stadt- und Regionalentwicklung in der Schweiz. In R. Fisch, D. Beck & B. Englich (Hrsg.), Projektgruppen in Organisationen (S. 185–198). Göttingen: Verlag für Angewandte Psychologie.

Mieg, H. A., Bösch, S., Stünzi, J. T., & Zwicker, K. (1997) Fallstudienorganisation. In R. W. Scholz, S. Bösch, H. A. Mieg & J. Stünzi (Hrsg.), Zentrum Zürich Nord, Fallstudie 1996, (S. 65–79). Zürich: Verlag der Fachvereine.

Mieg, H. A., Scholz, R. W. & Stünzi, J. (1996). Das Prinzip der modularen Integration: Neue Wege von Führung und Wissensintegration im Management von Umweltprojekten. Organisationsentwicklung, 15(2), 4–15.

Neukom, J. G. (1975). McKinsey memoirs. Chicago: John G. Neukom.

Nerdinger, F. W. (1994). Zur Psychologie der Dienstleistung. Stuttgart: Schäffer-Poeschel.

Otway, H., & von Winterfeldt, D. (1992). Expert judgment in risk analysis and management: Process, context, and pitfalls. Risk Analysis, 12(1), 83–93.

Parsons, T. (1968). Professions. International Encyclopedia of the Social Sciences, 12, 536–547.

Rueschemeyer, D. (1986). Power and the division of labour. Cambridge, UK: Polity.

Schallberger, U. (1987). Berufsarbeit und Persönlichkeit. Schweizerische Zeitschrift für Psychologie, 46 (1/2), 91–104.

Scholz, R. W., & Tietje, O. W. (2001). Embedded case study methods. Thousand Oaks: Sage.

Schorr, A. (1991). Psychologen im Beruf. Bonn: Deutscher Psychologen Verlag.

Schuler, H., Funke, U., Moser, K., & Donat, M. (1995). Personalauswahl in Forschung und Entwicklung – Eignung und Leistung von Wissenschaftlern und Ingenieuren. Göttingen: Hogrefe.

Shanteau, J. (1992a). Competence in experts: The role of task characteristics. Organizational Behavior and Human Decision Processes, 53, 252–266.

Shanteau, J. (1992b). The psychology of experts. In G. Wright & F. Bolger (Eds.), Expertise and decision support (pp. 11–23). New York: Plenum.

Sonntag, K., & Scharper, N. (1992). Förderung beruflicher Handlungskompetenz. In K. Sonntag (Ed.), Personalentwicklung in Organisationen (S. 187–210). Göttingen: Hogrefe.

Stein, E. W. (1992). A method to identify candidates for knowledge acquisition. Journal of Management Information Systems, 9, 161–178.

Tajfel, H., Billig, M. G., Bundy, R. P., & Flament, C. (1971). Social categorization and intergroup behaviour. European Journal of Social Psychology, 21, 121–137.

Torstendahl, R., & Burrage, M. (1990). The formation of professions. London UK: Sage.

Ulich, E. (1994). Arbeitspsychologie (3. Auflage). Zürich: vdf.

Wagner, U. (2001). Intergruppenverhalten in Organisationen. In R. Fisch, D. Beck & B. Englich (Hrsg.), Projektgruppen in Organisationen (S. 353–366). Göttingen: Verlag für Angewandte Psychologie.

Weinert, F. E. (1998). Vermittlung von Schlüsselqualifikationen. In S. Matalik & D. Schade (Eds.), Entwicklungen in Aus- und Weiterbildung (S. 23–43). Baden-Baden:

Nomos.

Wilensky, H. L. (1964). The professionalization of everyone? American Journal of Sociology, 70, 137–158.

Woschnack, U., & Mieg, H. A. (2001). Expertise, Schlüsselqualifikationen und Fachwissen als Dimensionen eines Generalmodells der Qualifikation für professionalisierte Dienstleistungen (Working Paper 4). Zürich: Professur für Mensch-Umwelt-Beziehungen, ETH Zürich.

Wottawa, H., & Thierau, H. (1998). Lehrbuch Evaluation. Bern: Huber.

10

Droht die Psychologie auseinander zu fallen?

Zwei Fragen hinsichtlich der Professionalisierbarkeit der Psychologie

Im Folgenden handelt es sich um einen Diskussionsbeitrag für den Deutschen Psychologentag 2001, Bonn (3.11.).

Ist Psychologie eine zukunftsfähige Profession? Oder droht sie mangels Profil auseinander zu fallen in Psychotherapie vs. Wirtschaftspsychologie vs. XX-psychologie? Diese und weitere Probleme möchte ich in meinem Beitrag ansprechen. Denn aus Sicht von psychologischer Expertiseforschung und soziologischer Berufsforschung stellen sich zwei sehr grundlegende Fragen an die Professionalisierbarkeit der Psychologie, erstens: Gibt es für die Psychologie einen vermittelbaren, gesellschaftlich zentralen Wert, der das Psychologische an den Leistungen von Psychologinnen und Psychologen aus verschiedenen Tätigkeitsfeldern auf einen Nenner bringt und somit wahrnehmbar und abgrenzbar macht? Daran knüpft sich, zweitens, die Kompetenzfrage: Sind psychologische Leistungen überhaupt effektiv genug, um gegenüber Dienstleistungsangeboten von anderen Berufsgruppen – Medizin, Sozialarbeit, Unternehmensberatung etc. – konkurrenzfähig zu sein?

Die folgenden Überlegungen beruhen auf meiner Forschung zur Professionalisierung der Umweltdienstleistungen und meiner Erfahrung in der Beratung von Umweltverbänden in der Schweiz. Von daher kam der Anstoß, über meine eigene Profession, die Psychologie, nachzudenken. Ich möchte meine Kolleginnen und Kollegen auf einige Stolpersteine aufmerksam machen, die einer weiteren Professionalisierung der Psychologie im Wege liegen. Ich sehe Gefahr für die Einheit der Psychologie und damit für ihr Überleben als Profession.

Ich beginne mit einer Einführung zur Frage: Was ist eine Profession? Diese Einleitung resümiert Befunde der Professionssoziologie. Daraus ergibt sich die erste Frage an die Psychologie, nämlich nach dem gesellschaftlichen Wert und Auftrag der Psychologie. Denn es sollte uns nicht unwichtig sein, worin die Öffentlichkeit den Auftrag der Psychologie sieht. Das Pendant der Professionssoziologie auf psychologischer Seite ist die psychologische Expertiseforschung. Im Licht ihrer Befunde stellt sich für die Psychologie die Kompetenzfrage: Was können Psychologinnen und Psychologen, was Mitglieder anderer Berufsgruppen nicht können? Darin wird meine zweite Frage an die Psychologie gründen. Abschließend möchte ich die Diskussion vom Psychologentag 2001 fortführen. Der BDP veranstaltet den Psychologentag alle zwei Jahre, es ist zugleich der Kongress der angewandten Psychologie in Deutschland.

Was ist eine Profession?

Eine Profession ist eine organisierte Berufsgruppe. Professionalisierung meint demgemäß die Entwicklung eines Berufes in Richtung einer vollgültigen Profession. Als Leitprofessionen – sowohl in der Forschung als auch in der öffentlichen Wahrnehmung – gelten die Medizin und die Juristen. Bedingungen für das Entstehen einer Profession sind:

1. Es gibt einen spezifischen Wissens- und Problembereich, der dieser Profession zugeordnet ist. Bei der Medizin handelt es sich zum Beispiel um die Behandlung körperlicher Erkrankungen des Menschen.
2. Es gibt eine Art gesellschaftlichen Auftrag bzw. den Bezug zu einem gesellschaftlich zentralen Wert. Gesundheit ist solch ein zentraler Wert. Medizinische Leistungen können mit Bezug auf die Verbesserung von Gesundheit definiert und legitimiert werden. Dies bedeutet nicht, dass jeder Arzt oder jede Ärztin wirklich motiviert sein muss, sich in erster Linie um die Gesundheit der Patienten zu kümmern. Jedoch kann die Medizin als Profession in der öffentlichen Diskussion den Wert „Gesundheit“ zur Legitimation von einkommensrelevanten Tätigkeitsmonopolen geltend machen.
3. Es gibt eine akademische Ausbildung; sie stellt die abstrakte Wissensbasis zur Verfügung. In unserer heutigen Wissensgesellschaft veraltet spezialisiertes Verfahrenswissen recht schnell; dies gilt nicht so sehr für abstraktes Wissen. Zum Beispiel haben ein Berufseignungstest oder auch ein spezifischer Intelligenztest nur eine begrenzte Lebensdauer von maximal 10 bis 20 Jahren. Sie werden meist überlebt von

den Theorien zur Berufseignung oder zur Intelligenz, auf denen beruhen. Von daher ist eine akademische Wissensbasis für eine Profession unverzichtbar. Nur so kann eine Profession einen spezifischen Wissens- und Problembereich besetzen.

4. Es gibt einen Berufsverband. Eine Nebenbemerkung: Wir Psychologen kennen alle den Berufsverband der Medizin. Ob alle Mediziner den BDP kennen, halte ich für fraglich.

Professionen sind Gegenstand einer langen Tradition der anglo-amerikanischen Professionssoziologie (vgl. Abbott, 1988; Evetts, 1999). Heutzutage ist man sich einig, dass sich Professionen nicht über Kriterienlisten definieren lassen; Kriterien wie die oben genannten helfen jedoch das Phänomen einzugrenzen.

In Frankreich und Deutschland entsprechen den Professionen in etwa die freien Berufe (nach §18 EStG). Die Entwicklung der Berufe in Kontinentaleuropa ist etwas anders verlaufen als in England und den USA. Wir sollten insbesondere davon ausgehen, dass eine Profession im Prinzip auch verschiedene, enger gefasste Berufe und Berufsbilder umfassen kann.

Aus Sicht der Theorie der Moderne in der Lesart von Giddens und Beck scheinen Professionen ein historisches Auslaufmodell des 19. Jahrhunderts. Bestimmt wird unser Berufsleben durch die Auflösung von Berufsbildern, von Individualisierung und der Notwendigkeit zu lebenslangem Lernen. Tatsächlich sind Professionen noch nicht verschwunden, im Gegenteil: Das Überleben des Medizinerstandes in der DDR und dessen unproblematischer Zusammengang mit den westdeutschen Medizinern ist ohne eine starke Idee von Profession kaum erklärbar. Im Umweltbereich scheint zudem eine neue Profession – die Umweltfachleute – am Entstehen zu sein.

Professionen sind gleichsam Inseln der beruflichen Identitätsstiftung im Fluss der Moderne.[11]

11 Ich verzichte an dieser Stelle auf eine Auseinandersetzung mit dem Konzept von Professionalisierung aus der Theorie der Moderne. In diesem Zusammenhang verweise ich auf Hoff (1998). Er analysierte die Situation der Psychologie als Profession im Hinblick auf die Theorie von Giddens. Ebenso verzichte ich auf eine Diskussion von Professionalisierung unter dem Aspekt des Klientenbezugs in der Psychologie, Literatur findet sich hierzu bei Nerdinger (1994). Professionalisierung ist ein noch nicht etablierter, aber möglicher Gegenstand von psychologischer Forschung (vgl. Mieg, im Druck), entscheidend ist eine Öffnung in Richtung der Professionssoziologie (Mieg, 2001c).

Der gesellschaftliche Wert und Auftrag von Psychologie?

Meine erste Frage scheint harmlos. Sie fragt nach dem gesellschaftlichen Auftrag der Psychologie:

Gibt es einen vermittelbaren, gesellschaftlich zentralen Wert (ähnlich wie „Gesundheit“ bei der Medizin), der die Leistungen der Psychologie wahrnehmbar und abgrenzbar macht?

Im Blick der Öffentlichkeit wird Psychologie auch heutzutage noch mit Psychotherapie und Psychoanalyse identifiziert. Der Zusammenhang mit anderen psychologischen Dienstleistungen etwa durch die Verkehrspsychologie oder die Arbeits- und Organisationspsychologie ist für die Öffentlichkeit nicht immer vermittelbar.

Dies hat gravierende Folgen für die öffentliche Wahrnehmbarkeit von Psychologie. In der Liste der freien Berufe (vgl. Tabelle 1) taucht die Psychologie unter den „Kulturberufen“ zusammen mit Journalisten, Tanzlehrern und Designern auf. Die Psychotherapie erscheint abgesondert im Kreis der Heilberufe, gemeinsam mit der Medizin. Sollte sich die A&O-Psychologie weiter professionalisieren, so würde sie vermutlich im Kreis der wirtschaftsberatenden Berufe aufzunehmen sein. Ich selber, der ich mich mit Planung und technischer Ökobilanzierung auseinandersetze, müsste mich bei den Ingenieuren im Kreis der technischen Berufe einordnen. *Die Psychologie hat ein Wahrnehmbarkeitsproblem.*

Aus Sicht der Psychologie als Profession ist diese separierte Wahrnehmbarkeit nicht unbedingt wünschenswert. Denn die Profilierung von psychologischer Leistung wird schwierig. Und schlimmer noch: Die Einheit der professionellen Psychologie scheint gefährdet. Was verbindet eine verhaltenstherapeutische Intervention und eine psychologische Arbeitsplatzanalyse? Das gemeinsame *Psychologische* scheint nicht mehr darstellungsfähig.

Heilkundliche Berufe	Technische / naturwissenschaftliche Berufe	Rechts- / Wirtschaftsberatende Berufe	Kulturberufe
Ärzte	Architekten	Rechtsanwälte	Psychologen
Zahnärzte	Landschaftsarchitekten	Notare	Tanztherapeu-
Tierärzte	Innenarchitekten	Patentanwälte	ten
Apotheker	Ingenieure	Wirtschafts-	Künstler
Physiotherapeuten	Vereidigte Sachverstän-	prüfer	Tanzlehrer
Krankengymnasten	dige	Steuerberater	Diplompäda-
Logopäden	Weinanalytiker	Wirtschaftsbe-	gogen
Psychotherapeuten	See-/ Hafenlotsen	rater	Dolmetscher
Krankenpfleger	Chemiker	Unterneh-	Übersetzer
Ergotherapeuten	Biologen	mensberater	Schriftsteller
Motopäden	Geophysiker / Minera-	PR-Berater	Designer
Medizinische	logen	Rentenberater	Restauratoren
Fußpfleger	Erfinder	Verkaufsförde-	Tonkünstler
Betreuer	Umweltgutachter	rer /-Trainer	Journalisten
Ocularisten	Geologen	Versicherungs-	
	Freiberufliche Infor-	u. Wirtschafts-	
	matiker / Softwareent-	mathematiker	
	wickler		
252.000	109.000	183.000	124.000

Tabelle 1: Die vier Kreise freier Berufe. Quelle: Bundesverband der Freien Berufe, 1999 (http://www.freie-berufe.de/fakten.html)

Zwischen Selbstverständnis und Fremdwahrnehmung der Psychologie besteht eine bedenkliche Kluft. Dies liegt nicht zuletzt an der Problematik des *Seelenbegriffs*. Genau übersetzt ist Psychologie Seelenlehre. Der Auftrag an die Psychologie würde demnach auf Seelenheil zielen. Viele Psychologen und Psychologinnen unserer Zeit dürften mit dem Begriff Seele jedoch wenig anfangen können. Seele und Seelenheil haben religiöse oder esoterische Konnotationen, welche für manche Ohren irritierend wirken können.

Auf dem Psychologentag 2001 wurden weitere Begriffe ins Spiel gebracht, die als Substitute für „Seele" den Auftrag an die Psychologie zu definieren helfen sollen. Hierzu gehören

(1) Gehirnleistungen,
(2) die Förderung der persönlichen Reflexionsfähigkeit, und
(3) die Wertschätzung von Subjektivität.

Die stärkere Betonung der neurologischen Grundlagen der Psychologie (1), wie der DGPs-Präsident Prof. Silbereisen sie vorschlug, mag der wissenschaftlichen Psychologie etwas mehr Seriosität einbringen. Für die angewandte Psychologie gibt sie die falsche Richtung vor. Denn psychologische Probleme über Störungen des Zentralnervensystems zu bestimmen, definiert den Auftrag der Psychologie in Abhängigkeit von Neurologie. Die therapeutische Psychologie hat sich gerade glücklich von der Medizin emanzipiert. Eine Definition von Psychologie über Gehirnleistungen wäre berufstechnisch gesehen ein Unglück.

Nicht viel besser steht es mit den weiteren Definitionsangeboten. Die Förderung der persönlichen Reflexionsfähigkeit (2) und die Wertschätzung von Subjektivität (3) kommen dem Selbstverständnis der heutigen Menschen näher als die sehr generelle Definitionen von der Psychologie als „Wissenschaft von Erleben und Verhalten der Menschen". Gerade deswegen geraten Definition mittels „Reflexion" und „Subjektivität" leicht in den Ruch des Modischen. Solche Konzepte können sich rasch als kurzatmig erweisen. Außerdem hat die Ausbildung in Psychologie bereits sehr viel in die Definition mittels „Erleben und Verhalten" investiert, Generationen von Studentinnen und Studenten der Psychologie wurde diese Definition mit in das Berufsleben gegeben. Ergibt es Sinn, für die Psychologie eine neue „Marke" aufbauen zu wollen?

Die Kompetenzfrage

Die psychologische Expertiseforschung hat sich seit bald siebzig Jahren mit Leistungen aus einer ganzen Reihe von Bereichen auseinander gesetzt, von der Prognose von Aktienkursen übers Schreibmaschineschreiben und Schwimmen bis hin zur Wirtschaftsprüfung (vgl. Chi, Glaser & Farr, 1988; Gruber & Ziegler, 1996; Mieg, 2001c). Dazu gehören auch Leistungen aus dem klinisch-psychologischen Bereich, zumal der Umgang mit dem MMPI ausgiebig untersucht worden ist (Waller, 1999). Die Expertiseforschung fragt: Wie entsteht Könnerschaft? Was unterscheidet „Experten" von Anfängern oder Fortgeschrittenen eines Faches? Typische Untersuchungsbereiche waren das Schachspielen und klinisch-medizinische Tätigkeiten. Wider Erwarten zeigte sich, dass Höchstleistungen selbst beim Schachspielen nicht auf besondere Intelligenz oder individuelle Gedächtnisfähigkeiten zurückgeführt werden können. Grundlegend ist vielmehr die Erfahrungsbildung durch jahrelange, gezielte und intensive Auseinandersetzung mit einer spezifischen Sorte von Problemen. Insbesondere ist Expertise nicht transferierbar – eine gute Medizinerin ist nicht automatisch eine gute Schachspielerin.

James Shanteau (1992) unterwarf die große Zahl der Studien aus der Expertiseforschung einer Re-Analyse. Ihn interessierte die Prognosefähigkeit in verschiedenen Tätigkeitsbereichen. Prognosen spielen nicht nur beim Wetter oder an der Börse eine wichtige Rolle, sondern auch beim professionellen Urteil über andere Menschen, zum Beispiel bei der Personalauswahl (Wird sich eine neue Mitarbeiterin bewähren?) oder der Bewährungshilfe (Wird ein Straftäter nach Haftentlassung rückfällig?). Die Prognosefähigkeit ist damit ein Element von Expertise. Shanteau fand eine erstaunliche Zweiteilung. Es lassen sich konsistent zwei Klassen von Gegenstandsbereichen unterscheiden: eine Klasse starker Prognose- bzw. Expertisefähigkeit sowie eine Klasse mit Bereichen, für welche konsistent mangelhafte Prognoseleistungen gefunden werden. Tabelle 2 zeigt diese beiden Klassen auszugsweise. In die obere Leistungsklasse fallen u.a. Schachspielen, Bodengutachten, aber auch überraschenderweise die Meteorologie, d.h. die kurzfristige Vorhersage von Wetter. Zur unteren Leistungsklasse gehören u.a. die klinische Psychologie, die Psychiatrie, die Personalauslese und Börsenmakler. Für die Medizin als Ganzes ergibt sich kein klares Bild; eine ganze Reihe von Untersuchungen spricht für eine starke Prognosefähigkeit, eine Reihe anderer Untersuchung dagegen. Wenn wir die Psychologie in Tabelle 2 einordnen wollen, so fällt sie gewiss in die untere Leistungsklasse. Psychologische Prognosen scheinen weniger zuverlässig als Wettervorhersagen zu sein.

Good Performance: Klasse hoher Leistung (z.B. hohe Prognosegüte, reliable Expertenleistung)	**Poor Performance: Klasse geringer Leistung (z.B. geringe Prognosegüte, kaum reliable Expertenleistung)**
Schach	klinische Psychologie / Psychotherapie
Wettervorhersage / Meteorologie	Aktienanalyse / Börsenmakler
Physik	Bewährungshilfe
Mathematik	Personalselektion
Buchhaltung	Richter
...	...
Medizin (z.B. Chirurgie)	Medizin (z.B. Psychiatrie)

Tabelle 2: Leistungsklassen der Prognosefähigkeit

Anmerkung. Quelle: Shanteau (1992, Table 1)

Für dieses Auseinanderfallen in zwei Leistungsklassen wurden verschiedene Erklärungsansätze vorgestellt (vgl. Mieg, 2001b). Ein auffälliger Unterschied zwischen den beiden Klassen ist, dass sich die Tätigkeiten in der oberen Klasse auf nicht-menschliche Objekte beziehen, auf Boden, Wetter oder Schachspielen. In der unteren Leistungsklasse hingegen beziehen sich die Tätigkeiten auf die Interaktion mit Menschen und auf deren Erwartungen. Wir können vermuten, dass bei diesen Tätigkeiten ganz grundsätzlich die *menschliche Autonomie* ins Spiel kommt, und zwar als die Freiheit, völlig anders zu reagieren, als die „Experten" es erwarten. Nehmen wir als ein Beispiel die Bewährungshilfe. Der Straffällige, der sich einem Gespräch mit seinem Bewährungshelfer unterziehen muss, weiß recht genau, welche Art von Antworten der Bewährungshelfer erwartet. Er hat die Freiheit, sich gezielt zu verstellen. Der Bewährungshelfer wiederum weiß dies und muss sein Gespräch danach ausrichten. In ähnlicher Weise wird die Börse von wechselseitigen Erwartungen getrieben und erschwert eine angemessen Expertisefähigkeit der Börsen-Analysten.

Shanteaus Befund gibt der Psychologie zu denken. Was ist die Kompetenzgrundlage psychologischer Leistungen? Daher zielt meine zweite Frage auf die Expertisefähigkeit von Psychologie. Sie lautet:

Sind psychologische Leistungen hinreichend zuverlässig und effektiv, um gegenüber anderen vergleichbaren Dienstleistungsangeboten von anderen Berufsgruppen – Medizin, Sozialarbeiter, Betriebswirte etc. – konkurrenzfähig zu sein?

Die zweifelhafte Expertisefähigkeit führt zu Problemen der Kompetenzabgrenzung mit anderen Berufsgruppen (Kompetenz im Sinne von Zuständigkeit). Dies zeigt sich zum Beispiel bei dem angestellten Psychologen. 1991 veröffentlichte Angela Schorr eine respräsentative Untersuchung zu den Arbeitsbedingungen deutscher Psychologinnen und Psychologen in Angestelltenverhältnissen. Sie fragte unter anderem nach „unangemessenen Eingriffen in die Berufsausübungen". 26,1 % der Befragten nannten die „mangelnde Kompetenzabgrenzung (Psychologe – Nicht-Psychologe)". Nur halb so oft wird das nächstfolgende Problem genannt, nämlich Eingriffe durch die Dienst- und Fachaufsicht (13,5 %). Die Psychologie hat ein Kompetenzproblem im doppelten Sinne: zweifelhafte Expertise und unklare Zuständigkeit.

Man mag einwenden, auch die Medizin könne nicht immer mit Erfolgen aufwarten. Dies ist richtig. Im Gegensatz zur Medizin fehlen der Psychologie jedoch die klaren *paradigmatischen Effektivitätsbeispiele*. Dies wären Beispiele für Therapien oder Diagnosen, bei denen wir sagen könnten: So sicher die chirurgische Medizin einen entzündeten Blinddarm entfernen kann, vermag die Psychologie diese Phobie zu beheben oder jenes straffällige Verhalten vorherzusagen.

Spezialisierung, Standardisierung, neue Tätigkeitsfelder?

Die Eröffnungsdiskussion des Psychologentags 2001 widmete sich dem Thema: Die Psychologie als Beruf im 21. Jahrhundert. Prof. Ernst-H. Hoff beklagte als einer der Diskutanten die zunehmende Spezialisierung in der Psychologie (und bezog sich dabei vor allem auf die Einführung von Bachelor-Abschlüssen). Die Vielfalt an Bindestrich-Psychologien – Verkehrspsychologie, Polizeipsychologie, Notfallpsychologie – sei bald so unüberschaubar wie die Spezialisierung in der Medizin, man denke an Chirurgie, HNO oder Kinderheilkunde etc. Die Ausbildung zum Spezialistentum, so Hoff, schränke die Berufsfähigkeit ein. Auf diesem Wege entstünden *Semiprofessionen*. Daher plädierte Hoff für ein generalistisches Berufsverständnis der Psychologie.

Der Hoffschen Analyse möchte ich widersprechen. Spezialistentum innerhalb einer Profession ist nun nicht gerade ein Beispiel für Semiprofessionalität. Schon gar nicht in der Medizin. Die klassischen, der Medizin zugeordneten Semiprofessionen sind vielmehr die Krankenschwestern. Diese Semiprofession entsprang keineswegs einer starken Spezialisierung innerhalb der Medizin. Vielmehr handelt es sich um die Delegation nachgeordneter Tätigkeiten. Die medizinischen Spezialisten – Fachärztinnen und Fachärzte – stellen sich im Gegenteil recht gut. Gerade die Fachärzte gehören zu den einkommensstärksten Vertretern ihrer medizinischen Profession (welcher sie trotz aller Spezialisierung fraglos zugerechnet werden). Das Problem der Psychologie sollte also keineswegs die Spezialisierung sein. Das Problem ist vielmehr der Mangel an Wahrnehmbarkeit der gemeinsamen, genuin psychologischen Leistung bei den zahlreichen psychologischen Spezialisten.

Ich möchte die Diskussion um das Spezialistentum mit der Frage der zunehmenden *Standardisierung* in der Psychologie verknüpfen. Prof. Jürgen Guthke, Altmeister der psychodiagnostischen Tests, verwies in seinem Einführungsreferat mit Recht auf das Ansehen, das der Psychologie durch brauchbare Testentwicklung erwachsen kann. Er belegte, dass viele psychologische Tests eine höhere Testgüte aufweisen als medizinische Tests. Guthkes Vortrag war eine Werbung für psychologische Testverfahren. Braucht die Psychologie also mehr und bessere Standards, um als Profession an Bedeutung zu gewinnen?

Die Entwicklung standardisierter Verfahren gehört gewiss zu den Leistungsausweisen einer Profession. Psychodiagnostische Tests tragen dazu bei, das Berufsbild der Psychologie zu schärfen und ihren Status als Profession zu heben. Das Zweischneidige an Standardverfahren ist: Wenn sie wirklich gut sind, können sie auch von angelernten Hilfskräften ausgeführt werden. Wir haben hier den scheinbar paradoxen Befund, dass zunehmende Standardisierung einerseits das Ansehen einer Profession stärkt, andererseits die Semiprofessionalität fördert. Auch hier hilft ein Vergleich mit der Medizin. Tabelle 3 zeigt Beispiele für medizinisches Wissen und medizinische Tätigkeiten, geordnet nach dem Grad, in dem sie von ganz speziellen Standards und Verfahren abhängen. Vergleichsweise verfahrensoffen (geringe Standardisierung) ist die Arbeit des Hausarztes: Er wendet sein Fach- und Erfahrungswissen an und überweist die Patienten nötigenfalls zu den Spezialisten oder lässt Tests machen. Einen engeren Spielraum an Verfahren (mittlerer Standardisierungsgrad) finden wir bei den Fachärzten. Hochstandardisiert sind in der Medizin wie in der Psychologie die Diagnose- und Testverfahren. Solange Verfahrensvorschriften und die diagnostische Kraft von Tests noch unklar sind, bleibt die Anwendungsbefugnis auf medizinische Spezialisten beschränkt. Hat sich ein Test jedoch erst einmal bewährt, kann dessen Durchführung delegiert werden. Was folgt für die Psychologie? Wir sollten erstens die Spezialisierung in der Psychologe nicht fürchten. Zweitens sollten wir die Entwicklung von Standards vorantreiben – aber nicht hoffen, damit mehr Arbeit für Psychologen zu schaffen.

Standardisierung (Verfahrens-abhängigkeit):	gering	mittel	hoch
Beispiele für medizinisches Wissen & Tätigkeiten:	Hausarztwissen: Wissen über körperliche Erkrankungen der Menschen	Facharztwissen: - Orthopädie - Onkologie - HNO etc.	med.-klinische Tests: - Röntgen - Blutwerte - Leberwerte etc.

Tabelle 3: Standardisierung und Spezialisierung am Beispiel der Medizin

Zum Abschluss sollten wir einen Blick auf die Tätigkeitsfelder der Psychologie werfen. Wie das 20. Jahrhundert wird auch das 21. Jahrhundert einen „Hunger nach Psychologie" erleben, die Nachfrage nach „subjektorientierten Deutungen" wird wachsen (vgl. Keupp et al. 1989). Tuomo Tikkanen, Präsident der europäischen Psychologenvereinigung, rechnet mit einem hunderttausendfachen Zusatzbedarf an ausgebildeten Psychologen. Er nennt die Psychologie in Europa „a growing profession with high standards and a bright future" (2001). Jedoch, selbst wenn sich der Bedarf in dieser Größenordnung tatsächlich einstellt, kann bezweifelt werden, dass es die Psychologen sind, die diesen Bedarf decken werden. Herr Hellfritsch würde hinzufügen: Es ist auch nicht gesagt, dass die Psychologie jede Nachfrage nach Psychologie tatsächlich decken *möchte*. Die Rede ist vom Graumarkt für Therapie und Beratung, auf dem so allerlei esoterisches Wissen Absatz findet.

Das Bedürfnis der Psychologie nach professioneller Abgrenzung zur Esoterik ist verständlich. Doch sollte unser Vorbehalt den angebotenen Verfahren und nicht den ratsuchenden Klienten gelten. Zeigt es nicht gerade ein Versäumnis oder Unvermögen der modernen Psychologie, für „subjektorientierte Deutungen" *kein* vermarktbares professionelles Beratungsangebot vorweisen zu können? Warum sollte die kognitive Psychologie zur Lebensgestaltung weniger beitragen können als fernöstliche Lebensweisheit? Das Beispiel der Psychoanalyse zeigt, dass man zu einer großen Bandbreite von Lebensfragen Interpretationsangebote liefern kann, ohne im Bild der Öffentlichkeit an Wissenschaftlichkeit zu verlieren.

Die Psychologie steht unweigerlich im Wettbewerb mit anderen Berufsgruppen. Der Wettbewerb dreht sich um die besseren Problemlösungen im Zusammenhang mit dem menschlichen Erleben und Verhalten. Es ist jedoch nicht immer klar, worin das Problem besteht. Was sind zum Beispiel Probleme unter Arbeitskollegen? Handelt es sich um ein Organisations- oder ein Führungsproblem, oder handelt es sich gar um psychische Probleme? Der Wettbewerb beginnt mit den professionellen Angeboten zur Problemdiagnose. Etablierte Professionen haben für bestimmte Tätigkeitsfelder ein *Diagnosemonopol*. Auf anderen Feldern konkurrieren sie mit anderen Professionen um Problemdefinitionen und damit um den Zugriff auf diese Tätigkeiten. Wir kennen den Kampf um Tätigkeitsdefinitionen aus der Auseinandersetzung mit den Ärzten um die Definition von psychotherapeutischer Kompetenz.

Zur Verdeutlichung dieser Dynamik möchte ich ein Analyseschema (Abb. 1) nutzen, das ich für das Beispiel der Umweltdienstleistungen entwickelt habe (Mieg, 2001a). Das Schema wird von zwei Dimensionen aufgespannt. Die eine, Standardisierung, habe ich bereits mit Beispielen aus der Medizin eingeführt (Tab. 3). Die andere Dimension heißt „Problem-Reduktion". Problem-Reduktion meint hier eine Verallgemeinerung. Hohe Problem-Reduktion soll zum Ausdruck bringen: Eine Problemdefinition hat sich vom Kern-Tätigkeitsverständnis einer bestimmten Profession entfernt; sie ist allgemeiner geworden. So gehören Psychotherapie und Psychodiagnostik – aus Sicht der Psychologie – zu ihren Kernaufgaben.

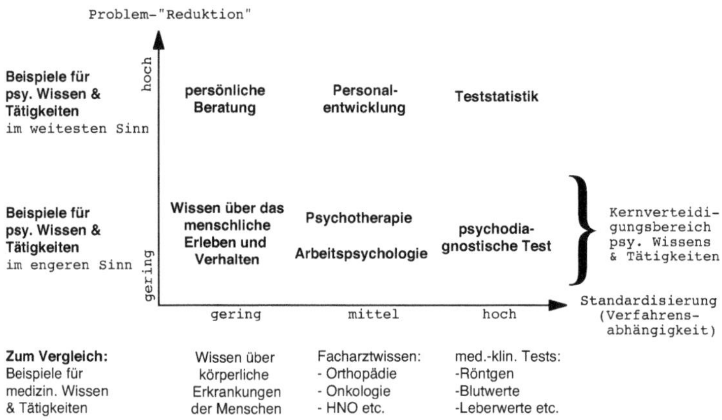

Abbildung 1: Beispiele für psychologisches Wissen und psychologische Tätigkeiten nach dem Grad ihrer Standardisierung (= Verfahrensabhängigkeit) und dem Grad der Problem-Reduktion. Geringe „Problem-Reduktion" bedeutet hier: psychologisch im engeren Sinn. Die Darstellung beruht auf einer Übertragung von Untersuchungen zu Umweltdienstleistungen (Mieg, 2001a).

Personalentwicklung und Teststatistik sind hingegen Tätigkeiten mit einer höheren Problem-Reduktion. Teststatistik muss gar nichts mit Psychologie zu tun haben, Personalentwicklung nicht immer. Es gibt (noch) Unternehmen, die sich wundern, wenn Psychologen oder Psychologinnen sich für die Leitung von Personalentwicklungsaufgaben bewerben.

Abbildung 1 zeigt einige Beispiele für psychologisches Wissen und psychologische Tätigkeiten, angeordnet in den beiden genannten Dimensionen. Wiederum ist der Vergleich mit der Medizin aufschlussreich. Auch wenn eine fachärztliche Spezialisierung ertragreicher scheint, so ist doch das professionelle Bild des Arztes beim „Allgemeinmediziner" bzw. „Hausarzt" oder „Landarzt" angesiedelt. Dieses Bild, der Typus des allgemein-medizinisch tätigen Hausarztes in eigener Praxis, wirkt prägend für das Selbstverständnis vieler Mediziner. Entsprechendes würde man gern über die professionelle Psychologin und den professionellen Psychologen berichten: In eigener Regie – freiberuflich – vermarkten sie das psychologische Wissen zum Erleben und Verhalten des Menschen. Solche freiberuflichen Psychologinnen und Psychologen sind leider rar gesät. Ich behaupte, es liegt nicht am Willen oder unterentwickelter Risikobereitschaft, sondern es ist Folge der mangelnden Wahrnehmbarkeit psychologischer Leistung und der mangelhaften Definition des gesellschaftlichen Auftrags von Psychologie.

Man mag meinen, bei den typischen professionellen Psychologen handele es sich eben um Psychotherapeutinnen und -therapeuten. Ich halte diese Gleichsetzung für zu eng und daher gefährlich. Praktische Psychologie ist nicht identisch mit Psychotherapie. Wiederum zeigt das Beispiel der Umweltdienstleistungen, dass Psychologinnen und Psychologen auch auf scheinbar fernen Feldern als professionelle Anbieter von praktischer Psychologie beruflich tätig sein können. Wir finden heute Psychologen in der städtischen Abfallberatung wie auch in der Mediation bei Großbauvorhaben. Ein noch viel größeres Betätigungsfeld bleibt jedoch die *persönliche Beratung*. Gerade hier ist der Bedarf enorm, denn er kommt aus allen Lebensbereichen: Familien, Schulen, Beruf, Strafvollzug, Militär, Vereine.

Was tun?

Meine Analyse lässt mehr Fragen offen, als sie beantworten kann. Denn wie wollen wir das grundlegende Kompetenzproblem angehen? Und können wir das Wahrnehmbarkeitsproblem überhaupt lösen, ohne die Kompetenzfrage geklärt zu haben? Und wenn es keinen gesellschaftlichen Auftrag für die Psychologie gibt, brauchen wir dann wirklich Psychologie als Profession?

Wichtig scheint mir festzuhalten: Die Psychologie als Profession braucht nicht nur exzellente Forschung und kompetente Ausbildung, sondern auch einen Berufsverband. Ein Berufsverband ist kein Fachverband, er vertritt nicht ein Fach sondern die Berufstätigen eines gemeinsamen Faches. Ein Berufsverband muss erklären, was Psychologie praktisch leisten kann und warum dies auch etwas kostet. Dazu gehört auch, Definitionen von Psychologie zu kommunizieren, welche helfen die Einheit der Psychologie zu bewahren.

Literatur

Abbott, A. (1988). The system of professions. Chicago: The University of Chicago Press.

Chi, M. T.H., Glaser R., & Farr, M. J. (Eds.). (1988). The nature of expertise. Hillsdale, NJ: Erlbaum.

Evetts, J. (1999). Professions: Changes and continuities. International Review of Sociology, 9, 75–85.

Gruber, H., & Ziegler, A. (Hrsg.). (1996). Expertiseforschung. Opladen: Westdeutscher Verlag.

Hoff, E.-H. (1998). Probleme der Psychologie als Profession. Report Psychologie, 23 (1), 18–25.

Keupp, H., Straus, F., & Gmür, W. (1989). Verwissenschaftlichung und Professionalisierung. In U. Beck & W. Bonß (Hrsg.), Weder Sozialtechnologie noch Aufklärung? (S. 149–195). Frankfurt a.M.: Suhrkamp.

Mieg, H. A. (2001a). Professionalization and professional activities in the Swiss market for environmental services. In W. L. Filho (ed.), Environmental careers, environmental employment and environmental training (p. 133–160). Frankfurt a. M.: Lang.

Mieg, H.A. (2001b). The social psychology of expertise. Mahwah: Erlbaum.

Mieg, H. A. (2001c). Vom ziemlichen Unvermögen der Psychologie, das Tun der Experten zu begreifen: Ein Plädoyer für Professionalisierung als psychologische Kategorie und einen interaktionsorientierten Expertenbegriff. In R. K. Silbereisen & M. Reitzle (Hrsg.), Bericht über den 42. Kongress der Deutschen Gesellschaft für Psychologie 2000 (S. 635–648). Lengerich: Pabst.

Mieg, H. A. (im Druck). Professionalisierung – ein Forschungsfeld der Wirtschaftspsychologie. In E. H. Witte (Hrsg.), Sozialpsychologie wirtschaftlicher Prozesse. Lengerich: Pabst. (=Kapitel 9 in diesem Band)

Nerdinger, F. W. (1994). Zur Psychologie der Dienstleistung. Stuttgart: Schäffer-Poeschel.

Schorr, A. (1991). Psychologen im Beruf. Bonn: Deutscher Psychologen Verlag.

Shanteau, J. (1992). The psychology of experts. In G. Wright & F. Bolger (Eds.), Expertise and decision support (pp. 11–23). New York: Plenum.

Tikkanen, T. (2001). Psychology in Europe: A growing profession with high standards and a bright future. In Deutsche Psychologen Akademie (Hrsg.), Psychologie am Puls der Zeit (Kongressband, S. 433). Bonn: Dt. Psychologen Verlag (DPV).

Waller, N. G. (1999). Searching for structure in the MMPI. In S. E. Embretson & S. Hershberger (eds.), The new rules of measurement. Mahwah: Erlbaum.

Teil IV

Was ist und was leistet ein Experte?

11

Von unprofessionellen Experten, unabstraktem Expertenwissen und dem diesbezüglichen Zustand von Soziologie, Psychologie und Sozialpsychologie

Den folgenden Beitrag verfasste ich als Textgrundlage für Diskussionen im Zusammenhang mit der Gründung der Arbeitsgruppe bzw. Sektion Professionssozziologie 1994-1996.

Warum interessieren sich Soziologie und Sozialpsychologie so wenig füreinander, zumindest wenn es um Expertenforschung geht? Da erscheint im Kreis der Psychologie ein vielbewundertes Werk mit dem Titel „Der Lehrer als Experte" (Bromme 1992). Wer es liest, wird nichts über die Institution Schule oder den Auftrag des Lehrers erfahren, so als habe es nie Berufsforschung gegeben. Auf der anderen Seite findet man eine Sammlung von Abhandlungen zum „Expertenwissen" (Hitzler et al. 1994), wo viel über das Spiel der Expertenrolle zu lesen steht und nichts darüber, was gewöhnlich für expertenhaftes Spezialwissen gehalten wird. Als sei unwichtig geworden, was ein Experte kann und weiß. Es ist nicht so, dass Soziologie und Sozialpsychologie sich nicht gegenseitig wahrnähmen – man denkt vielmehr, dass die Forschungsergebnisse der anderen irrelevant sind. Das dem so nicht ist, will dieser Beitrag zeigen.

In der Expertenforschung divergieren die Ansätze zwischen Soziologie und Sozialpsychologie beträchtlich. Denkt man den psychologischen Expertenansatz weiter, so ist derjenige der „beste" Experte, der am meisten weiß und kann. Ganz in diesem Sinne definiert Hacker den Experten als den „Bestarbeiter": „Experten entsprechen den Arbeitskräften mit Spitzenleistungen" (1992: 11). Den gleichen Ton schlägt die Einführung zu *The Nature of Expertise*, dem kognitionspsychologischen Standardwerk an (Chi et al. 1988). Sie beginnt mit der Frage „How do we identify a person as exceptional or gifted?" (Posner 1988: xxix). Expertentum meint demnach Könnerschaft. Anders die Berufssoziologie. Daheim und Schönbauer (1993) sprechen von „qualifizierter Spezialisten- oder Expertenarbeit". Sie verstehen darunter „die Anwendung von mehr oder weniger abstraktem und mehr oder weniger schwierig zu erwerbendem Wissen bei der Bewältigung von (noch) nicht standardisierten Aufgaben" (ebd.: 62). Die soziologische Diskussion der Bedingungen der Möglichkeit dieser Wissens-Anwendung (u.a.

Beck 1993; Hitzler 1994; Olk 1986) bedient sich macht- und kommunikationstheorischer Argumente, mit dem Ergebnis: Denkt man den soziologischen Expertenansatz weiter, so ist derjenige der „beste" Experte, der sich am besten als „Experte" darzustellen versteht.

Der Beitrag widmet sich folgender Problemlage:

1. Das Austauschverhältnis zwischen soziologischer und psychologischer Forschung ist beklagenswert. Auch wenn die Divergenz der Ansätze nicht immer so drastisch ist, wie sie hier eingeführt wurde, trifft sie die Expertenforschung doch in besonderem Maße. Denn auf beiden Seiten liegen bereits erfolgreiche Forschungen vor. Dieser isolierte Forschungsstand betrübt den, dem es um die Sache geht, nämlich darum, das Wechselspiel zwischen Individuum und Gesellschaft zu verstehen. Ist nicht „der Experte" hierfür ein Paradebeispiel? Für Psychologie und Soziologie, je für sich betrachtet, mag der Isolationszustand unbedenklich sein, der Sozialpsychologie jedoch wird damit der Boden für gehaltvolle Theoriebildung und theorierelevante Empirie entzogen.
2. Es mangelt in Soziologie und Psychologie an einer alltagsgerechten Expertendefinition. „Experte" ist eine häufig anzutreffende Formel; die Beispiele sind unzählbar. Wer sich die Mühe machen möchte, der verfolge eine Woche lang Werbung und Nachrichten im Abendfernsehen oder in den Tageszeitungen. Ganz gleich ob *Bild* oder *FAZ*, täglich ist von irgendwelchen „Experten" die Rede. In vielen Fällen handelt es sich nicht um einen Wissenschaftler oder einen Spitzenkönner; und Professionsangehörige sind nur deshalb so oft betroffen, weil sich der Professionsbegriff sehr weit fassen lässt. Was im Alltag als „Experte" angesprochen wird, ist mit der „Professionszugehörigkeit" noch nicht verstanden. Insbesondere scheint die Rolle der Alltagsexperten ohne die Idee der objektiven Wahrheit von Wissen sinnlos.
3. Ein Feld, wo „Experten" tagtäglich anzutreffen sind, interessiert offenbar weder die soziologische noch die psychologische Expertenforschung so recht: nämlich das Gericht beziehungsweise der Sachverständigen vor Gericht. Gerade in der Prozessordnung müßten doch Bestimmungen zu finden sein, mit denen dem Definitionsproblem der Expertenforschung

> beizukommen sein sollte (vgl. a. Deutsch 1990). Das Phänomen ist jedoch: Weder in der ZPO noch der StPO findet sich Auskunft darüber, welche Könnerschaft der Sachverständige mitbringen, noch ob er eine professionelle Qualifikation nachweisen sollte. Dies ist ein Phänomen, das es zu erhellen gilt. In der ZPO und der StPO wird ein Alltagsverständnis von der Rolle des Sachverständigen vorausgesetzt; dieses entspricht dem Alltagsverständnis von „Experte".

Der Beitrag unterbreitet – zum Zwecke einer Minimaldefinition und im Sinne eines heuristischen Bedeutungspostulats (vgl. Carnap 1972) – den Vorschlag, den Experten in Analogie zur Prozessordnung als den Sachverständigen aufzufassen. Dies bedeutet insbesondere, dass „Experte" nicht mehr individualisierend verstanden werden kann, sondern als eine *Interaktionsform*. Der Experte ist dann nicht einfach die Person, die etwas besonders gut kann oder weiß, sondern die Form, in der eine Person um des erfahrenen Wissens halber nachgefragt wird. Man ist nicht Tag und Nacht lang Experte, sondern nur, wenn man als „Experte" nachgefragt wird. Diese Bestimmung der Expertenrolle verbindet die soziologische Kategorie der Interaktion mit der psychologischen Kategorie der Erfahrung und ermöglicht somit eine sozialpsychologische Sicht auf „Experten". Die Frage ist weniger: Was können die Experten? oder Wem nützen sie? sondern: Auf welche Weise und unter welchen Bedingungen wird die Expertenrolle attribuiert? In neuem Licht erscheinen einige bekannte Phänome der Expertenforschung (Selbstinszenierung der Experten, Ungewissheitshorizont der Expertentätigkeit, Verweigerung des Expertenstatus´....).

Das weitere Vorgehen ist das folgende: Zuerst wird die Professionssoziologie des Experten eingeführt (i), sodann die psychologische Expertenforschung (ii). Es folgt eine Betrachtung des „Sachverständigen vor Gericht" mit einigen Folgerungen für den Begriff des Experten und der Expertenleistung (iii). Dies erlaubt, einen fachübergreifenden Blick auf die gesamte Expertenforschung zu werfen (iv). Abschließend werden die Folgerungen für Soziologie, Psychologie und Sozialpsychologie und eine Markttheorie der Expertenleistung diskutiert (v).

(i) Professionen und unprofessionelle Experten

Die „Welt der Experten" zerfällt in Professionen. So zumindest sieht es Abbott, der mit seinem Werk *The System of Professions*, 1988, die anglo-amerikanische Professionssoziologie zu einem vorläufigen Abschluß bringt. Über die genaue Definition von Professionen hat man in der Professionssoziologie wenig Einigkeit erlangt. Die Professionen der Mediziner und Juristen gelten gemeinhin als paradigmatisch. Man ist sich einig, dass eine Bestimmung von Profession allein über das Wissen, das die Profession verwaltet, nicht hinreicht. Aus der professionssoziologischen Tradition ist als ein basales Element von Profession die Gemeinnützigkeit bekannt. Gemeint ist die Arbeit im Dienste eines zentralen gesellschaftlichen Werts – etwa Gesundheit bei Ärzten, oder Gerechtigkeit bei Juristen. Der Aspekt der Gemeinnützigkeit erscheint im Umkreis der Schriften Parsons` (1939, 1968). Die Rede von der Gemeinnützigkeit ruft Kritiker auf den Plan. Welche Funktion erfüllen berufsständige Verträge (Goode 1969) oder Berufsethiken (Baer 1986)? Der machttheoretische Vorbehalt (u.a. Johnson 1972; Freidson 1986; Daheim 1992) streicht hervor, dass Professionen Zuständigkeitsmonopole anstreben, und das dahinter „kollektive Aufstiegsprozesse" von Angehörigen der Mittelklasse stehen (Olk 1986).

Nach Abbott (1988) entsprechen Professionen einem (begrenzten) Bedarf an gesellschaftlich relevanten Problemlösungen. Eine Profession lässt sich nicht isoliert vom *System of professions* begreifen. Jede Profession definiert ihren Aufgaben- und Leistungsbereich in Abgrenzung zu fremden Zuständigkeitsansprüchen.[12] Dieser Bereich gründet auf Problemen, deren Lösung der Dienstleistung eines Experten übertragen werden kann (Abbott 1988: 35). Der Anspruch der Profession besteht darin, für diesen Bereich bestimmte Leistungen, z.B. Diagnosen, bereitstellen zu können. Manche Ansprüche sind zentral, z.B. der Anspruch, dass Rechtsberatungen allein von Juristen ausgeführt wer-

12 Abbott spricht hier von jurisdiction. „Diagnosis, treatment, inference, and academic work provide the cultural machinery of jurisdiction. They construct tasks into known professional problems that are potential objects of action and further research...In claiming jurisdiction, a profession asks society to recognize its cognitive structure through exclusive rights; jurisdiction has not only a culture, but also a social structure. These claimed rights may include absolute monopoly of practice and of public payments, rights of self-discipline and of unconstrained employment, control of professional training, of recruitment, and of licensing, to mention only a few." (Abott 1988: 59)

den dürfen. Andere Ansprüche liegen im Schnittbereich zu anderen Professionen, etwa die Prüfung von Betriebsbilanzen, die nur bedingt unter juristische Zuständigkeit fällt. Die Ansprüche werden kulturell und sozial verankert, sie finden sich im Rechtssystem wie in der öffentlichen Meinung oder in der Arbeitswelt wieder (ebd.: 59f.).

Die wesentliche Funktion des professionellen Wissens sieht Abbott darin, „Währung“ in der Konkurrenz im System of professions zu sein (1988: 102). Abbott fasst professionelles Wissen als abstraktes Wissen auf und folgt der Definition von Hughes (1965), wonach Abstraktion Detachment („Abheben“) bedeute. Das professionelle Interesse besteht nicht an einem konkreten Fall sondern an Fällen mit Hinblick auf ihre Verallgemeinerbarkeit; Fälle interessieren hinsichtlich des Wissens, das sich daraus gewinnen lässt.[13] Abbott spricht hier von Abstraktion, andere sprechen von der „intellektuellen Komponente“ (Parsons), von „wissenschaftlicher Rationalität“ (Olk) oder von „formalem Wissen“ (Freidson). Abbott nennt Wissen einen wichtigen Grund, warum es überhaupt Professionen gibt; fast alle Arten des Wissens seien organisierbar als eine gemeinsame Quelle für einen Verband von Individuen (Abbott 1988: 324).

Abbott berücksichtigt nicht, dass organisierbares Wissen und Expertentum auch außerhalb von Professionen auftreten. Nach Beispielen für „Experten“ braucht man im Alltag nicht lange zu suchen. Man denke hier nur an die vielen Hobbys, die sich pflegen lassen, z.B. Ufologie oder das Sammeln von Telefonkarten. Es kann Situationen geben, in denen ein Hobbywissensspezialist als „Experte“ zu Rate gezogen wird. Im Vergleich zu den klassischen Professionen von Medizin und Juristerei mag solches Expertentum irrelevant scheinen, doch ist es keine Seltenheit und wird mit nicht

13 Das Gesagte ist im Zusammenhang mit professioneller Abstraktion zu verstehen. Die konkrete professionelle Tätigkeit wird von Abbott als Abfolge von Diagnosis, Inference and Treatment beschrieben (1988: Kap.2). Abbotts Beschreibung professioneller Tätigkeit ließe sich unmittelbar kognitions-psychologisch wenden.
Abbott (1988: 102) sieht in der Abstraktion, dem das Professionswissen unterliegt, einen Mechanismus, der dafür verantwortlich ist, dass die Zuordnungen zwischen Profession und Arbeit wechseln. Abbott versteht Abstraktion zum einen als inhaltliche Reduktion, zum anderen als Formalisierung von Wissen. Formalisierung bringt das Wissen und die Fertigkeiten in festgelegte Formeln und Routinen. Sofern Formalisierung eine effiziente Problemlösung zulässt, stärkt sie das Band zwischen Profession und Problem. Andererseits schwächt Formalisierung den Status der Profession und rückt sie in die Nähe ausführender Spezialistenarbeit. Abstraktion im Sinne von inhaltlicher Reduktion macht es einer Profession möglich, neue Wissens- und Problemgebiete zu besetzen. Andererseits gerät die Profession bei allzugroßer Unbestimmtheit ihres Wissens in Gefahr, dass ihre Problemzuständigkeit nicht mehr gesehen und nicht mehr anerkannt wird (ebd.: 102f.).

weniger Ernst nachgefragt und ausgeführt. Der Zusammenhang zwischen Profession und Wissen schafft scheinbar objektive Grenzen. Indes, die Grenzen des Wissens werden sozial ausgehandelt. Über das Wissen von Ufologie oder Astrologie kann man sehr geteilter Meinung sein, gleichwohl finden sich auch hier Experten.

Profession und Expertentum decken sich nicht – dies dürfte auch in der Soziologie ein Gemeinplatz sein. Profession bedarf sozialer Organisation (Gruppen, Kontrolle, Arbeitsstätten). Nicht alle – oder nur wenige – professionelle Handlungen, etwa eines Arztes, sind unmittelbare Umsetzung des Wissens. Führungs- und Verwaltungsaufgaben, Kommunikation, „Menschenkenntnis“: all dies verwebt sich in die professsionelle Arbeit. Professionen umfassen also mehr als nur Expertentum. Andrerseits gehört nicht jeder Experte einer Profession an. Im Fall des unprofessionellen Experten braucht das Expertenwissen nicht abstrakt zu sein. Es kann in bestimmten Situationen jemand als Experte herangezogen werden, der „alles über Goethe“ weiß (z.B. in TV-Spielshows als letzte Wissensinstanz, wenn der Moderator und der befragte Kandidat uneins sind). Dieses Wissen ist notwendigerweise konkret. In diesem Zusammenhang ist es weniger wichtig, durch welche Eigenschaften jemand als Experte indiziert wurde, sei er nun Philologe, oder sei es, dass er ein Buch über Goethe geschrieben hat. Wichtig ist, dass er das Wissen bereitstellt. Solche Fälle mögen untypisch für Professionen sein, für Experten sind sie es nicht. Statt „Goethe“ könnte es auch historisches Wissen über einen bestimmte Epoche sein, oder schlicht Fachwissen über eine bestimmte Waschmaschinenreihe.

(ii) Psychologie des Expertenwissens: prototypisch und nicht-episodisch

Expertiseforschung kennzeichnet in der Psychologie eine Richtung, in der sich Kognitionspsychologie (z.B. Chi et al. 1988; Gruber/Ziegler 1996) und Entwicklungspsychologie (z.B. Ericsson/Smith 1991) kreuzen. Die Psychologie des Experten begann mit der Suche nach Kriterien und Belegen der besonderen Rationalität der Experten. Aus psychologischer Sicht ging es um differentielle Unterschiede zwischen „Experten“ und „Normalmenschen“, man forschte in so unterschiedlichen Gebieten wie Medizin, Maschinenschreiben oder Betriebsbilanzen. Das Ergebnis aus drei Jahrzehnten Forschung ist:

1) Experten zeichnen sich *nicht* durch besondere, generelle Intelligenz oder Merkfähigkeit aus (vgl. u.a. Ceci/Liker 1986; Guilford 1967). Stattdessen forscht die Expertiseforschung derzeit nach einem Faktor der praktischen Intelligenz (Mack 1996).
2) Experten verfügen *nicht* generell über besondere, logisch-rationale Schlussregeln. Vielmehr lassen sich bei Experten dieselben allgemeinen Urteils-Fehler wie bei Normalpersonen finden (vgl. u.a. Kahneman 1991; Shanteau /Stewart 1992). Bekannt ist das Phänomen der trügerischen Overconfidence in das eigene Wissen (z.B. Oskamp 1992; Einhorn/Hogarth 1978).[14]

Experten verwenden zwar sogenannte Heurismen, das sind Lösungsprozeduren, die im Gegensatz zu Algorithmen keine Lösungsfindung garantieren. Jedoch ist, besonders in der Medizin, die Varianz der Prozeduren zwischen verschiedenen Experten und manchmal bei ein- und demselben Experten gewaltig (vgl. Elstein et al. 1978; Johnson et al. 1981; Kuipers et al. 1988). Expertenwissen ist – und darin ist man sich in der Expertiseforschung einig – „domain specific", bereichsabhängig; Fähigkeiten in einem Bereich sind kaum auf einen anderen generalisierbar (Glaser/Chi 1988; Gruber/Mandl 1996).[15]

Die Grundlage psychologischer Expertiseforschung schuf De Groot (1965). Er verglich Schachmeister mit relativ guten Spielern einerseits und Schachanfängern andererseits. Es zeigte sich, dass die schlechteren Spieler genauso viele Züge im voraus bedachten wie die Schachmeister. Der

14 Die Forschung zu Overconfidence steht im Zusammenhang mit der Forschung zu menschlichen Fehlern beim „rationalen Entscheiden"(z.B. Kahneman et al. 1982). Die Forschung ist in den letzten Jahren in methodischer und theoretischer Hinsicht schwer kritisiert worden (z.B. Gigerenzer/ Goldstein 1996). Overconfidence verschwindet, sobald repräsentative („realistische") Aufgaben untersucht werden (Gigerenzer et al. 1991).

15 Shanteau (1992a&b) kommt zu dem Schluss, dass sich Fähigkeiten von Experten entsprechend der jeweiligen, fachspezifischen Arbeitssituation entwickeln: Ist ein Urteil bzw. eine Entscheidung über Dinge und logische Sachverhalte gefordert, z.B. in der Physik, beim Schach, in der Buchhaltung etc., so verfügen die jeweiligen Experten über spezifische und erfolgreiche Heurismen. Sobald jedoch menschliche Beziehungen ins Spiel kommen, z.B. in der Psychotherapie oder der Personalauslese, so finden sich bei Experten keine besonderen oder besonders erfolgreichen Denkstrategien.
Shanteau (1988 1992a&b) stellt synoptische Zusammenstellungen von „Charakteristika" des Experten vor. Shanteau unterscheidet jedoch nicht, wann es sich um Charakteristika der Expertenrolle, wann um allgemein-psychologische Sachverhalte, und wann um differential-diagnostische Befunde handelt. Shanteaus Beiträge kennzeichnen den (eher dürftigen) Kenntnisstand sozialpsychologischer Expertiseforschung.

entscheidende Unterschied ergab sich bei Wahrnehmungs- und Gedächtnisaufgaben. Die Teilnehmer bekamen für kurze Zeit (5 Sekunden) ein Schachbrett mit den Figuren eines Spiels gezeigt. Schachmeister konnten nach wenigen Darbietungen die Spielstellung fast perfekt reproduzieren. Sie waren darin den relativ guten Spielern deutlich überlegen; die Anfänger taten sich überhaupt schwer. Der Befund galt jedoch nur für sinnvolle Schachstellungen, d.h. Stellungen, die mögliche Züge eines Spiels darstellten. Waren die Figuren willkürlich auf dem Brett plaziert, so ergaben sich – was das Erinnern und Rekonstruieren betraf – keine Unterschiede zwischen den Schachmeistern und den schlechteren Spielern.

Der Befund ließ sich verallgemeinern. Die Leistung von Experten beruht auf der spezifischen Ausrichtung der Wahrnehmung. Die sachspezifische Erfahrung des Experten besteht dabei weniger darin, dass er Regeln internalisiert, als dass er seine Wahrnehmung ausrichtet. Man kann sagen: Den Experten macht die lange Schule der Wahrnehmung; Experten schließen nicht, sondern nehmen wahr. Experten „sehen" Lösungen (Bromme 1992: 33). Die Erfahrung muss in langer systematischer Praxis – *Deliberate practice* – gewonnen werden; der Lernzeitaufwand beträgt mindestens zehn Jahre (Ericsson et al. 1993).

Zur Erklärung der Expertenleistung wird meist auf eine Besonderheit des Kurzzeitgedächtnisses verwiesen (Chase/ Simon 1973; vgl. a. Gobet 1996): Schachmeister haben nach langen Jahren gelernt, Schachstellung als eine einzige Figur – einen *Chunk* – zu erkennen. Wie bereits Miller, 1956, untersuchte, vermag das Kurzzeitgedächtnis etwa sieben Chunks zu bewahren. Chunks stellen Sinneinheiten dar, unabhängig von ihrer „objektiven" Größe: es kann sich also um sieben einzelne Ziffern wie um sieben wohlbekannte Telefonnummern handeln. Heute spricht man von *kategorialer Wahrnehmung* (Harnad 1987). Experten verfügen über eine kategoriale Wahrnehmung, deren Elemente und Strukturen den handlungsrelevanten Strukturen des fachlichen Problemraums entspricht. Im Beispiel des Schachs: Meister nehmen Figurenstellungen nicht als Gruppen von Figuren sondern als strategische Züge eines Spiels wahr (Freyhof et al. 1992).[16]

16 Expertenwissen wird oft auch als erfahrungsabhängiges „tacit knowledge" beschrieben: Experten können ihr Wissen nicht vollständig - in Form eines offenen, deklarativen Wissens - explizieren (vgl. Gruber/Mandl 1996; vgl. a. Nisbett/DeCamp Wilson 1977).

Expertenwissen lässt sich psychologisch noch weiter charakterisieren. Ein wichtiger, neuerer Befund ist: Expertenwissen organisiert sich über Fallwissen (Althoff et al. 1992; Kolodner 1983, 1993). Fälle, mit denen der Experte zu tun hatte, werden „analytisch generalisiert“ (vgl. Lewis 1988) bzw. typisiert. Das Expertenwissen ist somit um *prototypische* Fälle – Krankheiten oder Schachstellungen – geordnet (vgl.a. Rosch 1975; Rosch/Mervis 1975). An die Prototypen knüpfen sich die fallspezifische Entwicklungsgeschichte und die gefundenen Problemlösungen. Andere Fälle werden nach Ähnlichkeit zugeordnet. So geht Fallwissen unmittelbar als Erfahrung ins Expertenwissen ein. Prototypisches ist nicht abstrakt, sofern man „abstrakt“ im Sinne von „unanschaulich“ oder „abgehoben“ auffasst, sondern: es ist gerade noch konkretisierbar (ebd.). Andernfalls wäre das Prototypische nicht mehr wahrnehmungsrelevant, d.h. es könnte sich nicht in der Wahrnehmungsstruktur wiederfinden lassen. Der Prototyp eines Hundes ist z.B. gerade noch anschaulich beschreibbar, jedoch bereits so abstrahiert, dass Hunde verschiedener Größe und Rasse darunter fallen könnten. Jede weitere Abstraktion würde den Prototyp zur Auflösung bringen.

Es ist weniger, wie Hughes und Abbott annehmen, das konkrete Wissen überhaupt, das für Professionen und damit Experten unwürdig ist. Es ist eher das episodische Wissen (vgl. Tulving/Donaldson 1972), das Wissen um spezifische konkret erlebte Ereignisse, das zwar ins Expertenwissen einfließen mag, das jedoch nicht zum Expertenwissen selbst zu zählen ist. Das episodische Wissen einer Person ist Teil ihres persönlichen biographischen Wissens, ja Teil ihrer Biographie. Ein Experte mag zwar „alles über Goethe“ wissen, irrelevant wäre hingegen, was er über sich selbst zu berichten weiß, z.B. mit welchen Gefühlen er wann und wo Neues über Goethe erfuhr. In diesem Sinne sind Experten sachorientiert. Das Expertenwissen transzendiert nicht die Ebene des Konkreten überhaupt, es transzendiert die Ebene des Episodischen. Dies sich zeigt in Reinform am Sachverständigen vor Gericht.

(iii) Der Sachverständige vor Gericht – rationelle Wissensnutzung

Bislang wurde unkritisch von Experten gesprochen, so als handele es sich um eine besondere Sorte Mensch, die sich durch irgend etwas – Intelligenz, Macht, Sprache – auszeichnet. Es mag zwar Menschen geben, die sich in besonderem Maße für Experten qualifizieren. Jedoch ist die Zuschreibung der Expertenfunktion kontextabhängig. Es gibt sogar wechselnde Expertenzuschreibungen an ein- und dieselbe Person, etwa wenn ein Jurastudent, der in juristischen Kreisen keineswegs als Experte gelten kann, im Freundeskreis für Rechtsauskünfte gefragt ist. Beim „Experten" handelt es sich, wie erwähnt, in erster Linie um eine Interaktionsform. Letztere ist abhängig von dem sozialen Kontext, in dem das Wissen gefragt wird und das Expertentum auftritt. Die Interaktionsform „Experte" ist so relativ wie Wissen überhaupt.

Die Interaktionsform „Experte" findet ihren Ausdruck in den Prozessordnungen im „Beweis durch Sachverständige". Die Darstellung in der ZPO beginnt mit:

> § 402 Anwendbarkeit der Vorschrift für Zeugen.
>
> Für den Beweis durch Sachverständige gelten die Vorschriften über den Beweis durch Zeugen entsprechend, insoweit nicht in den nachfolgenden Paragraphen abweichende Vorschriften enthalten sind.

In den nachfolgenden Paragraphen heißt es etwa zur Auswahl:

> § 404 Auswahl.
>
> Die Auswahl der zuzuziehenden Sachverständigen und die Bestimmung ihrer Anzahl erfolgt durch das Prozeßgericht...
>
> Sind für gewisse Arten von Gutachten Sachverständige öffentlich bestellt, so sollen andere Personen nur dann gewählt werden, wenn besondere Umstände es erfordern.

> Das Gericht kann die Personen auffordern, Personen zu bezeichnen, die geeignet sind, als Sachverständige vernommen zu werden.
>
> Einigen sich die Parteien über bestimmte Personen als Sachverständige, so hat das Gericht dieser Einigung Folge zu geben...

Bemerkenswert ist: In der Prozessordnung und ihren Kommentaren fehlen explizite Hinweise auf eine außerordentliche Könnerschaft des Sachverständigen oder auf seine professionelle Qualifikation. Letztere ist auch mit der „öffentlichen Bestellung" nicht festgelegt. Die Bestimmungen der StPO (§§ 72–92) laufen parallel und sind noch sparsamer. Im französischen *Noveau code des procédure civile* heißt es einfach: „La decision qui ordonne l´expertise...nomme l´expert ou les expert" (kurz: Der Experte oder die Experten sind zu bestimmen). Das Gericht bzw. der Richter könnte also eine „beliebige" geeignete Person zum Sachverständigen ernennen. In den meisten Fällen wird das Gericht auf öffentlich bestellte Sachverständige oder Professionsangehörige zurückgreifen. Dies jedoch nur aus dem Grund, um den Nachweis der Eignung zu vereinfachen und keinen Revisionsgrund zu bieten. Wie bunt der Reigen der Sachverständigen sein kann, zeigt Dippel in einer Auflistung von Sachverständigen in der Gerichtspraxis; neben Medizinern und den viel gefragten Bau-, Brand- und Kraftfahrzeugsachverständigen finden sich dort auch Astrologen, Pendler und selbst Okkultisten (Dippel 1986: 10).

Der Sachverständige dient als „Gehilfe des Gerichts" bzw. „Richtergehilfe".[17] Er kann drei Aufgaben übernehmen: 1. dem Gericht Kenntnis von den Erfahrungssätzen auf seinem Wissensgebiet verschaffen, 2. aufgrund seiner Sachkunde Tatsachen feststellen und 3. aufgrund der Erfahrungssätze seines Wissensgebietes Tatsachen beurteilen

17 Zur Diskussion vgl. Dippel (1986: 20ff.) Im ausdifferenzierten deutschen und französischen Recht dient der Sachverständige als besonderes Beweismittel, im anglo-amerikanischen Recht ist er nur „Sach"-Zeuge. Nach deutschem Recht ist Zeuge nur, wer von der fraglichen Tat persönliche Kenntnis erlangt hat. Auf diesen Unterschied von Zeuge und Sachverständigem soll hier nicht weiter eingegangen werden. Im amerikanischen Rechtswesen zeigt sich die Problematik der Expertenrolle an der Diskussion, ob die Jury vom Experten (lediglich) verständig gemacht werden („education") oder ob sie darüberhinaus das Expertenurteil als solches für wahr anerkennen („deference") sollte. Vgl. hierzu das Votum von Allen und Miller (1993).

(Jessnitzer/Frieling 1992; vgl. a. Kleinknecht/Meyer 1991: 249). Der Sachverständige ist ein „persönliches Beweismittel", er unterliegt der Leitung und Kontrolle durch den Richter (ZPO §404a; StPO §78). Der Richter gibt den Sachverständigen in der Regel eng umschriebene Sachfragen zur Beantwortung. Die Auskunft der Sachverständigen ist für den Richter keineswegs bindend. Nach dem Prinzip der „freien Beweiswürdigung" hat er sich grundsätzlich sein eigenes Urteil zu bilden (vgl.a. Dippel 1986: 12f.). In diesem Sinne „urteilen" Sachverständige vor Gericht nicht, sie geben nur Auskunft.

Im Weiteren wird davon ausgegangen, dass ohne ein Vorverständnis von der Interaktionsform „Experte", die im Alltag auffindbar ist, auch die Rolle des Sachverständigen vor Gericht nicht begreifbar wäre. Es wäre mit den knappen Angaben der Prozessordnung nicht möglich, Sachverständige überhaupt auszuwählen. Jedoch können mit der Interaktionsform „Experte" nicht (nur) professionalisierte Experten gemeint sein. Denn das Prozessrecht ist nicht auf die Existenz von Professionen angewiesen. Dies widerspräche dem Rechtsgrundsatz der Unabhängigkeit des Richters. Der Einsatz des Sachverständigen gründet vielmehr auf der Idee des objektiven, objektiv beurteilbaren Wissens (was eine Illusion sein mag), also auf der Idee der Wahrheit. [18] Die Professionen und Qualifikationen können sich wandeln, die Interaktionsform „Experte" bleibt. Es handelt sich um eine Kategorie des Alltagswissens, den Bürger als potentiellen Experten, wie ihn auch Schütz beschreibt (vgl. Schütz 1946; Sprondel 1979). Die Rolle des Sachverständigen vor Gericht soll im weiteren als Muster für die Expertenrolle dienen.

Der Sachverständige vor Gericht leistet eine Sachaus-

18 Um Missverständnissen vorzubeugen, seien an dieser Stelle bereits einige Anmerkungen zum Verhältnis von Wahrheit und Expertenrolle vorausgeschickt. Die Expertenrolle präsupponiert Wahrheit; die Idee der Wahrheit ist eine notwendige Bedingung der Expertenrolle. Damit ist nicht gemeint, dass Experten immer die Wahrheit sagen, noch dass die Auftraggeber von Experten immer die Wahrheit wünschen. Wahrheit ist präsupponiert, aber nicht notwendig intendiert in der Expertenrolle. Ein Auftraggeber wird vielmehr Nützlichkeiterwägungen bei der Wahl des Experten verfolgen. Fehlte die Idee der Wahrheit, z.B. wenn die Expertenrolle in der Erbringung rein nützlicher Dienstleistungen bestünde, wären der Sinn der Expertenrolle und damit ihr spezifischer Nutzen hinfällig. Experten wären parteiliche Berater, und kaum zwei Menschen kämen in einer Streitfrage auf die Idee, Experten zur Klärung von Sachverhältnisse zu konsultieren - schon gar nicht vor Gericht. Der strategische Nutzen von Experten - v.a. in der Politik - liegt gerade darin, dass sie einerseits Wahrheit verkörpern und andererseits Menschen und also potentiell korrumpierbar sind. Da es sich mit unserem modernen Verständnis schlecht verträgt, dass ein einzelner Mensch - der Experte - im Besitz der Wahrheit sein soll, reden wir meist im Plural von den Experten.

kunft. Dieser kommunikative Akt kann leicht scheitern. Auch deshalb besteht in der Praxis die Form der Sachauskunft zumeist in einem Gutachten (Kleinknecht/Meyer 1991: 249). Der Sachverständige kann zur Erstattung des Gutachtens vereidigt werden (§ 410 ZPO). Das Gericht seinerseits muss das Gutachten „eingehend darauf prüfen, ob es überzeugt" (Baumbach et al. 1993: 1177). Die Abfassung des Gutachtens, seine Form und sein Aufbau sind gesetzlich nicht geregelt (Wellmann 1988: 21). Aus der prozessualen Aufgabe des Gutachtens ergeben sich jedoch rechtliche Anforderungen. Ein Gutachten sollte *verständlich* sein – „auch für einen mit den gegebenen Verhältnissen nicht vertrauten Dritten". Zudem sollte es in seinen Schlussfolgerungen *nachvollziehbar* sein, und zwar „für jedermann, sofern er nur hinreichend vorgebildet ist" (ebd.).

Zur Rolle des Sachverständigen gehört auch, dass er grundsätzlich „vertretbar" ist (Baumbach et al.: 1178); er ist austauschbar. Erwartet wird eine Standarddiagnose nach „bestem Wissen" bzw. nach dem Stand der Wissenschaft. Auszuschließen sind geniale, neuartige Schlussfolgerungen. Ein psychiatrisches Gutachten, das eigene psychiatrische Kategorien oder gar eine revolutionäre Theorie der Diagnostik entwickelt, ist i.d.R. unbrauchbar, es verfehlt die geforderte Leistung. Erwartet wird Standardsachverstand, eine Generalisierbarkeit der zugrundegelegten Urteilsfähigkeit. Die Leistung des Sachverständigen besteht darin, ein Sachurteil zu fällen, das jeder normalverständige Mensch auch fällen könnte – vorausgesetzt, er hätte die Zeit, sich ausreichend über die Sache kundig zu machen (d.h. Erfahrung zu sammeln).

Fassen wir den „Experten" in Analogie zum „Sachverständigen vor Gericht" auf, so besteht die Experten*rolle* – die generalisierte Erwartung an den Experten – darin, eine Sachauskunft zu einer Fragestellung zu geben, die das Fachgebiet des Experten betrifft. In den meisten Fällen werden Professionsangehörige oder ähnlich qualifizierte Personen als Experten herangezogen. Jedoch: Genausowenig wie das Gesetz regelt, wer als Sachverständiger zu gelten hat, kann jeder die Expertenrolle einnehmen – vorausgesetzt, der soziale Kontext lässt es zu. Es ist z.B. denkbar, dass ein Siebenjähriger, der Erfahrungen im Knacken von Kaugummiautomaten gesammelt hat, in einem Peer-Kontext von Gleichaltrigen zum Experten wird.

Die Leistung des Experten bzw. der Expertenrolle besteht ganz allgemein in der *rationellen Wissensnutzung*. Rationell soll hierbei heißen, dass genereller Sachverstand in vergleichsweise kurzer Zeit – d.h. einer Zeit, die die Kommunikation möglich und die Leistung anschlussfähig macht – zur Anwendung gelangt. Der Experte gibt in kurzer Zeit ein spezifisches Sachurteil, zu dem jeder von uns nach intensiver Erfahrung mit der Sache gelangen könnte. Die Expertenleistung beruht auf der allgemein-psychologisch fassbaren Fähigkeit des psychischen Systems, vermittels Erfahrung die Wahrnehmung so zu strukturieren, dass Sachurteile ohne größeren Denkaufwand gefällt werden können.[19]

Hier zeigt sich noch einmal die Bedeutung der Präsupposition der Wahrheit. Die Aussage des Experten muss in den Kategorien *wahr* oder *falsch* beurteilbar sein, es ist nicht seine Aufgabe, die pragmatisch richtige Entscheidung herbeizuführen. Dasselbe gilt auch vor Gericht: Grundsätzlich kann „festgestellt werden, dass jemand, der in einen Sachverhalt gestaltend eingreift, nicht in der Eigenschaft als Sachverständiger tätig wird" (Wellmann 1988: 2). Aus Sicht der Psychologie hieß das: Das Expertenwissen transzendiert das biographisch-episodische Wissen. Aus Sicht der Prozessordnung: Der Sachverständige vor Gericht wird für den Zeitaufwand und die entstandenen Kosten *entschädigt*, und ist insofern den Zeugen gleichgestellt (vgl. Meyer/Höver 1990). Der Experte ist quasi „Sachzeuge". Ohne die Präsupposition der Wahrheit wäre die Expertenrolle sinnlos.

(iv) Expertenforschung neu beleuchtet

Die vorgeschlagene Charakterisierung umfasst wenigstens vier Aspekte:

1. Sachorientierung der Expertenrolle (Präsupposition der Wahrheit)
2. Austauschbarkeit von Experten (Standardisierbarkeit)
3. Nachvollziehbarkeit bzw. Anschlussfähigkeit der Expertenleistung (rationelle Wissensnutzung)
4. Sachauskunft ohne letztgültige Entscheidungsüber-

19 Man könnte den Experten auch als „Wissensinterpreten" bezeichen. Der Experte muss sein Erfahrungswissen anschlussfähig kommunizieren.
Die Expertenleistung bindet Zeit in einem doppelten Sinn: sie bringt - einerseits - langjährige (subjektive) Erfahrung auf den Punkt und zwar - andererseits - in der objektiv kurzen Zeit, die für das Expertenurteil vonnöten ist.

nahme (der Laie braucht dem Rat des Experten nicht zu folgen)

Die Aspekte haben unterschiedliches Gewicht und sollen hier noch einmal in einem Gesamtbild der Expertenforschung beleuchtet werden. Wir beginnen mit einer Darstellung der Expertensystemforschung. Zum einen, weil sich dort Erwartungen an den „Experten" klar formuliert finden; zum anderen, weil im Rahmen dieses Beitrags die Expertensystemforschung ohnedies zu kurz kommt.

In der Expertensystemforschung findet die Expertenrolle – und das ist bezeichnend – kaum Beachtung. Vielmehr wird an ein Common-Sense-Verständnis von Experte appelliert. Wenn überhaupt Erläuterungen erfolgen, so werden Experten in der Optik der Expertensystem-„Architektur" dargestellt.[20]

Ausdrückliche Einigkeit besteht in der Expertensystemforschung, dass die Expertentätigkeit auf Wissen beruht, „wissensbasiert" ist (z.B. Feigenbaum/ McCorduck 1984). Unausdrücklich ist man sich einig, dass Experten austauschbar und standardisierbar sind. Denn genau darauf zielt der Expertensystemansatz (z.B. Tanimoto 1990): Experten sind wechselseitig und durch Expertensysteme ersetzbar.

Expertensysteme umgibt ein gerüttelt Maß an Mystifikation (Murray/Murray 1988). Der Mangel an Transparenz erwies sich jedoch als ein Stolperstein der gesamten Expertensystem-Entwicklung. Transparenz eines Systems meint dessen Fähigkeit zur Erklärung und Begründung von gefundenen Problemlösungen (z.B. Hayes-Roth et al. 1983). Auch hier zeigt sich, dass Expertenleistungen prinzipiell nachvollziehbar bleiben müssen. Warum aber wird den Expertensystemen (sowie den Experten) überhaupt ein gewisses Maß an Mystifizierung zugestanden? Einen Grund hierfür können wir im generellen Unsicherheitshorizont der Expertentätigkeit suchen: Expertensysteme wurden nicht

20 Beispiele bei Savory (1988: 8), Puppe (1988: 2) oder Tanimoto (1990: 542f.), es finden sich auch gewisse Ausnahme, z.B. bei Oberquelle (1987). Savory schreibt: „Als Experte wird jemand bezeichnet, der fundiertes Wissen auf einem Spezialgebiet besitzt, der aber darüber hinaus vor allem persönliches (nicht nachlesbares) Erfahrungswissen gesammelt hat... Solches Erfahrungswissen erlaubt dem menschlichen Experten, in komplexen Situationen erfolgversprechende Lösungsstrategien auszuwählen sowie - falls diese nicht zum Ziel führen - zu einem bestimmten Entscheidungspunkt zurückzukehren und von dort aus Alternativen vorzunehmen..." (1988: 8). Die Vorgehensweise, wie sie von Savory beschrieben wird, entspricht weniger dem expertenhaften Problemlösen als dem sog. Backtracking des logischen Programmierens (ebd.: Kap. 4).

für die Routinedatenverarbeitung, sondern für die schwierigen Fälle mit ungenauen Daten konzipiert (Kredel 1988). Von Anfang an zielte die Entwicklung auf Systemlösungen für probabilistisches Schlussfolgern bzw. den Umgang mit Ungewissheit (z.B. Buchanan/Shortliffe 1984). Im Versuch, die Ungewissheit zu bändigen, entfaltete der Expertensystemansatz die größte Dynamik, die auch in die Psychologie zurückstrahlte (Spies 1994); die Implementation von *fuzzy logic* ist nur eines, wenn auch das berühmteste Beispiel (z.B. Graham/Jones 1988).

Soweit es die Erwartungen an Sachorientierung, Standardisierbarkeit und Nachvollziehbarkeit betrifft, geht die Expertensystemforschung konform mit unserer Charakterisierung der Expertenrolle. Jedoch unterlag die Expertensystemforschung in ihren Anfängen einem Psychologie-Bias: Ziel der Systementwicklung war es, das Wissen und die formalen Problemlösefähigkeiten der Systeme zu maximieren; die Nutzungsmöglichkeiten waren zweitrangig. In diesem Sinne konstruierte man „intelligente", regelbasierte „stand-alone" Systeme, die mit umfangreichen Regelwerken arbeiteten (Buchanan/Shortliffe 1984). Es zeigte sich: Die Zahl der benötigten Regeln gewann rasch unbewältigbare Ausmaße. Insbesondere wurden Konsistenztests, d.h. Tests der Regelanwendungen auf Widerspruchsfreiheit, immer aufwendiger und letztlich unmöglich. Je konkreter die Anwendungen, umso größer wurde die Gefahr von Regelwidersprüchen und Unsinn (Mieg 1993). Kritik am Expertensystemansatz wurde aus verschiedenen Richtungen laut (z.B. Dreyfus/Dreyfus 1986, Weizenbaum 1974). In den letzten Jahren wandelte sich der Expertensystemansatz vollständig: Die Idee des „allein entscheidenden", autonomen Expertensystems scheiterte mangels Nutzung; sinnvoll nutzbar waren allein Systeme zur Entscheidungsunterstützung (Mieg/Scholz 1993).

Schema 1: „Experten", eine fachübergreifende Forschungsübersicht

Rolle der Experten

funktionalistischer Kreis (Parsons 1939 1968; Goode 1957 1969)

machttheoretischer Kreis (Johnson 1972 1977; Lieberman 1970; Freidson 1986; Olk 1986; Rueschemeyer 1986; Daheim 1992)

interaktionistischer Kreis (Hughes 1958 1965; Abbott 1988; Hitzler 1994)

wissens-/wissenschaftssoziologischer Kreis (Schütz 1946; Nowotny 1982; Löw et al. 1990; Gross/Honer 1991)

Attribution der Expertenrolle

Selbstdarstellung der Experten (Grover 1993; Heck 1983; Hitzler et al. 1994; Lapp 1965; Merchiers/Pharo 1990; Metzger 1993; Murray/Murray 1988; Peters 1996)

Unsicherheitshorizont der Expertentätigkeit (Beck 1993; Gerrity et al. 1992; Hartmann/Hartmann 1982; Mieg 1993; Nowotny 1993; Schneider/Lück 1982; Sturdy et al. 1992; Winograd/Flores 1986)

Expertenleistung

Expertenkönnen /Expertise (Bromme 1992; Chase/Simon 1973; Chi et al. 1988; DeGroot 1965, 1966; Dreyfus/Dreyfus 1986; Ericsson/Smith 1991; Ericsson et al. 1993; Gruber 1994; Gruber/Ziegler 1996; Hacker 1992 1994; Krems 1994; Schön 1991; Shanteau 1988; Tanimoto 1990)

Nutzung der Expertentätigkeit (Abbott 1991; Baer 1987; Bultmann/ Schmithals 1994; Feigenbaum/McCorduck 1984; Mohr 1996; Nowotny 1979; Otway/von Winterfeld 1992; Peters 1994; Renn et al. 1993; Shanteau 1992; Weizenbaum 1976)

Schema 1 gibt eine fachübergreifende Übersicht über die gesamte Expertenforschung. Von der charakterisierten Expertenrolle zu unterscheiden ist die Rolle der Experten in einem weiten Sinn. Mit der Rolle der Experten sind die gesellschaftlichen Bedingungen des Auftretens von Experten gemeint. Hierzu gibt es soziologische Theorien. Auf der anderen Seite steht die eher psychologische Frage: Was kann und will der Experte? Die Forschung zu dieser Frage erscheint hier unter dem Titel der „Expertenleistung". Die Expertiseforschung engt die Frage nach der Expertenleistung noch einmal ein, untersucht wird die Entwicklung individueller Erfahrung, die sich in Wissen und Fertigkeiten niederschlägt. Mitunter werden die Expertenleistung und ihre Nutzung auch auf besondere Motivationslagen zurückgeführt, die Beispiele reichen von der professionellen Standesethik (Baer 1987) bis zur blanken Korruption (Bultmann/ Schmithals 1994). Auf diese Weise rechnen wir die Expertenleistung einer Verursachung zu, mal ist es die persönliche Expertise, mal ist es die persönliche Nutzenmotivation. Zwischen dieser eher psychologischen Sicht auf die Expertenleistung einerseits und den soziologischen Theorie-Ansätzen zur Rolle der Experten andrerseits soll die sozialpsychologische Betrachtung der Expertenrolle vermitteln. Eine Person mag ausreichend mit Wissen und Motivation versehen sein, sie wird erst zum „Experten“, wenn wir ihr die Expertenrolle zuschreiben, attribuieren. Der Gesichtspunkt der Attribution der Expertenrolle wirft ein neues Licht auf gewisse Bereiche der Expertenforschung. Die Expertenforschung soll hier anhand des Schemas 1 im Aufriss dargestellt werden.[21]

Zur Rolle der Experten. Im Schema zuoberst stehen die theoretischen Ansätze aus der Berufs- und Professionssoziologie. Sie interessieren sich meist weniger für die Expertenrolle im engeren Sinn als für die Rolle der Experten in einem weiten Sinn. Der Funktionalismus in seiner Reinform (Parsons) ist heute etwas in den Hintergrund getreten. In der aktuellen Diskussion stehen machttheoretische, interaktionistische und wissenschaftssoziologische Ansätze. Die Ansätze – mit Ausnahme des interaktionistischen – setzen meist bei paradigmatisch betrachteten Berufsgruppen an: den Ärzten (Freidson), den „klassischen“ akademischen Professiones (Parsons), den Wissenschaftlern (Nowotny). Der „Alltagsexperte“ taucht dort nicht auf.[22]

Zur Attribution der Expertenrolle. Statt einer systematischen Behandlung der Expertenrolle findet sich in der Expertenforschung die Orientierung auf bestimmte Einzelaspekte von Expertentum. Der Blick fällt z.B. auf die Selbstdarstellung der Experten. Die Frage ist: Mit welchen Mitteln verstehen es „Experten“, sich Ansehen zu verschaffen und ihren Status zu bewahren. Hierzu gehören die weißen Kittel der Mediziner ebenso wie der Gebrauch von Statistiken bei Sozialwissenschaftlern. Der Verdacht geht in die Richtung, dass Expertentum in der Alltagskommunikation auf nichts anderem als „Show“ beruhe. Daneben, zum zweiten,

21 Eine solche Übersicht kann angesichts der Fülle der Arbeiten nur eine Auswahl darstellen. Auch sind einige Zuordnungen nicht unbedingt im Sinne der genannten Autoren. Die Gefahr der allzu starken Vereinfachung ist groß, wird jedoch in Kauf genommen. Ein Beispiel: Hartmann und Hartmann (1982) behandeln das nachlassende Ansehen von Hochschulabsolventen (die sie als „Experten“ bezeichnen). Wenn Hartmann und Hartmann von „öffentlicher Skepsis gegenüber der Systematisierbarkeit von fachlichem Wissen und Können“ sprechen (ebd.: 212), so wird dies in der gezeigten Übersicht vor dem „Unsicherheitshorizont der Expertentätigkeit“ gesehen.

22 Hier ist auch nicht der Ort, um das Verhältnis eines jeden Theorie-Ansatzes zu der eingeführten Charakterisierung der Expertenrolle zu erörtern. Wir können sagen: Die Rede von einer Expertenrolle - charakterisiert durch die Erwartungen an Sachorientierung, Standardisierbarkeit, Nachvollziehbarkeit - wäre mit den genannten Ansätzen vereinbar, würde jedoch keinem Ansatz etwas hinzufügen; sie ist insofern theorieneutral. Erst die Frage, in welchem Interesse Experten tätig werden, würde die Theoriegräben aufreißen.

wird gefragt, unter welchen gesellschaftlichen Randbedingungen Experten tätig werden. Der Nenner, auf den sich die Randbedingungen bringen lassen, ist der „Unsicherheitshorizont“: Dort wo uns gemeinhin wichtiges Wissen mangelt, sind Experten gefragt. Untersucht – und für Verallgemeinerungen genutzt – wird die Mitwirkung der Experten bei politischen und unternehmerischen Entscheidungen. Die Frage ist: Dienen Experten (nur) dazu, solchen Entscheidungen Sinn und Legitimation zu verleihen? Experten als moderne „Priester“ (Lapp 1965)? Aus sozialpsychologischer Sicht gehören die beiden Forschungsaspekte der Experten-Selbstdarstellung und des Unsicherheitshorizontes ihrer Tätigkeit zusammen. Sie fallen unter die Bedingungen der Attribution der Expertenrolle auf einen „Experten“. Einerseits muss sich der Experte als ein solcher darstellen (ein Experte ist nicht an sich erkennbar), andrerseits erfolgt die Attribution und Suche eines Experten vor dem Horizont von Ungewissheit. Denn – um es mit einer Banalität auszudrücken – wenn wir das nötige Wissen selber hätten, bräuchten wir keine Experten. Wir können davon ausgehen, dass auch die Attribution der Expertenrolle dem fundamentalen Attributionsfehler unterliegt (Ross 1977; vgl.a. Meyer/Försterling, 1993): Leistungen werden vorzugsweise „internal“ einer Person zugerechnet; „externale“ situative Faktoren bleiben unberücksichtigt. Es benötigt also nicht viel, um als „Experte“ zu erscheinen, zumal in einer von Ungewissheit geprägten Situation.

Zur Expertenleistung. Die Psychologie des Experten beschäftigt sich – ähnlich wie die Expertensystemforschung – mit Expertise als dem „Expertenkönnen“ (Hacker 1992). Doch „Expertenkönnen“ allein genügt wohl kaum, das Auftreten von „Experten“ in unserer Gesellschaft zu erfassen. Um es zu wiederholen: „Experte“ ist eine Interaktionsform; der Experte ist nichts, wenn er nicht nachgefragt wird. Auch die Untersuchung der Interessen, in deren Dienst die Experten gestellt werden, ist hier nicht sehr hilfreich: denn die Interessen können sehr verschieden sein (politische, gerichtliche, professionelle...) und doch handelt es sich jedesmal um „Experten“ und nicht um bloße Interessenvertreter. Wir sollten eher fragen: Was ist die besondere Leistung der Experten? Gemeint sind Leistungen, deren „Spezifizierung, Spezialisierung und Kombination“ Max Weber Beruf nennt (1972: 80). Die Leistung ist das Moment an der Berufsarbeit, wofür eine Nachfrage besteht, der Anteil, der einen Tauschwert besitzt. In diesem Sinne reden wir von Dienstleistungen oder es werden ärztliche Leistungen in Rechnung gestellt. Die Leistung kann nicht im „Expertenkönnen“ gesucht werden. Das „Expertenkönnen“ ist bestenfalls Disposition und Mittel zur Expertentätigkeit. Die Leistung ist woanders zu suchen, nämlich in der rationellen Wissensnutzung. Der Experte gibt in kurzer Zeit ein spezifisches Sachurteil, zu dem jeder von uns nach intensiver Erfahrung mit der Sache gelangen könnte. Dies schließt nicht aus, dass die Expertenleistung zu weiteren Zwecken, z.B. politischen, genutzt werden kann.

(v) Folgerungen: Warum Wissen und Wissensnutzung nicht dasselbe sind / Wissenschaftlicher Nutzen einer minimalen Expertendefinition / Zur Rationalitätsdiskussion

Was bedeutet diese sozialpsychologische Fassung der Interaktionsform „Experte“ für Soziologie und Psychologie? Wir erörtern im folgenden den Unterschied von Wissen und Wissensnutzung; den wissenschaftlichen Nutzen einer minimalen Expertendefinition; den Beitrag zur Rationalitätsdebatte; sowie die Folgen für die Psychologie.

Zu Wissen und Wissensnutzung. Die Ausgangsfrage war: Warum interessieren sich Soziologie und Sozialpsychologie so wenig füreinander, wenn es um Expertenforschung geht? Abgesehen von Spezialisierungen und Forschungsraditionen findet sich ein Grund in den unterschiedlichen Konzeptionen von Wissen. Die Epistemologie ist verschieden. Die Psychologie nimmt eine Innensicht des Wissens an und gibt sich, mit dem entsprechenden methodologischen Einschränkungen, der Illusion von Objektivität hin. Fertigkeiten und Expertenkönnen werden unter den Begriff des Wissens subsummiert. In diesem Sinne dienen Expertensysteme der Abbildung von Expertenwissens auf dem Computer (vgl. a. Mieg 1993). Die Frage nach dem Nutzungskontext des Expertenwissens und der Form der Interaktion mit Experten bleibt ungestellt. In der Soziologie nimmt man eher eine Außensicht auf das Expertenwissen ein und fragt, welche Interessen sich damit verbinden. Gemeinnützigkeit und wissenschaftliche Objektivität erscheinen als legitimations-heischende Vortäuschungen. In der soziologischen Diskussion des Expertenwissen wird der Unterschied von Wissen und Wissensnutzung oft nicht einmal mehr möglich. Es ist jedoch nicht so, wie Abbott behauptet, dass Wissen nach Professionalisierung drängt (1988: 324). Wissen drängt vielmehr nach Spezialisierung, weil es immer mehr Wissen gibt, das erlaubt, Fragen immer genauer zu stellen. Hingegen drängt die Wissens*nutzung* zur Professionalisierung. Sollte etwa das Wissen der Ufologie immer mehr nachgefragt werden, so kann sich das Ufo-Expertentum professionalisieren und z.B. eine Berufsordnung aufstellen.

Zum wissenschaftlichen Nutzen einer minimalen Expertendefinition. Warum der Vielzahl von Expertendefinitionen noch eine weitere hinzufügen? Und warum eine so dürftige, minimale Definition, die viele Aspekte der professionellen Kultur und der gesellschaftlichen Wissenstypen außer Acht lässt? Der Vorschlag einer minimalen Expertendefinition soll vor allem eines: Erkenntnisse aus der ganzen Expertenforschung füreinander kompatibel machen. Die Funktion der Abstraktion nach Abbott und das kognitionspsychologische Verständnis von abstraktem Wissen lassen sich, wie gezeigt, fruchtbar aufeinander beziehen. Eine allzustarke Expertendefinition würde diese Bezüge erschweren: fasst man „Expertentum" z.B. als (bloße) Inszenierung auf, so wird der kognitionspsychologische Beitrag zu abstraktem Wissen irrelevant; Wissen wäre „Show". Begreift man Experten hingen als (bloße) „Bestarbeiter", so wird unbegreiflich, wie sich Professionen mittels Abstraktion wechselseitig Konkurrenz machen können: Wie können z.B. Medizin und Psychologie auf dem Feld der Psychotherapie konkurrieren, wenn sich das Problem der Psychotherapie darauf reduzierte, dass es objektiv bessere und objektiv schlechtere Therapeuten gibt? Der Vorschlag, die Expertenrolle in Analogie zum Sachverständigen zu bestimmen, mag dürftig erscheinen, er wirft jedoch ein neues Licht auf alte Phänome. Experten in Politik und Ömfffentlichkeit sind nicht weniger korrumpierbar als andere Menschen; dass von der Korrumpierbarkeit der Experten soviel Aufhebens gemacht wird (z.B. Bultmann/Schmitthals 1994) begründet sich jedoch gerade damit, dass mit der Interaktionsform „Experte" die Präsupposition der Wahrheit einhergeht. Wären Experten in der Politik bloße Politikerberater, ohne dass sich der Anspruch der Wahrheit mit ihnen verknüpfte, so würden sie vermutlich von der Öffentlichkeit nicht einmal zur Kenntnis genommen werden. In neuem Licht erscheint auch das Verhältnis von Profession und Expertenrolle. Die vorgeschlagene Definition von „Experte" ist kompatibel mit einer Unterscheidung von „Experte" und

„Spezialist", wie man sie etwa bei Hitzler (1994) findet. Demnach verfügt der Experte über „relative Autonomie": Der Experte wird „vom Laien typischerweise konsultiert". Er ist „Experte auf einem Gebiet", für das er „Rat- und Hilfekompetenz" besitzt (ebd.: 26). Der Spezialist hingegen ist im Verhältnis zu dem Problem, das er „verwaltet", zu sehen: „Der Spezialist ist Träger einer besonderen, relativ genau umrissenen und von seinem *Auftraggeber* typischerweise hinsichtlich ihrer Problemlösungsadäquanz kontrollierbaren Kompetenz." (ebd.: 25) Versteht man nun die Expertenrolle in Analogie zum Sachverständigen, so scheidet sich die Arbeit von Professionsangehörigen in mehrere Funktionen: eine sachverständige, auskunftorientierte Expertenfunktion; eine ausführende Spezialistenfunktion; sowie eine Managementfunktion, die u.a. darin besteht, für andere Personen Entscheidungen zu treffen. Ein Arzt ist nicht immer Experte, oder nur selten. Wenn er tätig wird und eine Operation vornimmt, so führt er eine Spezialistentätigkeiten aus. Wenn die nachgefragte Leistung von der sachverständigen Beratung generell zu einer ausführenden Spezialistenfunktion übergeht, so bedeutet dies eine Deprofessionalisierung, wie wir sie etwa im Bereich der Computerprogrammierung finden (vgl. Abbott 1988: 36).[23]

Der Vorschlag, die Expertenrolle in Analogie zum Sachverständigen zu bestimmen, ist als ein heuristisches Bedeutungspostulat gedacht. Er soll theoriegeleitete empirische Forschung ermöglichen, ohne den semantischen Implikationen eines Theoriegebäudes unterworfen zu sein. Die Rede vom Unsicherheitshorizont der Expertentätigkeit, wie sie in Schema 1 genutzt wird, ließe eine systemtheoretische Interpretation zu. In diesem Sinne ließe sich sagen: die Expertenleistung reduziert Komplexität. Die Bedeutung des gesellschaftlich geteilten Wissens und unsere Rede von „Alltagsexperten" legen hingegen eine wissenssoziologische Interpretation nahe. In diesem Sinne verwaltet der Experte Spezialwissen und wird durch seine professionelle Kultur geprägt. Die offensichtliche Dynamik des Wissens, historisch wie auch aufs Individuum gesehen, fügt sich hingegen in eine professions- und berufssoziogische Interpretation. Das Bedeutungspostulat soll in theoretischer

23 An diese Stelle gehört auch die Diskussion um das gespannte Verhältnis von Professionen zu Bürokratie, die hier nur angedeutet werden kann (etwa bei Hall 1968; Sorensen & Sorensen 1974; vgl. auch Crozier 1963; Grover 1993).

Hinsicht Freiheitsgrade offenlassen. Zugleich – und trotz aller Minimalität – erlaubt es den Blick auf neue Phänomene bzw. einen neuen Blick auf Phänomene, die in der Expertenforschung bislang unbeachtet blieben. Hierzu gehört das Phänomen der Verweigerung der Experten: in bestimmten Kontexten verweigern bestimmte Leute die Selbstattribution als „Experte". Fassten wir Expertentum als mehr oder wenig generelle persönliche Könnerschaft auf, so erscheint diese Verweigerung der Experten als bloße Koketterie oder defensives Ausweichen. Betrachten wir „Experte" hingegen als Interaktionsform, so kann es durchaus gute, sachliche Gründe geben, warum das Interaktionsangebot „Experte" nicht angenommen wird und der kommunikative Akt „Expertengespräch" scheitert. Das Auftreten von Phänomenen wie Zurückweisung des Expertenstatus´ sowie sture Sachorientierung und Entscheidungsschwäche lassen sich unschwer als Folge einer Attribution oder gar Zumutung der Expertenrolle erkennen. Selbst Nowotny (1979) registriert, dass viele der geladenen Kernkraft-„Experten" sich für unzuständig erklären, nimmt dies jedoch nicht ernst; die Politisierung des öffentlichen Kernkraft-Diskurses und das sachliche Scheitern rechnet sie gleichwohl der Expertenrolle zu (Nowotny 1979: 75; passim). Hingegen zeigen sich in sozialpsychologischen Diskursanalysen zu Planungsentscheidungen (D. Beck et al. 1995) die Experten als fast stumme Interaktionspartner, die nur auf Aufforderung und nur sachbezogen sprechen und letztlich wenig zur Entscheidung beitragen.

Zur Rationalitätsdebatte. Die Einbindung der Psychologie erspart der Expertenforschung einen großen Teil der Rationalitätsdebatte. Da sich Experten nicht generell durch besonders „rationale", „logische" Schlussweisen auszeichnen, gehört „Rationalität" zur Schauseite von Professionen, zur attributionsstützenden professionellen „Mystifikation" (vgl. Hodson/Sullivan 1990). Eine „Rationalitätsreform" (Beck 1993) würde am Expertentum als solchem wenig ausrichten. Die Diskussion betrifft in der Regel die Funktion und das Vermögen der Wissenschaften, gerät jedoch leicht ins Grundsätzliche: Weisen Menschen Rationalitätsmängel auf (z.B. Simon 1957)? Ist nicht bereits das Alltagshandeln rational (Esser 1991)? Oder sollten wir besser von kollektiver, systemischer Rationalität sprechen (z.B. Shulman/Carey 1984)? Was die gesellschaftliche Nutzung von Wissenschaft angeht, beobachtet Weingart (1982) zwei komplementäre

Prozesse: einerseits die Verwissenschaftlichung der Gesellschaft und andrerseits die Politisierung der Wissenschaft, die zu „neuen Epistemologien“ und „neuen wissenschaftlichen Arrangements“ führen können (ebd.: 233). Der Experte leistet – wie dargestellt – Wissensnutzung auf dem Wissenshintergrund seiner Zeit. Die Wissensnutzung ist weniger rational als rationell, „rationell“ hier im Sinne von Zeitökonomie aufgefasst: der Experte gibt in kurzer Zeit ein spezifisches Sachurteil, zu dem jeder von uns nach intensiver Erfahrung mit der Sache gelangen könnte. Der Wissenshintergrund seiner Zeit bestimmt den Grad an zulässiger Mystifizierung bzw. nötiger Rationalität. Ein Ufologie-Experte kann sich heutzutage noch eher auf Vermutung und unsichere Interpretation stützen als etwa ein Gutachter für kardiologische Fragen oder Planungsexperten. Das Scheitern von manchen großzügigen Stadtplanungsmaßnahmen der 60er und 70er Jahre gehört heute zum Wissenshintergrund von Planungsvorhaben (vgl. u.a Schneider/Lück 1982; Moewes 1980). Die Rationalitätskriterien wandeln sich, der Kern der Experetenrolle bleibt die Präsupposition der Wahrheit. Renn hat in seiner Arbeit zur Risikokommunikation in „rationalen Diskursen“ gezeigt, wie wichtig und nützlich es ist, die Rolle der Experten auf eine Sachdiskussionsfunktion zu begrenzen (z.B. Renn 1991; Renn et al. 1993, Renn/Webler 1995). „Wir müssen von der Vorstellung Abschied nehmen, dass Wissen in beliebiger Form sozial konstruiert sei und es keine übergreifenden Qualitätsansprüche oder Kriterien für Wahrheitsansprüche gebe“ (Renn 1996: 48).

Noch ein Wort zur Psychologie. Die Betrachtung des Experten als eine Interaktionsform hätte Folgen für die Expertiseforschung. Wenig überraschend ist z.B. der mangelnde Zusammenhang von Fachwissen und Lehrerfolg von Lehrern (vgl. Bromme 1992), wenn man bedenkt, dass sich der pädagogische Auftrag keineswegs auf Sachauskunft beschränkt. In der Regel stehen Lehrer und Schüler nicht in einem Laien-Expertenverhältnis. Aufschlussreicher wäre es vermutlich, die tatsächlichen Interaktionsformen und wechselseitigen Konditionierungen zwischen Lehrern und Schülern zu untersuchen. Auch ein großer Teil der Expertenforschung in der ehemaligen DDR, etwa durch Hacker, dürfte in neuem Licht erscheinen. Denn was heißt es, wenn die Leistung von „Experten“ (sprich: „Bestarbeitern“) durch „motivationale Komponenten“ (sprich: Motivation zu unbezahlter Soll-Übererfüllung, zum „Helden der Arbeit“)

determiniert wird (Hacker 1992: 19f.)? Hier scheint mehr über die DDR-Gesellschaft als über Experten ausgesagt zu sein (vgl. a. Zylla 1992). Für die Psychologie gilt es, ein klareres Konzept der Expertentätigkeit zu entwickeln und insbesondere die Grenze zwischen Expertiseforschung und Begabungsforschung aufzuzeigen. Die Betrachtung des Experten als einer Interaktionsform eröffnet für die Psychologie ein neues Forschungsgebiet, nämlich die Rezeption von Expertenwissen. Wie fügt sich fremde, vermittelte Erfahrung in das Wissen der Interaktionspartner der Experten? Das dies keine triviale Frage ist, zeigt sich daran, dass wir eben auf einen Experten zugreifen und nicht auf dokumentiertes Wissen, etwa in Form von Lexika. Ein Mathematikhandbuch ersetzt keinen Mathematiker. Die Bestimmung der Expertenrolle hilft der Psychologie, soziale Kontexte zu identifizieren, in dem Erfahrungswissen nachgefragt wird. Vor Gericht, in der Politik, in der Wissenschaft, im Alltag: das nachgefragte Wissen muss unterschiedlichen Zwecken dienen. Es ergeben sich ganz unterschiedliche Feedbackbedingungen, deren Folgen für die Ausbildung des Expertenwissens psychologisch noch völlig unerforscht sind.

Die Betrachtung der Expertenrolle ist nicht neu, sie ließe sich in direkter Linie zu Webers Bürokratietheorie und seinem Begriff vom Fachbeamtentum zurückführen. Ähnliches findet sich bereits bei Rueschemeyer (1986), der mit dem Begriff „Expertise durch qualifizierte Ausbildung“ eine Verallgemeinerung des Professionsansatzes anstrebt. Diese Verallgemeinerung scheint umso nötiger, als zwischen den beiden soziologischen Untersuchungsansätzen unter den Titeln „Profession“ einerseits und „wissenschaftlich-technische Experten in der Politik“ andrerseits ein kompatibles Verständnis von „Experte“ verloren zu gehen droht. Hervorgehoben wurde hier der Aspekt der Expertenleistung, der sich durch rationelle Wissensnutzung bestimmt. Begreifen wir auch Verantwortung als Leistung (Mieg 1994), so ergibt sich ein unaufgeregteres Bild von der Verantwortung der Experten (im Rahmen der tatsächlichen, rationellen Wissensnutzung). Hier wäre zudem der Ansatzpunkt für eine Markttheorie der Expertenleistung, mit der die Nachfrage nach Expertenleistungen erfasst wird, und nicht nur das bekannte Angebot auf Seiten von Wissenschaft und Professionen. Ein Ausgangspunkt wäre, Wissen als neuen Produktionsfaktor (vgl. Thurow 1996) und Experten als „human capital“ (vgl. Becker 1993) zu begreifen. Wir haben jedoch davon abgesehen, den hier gefassten Begriff von Expertenrolle und -leistung theoretisch zu stark zu binden. Denn der Begriff soll (nur) die sozio-psychologische Diskussion wiederbeleben können.

Literatur

Abbott, Andrew, 1988: The system of professions. Chicago: The University of Chicago Press.

Abbott, Andrew, 1991: The future of professions. Research in the Sociology of Organizations 8: 17–42.

Allen, R. J. und Miller, J. S., 1993: The common law theory of experts: Deference or education? Northwestern University Law Review 87: 1131 – 1147.

Althoff, Klaus-Dieter, Stefan Wess, Brigitte Bartsch-Spörl, Dieter Janetzko, Frank Maurer, und Angi Voß, 1992: Fallbasiertes Schließen in Expertensystemen: Welche Rolle spielen Fälle für wissensbasierte Systeme? KI (4): 14–21.

Baer, William C., 1986: Expertise and professional standards. Work and Occupations 13: 532–552.

Baumbach, Adolf, Wolfgang Lauterbach, Jan Albers, und Peter Hartmann, 1993: Zivilprozeßordnung. München: C.H. Beck.

Beck, Ulrich, 1993: Die Erfindung des Politischen. Frankfurt: Suhrkamp.

Beck, Dieter, Ulrike Becker-Beck, und Daniela Braig, 1995: Verwaltungshandeln als soziale Interaktion: Vergleichende Interaktionsanalysen des Konfliktverlaufs zweier Erörterungstermine. 26 in: Barbara Krahé (Hg.): 5. Tagung der Fachgruppe Sozialpsychologie. Postdam.

Becker, Gary S., 1993: Human capital. Chicago: The University of Chicago Press.

Bromme, Rainer, 1992: Der Lehrer als Experte. Bern: Huber.

Buchanan, Bruce G. und Edward H. Shortliffe (Hg.), 1984: Rule-based expert systems. Reading: Addison-Wesley.

Bultmann, Antje und Friedemann Schmithals (Hg.), 1994: Käufliche Wissenschaft. München: Knaur.

Carnap, Rudolf, 1972: Bedeutung und Notwendigkeit. Wien: Springer.

Ceci, Stephen J. und Jeffrey K. Liker, 1986: A day at the races: A study of IQ, expertise, and cognitive complexity. Journal of Experimental Psychology 115: 255–266.

Chase, William G. und Herbert A. Simon, 1973: The mind´s eye in chess. S. in: William G. Chase (Hg.): Visual information processing. New York: Academic Press.

Chi, Michelene T.H., Robert Glaser, und Marshall J. Farr (Hg.), 1988: The nature of expertise. Hillsdale, NJ: Erlbaum.

Crozier, Michel, 1963: Le phénomène bureaucratique. Paris: Seuil.

Daheim, Hansjürgen, 1992: Zum Stand der Professionssoziologie. S. 21–35 in: Bernd Dewe, Wilfried Ferchhoff, und Frank-Olaf Radtke (Hg.): Erziehen als Profession. Opladen: Leske + Budrich.

Daheim, Hansjürgen und Günther Schönbauer, 1993: Soziologie der Arbeitsgesellschaft. Weinheim: Juventa.

DeGroot, Adriaan D., 1965: Thought and choice in chess. The Hague: Mouton.

DeGroot, Adriaan D., 1966: Perception and memory versus thought. S. 19–50 in: Benjamin Kleinmuntz (Hg.): Problem solving. New York: Wiley.

Deutsch, Erwin, 1990: Die Bedeutung von Gutachten in der Gesetzgebung und Rechtsprechung. S. 41–49 in: Reinhard Löw, Robert Spaemann, und Peter Koslowski (Hg.): Expertenwissen und Politik. Weinheim: VCH, Acta Humaniora.

Dippel, Karlhans, 1986: Die Stellung des Sachverständigen im Strafprozeß. Heidelberg: R.v.Decker's.

Dreyfus, Hubert L. und Stuart E. Dreyfus, 1986: Mind over machine. Oxford: Blackwell.

Einhorn, Hillel J. und Robin M. Hogarth, 1978: Confidence in judgment: Persistence of the ilusion of validity. Psychological Review 85: 395–416.

Elstein, Arthur S., Lee S. Shulman, und Sarah A. Sprafka, 1978: Medical problem solving. Cambrigde, MA: Harvard University Press.

Ericsson, K. Anders und Jaqui Smith (Hg.), 1991: Toward a general theory of expertise. Cambridge, MA: Cambridge University Press.

Ericsson, K. Anders, Ralf Th. Krampe, und Clemens Tesch-Römer, 1993: The role of deliberate practice in the acquisition of expert performance. Psychological Review 100: 363–406.

Esser, Hartmut, 1991: Die Rationalität des Alltagshandelns. Zeitschrift für Soziologie 20: 430–445.

Feigenbaum, Edward A. und Pamela McCorduck, 1984: The fith generation. London: Michael Josep H.

Freidson, Eliot, 1986: Professional powers. Chicago: The University of Chicago Press.

Freyhof, Hartmut, Hans Gruber, und Albert Ziegler, 1992: Expertise and hierarchical knowledge in representation in chess. Psychological Research 54: 32 – 37.

Gentner, Donald R., 1988: Expertise in typewriting. S. 1–22 in: Michelene T.H. Chi, Robert Glaser, und Marshall J. Farr (Hg.): The nature of expertise. Hillsdale, NJ: Erlbaum.

Gerrity, Martha S., Jo Anne L. Earp, Robert F. DeVellis, und Donald W. Light, 1992: Uncertainty and professional work: Perceptions of physicians in clinical work. American Journal of Sociology 97: 1022 –1051.

Gigerenzer, Gerd und Daniel G. Goldstein, 1996: Reasoning the fast and frugal way: Models of bounded rationality. Psychological Review 103 (4).

Gigerenzer, Gerd, Ulrich Hoffrage, und Heinz Kleinbölting, 1991: Probabilistic mental models: A Brunswikian theory of confidence. Psychological Review 98: 506–528.

Glaser, Robert und Michelene T. H. Chi, 1988: Overview. S. xv–xxviii in: Michelene T.H. Chi, Robert Glaser, und Marshall J. Farr (Hg.): The nature of expertise. Hillsdale, NJ: Erlbaum.

Gobet, Fernand, 1996: Expertise und Gedächtnis. S. 58–79 in: Hans Gruber und Albert Ziegler (Hg.): Expertiseforschung. Wiesbaden: Westdeutscher Verlag.

Goode, William J., 1957: The professions. American Sociological Review 22: 194–200.

Goode, William J., 1969: The theoretical limits of professionalization. S. 266–313 in: Amitai Etzioni (Hg.): New York: Free Press.

Graham, Ian und Peter L. Jones, 1988: Expert systems: Knowledge, uncertainty, decision. London: Chapman and Hall.

Gross, Peter und Anne Honer, 1991: Das Wissen der Experten. Soziologisches Institut der Hochschule St. Gallen: Forschungsbericht 1.

Grover, Steven L., 1993: Why Professionals Lie: The Impact of Professional Role Conflict on Reporting Accuracy. Organizational Behavior and Human Decision Processes 55: 251–272.

Gruber, Hans, 1994: Expertise. Opladen: Westdeutscher Verlag.

Gruber, Hans und Heinz Mandl, 1996: Expertise und Erfahrung. S. 18–34 in: Hans Gruber und Albert Ziegler (Hg.): Expertiseforschung. Wiesbaden: Westdeutscher Verlag.

Gruber, Hans und Albert Ziegler, 1996: Expertiseforschung. Wiesbaden: Westdeutscher Verlag.

Guilford, J. P., 1967: Crystalized intelligence: The nature of human intelligence. New York: McGraw-Hill.

Hacker, Winfried, 1992: Expertenkönnen. Göttingen: Verlag für Angewandte Psychologie.

Hacker, Winfried, 1994: Diagnose von Expertenwissen. Technische Universität Dresden, Institut für Allgemeine Psychologie und Methodenlehre: Forschungsbericht 15.

Hall, Richard H., 1968: Professionalization and bureaucratization. American Sociological Review 33: 92–104.

Harnad, Stevan (Hg.), 1987: Categorical perception. Cambridge, MA: Cambridge University Press.

Hartmann, Heinz und Marianne Hartmann, 1982: Vom Elend der Experten: zwischen Akademisierung und Deprofessionalisierung. Kölner Zeitschrift für Soziologie und Sozialpsychologie 34: 193–223.

Hayes-Roth, Frederick, Donald A. Waterman, und Douglas B. Lenat (Hg.), 1983: Building expert systems. Reading: Addison-Wesley.

Heck, Michael, 1983: Expertenstatus und Kompetenz-Allokation. Gruppendynamik 14: 217–225.

Hitzler, Ronald, Anne Honer, und Christoph Maeder (Hg.), 1994: Expertenwissen. Opladen: Westdeutscher Verlag.

Hitzler, Ronald, 1994: Wissen und Wesen des Experten. S. 13–30 in: Ronald Hitzler, Anne Honer, und Christoph Maeder (Hg.): Expertenwissen. Opladen: Westdeutscher Verlag.

Hodson, Randy und Teresa A. Sullivan, 1990: The social organization of work. Belmont: Wadsworth.

Hughes, Everett C., 1958: Men and their work. New York: Free Press.

Hughes, Everett C., 1965: Professions. S. 1–14 in: Kenneth S. Lynn (Hg.): The professions in America. Boston: Houghton Mifflin.

Jessnitzer, Kurt und Günter Frieling, 1992: Der gerichtliche Sachverständige. Köln: Carl Heymanns.

Johnson, Terence, 1972: Professions and power. London: Macmillan.

Johnson, Terence, 1977: The professions in the class structure. S. 93–108 in: Richard

Scase (Hg.): Industrial society. London: George Allen & Unwin.

Johnson, Paul E., Alica S. Duran, Frank Hassebrock, James Moller, Michael Prietula, Paul J. Feltovich, und David B. Swanson, 1981: Expertise and error in diagnostic reasoning. Cognitive Science 5: 235–283.

Jonas, Hans, 1987: Technik, Medizin und Ethik. Frankfurt: Suhrkamp.

Kahneman, D., 1991: Judgment and decision making: A personal view. Psychological Science 2: 142–145.

Kahneman, Daniel, Paul Slovic, und Amos Tversky (Hg.), 1982: Judgement under uncertainty: Heuristics and biases. Cambridge: Cambridge University Press.

Kleinknecht, Theodor und Karlheinz Meyer, 1991: Strafprozeßordnung. München: C.H. Beck.

Kolodner, Janet L., 1983: Towards an understanding of the role of experience in the evolution from novice to expert. International Journal of Man-Machine Studies 19: 497–518.

Kolodner, Janet L., 1993: Case-based reasoning. San Mateo: Kaufmann.

Kredel, Lutz, 1988: Künstliche Intelligenz und Expertensysteme leicht gemacht. München: Droemer Knaur.

Krems, Josef F., 1994: Wissensbasierte Urteilsbildung. Bern: Huber.

Kuipers, Benjamin, Alan J. Moskowitz, und Jerome P. Kassirer, 1988: Critical decisions under uncertainty. Cognitive Science 12: 177–210.

Lapp, R. E., 1965: The new priesthood: The scientific elite and the uses of power. New York: Harper & Row.

Lewis, Clayton, 1988: Why and how to learn why: Analysis-based generalization of procedures. Cognitive Science 12: 211–256.

Lieberman, J. K., 1970: The tyranny of the experts. New York: Walker & Co.

Löw, Reinhard, Robert Spaemann, und Peter Koslowski (Hg.), 1990: Expertenwissen und Politik. Weinheim: VCH, Acta Humaniora.

Luhmann, Niklas, 1984: Soziale Systeme. Frankfurt: Suhrkamp.

Mack, Wolfgang, 1996: Expertise und Intelligenz. S. 92–114 in: Hans Gruber und Albert Ziegler (Hg.): Expertiseforschung. Wiesbaden: Westdeutscher Verlag.

Merchiers, Jacques und Patrick Pharo, 1990: Competence et connaissances expertes. Sociétés Contemporaines 89–108.

Metzger, Michael. Das Expertentum in der modernen Industriegesellschaft. Dissertation, Universität Stuttgart, 1993.

Meyer, Paul und Albert Höver, 1990: Gesetz über die Entschädigung von Sachverständigen. Köln: Heymanns.

Meyer, Wulf-Uwe und Försterlin, Freidrich, 1993: Die Attributionstheorie. S.175–216 in: Dieter Frey und Martin Irle (Hg.): Theorie der Sozialpsychologie. Band I: Kognitive Theorien. (2. neu bear. Aufl.). Bern: Huber.

Mieg, Harald A., 1993: Computers as Experts? Frankfurt/New York: Lang.

Mieg, Harald A. und Roland W. Scholz, 1993: Zur psychologischen Evaluation von (diagnostischen) „Expertensystemen". Praxis der Informationverarbeitung und Kommunikation (4): 218–224.

Mieg, Harald A., 1994: Verantwortung: Moralische Motivation und die Bewältigung sozialer Komplexität. Opladen: Westdeutscher Verlag.

Miller, George A., 1956: The magical number seven, plus or minus two. Psychological Review 63: 81–97.

Moewes, Winfried, 1980: Grundfragen der Lebensraumgestaltung. Berlin: de Gruyter.

Mohr, Hans, 1996: Das Expertendilemma. In: Heinz-Ulrich Nennen und Detlef Garbe (Hg.): Das Expertendilemma. Heidelberg: Springer.

Murray, Jerome T. und Marilyn J. Murray, 1988: Expert systems in data processing. New York: McGraw-Hill.

Nisbett, Richard E. und Timothy DeCamp Wilson, 1977: Telling more than we can know: Verbal reports on mental processes. Psychological Review 84: 231–259.

Nowotny, Helga, 1979: Kernernergie: Gefahr oder Notwendigkeit. Frankfurt: Suhrkamp.

Nowotny, Helga, 1982: Experten und ihre Expertise. Zeitschrift für Wissenschaftsforschung 2: 611–617.

Nowotny, Helga, 1993: Die reine Wissenschaft und die gefährliche Kernergie: Der Fall der Risikoabschätzung. S. 277–304 in: Gotthard Bechmann (Hg.): Risiko und Gesellschaft. Opladen: Westdeutscher Verlag.

Oberquelle, Horst, 1987: Sprachkonzepte für benutzergerechte Systeme. Berlin: Springer.

Olk, Thomas, 1986: Abschied vom Experten. Weinheim: Juventa.

Oskamp, Stuart, 1962: The relationship of clinical experience and training to several criteria of clinical prediction. Psychological Monographs 76:

Parsons, Talcott, 1939: The Professions and social structure. Social Forces 17: 457–467.

Parsons, Talcott, 1968: Professions. International Encyclopedia of the Social Sciences 12: 536 –547.

Peters, Hans Peter, 1994: Wissenschaftliche Experten in der öffentlichen Kommunikation über Technik, Umwelt und Risiken. S. 162–190 in: Friedhelm Neidhardt (Hg.): Öffentlichkeit, soziale Meinung, soziale Bewegung. Opladen: Westdeutscher Verlag.

Peters, Hans Peter, 1996: Wissenschaftliche Experten und politische Praxis. In: Heinz-Ulrich Nennen und Detlef Garbe (Hg.): Das Expertendilemma. Heidelberg: Springer.

Posner, Michael I., 1988: Introduction: What is it to be an expert? S. xxix–xxxvi in: Michelene T.H. Chi, Robert Glaser, und Marshall J. Farr (Hg.): The nature of expertise. Hillsdale, NJ: Erlbaum.

Puppe, Frank, 1988: Einführung in Expertensysteme. Berlin: Springer.

Renn, Ortwin, 1991: Risikokommunikation: Bedingungen und Probleme eines rationalen Diskurses über die Akzeptabilität von Risiken. S. 193–203 in: J. Schneider (Hg.): Risiko und Sicherheit technischer Systeme. Basel: Birkhäuser.

Renn, Ortwin. "Riskante Risikopolitik." DIE ZEIT Nr. 39, 20. 9. 1996 1996, 48.

Renn, Ortwin und Thomas Webler, 1995: Der kooperative Diskurs: Theorie und praktische Erfahrungen mit einem Deponieprojekt im Aargau. ETH Zürich Polyprojekt „Risiko und Sicherheit technischer Systeme":

Renn, Ortwin, Thomas Webler, H. Rakel, P.C. Dienel, und B. Johnson, 1993: Public participation in decision making: A three-step-procedure. Policy Science 26: 189–214.

Rosch, Eleanor, 1975: Cognitive representation of semantic categories. Journal of Experimental Psychology 104: 192–233.

Rosch, Eleanor und Carolyn B. Mervis, 1975: Family resemblance. Cognitive Psychology 7: 573–605.

Ross, L.,1977: The intuitive psychologist and its shortcomings. In: L. Berkowitz (Hg.): Advances in experimental social psychology (Vol. 10). New York: Academic Press.

Rueschemeyer, Dietrich, 1986: Power and the division of labour. Cambridge, UK: Polity.

Savory, Stuart E., 1988: Grundlagen von Expertensystemen. München: Oldenbourg.

Schneider, Lothar und Helmut E. Lück, 1982: „Laien"- und „Expertenurteile" im Verlauf kontroverser Planungsprozesse. Gruppendynamik 13: 319–331.

Schön, Donald A., 1991: The reflective practitioner. Aldershot Hants, GB: Avebury.

Schütz, Alfred, 1946: The Well-informed citizen. Social Research 13: 463–478.

Shanteau, James, 1988: Psychological characteristics and strategies of expert decision makers. Acta Psychologica 68: 203–215.

Shanteau, James, 1992a: Competence in experts: The role of task characteristics. Organizational Behavior and Human Decision Processes 53: 252–266.

Shanteau, James, 1992b: The psychology of experts. S. 11–23 in: George Wright und Fergus Bolger (Hg.): Expertise and decision support. New York: Plenum.

Shanteau, James und Thomas R. Stewart, 1992: Why study expert decision making? Some historical perspectives and comments. Organizational Behavior and Human Decision Processes 53: 95–106.

Shulman, Lee S. und Neil B. Carey, 1984: Psychology and the limitations of individual rationality: Implications for the study of reasoning and civility. Review of Educational Research 54: 501–524.

Simon, Herbert A., 1957: Models of man. New York: Wiley.

Sorensen, James T. und Thomas L. Sorensen, 1974: The conflict of professionals in bureaucratic organizations. Administrative Science Quarterly 19: 98–106.

Spies, Markus, 1993: Unsicheres Wissen. Heidelberg: Spektrum Akademischer Verlag.

Sprondel, Walter M., 1979: „Experte" und „Laie": Zur Entwicklung von Typenbegriffen in der Soziologie. S. 140–154 in: Walter M. Sprondel und Richard Grathoff (Hg.): Alfred Schütz und die Idee des Alltag in den Sozialwissenschaften. Stuttgart: Enke.

Sturdy, Andrew, Innes Newman, und Peter Nicholls, 1992: Sociological perspectives on the nature of expertise. S. 129–151 in: George Wright und Fergus Bolger (Hg.): Expertise and decision support. New York: Plenum.

Tanimoto, Steven L., 1990: KI – Die Grundlagen. München: Oldenbourg.

Thurow, Lester C. (1996). The future of capitalism. New York: Morrow.

Tulving, Endel und Wayne Donaldson (Hg.), 1972: Organization of memory. New York: Academic Press.

Weber, Max, 1972: Wirtschaft und Gesellschaft. Tübingen: Mohr.

Weingart, Peter, 1983: Verwissenschaftlichung der Gesellschaft – Politisierung der

Wissenschaft. Zeitschrift für Soziologie 12: 225–241.

Weizenbaum, Joseph, 1976: Computer power and human reason. San Francisco: Freeman.

Wellmann, Carl R., 1988: Die Pflichten des Sachverständigen und seine zivilrechtliche Verantwortung. S. 1–33 in: Carl R. Wellmann (Hg.): Der Sachverständige in der Praxis. Düsseldorf: Werner.

Winograd, Terry und Fernando Flores, 1986: Understanding computers and cognition. Norwood, NJ: Ablex.

Zylla, Elsbeth, 1992: Requiem für die Helden der Arbeit. Kursbuch Juni 1992: 11–21.

12

Person & Funktion

Politiker vs. Experten

Politiker und wissenschaftliche Experten stellen höchst unterschiedliche Mischungsverhältnisse von Person und Funktion dar. Der Experte erscheint – zumindest auf den ersten Blick – als Einheit von Person und Funktion, der Experte als Mensch tritt hinter die Funktion des Experteseins zurück. Nicht so bei Politikern: Gerade im öffentlichen Geschäft bleiben sie Personen mit eigenem Profil. Das Mischungsverhältnis von Person und Funktion, wie wir es bei Politikern und wissenschaftlichen Experten antreffen, gibt Aufschluss über die Psychologie unserer gesellschaftlichen Arbeitsteilung. Darum soll es im Folgenden gehen.

Beim folgenden Beitrag handelt es sich um die Textvorlage für einen Gastvortrag auf Einladung der Hanns-Martin-Schleyer-Stiftung (23.1.93)

Politik und Wissenschaft – zwei Welten

Politik und Wissenschaft stehen nicht in dem besten Verhältnis zueinander. Der Kontakt mit der Politik bekommt der Wissenschaft nicht immer gut. Die Praxis von Gutachten und Gegengutachten zerstört das Vertrauen in die Wahrheitsfähigkeit. Als ließe sich Wissenschaft vor jeden Karren politischer Interessen spannen und zu jeder politischen Meinung auch ein wissenschaftliches Gutachten finden.

Politik und Wissenschaft sind zwei separate Sphären. In den Sozialwissenschaften spricht man davon, dass Politik und Wissenschaft zwei verschiedene funktionale soziale Systeme sind; sie unterscheiden sich durch ihre Kommunikationsform, ihren zugrundeliegenden „Code". In der Wissenschaft gilt idealerweise der Code der Wahrheit, in der Poltitik der Code der Macht. Regierung oder Opposition: Nach diesem Unterschied bemisst sich alles politisches Handeln. In der Wissenschaft lautet der Unterschied: Wer hat die beste Theorie, wer die beste Untersuchung; hier gilt die Logik der Wahrheit.

Man mag einwenden, dass sich die Rede von der Wahrheit auch in der Politik findet – wenn nicht gar öfter. Desgleichen ist auch das Machtstreben in der Wissenschaft weit verbreitet. In beiden Fällen handelt es sich um Mittel zum Zweck oder nützliche Begleiterscheinungen. Ein Politiker kann ohne Wahrheit leben, aber nicht ohne sein Bemühen an die Macht zu gelangen oder sie zu halten. Jeremy Legget, Sprecher von Greenpeace International und angesehener Geologe, war recht irritiert, ja ungehalten, als ich ihn fragte, wo er den Bruch zwischen Wahrheit und Macht in seiner Funktion als Greenpaecesprecher sehe. Es gebe keinen, denn er bemühe sich immer um die Wahrheit. Dies war eine politische Antwort, seine Sicht eine *deformation professionelle.*

Um das Verhältnis von Person und Funktion besser zu verstehen, müssen wir einige grundlegende Mechanismen sozialen Verhaltens beleuchten.

Personale Attribution

In der Politik zählen Persönlichkeiten, heißt es. Man denke an Bismarck, Adenauer, de Gaulle – sie stehen wie Denkmäler in der politischen Geschichte. Und sind es nicht gerade die profil- und rückgratlosen Politiker, die Bethmann Hollwegs oder Brünings, die in der deutschen Geschichte unheilvolle Wendungen einleiteten? Nicht umsonst sprach Max Weber von der charismatischen Persönlichkeit in der Politik. Es hat den Anschein, als machten Charaktere Politik.

Gewiss mag es in der Politik sehr eigenwillige Persönlichkeiten mit ebenso eigenwilligen Biographien geben. Aus Sicht der sozialpsychologischen Forschung sollten wir dies jedoch nicht überbewerten. Stellen Sie sich folgendes Experiment vor:

> Sie haben einerseits eine Gruppe von Leuten, die sich gegenseitig miteinander bekannt zu machen haben: das sind die Handelnden. Dann haben Sie Beobachter, für jeden Handelnden genau einen. Wenn Sie nun die Teilnehmer nach einer Weile befragen, worauf das Verhalten der Handelnden zurückzuführen sei, so werden Sie sehr verschiedene Antworten erhalten: Die Beobachter nennen Person-Eigenschaften: z.B. dass der Handelnde freundlich, intelligent, schüchtern... Der Han-

> delnde selbst wird die Umstände, die besondere Situation zur Erklärung heranziehen: z.B. dass die Zeit knapp war. Wenn Sie nun aber eine Videoaufzeichnung einführen, worin der Handelnde sich selber sieht, wird er auf einmal seine Person zur Handlungserklärung heranziehen: er sei eben schüchtern – das sehe man ja.

Diese und ähnliche Experimente führten in den siebziger Jahren die amerikanischen Sozialpsychologen Storms bzw. Jones und Nisbett durch.[24] Die Ergebnisse scheinen verwirrend, man möchte einwenden, dass zumindest der Handelnde sich selbst als Person kennen müsste. Einer der ersten Gegenstände wissenschaftlicher Psychologie war die Erforschung von Persönlichkeitseigenschaften. Eine *Persönlichkeitseigenschaft* meint hierbei eine Charakteristik, bezüglich der jede Person eine gewisse Ausprägung aufweist: Ehrlichkeit, Ehrgeiz, Aggressivität, Dominanz, Intelligenz usw. Solche Persönlichkeitseigenschaften könnten als Dimensionen dienen, um Menschen nach ihrem Charakter zu klassifizieren. Entgegen hartnäckigen Vermutungen, ja Vorwürfen von außerhalb der Psychologie und selbst zum Erstaunen der Psychologen hat man in den letzten 90 Jahren nur folgendes gefunden: Nur wenige Menschen (wozu inbesondere pathologische Fälle gehören) handeln so konsistent, dass sich von ihnen ein Charakterbild zeichnen ließe. Lediglich einige Intelligenzmaße erfüllen das Kriterium für eine Persönlichkeitseigenschaft – und das ist nicht sehr viel. Gefunden hat man hingegen eine deutliche Konstanz des Verhaltens: Menschen verhalten sich, wie sie sich in solchen Situationen, unter vergleichbaren Umständen schon immer verhalten haben. Auch hier nichts endgültig, sicher ist nur: Eine psychologische Charakterlehre ist nicht möglich.

Statt nun die Frage zu vertiefen, welche unentdeckten Persönlichkeitseigenschaften es nicht doch geben könnte, ließe sich fragen, woher eben unser Interesse an Charakter und Persönlichkeitseigenschaften rührt. Hierauf lässt sich tatsächlich eine Antwort geben: Person ist eine Kategorie der *Attribution*. Attribution meint Zurechnung und

24 Quelle: Jones, E. E., & Nisbett, R. (1971). The actor and the observer: Divergent perceptions of the causes of behavior. Morristown, NJ: General Learning Press.
Storms, M. D. (1973). Videotape and the attribution process: Reversing actors' and observers' points of view. Journal of Personality and Social Psychology, 27(2), 165-175.

entspricht dem menschlichen Kontroll- oder Erklärungsbedürfnis: bestimmte Ereignisse, z.B. ein Schaden, müssen zugerechnet werden, z.B. zu bestimmten Personen. Darauf baut die Strafgesetzgebung auf. Die Gesetze der Attribution sind vielfältig untersucht. So neigen wir etwa dazu, bei anderen eher auf deren Person, bei uns selber eher auf Umstände zu attribuieren. Es scheint generell wichtig, sich von anderen ein Bild machen zu können. Denn die anderen bzw. deren Verhaltensmöglichkeiten stellen eine potentielle Bedrohung dar, die es zu bannen gilt, etwa indem man einer Person einen bestimmten Charakter (als ein eingeprägtes, ja verborgenes Zeichen) unterstellt. Denn wer einen Charakter hat, der scheint sich auch vorhersehbar zu verhalten.

Warum funktionieren unsere personal attribuierten Vorurteile, unsere Unterstellungen hinsichtlich Person und Charakter? Sie funktionieren, weil unsere sozialen Beziehungen stark sozial reguliert sind: Wir treffen andere in der Regel in charakteristischen, typischen Situationen, und die Verhaltenskonstanz garantiert Erwartbarkeit. Wen wir bislang als freundlichen Postboten, seriösen Kunden oder bösen Nachbarn wahrgenommen haben, der wird sich vermutlich auch weiterhin als ein solcher darstellen.

Funktion und Berufsarbeit

Politik und Wissenschaft ergeben verschiedene *Berufe*. Um die divergenten Funktionen von Politikern und wissenschaftlichen Experten zu begreifen, müssen wir uns mit den jeweiligen Berufsformen beschäftigen.

In der soziologischen Kategorienlehre definiert Weber: „Beruf soll jene Spezifizierung, Spezialisierung und Kombination von Leistungen einer Person heißen, welche für sie Grundlage einer kontinuierlichen Versorgungs- oder Erwerbschance ist." Weber ergänzt: Leistungsspezifizierung liegt dann vor, wenn nach dem Produkt der Leistung differenziert wird und „der gleiche Leistungsträger all zu diesem Erfolg erforderlichen, technisch untereinander *verschiedenartigen* simultanen und sukzessiven Leistungen vollzieht" – dies galt etwa für die Berufsgliederung im Mittelalter. Bei Leistungsspezialisierung kann „das Endprodukt nur durch (je nachdem) simultane oder sukzessive Leistungen mehrerer erzielt werden". Dies gilt, so Weber, für die „gesamte moderne Entwicklung der Arbeit".[25]

Das Ineinanderwirken des Verhaltens sozialer Wesen wird meist als soziales System beschrieben, zu verstehen als System von Handlungen, so etwa bei Luhmann. Man mag Familien oder Firmen als Systeme konkreter Handlungen ansehen, doch worauf es ankommt ist etwas anderes: nämlich *Leistung*. Der Begriff der Leistung ist keineswegs äquivalent mit Handlung. Der Unterschied ist folgender: eine Handlung kann konkret und kontextfrei gedacht werden: so das Debattieren, Forschen, Küssen, Stehlen, Autofahren. Auf Leistung trifft dies nicht zu, sie ist relativ zu einem Maßstab (z.B. Profit, Macht, Wahrheit,...).

Verdeutlichen lässt sich dies am Beispiel von Beruf und Berufsarbeit. Beruf und Berufsarbeit meinen weniger bestimmte Handlungen, als bestimmte Leistungen. Niemand würde ernsthaft einen Arzt für seine Handlungen – sich die Zunge zeigen lassen, das Stethoskop ansetzen, am Blutdruckmessgerät hantieren – bezahlen. Bezahlt wird die Leistung: also mögliche Infektionen überprüft, die Atemwege kontrolliert und den Blutdruck gemessen zu haben.

Arbeitsteilung in sozialen Verbänden würde keinen Sinn ergeben, wenn es nur um die Verteilung von Handlungsrollen ginge. Es geht vielmehr um Leistungen, die erbracht werden müssen: ein Produkt herstellen, Dienste erbringen, Kinder erziehen oder Post zustellen. Und nicht immer wird durch ein Berufsbild (wie im Postdienst) vollständig geregelt, wie die Handlung aussieht. Hauptsache ist: Die Leistung wird erbracht. Für die Postzustellung – als Leistung – ist es gleich, wie herum ein Postbote um einen Straßenblock läuft, oder ob er mit dem Fahrrad fährt. Darauf ruhen die Anarchie eines Diensts nach Vorschrift und die Komik desselben, wenn z.B. Hans Moser als Postmann sich selber als Privatmann einen Brief zustellen soll, und weil er als Postbote sich als Privatmann zu Hause nicht antrifft, sich dort von seiner eigenen Hauswirtin die Vollmacht zeigen lässt, dass sie für ihn als Privatmann die Post entgegennehmen darf. Vorschrift ist Vorschrift.

Tatsächlich werden Leistungen durch Handlungen erbracht. Vielfach lassen sich Leistungen – auch die welche einen Beruf ausmachen – nur durch Handlungsstandards beschreiben und lehren, etwa den Dienst einer Kranken-

25 Quelle: Weber, M. (1972). Wirtschaft und Gesellschaft (5., rev. Aufl.). Tübingen: Mohr. S. 80.

schwester, wie Patienten zu lagern sind, damit sie nicht wundliegen, wie Spritzen zu setzen sind. Wir können sagen: Die notwendige Leistungsregulation erfolgt durch Handlungsregulation.

Nun mag zwar ein gewisses Maß an Arbeitsteilung naturgegeben sein, nicht aber die Berufsarbeit als institutionalisierte Arbeitsteilung. Hierzu bedurfte es einer langen sozio-kulturrellen Entwicklung, einer Disziplinierung. Stichwörter sind: fortschreitende Affektregulation (untersucht von Norbert Elias) und innerweltliche Askese (ein Begriff von Max Weber). Berufsarbeit ist ein Korsett, das das Verhalten reguliert, diszipliniert, ja ein Minimum an Hingabe verlangt und im Gegenzug Sinn stiftet.

Leistungsspezialisierung vs. Ordnungsstabilisierung

Der Punkt ist, wie gesagt: Leistungsregulation in der Berufsarbeit oder einem Betrieb erfolgt durch Handlungsregulation. Ein Problem wird daraus, wenn sich Leistungsregulation und personale Attribution in die Quere kommen und somit Funktion und Person in Konflikt geraten:

1. Die natürliche Umgebung von Handlungen sind Personen. Handlungen können von Personen für oder in Hinsicht auf andere Personen ausgeführt werden. Leistungen hingegen bemessen sich oft an anderen unpersönlichen Maßstäben. Daran leiden heute Berufstätige in Sozialberufen, wie Krankenschwestern oder Sozialarbeiter: Man dachte, es mit Menschen zu tun zu haben, stattdessen geht es darum, diese zu verwalten. Die Folgen sind Stress und Burn Out, Selbstabschaltung. Sozialer Idealismus bricht sich an der Versachlichung, die die Berufsarbeit mit sich bringt.
2. Das Ineinandergreifen von Leistungsregulation und personaler Attribution bedeutet u.a., das der Handlungs- oder Leistungsträger eine Person ist, und bewirkt nicht zuletzt, dass Leistungen spezialisiert werden, damit sie personal zurechenbar bleiben. Man ist nicht einfach Physiker, sondern Atomphysiker oder Tribologe (Abriebkundler, zuständig z.B. für die Entwicklung von Computerlaufwerken). Man wird mit einer spezifischen Leistungsdisposition für eine spezifische Aufgabe eingestellt. Je offener, d.h. je kommu-

nikativer, eine arbeitsteilige Gesellschaft ist, umso mehr und spezifischere Leistungsdispositionen werden entwickelt. Umso mehr Menschen schaffen sich ihre eigene Biographie, nehmen einen eigenen Weg durch das Bildungssystem, bilden spezifische Leistungsdispositionen aus. Umso größer ist die Chance, eine nicht adaptierbare Leistungsdisposition zu besitzen, eine die nicht oder nicht mehr vollständig aufgeht oder nicht mehr nachgefragt wird. Auch dies erzeugt Stress, Missmut, Demotivation, zumal wenn man damit rechnen muss, dass man irgendwann für die eigene Leistungsdisposition – was man kann und aus sich selber gemacht hat – persönlich einstehen muss.

3. Als typische Konflikte zwischen Funktion und Person in der Berufsarbeit gelten Fälle folgender Art: der Angestellte, dem „seine Frau davongelaufen ist", und der nun seine Kollegen anschnauzt; die Arbeiterin, deren Jüngstes an Krebs gestorben ist, und die bei der Arbeit in Trauer verfällt; Auszubildende mit Alkoholproblemen und mangelhafter Disziplin am Ausbildungsplatz. Aufgrund der Bedingungen personaler Attribution werden die zugrundeliegenden Probleme als persönliche Probleme angesehen, deren Bewältigung gilt als außerdienstliche Angelegenheit. Die Anteilteilnahme des Betriebs hält sich in betrieblichen Grenzen, vorsichtige Unterstützungsangebote erfolgen dann, wenn die berufliche Leistung nicht stimmt. So ist es zumindest bei uns der Fall.

Alternativ zur Welt der personalen Attribution gibt es noch eine andere, ich möchte sie die Welt der Ordnungsstabilisierung nennen. *Ordnungsstabilisierung* zielt darauf, eine bestimmte Ordnung aufrechtzuerhalten. Ordnungsstabilisierung bestimmte das Rechtsverständnis im Mittelalter: Durch ein Verbrechen war die göttliche Ordnung gestört, durch eine Strafe oder Buße konnte sie wiederhergestellt werden. Strafe oder Buße ließen sich durchaus delegieren: z.B. an ein Kloster, wo für den Sünder gebetet wurde (meist mit Schenkung verbunden), oder auch an Hörige, die für den sündigen Lehnsherrn die nötigen Bußgebete sprachen. Hauptsache, die Ordnung war wiederhergestellt. Heute ist Strafe eher eine Frage individueller Zurechnung.

Entscheidend ist nun: Ordnungsstabilisierung drängt nach Leistungskombination. Probleme werden integrativ gelöst, d.h. von der betroffenen Organisation zusätzlich übernommen. So waren die Klöster autark, sie sorgten für das ganze Leben. So verhielt es sich bis in die Neunziger Jahre mit großen japanischen Firmen, die tendenziell für alles sorgten, was ihre Mitarbeiter betreffen könnte. Wenn die Frau eines Mitarbeiters davongelaufen oder (der wahrscheinlichere Fall) gestorben war, so kümmerte sich die Firma um ihn, sie sorgte sozusagen für angemessene Trauerarbeit. Bisweilen wurde sogar eine Frau aus dem Betrieb dazu abgestellt, bei dem Betroffenen den Haushalt zu führen. In solchen Fällen kann der Mitarbeiter gar nicht demotiviert sein, zumal wenn Partnerin und Privatleben nicht die Rolle spielen wie bei uns. Wo Ordnungsstabilisierung dominiert, wird die Leistung eher von der Gemeinschaft erbracht und weniger vom Einzelnen. Natürlich gibt es auch hier Stress, ja Tod durch Überarbeitung – Karoshi. Jedoch ergibt diese Mischung von Person und Funktion kein Problem, und nicht weil hier die Atmosphäre persönlicher oder menschlicher sei (wie auch manche Psychologen meinen), sondern im Gegenteil: weil die Personen hier nur über ihre Funktion, ihren Beitrag zur Ordnungsstabilisierung wahrgenommen werden. Eine Frau, die davonläuft, disqualifiziert sich damit selbst, sie ist sozial so gut wie tot.

Person und Ordnung sind funktionale Fiktionen. Auf verschiedene Weise helfen sie, sachnotwendige Leistungen zu garantieren.

Experten, Politiker

Max Weber beschreibt den historischen Prozess der zunehmenden Handlungs- und Leistungsregulation als Versachlichung, Rationalisierung. Es entsteht „Berufsmenschentum". Und ein Experte ist nun Inbegriff der Versachlichung von Berufsarbeit, ein Experte ist sozusagen Verkörperung von Sachvernunft und Rationalisierung. Damit möchte ich noch ein paar Worte zu meinem eigentlichen Thema sagen.

Experten lassen sich nicht über besondere Persönlichkeitseigenschaften definieren, entscheidend ist nicht, wer sie sind, sondern was sie können und tun, ihre Aufgabe. Ich verstehe hier unter einem Experten eine Person, die zur institutionalisierten Begutachtung herangezogen werden *kann*. Begutachtung meine ich hier in einem weiten Sinn, dazu zählen das Gutachten vor Gericht, die Arbeit in einer Enquete-Kommision, aber genauso die Krankschreibung, die ein Arzt ausstellt, und der Vortrag eines Wissenschaftlers. Die betroffenen Experten sind meist Inhaber einer Profession (eines Berufs): Ärzte, Rechtsanwälte, Wissenschaftler...

Die Aufgabe oder Rolle des Experten kennzeichnet sich durch klare Handlungsregulation: eben das Minmium an sozialer Beziehung, das die Begutachtung ausmacht. Zum Expertentum gehört zudem eine stark spezialisierte Leistungsdisposition: das Fachwissen. Wenn man die Psychologie der Experten kurzfasst, so lässt sich sagen: Expertentum ist eine erfahrungsgetragene, sachspezifische Vernunfttätigkeit. Das Fachwissen ist auf ein Sachgebiet bezogen, Erfahrung bedeutet hier: Wissen, das die Wahrnehmung lenkt.

Die psychologische Forschung über Experten begann in den zwanziger und dreißiger Jahren des letzten Jahrhunderts, und zwar als Forschung über Schach. Was ist es, was die Überlegenheit der Schachgroßmeister gegenüber Anfängern und anderen Spielern auszeichnet? Ein besseres Gedächtnis, eine höhere Intelligenz, bessere Denkleistungen? Die Tests ergaben, dass die Schachmeister nicht mehr Züge im Voraus dachten als relative Anfänger. Der gravierende Unterschied zeigte sich bei Wahrnehmungsaufgaben: Alle Spieler bekamen ganz kurz ein Schachbrett mit den Figuren eines Spiels gezeigt. In diesem Fall konnten die Schachmeister in der Regel perfekt erinnern und nachstellen, wo welche Figuren standen; die relativen Anfänger taten sich schwer damit. Liegt der Vorteil der Schachmeister also in ihrem besseren Gedächtnis? Adrian De Groot (repliziert von Chase & Simon) kam auf eine geniale Variation: Er platzierte die Figuren willkürlich auf dem Brett. In diesem Fall waren die Schachmeister nicht besser im Erinnern und Rekonstruieren als die relativen Anfänger.

Den Experten macht die lange Schule der Wahrnehmung. Es gibt Zahnärzte, die erkennen Patienten schneller am Gebiss als am Gesicht. Diese Wahrnehmungsschulung, die Erfahrung, benötigt Zeit, mitunter Jahrzehnte. Eine weitere Leistungsdisposition des Experten ist weder erwartet noch erwünscht. Experten haben nicht genial zu sein, sondern normal vernunfttätig. Ihre Leistung besteht darin, in relativ kurzer Zeit ein Urteil abzugeben, zu dem ein

Normal-vernünftiger, sammelte er jahrelang die sachspezifsche Erfahrung, auch gelangen könnte. Die Funktion des Experten scheint recht klar, mit ihr dürften die wenigstens der Experten ein Problem haben; Durch ihre Person beherrschen und kontrollieren sie ihren jeweiligen Ausschnitt spezialisierten Fachwissens.

Die Schwierigkeiten mit Experten haben andere. Ein Ausspruch lautet: „Es gibt drei Wege zum Ruin: Frauen, Spiel und der Rat der Experten." Er stammt von Pompidou und hat einen deutlichen didaktischen wie taktischen Abgrenzungscharakter: Politik sei anders. Fürwahr: Der Politiker ist eine Art Gegenstück, ein Antipode zum Experten. Für die Politik gelten die Bedingungen unklarer Handlungsregulation und genauso unklarer Leistungsdiposition. In der Politik wird Macht ausgeübt, es werden Entscheidungen getroffen. Die damit verbundene Funktion – die Rationalität politischer Arbeit – ist von außen kaum wahrnehmbar. Während man dem Expertenurteil eine Sachlogik unterstellen kann und die Expertise auf Wahrheit zielt, stehen politische Entscheidungen unter ganz anderen Bedingungen: die Entscheidungsbasis ist hier von Ungewissheit und Risiko gekennzeichnet. Der Politiker muss zudem wirken, auf andere Politiker und – noch wichtiger – auf die Wähler. Unter den Herrschaftsbedingungen personaler Attribution wirkt der Politiker am leichtesten eben durch seine Person: der Politiker setzt sein gewinnendstes Lächeln auf und nutzt altbekannte Mechanismen, nämlich Nähe und Wohlgesonnensein zu signalisieren, um Vertrauen zu gewinnen. Dies umso mehr, als er auf die Konsenskraft von funktionalen sozialen Fiktionen wie gemeinsamen Werten oder Grundüberzeugungen nicht mehr bauen kann. Ohnedies kann der Politiker damit rechnen, dass die politischen Erfolge oder Misserfolge eher auf ihn oder einen anderen Politiker personal attribuiert werden, als auf ein Parteiprogramm.

Je mehr sich also Leistung und Rationalität des Handelns einer Person der Beobachtbarkeit entziehen, um so nötiger ist die Präsentation einer Person, einer funktionalen Maske. Ein Politiker muss sich überlegen, wie er sich kleidet und welche Worte er wählt, diese Äußerlichkeiten können den Ausschlag für Zustimmung oder Ablehnung der Wähler geben. Ein Experte, selbst als Sachverständiger vor Gericht, muss auf sein Äußeres nicht achten. Nur eines darf nicht passieren: er darf nicht als inkompetent erscheinen. Die personale Zuschreibung von sachspefizischer Inkompetenz zerstört die Funktion eines Experten – Person und Funktion sind hier schwerlich zu trennen.

13

Epistemologische Probleme eines umfassenden Verständnisses professionellen Handelns

Im Folgenden handelt es sich um ein Thesenpapier für den Arbeitskreis „Professionelles Handeln", München 1997.

Übersicht

Ausgangslage: Der Mangel an einem fachübergreifenden Expertenbegriff (er betrifft auch das Verständnis von professionellem Handeln)
Angestrebte Lösung: Eine Explikation von „Experte", die für Soziologie und Psychologie „wesentlich" kompatibel ist
Epistemologische Hürden: Psychologische Expertiseforschung und Professionssoziologie unterscheiden sich (epistemisch-epistemologisch) in ihrem Verständnis von Wissen
Zentrale These: Ohne die Möglichkeit der Unterstellung von Wahrheit (in einem extensionalen Sinn) wären Experten nicht möglich.
Ansatzpunkte (für einen minimalistischen, kompatiblen Expertenbegriff): Interaktion / Erklären
Vorschlag (für einen minimalistischen, kompatiblen Expertenbegriff): „Experte" als eine soziale Form einer Interaktion
Folgerungen: „Alltags"-Experten / Interaktionskonflikte / unvollständige Explikation

Anhang
1: Die wichtigsten psychologischen epistemischen Kategorien des Wissens
2: Quellen des legitimierendes Gebrauchs von Experten
3: Rollen- bzw. Interaktionskonflikte mit Experten
4: Expertengruppen mit unterschiedlicher Urteilsvalidität (nach Shanteau 1992)
Literatur

Ausgangslage: Der Mangel an einem fachübergreifenden Expertenbegriff

Professionelles Handeln in einem weiten Sinn ist auch Gegenstand der psychologischen Expertiseforschung (Chi et al. 1988; Shanteau 1992; Mieg 1993; Gruber et al. 1996). Trotz ihres inzwischen stabilisierten Erkenntnisstandes ist die Expertiseforschung in der Professionssoziologie noch nicht zur Kenntnis genommen worden.

Aktienkurse (Stael v. Holstein 1972)
Baupläne (Akin 1980)
Buchhalter (Capstaff et al. 1995)
Dreher (Hacker et al. 1973)
Fettstoffwechselstörungen (Mieg 1993)
Getreidegutachter (Hughes 1917)
Go (Reitman 1976)
Kliniker (Elstein 1978)
Kopfrechnen (Staszewski 1988)
Krankenschwestern (Grier 1976)
Kreditbearbeitung (Weber 1997)
Landvermessung (Northcraft et al. 1987)
Lehrer (Bromme 1992)
Mathematik (Gustin 1985)
Meteorologen (Williams 1951)
Pathologen (Einhorn 1974)
Psychotherapeuten (Oskamp 1962)
Röntgendiagnose (Lesgold et al. 1978)
Physikaufgaben (Chi et al. 1981)
Programmierer (Anderson et al. 1988)
Richter (Ebbesen et al. 1975)
Schach (De Groot 1965)
Schreibmaschinenschreiben (Gentner u.a. 1988)
Schwermetallbelastungen (Scholz 1988)
Schwimmen (Kalinowski 1985)
Spuler (Rühle 1979)
Star-Wars-Filme (Means et al. 1985)
Tennis (Monsaas 1985)
Violine (Ericsson et al. 1993)
Wirtschaftsprüfer (Ashton 1983)

Tabelle 1: Überblick über psychologische Expertiseforschung. Die Übersicht ist unvollständig sowohl in Hinblick auf die untersuchten Bereiche als auch die genannte Literatur. Die Bereiche Kliniker und Schach sind für die Expertiseforschung paradigmatisch geworden. Aktuelle Forschungsübersichten bieten z.B. Hoffman et al. (1995) und Shanteau et al. (1992).

Die Psychologie versteht Expertise als erfahrungsgetragene Kompetenz, mithin als Eigenschaft von Personen. Untersucht werden so unterschiedliche Handlungskompetenzen wie Schachspielen (De Groot 1965) oder klinisch-medizinische Urteilsbildung (Elstein 1978). In einem Fall wurden sogar 4-Jährige als Experten für Star-Wars-Filme befragt (vgl. Hoffman et al. 1995). Doch mangelt der Psychologie ein Verständnis für Professionen. Selbst die Psychologie des Lehrers als Experten (Bromme 1992) verzichtet auf eine Behandlung der Lehrer- oder Expertenrolle. Ausgangsthese: Ein Expertenbegriff, der für Soziologie und Psychologie kompatibel ist, kann für die Psychologie die Erkenntnisse der Professionssoziologie nutzbar machen. Umgekehrt können über einen kompatiblen Expertenbegriff auch psychologische Erkenntnisse zu professionellen Handlungskompetenzen Eingang in die Soziologie finden.

Angestrebte Lösung: Eine Explikation von „Experte", die für Soziologie und Psychologie „wesentlich" kompatibel ist.

Die gesuchte Explikation soll die Forschungsintegration fördern und nicht hindern. Von daher ist die angestrebte Lösung minimalistisch und geht in Richtung eines „Bedeutungspostulates" (Carnap), das von den jeweiligen Fachforschungen gefüllt, d.h. weiter expliziert werden kann.

Wesentlich kompatibel meint, dass wichtige Forschungsergebnisse tatsächlich austauschbar werden. Eine unwesentliche Kompatibilität ergibt sich z.B. bei bloßer Arbeitsteilung: Die Psychologie untersucht – als ihren Teil der Arbeitsteilung – individuelle Fertigkeiten von Professionellen, die für die professionelle Qualifikation und soziale Identifikation als Professioneller weder notwendig noch hinreichend sind.

Kandidaten für einen wesentlichen Forschungsaustausch der Expertenforschung in der Austauschrichtung Psychologie-Soziologie wären:

- Expertenhaftes Denken und Problemlösen
- Epistemische Kategorien (zur Kategorisierung des Expertenwissens)

Kandidaten für einen wesentlichen Forschungsaustausch der Expertenforschung in der Austauschrichtung Soziologie-Psychologie wären:

- Professionalisierung (als Strukturierung individueller Lernerfahrungen)
- Institutionelle Rahmenbedingungen professionellen Handelns (Gesetze, Berufsverbände, Organisationen...)

Zielgebiet innerhalb der Soziologie: „Klassische" Professsionssoziologie nach Art der Chicago School. Die dort anzutreffenden Auffassung von Problemlösung – d.h. professioneller Problemlösung – scheint einem kognitions-psychologischen Verständnis von Problemlösen verwandt (vgl. z.B. die Beschreibung professioneller Arbeit nach Abbott 1988, Kap. I.2).

Epistemologische Hürden: Psychologische Expertiseforschung und Professionssoziologie unterscheiden sich (epistemisch-epistemologisch) in ihrem Verständnis von Wissen

Die Psychologie baut auf ein extensionales Verständnis von Wissen: Demnach bildet menschliches Wissen WELT ab (vgl. z.B. Metzger 1956). Von daher kann jedes Wissen auf Validität hin geprüft werden. Experten unterscheiden sich von Nicht-Experten durch ihr „überlegenes" Wissen; insbesondere ist Expertenwissen valider (umfangreicher, genauer, effizienter...). Jedoch auch Expertenwissen weist je nach Profession und Gegenstand unterschiedliche Validität auf (vgl. Shanteau, 1992). Der psychologische Ansatz impliziert also einen Wahrheitsbegriff im Sinne der *Adaequatio intellectus et rei* (Ausdruck von Thomas von Aquin; philosophische Explikation durch Aristoteles und im 20 Jh. Tarski).

Demgegenüber steht ein intensionales Verständnis von Wissen und einen entsprechender Wahrheitsbegriff: Wahrheit beruht auf einer Art von Konsens auf bestimmte Bedeutungen. Von daher ist WELT eine soziale Konstruktion. Diese Auffassung leitet die Wissenssoziologie (Schütz; Berger/Luckmann). Aus dieser Sicht wird die wechselseitige Abgrenzung von Experten- und Laienwissen wichtiger als die Validität von Wissen (Schütz).

Extensionale und intensionale Bestimmungen von Wissen schließen sich nicht gegenseitig aus. Grundsätzlich lässt sich eine extensionale Bestimmung (der Begriffsumfang) auf eine intensionale Bestimmung (den Begriffsinhalt) zurückführen.

Zentrale These: Ohne die Möglichkeit der Unterstellung von Wahrheit (in einem extensionalen Sinn) wären Experten nicht möglich.

Wir würden keinen Meteorologen nach dem Wetter befragen, wenn wir nicht annähmen, dass seine Auskunft zu einem gewissen Grad zutreffen könnte. Wir würden keinen Arzt aufsuchen, wenn wir nicht annähmen, dass ärztliche Leistungen zu einem gewissen Grad tatsächlich zu einer Heilung führen könnten.

Erläuternde Anmerkung 1: Gemeint ist weder, dass Experten die Wahrheit sagen, noch dass wir immer erwarten, dass Experten die Wahrheit sagen. Der Gebrauch von wissenschaftlichen Expertisen in der Politik z.B. hat oftmals legitimierende Funktion, weshalb in bestimmten Kontexten von den Auftraggebern (Parteien) nicht die Wahrheit, sondern die Unterstützung für eine Parteimeinung erwartet wird. Doch auch dieser parteiische Einsatz von Experten wäre ohne die Möglichkeit der Unterstellung von Wahrheit nicht möglich.

Erläuternde Anmerkung 2: Die Ausdrucksweise „...wären Experten nicht möglich“ ist mangels einer Explikation von „Experte“ eine vorläufige.

Weitere Anmerkungen zu Schicksal und Notwendigkeit des Wahrheitsbegriffs:

- Es gibt unproblematische faktische Wahrheit. Beispiel: am 12. Juli 1984 hagelte es in München.
- Nur Wahrheit ist logisch transponierbar (nicht jedoch z.B. Konsens). Aus der Gültigkeit der Sätze I „Frau A. hat gekündigt und ist nun arbeitslos.“ und II „Wer selber kündigt, erhält eine Sperrfrist auf das Arbeitslosengeld.“ folgt zwingend die Gültigkeit von Satz III „Frau A erhält eine Sperrfrist auf das Arbeitslosengeld“. Sollte Satz III unwahr sein, so muss auch Satz I oder II unwahr sein. Hingegen folgt aus einem (sozialen) Konsens über Satz I und II nicht zwingend ein Konsens über Satz III.
- Der Wahrheitsanspruch von Wissenschaft ist obsolet.
- Wahrheit von allgemeinen Aussagen (Theorien) kann in der Wissenschaft bestenfalls negativ, d.h. über die falsifikationistische Hypothesenbildung erreicht werden.

Ansatzpunkte für einen minimalistischen, kompatiblen Expertenbegriff:

1. „Experte“ verweist grundsätzlich auf eine Interaktion (metaphorisch gesprochen: „Experte“ ist eine Interaktionsform)

Dieser Ansatz ist kompatibel mit gängigen „interaktionistischen“ Auffassungen innerhalb der Professionssoziologie, auch der Chicago School (Hughes).

Dieser Ansatz widerspricht dem Ansatz der Expertiseforschung, wonach Expertise eine individuelle Fertigkeit ist. Der Ansatz ist jedoch kompatibel mit dem Vorgehen der Expertiseforschung (z.B. einen 4-Jährigen als Experten zu befragen bzw. Experten über Professionsnetze zu identifizieren). Die psychologischen Mittel zur Explikation von Interaktion liefert z.B. die Attributionstheorie („Expertentum“ wird attribuiert).[26]

2. „Erklären“ ist eine Interaktionsform.

Spezialwissen kann in Form einer Erklärung nachgefragt werden. Eine Person, die bei einer anderen Person Spezialwissen erwartet, kann sich von dieser etwas (Ereignisse, Wissen, Theorien...) erklären lassen. Typisches Beispiel: Befragung eines Meteorologen nach den Umständen für bestimmtes Wetter (z.B. den Hagel in München am 12.7.84).

Weitere (nicht immer typische) Beispiele für Erklärungen:

- Sich in einer fremden Stadt den nächsten Weg zum Bahnhof erklären lassen
- Ärztliche Beratung
- Vor Gericht als Asbestsachverständige vortragen
- Ein Kind unterrichten, seine Schnürsenkel zu binden
- TV-Diskussion mit Wissenschaftlern über die Sicherheit von Kernkraftwerken

Es gibt verschiedene Arten des Erklärens, für die verschiedene Validitäts-Kriterien gelten. Eine mögliche Klassifikation bietet Tabelle 2.

26 In meiner Habilitationsschrift enwickele ich einen Gesamtansatz, der auch die kognitive Psychologie von Expertentum (v.a. die Wahrnehmungsausrichtung durch Erfahrung) berücksichtigt. Hierzu greife ich auf eine minimale Markttheorie individueller Fertigkeiten zurück („Human Capital“ nach G.S. Becker), deren Darstellung den hier gegebenen Rahmen sprengen würde. Dasselbe gilt für eine Darstellung der Attributionstheorie.

Art des Erklärens	Art des erwarteten Wissens	Validitäts-kriterium
was	Fakten	wahr
wie	Prozeduren	effektiv
warum	Ursachen & Gründe	vernünftig

Tabelle 2: Arten des Erklärens. Die Art des Erklärens ist hier nach der Art der erklärungsheischenden Frage geordnet. Was-Erklärungen reagieren auf (bzw. präsupponieren) eine Was-Frage, die faktenartiges Wissen als Antwort erwartet.

Anmerkung 1: Erklären präsupponiert einen Wissenshintergrund auf Seiten der Person, die erklärt. Der erwartete Wissenshintergrund umfasst mehr als die Information, die mit der Erklärung gegeben wird. Erklären in diesem Sinne bedeutet, dass sich das Erklären fortsetzen ließe (und unterscheidet sich darin von der „bloßen" Weitergabe einer Information). Kurz: Erklären präsupponiert Wissen.
Anmerkung 2: Nicht gemeint ist hier Erklären im Sinne von Deklarieren. Deklarieren schafft ein Faktum (z.B. „den Krieg erklären") bzw. stellt eine wissensfremde Entscheidung dar (z.B. „sich zuständig erklären").
Anmerkung 3: Erklären ist hier als Interaktionsform und nicht pädagogisch zu verstehen: Erklären erfordert nicht, dass die Erklärung auch tatsächlich verstanden wird.
Anmerkung 4: Erklären kann verschiedenen Zwecken dienen (Wissensvermittlung, Rechtfertigung, Angeberei...).
Anmerkung 5: Erklärungen können unterschiedlichen (Tausch-)Wert haben: Eine brauchbare (effektive) Erklärung für Erdbeben dürfte mehr wert sein als die Erklärung eines Herrn Meier, warum er am 6.12.63 zu spät nach Hause kam.

Vorschlag für einen minimalistischen, kompatiblen Expertenbegriff: „Experte" als eine soziale Form (einer Interaktion)

Der Vorschlag geht dahin, „Experte" – nach Simmel (1917, 1923) – als eine soziale Form einer Interaktion aufzufassen. Eine mögliche Explikation von „Experte" ist: Als Experte kann bezeichnet werden, wer (etwas) erklären kann.

Erläuternde Anmerkung 1 (soziale Form): Eine soziale Form kann unabhängig vom „sozialen Inhalt", d.h. der Motivation und anderen sozialen Umständen, aufgefasst werden (obwohl sie nicht unabhängig davon existiert). Ein Experte kann sehr verschiedenen Interessen dienen oder sehr verschiedene Voraussetzungen aufweisen (Professionszugehörigkeit, Kompetenz...)
Erläuternde Anmerkung 2 (Interaktion): Experte ist, wer in einer Interaktion mit einem Nicht-Experten dazu gemacht wird.
Erläuternde Anmerkung 3 (Erklären): Erklären können und Wissen sind aus Sicht der Attribution von „Experte" auf eine Person i.a. identisch und meinen soviel wie: Wissen auf einen spezifischen Fall anwenden.
Erläuternde Anmerkung 4: Über Expertenwissen und den Expertenstatus wurde hier nichts gesagt. Hierzu wären weiterreichende Ausführungen nötig.[27]

Folgerungen

1. *Es gibt „Alltags"-Experten*. Die Attribution „Experte" ist relativ zur sozialen Situation (welche Personen mit welchem Wissen sind anwesend?) und bezieht sich auf eine wahrgenommene Wissensdifferenz. Eine Jurastudentin kann im Familien- und Bekanntenkreis als Rechtsexpertin gefragt sein, in juristischen Fach- und Studienkreisen würde sie wohl schwerlich als Expertin zu Rate gezogen werden.
2. Die Bestimmung des Experten als eine Interaktionsform erlaubt ein neues Verständnis von Interaktionskonflikten mit Experten. Anhang 3 zeigt eine mögliche Klassifikation und Explikation von *Rollen- bzw. Interaktionskonflikten mit Experten*. Demnach treten Interaktionskonflikte v.a. mit nicht-professionellen Experten auf (inkl. Wissenschaftlern als Experten). Solche Interaktionskonflikte bleiben unerkannt, solange die Experten-Forschung nur nach Interessenskonflikten sucht (z.B. Nowotny 1979).
3. Die Bestimmung des Experten als eine soziale Form ist *minimalistisch*, die Explikation bleibt bewusst un-

27 Auch über Experten-Autonomie wurde hier nichts ausgesagt. Autonomie - sofern nicht als eine ontologische Gegebenheit aufgefasst (zu deren Relevanz vgl. Mieg 1994) - folgt sozialpsychologisch aus der (kausalen) Attribution von „Experte" auf eine Person: Die Person ist sozusagen für das Wissen verantwortlich.

vollständig. Seitens der Psychologie gilt es vor allem, das Zusammenspiel von Expertise mit Berufslernen und Rollenerwartungen besser zu erfassen. Seitens der Soziologie sind weitere Explikationen bestimmter Expertenrollen unerlässlich (z.B. hinsichtlich Autonomie, Profession oder Rolle der Wissenschaft). Ein Beispiel für einen fruchtbaren Abgleich der Explikationen ergibt sich z.B. im Bereich der Entwicklung von Expertise bzw. professionellen Karriere: Was sich psychologisch als „deliberate practice" darstellt (Ericsson et al. 1993), lässt sich soziologisch als „reflexive practitioning" auffassen (Schön 1991).

Anhang 1: Wichtige psychologische epistemische Kategorien des Wissens

Die epistemischen Kategorien sind psychologische Konstrukte, die durch eine Vielzahl von Experimenten gestützt werden.

Deklaratives vs Prozedurales Wissen	Dies ist die Hauptunterscheidung. Deklaratives Wissen ist textbuchartig (Know-what), prozedurales Wissen bezieht sich auf Prozeduren/ Regelkönnen (Know-how). Trainiertes Wissen wandelt sich von deklarativem Wissen in prozedurales Wissen (Anderson 1980)
Semantisches Wissen vs Episodisches Wissen	Semantisches Wissen ist deklaratives Weltwissen, episodisches Wissen sind persönliche Erlebnisse (Tulving et al. 1972)
Paradigmatisches Wissen	Paradigmatisches Wissen ist die zentrale Speicherform des semantischen Wissens: Das Wissen liegt in Form von Fällen vor. Paradigmatisches Wissen ist „gerade noch konkret" (Rosch 1975)
Ikonisches Wissen	Ikonisches Wissen ist eine Speicherform des semantischen Wissens: Das Wissen liegt in Form von visuellen Eindrücken vor; daraus folgt „analoges" Denken (Kosslyn 1975)
Metakognitives (Kontroll-) Wissen	Kontroll- und Steuerungswissen (Metcalfe 1993)

Einige Folgerungen für die Expertenforschung:

- Die Prozeduralisierung von Expertenwissen erlaubt eine Beschleunigung des expertenhaften Problemlösens (durch Experten kommt nicht unbedingt *mehr* Wissen ins Spiel, vielmehr kommt Wissen *schneller* ins Spiel).

- Expertenwissen orientiert sich i.d.R. an paradigmatischen Fällen (und ist i.d.R. kein Wissen in Form der philosophischen Gattungslehre)
- Es gibt wichtiges nicht-formales, nicht-abstraktes Expertenwissen (nämlich als paradigmatisches Fachwissen). Die Grenze des Expertenwissens liegt also nicht beim Übergang vom Konkreten ins Abstrakte. Vermutlich liegt sie dort, wo episodisches Wissen beginnt (es interessiert i.d.R. nicht, was ein Meteorologe persönlich empfindet, wenn er die neuesten Daten auswertet).
- Die Interaktionsseite von Expertentum betrifft das metakognitive Wissen. Bei Nicht-Routinefällen erschwert der Einsatz von Validierungsstrategien die Entscheidungsfähigkeit und Risikofreudigkeit von Experten (d.h. in einem „schwierigen Fall" wird ein Experte bevorzugen, noch weitere Daten zu erheben, anstatt eine Handlungsentscheidung zu treffen).

Die psychologische Kategorisierung ist kompatibel mit Ludwik Flecks Unterscheidung von Zeitschriftwissenschaft, Handbuchwissenschaft und populärer Wissenschaft (das zeige ich in meiner Habilitationsschrift).[28]

Anhang 2: Quellen des legitimierenden Gebrauchs von Experten

Experten können zur Legimation spezifischer Interessen gebraucht werden. Die folgende Aufstellung zeigt eine Übersicht über die häufigsten Arten und Quellen des legitimierendes Gebrauchs von Experten. Die Übersicht zeigt zugleich, dass das Verhältnis Klient-Professioneller nur ein Bereich unter vielen ist, in denen Experten anzutreffen sind.

28 vgl. Mieg, H. A. (2001). The social psychology of expertise: Case studies in research, professional domains, and expert roles. Mahwah, NJ: Lawrence Erlbaum Associates. (Paperback 2012 by Psychology Press, New York)

	Mit massenmedialer Wirkung	Mit beschränktem Publikum
Politik	Expertisen für Parteien, Pressure Groups	Hilfe in der Verwaltung
Unternehmen	Werbung, PR	Consulting
Recht	Expert witnesses (US-trial)	Sachverständige („Richtergehilfen")
Presse	Kolumnen	Hintergrundinformation (für Journalisten)
Wissenschaft	Wissenschaftspolitik (Fundraising)	Peer Reviews
Professionen	Berufspolitik	Klienten-Verhältnis

Anhang 3: Rollen- bzw. Interaktionskonflikte mit Experten

Ein Hauptunterschied zwischen Experten im Allgemeinen und Professionellen im Speziellen liegt darin begründet, dass Professionelle aus der Attribution zusätzliche Marktchancen ziehen (d.h. dass bei Professionellen nicht dieselben Interaktionskonflikte vorliegen). Einem Professionellen nützt z.B. die kausale Attribution des Expertentums, weil sich daraus Anschlussaufträge ergeben können, z.B. nicht nur eine klinische Diagnose zu stellen, sondern auch eine Behandlung auszuführen.

Aspekt der Attribution von „Experte"	Mögliches Problem	Mögliche Lösung
Personale Attribution (d.h. Expertentum wird einer Person zugerechnet)	Forcierte Stellungnahme („Ein Experte muss doch wissen...")	Bestimmung von Kompetenz (der Person) und Relevanz (der Frage an den Experten)
Dispositionale Attribution (d.h. Expertentum wird auf eine überdauernde Fertigkeit zurückgeführt)	Generalisierende Erwartung („Wenn eine Expertin das eine weiß, muss sie doch auch das andere wissen...")	Begrenzung der Fragestellung
Kausale Attribution (d.h. der Experte als Person ist Ursache seines Wissens und seiner Fertigkeiten; er hat das Wissen sozusagen „im Griff")	Forcierte Entscheidung („Kraft ihres Wissens muss die Expertin auch die richtige Entscheidung treffen.")	Trennung von Entscheidungs-wissensbasis und tatsächlicher Handlungsentscheidung

Anhang 4: Expertengruppen mit unterschiedlicher Urteilsvalidität (nach Shanteau 1992)

Die in der psychologischen Expertiseforschung untersuchten Expertengruppen zeigen unterschiedliche prognostische Urteilsgüte. Während sich z.B. bei Meteorologen Prognosen mit hoher Validität finden lassen, liegt die Prognosegüte bei klinischen Psychologen niedrig.

Good Performance: Klasse hoher Leistung (z.B. hohe Prognosegüte, reliable Expertenleistung)	Poor Performance: Klasse geringer Leistung (z.B. geringe Prognosegüte, kaum reliable Expertenleistung)
Schach	klinische Psychologie / Psychotherapie
Wettervorhersage / Meteorologie	Aktienanalyse / Börsenmakler
Physik	Bewährungshilfe
Mathematik	Personalselektion
Buchhaltung	Richter
...	...
Medizin (z.B. Chirurgie)	Medizin (z.B. Psychiatrie)

Literatur

Abbott, Andrew, 1988: The system of professions. Chicago: The University of Chicago Press.

Anderson, John R., 1980: Cognitive psychology and its implications. San Francisco: Freeman.

Becker, Gary S., 1993: Human capital. Chicago: The University of Chicago Press.

Bromme, Rainer, 1992: Der Lehrer als Experte. Bern: Huber.

Chi, Michelene T.H., Robert Glaser, und Marshall J. Farr (Hg.), 1988: The nature of expertise. Hillsdale, NJ: Erlbaum.

DeGroot, Adriaan D., 1965: Thought and choice in chess. The Hague: Mouton.

Elstein, Arthur S., Lee S. Shulman, und Sarah A. Sprafka, 1978: Medical problem solving. Cambrigde, MA: Harvard University Press.

Ericsson, K. Anders, Ralf Th. Krampe, und Clemens Tesch-Römer, 1993: The role of deliberate practice in the acquisition of expert performance. Psychological Review 100: 363–406.

Gruber, Hans und Albert Ziegler, 1996: Expertiseforschung. Wiesbaden: Westdeutscher Verlag.

Hoffman, Robert R., Shadbolt, Nigel R., Burton, A.Mike und Klein, Garry, 1995: Eliciting kowledge from experts: A methodological analysis. Organizational Behavior and Human Decision Processes 62: 129–158.

Kosslyn, S. M. Information representation in visual images. Cognitive Psychology 7: 341–370.

Metcalfe, J., 1993: Novelty monitoring, metacognition, and control in composite holographic associative recall model. Psychological Review 100: 3–22.

Metzger, Wolfgang, 1975: Psychologie (5.Aufl.). Darmstadt, Steinkopff.

Mieg, Harald A., 1993: Computers as Experts? Frankfurt/New York: Lang.

Mieg, Harald A., 1994: Verantwortung: Moralische Motivation und die Bewältigung sozialer Komplexität. Opladen: Westdeutscher Verlag.

Nowotny, Helga, 1979: Kernernergie: Gefahr oder Notwendigkeit. Frankfurt: Suhrkamp.

Rosch, Eleanor, 1975: Cognitive representation of semantic categories. Journal of Experimental Psychology 104: 192–233.

Schön, Donald A., 1991: The reflective practitioner. Aldershot Hants, GB: Avebury.

Schütz, Alfred, 1946: The Well-informed citizen. Social Research 13: 463–478.

Shanteau, James, 1992: Competence in experts: The role of task characteristics. Organizational Behavior and Human Decision Processes 53: 252–266.

Shanteau, James und Thomas R. Stewart, 1992: Why study expert decision making? Some historical perspectives and comments. Organizational Behavior and Human Decision Processes 53: 95–106.

Simmel, Georg, 1917: Grundfragen der Soziologie. Berlin: Göschen.

Simmel, Georg, 1923: Soziologie. Leipzig: Duncker & Humblot.

Tulving, Endel und Wayne Donaldson (Hg.), 1972: Organization of memory. New York: Academic Press.

14

Zur Evaluation von Expertensystemen

Psychologische und empirische Analyse von Diagnosesystemen

Harald A. Mieg und Roland W. Scholz

Erschienen im Juni 1993 als Occasional Paper 147 des Instituts für Didaktik der Mathematik der Universität Bielefeld.

Der Beitrag wurde bei mehreren psychologischen Fachzeitschriften eingereicht. Zuerst kamen Ablehnungen mit methodischen Bedenken. Diese konnten im Zuge der Überarbeitung ausgeräumt werden. Die Ablehnung der letzten geeigneten deutschsprachigen Fachzeitschrift in der Psychologie argumentierte im Sinne des Expertensystem-Paradigmas. Daher versahen wir das Occasional Paper mit einer Warnung an den Leser:

> „Der Arbeit liegt eine Auffassung von Expertensystemen zugrunde, die von der Forschungsgemeinschaft in der hier geschilderten Form nicht geteilt wird. Damit wird insbesondere dem Leser, der mit dieser Softwaretechnik nicht vertraut ist, ein mindestens ungenaues, wahrscheinlich sogar falsches Bild vermittelt." (Aus einem negativen Votum eines Gutachtens einer psychologischen Fachzeitschrift)

Wir reichten den Beitrag anschließend bei einer Informatik-Fachzeitschrift ein, die ihn in gekürzter Fassung sofort annahm. Die gekürzte Fassung erschien als: Mieg, H. A., & Scholz, R. W. (1993). Zur psychologischen Evaluation von (diagnostischen) „Expertensystemen". *Praxis der Informationsverarbeitung und Kommunikation*, 16, 218-224.

1. Einführung

Das Phänomen der Übernahme von menschlichen Leistungen durch Maschinen führt zu einer Vielzahl psychologischer Fragestellungen. Die Notwendigkeit einer theoretischen sowie empirischen, genuin psychologischen Analyse dieses Phänomenbereichs ergibt sich vor allem dann, wenn es um kognitive

Leistungen oder gar um „Intelligenzhandlungen" geht.

Fragen der Art „Werden bestimmte höhere kognitive Leistungen angemessen und mit welcher Effizienz von elektronischen Rechnern übernommen?" oder „Welche Auswirkungen auf das Selbstbild hat die Präsenz von Maschinen, die in Teilleistungen überlegen sind?" haben ihre „Heimat" in der kognitiven Psychologie oder Sozialpsychologie. Trotzdem scheinen sich gegenwärtig Wissenschaftler anderer Disziplinen, z.B. ingenieurwissenschaftlich orientierte Informatiker oder Soziologen, in weitaus stärkerem Maße für diese Fragen zuständig zu fühlen.

In diesem Artikel wird ein psychologisches Instrument zur Bewertung von diagnostischen „Expertensystemen" vorgestellt, das sogenannte *XPS-Entwicklungs-Profil.*[29] Hierzu analysieren wir sowohl den Prozess des Problemlösens als auch die Mensch-Maschine-Kommunikation und Mensch-Maschine-Integration in Organisationen. Der von uns verfolgte Ansatz ist im weitesten Sinn wissenspsychologisch (vgl. Bar-Tal & Kruglanski, 1988; Mandl & Spada, 1988) und grenzt sich ab von eher ingenieurwissenschaftlich bzw. technisch orientierten Ansätzen, die sich z.B. bei Savory (1988), Schauer und Tauber (1984) oder Card, Moran und Newell (1983) finden.

1.1 Fragestellung und Vorgehen

Die Ausgangsfrage dieses Artikels ist: Wie lassen sich Systeme, die „intelligente" Expertenleistungen übernehmen sollen, psychologisch bewerten? Wir behandeln diese Frage, indem wir ein Evaluationsinstrument, das *XPS-Entwicklungs-Profil,* konstruieren und dessen Brauchbarkeit demonstrieren.

Wir gehen wie folgt vor:

- Im theoretischen Teil dieses Artikels wird die relevante Expertenleistung, die diagnostischen Expertise, wissens- und organisationspsychologisch analysiert. Aus dieser Analyse werden wir Bewertungskriterien für „Expertensysteme" gewinnen.
- Ausgehend von den gewonnenen Kriterien wird das sog. *XPS-Entwicklungs-Profil* konstruiert, zu jedem Kriterium entwickeln wir eine ordinale Skala. Die Konstruktion beruht auf einer Analyse der „Expertensystem"-Literatur

29 „XPS" steht für „Expertensystem".

und einschlägiger Prototypen.
- Der empirische Teil besteht aus drei Studien. Zuerst wird die Güte der Skalen des *XPS-Entwicklungs-Profils* hinsichtlich Reliabilität und Ordinalität untersucht (Studie 1). Es folgt eine Anwendung des *XPS-Entwicklungs-Profils*, in der beispielhaft die tatsächliche Leistung zweier „Expertensysteme" analysiert wird (Studie 2). Abschließend werden über Cluster- und Diskriminanzanalysen die Eigenschaften (Bewertungsdimensionen) der eingeführten „Expertensystem"-Evaluation exploriert (Studie 3).

In der Diskussion der Ergebnisse wird erörtert, ob die Ansprüche der „Expertensystem"-Konzeption, Expertenleistungen durch Computersysteme zu übernehmen, erfüllbar sind.

2. Theorie

2.1 Expertensysteme

„Expertensysteme" sind Produkt einer technologischen Konzeption, deren Ziel es ist, Expertenwissen automatisierbar zu machen (vgl. z.B. Buchanan & Shortliffe, 1984; Böhringer, Chiopris & Futo, 1988; Hayes-Roth, Waterman & Lenat, 1983; Puppe, 1988; Tanimoto, 1987/1990). Die Definition des Begriffs „Expertensystem" erfolgt zumeist implizit über die Präsentation eines spezifischen Projektes zur Entwicklung eines „Expertensystems". Eine explizite Definition findet sich z.B. bei Haux, der sich eingehend mit „Expertensystemen" in der Medizin beschäftigt:

> Eine Maschine bezeichnen wir genau dann als ein Expertensystem, wenn sie Funktionen, die für einen Experten spezifisch sind, übernehmen kann. (1988a, S. 65)

Hier handelt es sich um eine Art von Arbeitsdefinition, die Haux in dieser oder ähnlicher Form vielfach verwendet hat (Haux, 1987; Haux, 1988b; Haux 1989). Wesentlich für die Definition sind die „Funktionen, die für einen Experten spezifisch sind", woraus deutlich wird, dass es hier um die Simulation bzw. Automatisierung von „intelligenten" Leistungen geht. Dies allein ist bereits eine einschlägig psychologische Problemstellung.

Selbst in der wissenschaftlichen Literatur finden sich hochgesteckte Erwartungen an die „Expertensystem"-Technologie (vgl. Murray & Murray, 1988).

> In the expert system literature, the word *exper*t is taken seriously. (Brachman et al., 1983, S. 41)

Hochgesteckte Erwartungen finden sich auch in populärwissenschaftlichen Darstellungen (z.B. Feigenbaum, 1988; Kredel, 1988; Simons, 1983) und vor allem in den Prospekten von „Expertensystem"-Vertreibern (z.B. HAND GmbH, o.J.; IPOSE GmbH, o.J.). Wenn auch die Erwartungen von wissenschaftlicher Seite in letzter Zeit eingeschränkt wurden (z.B. Böhringer et al., 1988), wird weiterhin von Verfechtern der „Expertensysteme" der Anspruch aufrechterhalten, menschliche Experten durch Computer zu ersetzen (vgl. Tanimoto, 1987/1990). Diese Perspektive macht das Konzept der „Expertensysteme" innovativ, aber kritisierbar.

Struktur eines „Expertensystems"

Es gibt grundsätzlich zwei Typen von „Expertensystemen". Zum einen „Expertensysteme", deren Wissensbasen explizit Regeln enthalten. Sie heißen *regelbasiert* und werden im Umkreis der KI-Forschung entwickelt (Buchanan & Shortliffe, 1984). Ihr Grundaufbau hat eine Parallele in der (psychologischen) Theorie der Produktionssysteme (Anderson, 1983; Klahr, Langley & Neches, 1987; Opwis, 1988).
Daneben gibt es in neuerer Zeit „Expertensysteme", die im Rahmen der Forschung zur automatischen Mustererkennung (vgl. z.B. Gelsema, 1989) oder der Forschung zu neuronalen Netzwerken (vgl. z.B. Benz & Kötter, 1990) entwickelt werden. Wiederum weist die Psychologie vergleichbare Problemstellungen auf, etwa als Assoziation (Strube, 1984) oder neuronale Netzwerke (Palm, 1988).

Diagnosesysteme

Die „Expertensystem"-Konzeption kommt besonders in der Medizin zum Tragen, nicht zuletzt weil hier Expertenleistungen – durch den Arzt – wichtig und teuer sind. Die bekanntesten und am häufigsten zitierten Beispiele für

„Expertensysteme“ stammen aus der Medizin (vgl. Ledochowski, Leidlmair, Schönegger & Kaser, 1990; Schill, 1990). Dazu gehören z.B. *Mycin*, ein System, das die Diagnose bakterieller Infektionen unterstützen soll (Buchanan & Shortliffe, 1984), *Internist-1* (R.A.Miller, Pople, Myers, 1982) und seine Weiterentwicklung *Caduceus* (R.A.Miller, 1984). Zu nennen ist außerdem *Servolip* (Eger, 1988), ein System zur Fettstoffwechseldiagnostik, noch 1990 das einzige wirklich einsatzfähige und kommerziell vertriebene „Expertensystem“ in Deutschland (Haux, persönliche Mitteilung, 17.9.91).

Im weiteren werden nur „Expertensysteme“ betrachtet, zu deren Funktion wesentlich die Diagnostik gehört. Die Diagnose kann die Krankheit eines Patienten sein, aber auch die Kreditwürdigkeit eines Unternehmens. Auf diese Weise können eine Vielzahl von Systementwicklungen, auch außerhalb der Medizin, erfasst werden (vgl. Payne, 1988).

Die Diagnosen, die ein System erstellt, können in Konkurrenz zu Expertendiagnosen – gewonnen aus denselben Daten – auf ihre diagnostische Treffsicherheit hin analysiert werden. *Mycin* erreichte in dieser Hinsicht ausgezeichnete Ergebnisse (Yu et al., 1984). Diagnostische Treffsicherheit bedeutet jedoch noch nicht Brauchbarkeit im klinischen Kontext (vgl. Elstein, 1976); dies zeigt die Diskussion um klinische versus statistische Urteilsbildung, die spätestens seit den Arbeiten von Meehl (1954) und Sawyer (1966) geführt wird (vgl. Jäger, 1986).

Konzepte der Entscheidungshilfe

Am Konzept der „Expertensysteme“ ist aus vielen Perspektiven und in vielfach kompetenter Hinsicht Kritik geübt worden (z.B. Bonsiepen, 1989; Dreyfus & Dreyfus, 1986; Schank & Childers, 1984; Streitberg, 1988; Weizenbaum, 1976; Winograd & Flores, 1986). Tatsache ist, dass die meisten Entwicklungen von „Expertensystemen“ bis heute nicht über Prototypen hinauskamen. Auch *Mycin* gelangte trotz der erfolgreichen diagnostischen Evaluation nicht zum Routineeinsatz (Buchanan & Shortliffe, 1984). Bonsiepen (1989) zeigt, dass die Probleme, auf die „Expertensystem“-Anwendungen stoßen, sowohl technischer als auch konzeptioneller Natur sind. Bonsiepen fasst die Situation bei den „Expertensystemen“ mit den Worten des KI-Forschers Gary Martins zusammen:

„Das Zeugs funktioniert nicht" (S. 5).

Winograd und Flores (1986) stellen eine Alternative zum Konzept der „Expertensysteme" vor, nämlich das Konzept der Entscheidungshilfe. Das Konzept der Entscheidungshilfe-Systeme (*decision support system*) wurde im Zusammenhang mit der Unterstützung von Management-Entscheidungen eingeführt (Keen & Scott Morton, 1978). Humphreys & Wisudha (1987) erörtern ein Konzept der Entscheidungshilfe, das verschiedene Arten von Computerunterstützung integriert. Das Konzept der Entscheidungshilfe soll im Weiteren dazu dienen, grundlegende konzeptionelle Schwachstellen im Konzept der „Expertensysteme" deutlich zu machen.

Der Grundgedanke im Entscheidungshilfe-Konzept besteht darin, den Experten in den Bereichen zu unterstützen, wo seine Leistungsfähigkeit aufgrund kognitiver Schwächen begrenzt ist. Anders als im Konzept der „Expertensysteme" wird hier bewusst auf eine Simulation von Expertenleistungen verzichtet.

Die Leistungsfähigkeit eines Experten wird etwa begrenzt, wenn es darum geht, große Mengen an Information in höchster Präzision und Ordnung bereit zu halten. Psychologisch gesehen, ergeben sich derartige Begrenzungen des Wissens bzw. Zugriffs auf das Wissen bereits aus den Begrenzungen des Kurzzeitgedächtnisses (G.A.Miller, 1956; vgl. auch Scholz, 1987). Im Unterschied zum Konzept der „Expertensysteme" spielt es bei der Entscheidungshilfe keine Rolle, wie wertvoll oder experten-spezifisch die Leistung ist, die vom System erbracht wird. Entscheidend ist vielmehr das Maß der tatsächlichen Arbeitsreduktion bzw. Qualitätssteigerung der Arbeit eines Experten durch Nutzung eines Systems.

Entscheidungshilfe bedeutet insbesondere, dass die Kontrolle und Verantwortung in der Hand des Entscheidungsträgers verbleiben. Im Konzept der „Expertensysteme" hingegen wirft die Frage der Verantwortung Probleme auf. Ein System, das tatsächlich qualitativ hochwertige Expertenarbeit leistet, stellt die Rolle des Experten und seine Verantwortungsfähigkeit in Frage. Das *technologische* Konzept der „Expertensysteme" hat somit personale und soziale Implikationen (vgl. Mieg, 1993). Das Konzept der Entscheidungshilfe berücksichtigt wesentlich die Rolle und das soziale Umfeld eines Experten. Im Gegensatz zum „technologischen" „Expertensystem"-Konzept, kann das Konzept der Entscheidungshilfe als „soziologisch" aufgefasst werden.

2.2 Dimensionen / Aspekte diagnostischer Expertenleistung

Eine reale diagnostische Expertenleistung hat zumindest zwei Aspekte. Zum einen ist eine Diagnose in der Regel das Produkt eines Problemlöseprozesses. Dieser Problemlöseprozess erfordert im Anwendungskontext die fachspezifische Kompetenz des Experten. Zum anderen wird die diagnostische Expertise in einem geregelten sozialen Kontext erstellt. Die Diagnose steht, so gesehen, im Rahmen institutionalisierter Rollen bzw. einer Organisation.

Im ersten Fall, als Produkt eines Problemlöseprozesses, ist die Diagnose also im Kontext des fachlichen Problems zu sehen und kann quasi lehrbuchmäßig abgehandelt werden. Im zweiten Fall, im Kontext einer Organisation gesehen, wird die Diagnose von komplexen Randbedingungen bestimmt, etwa wenn Gesundheit und Leben eines Patienten von der Diagnose abhängen oder das Ansehen des Experten. Im Folgenden werden zu beiden Aspekten Kriterien der Expertenleistung bestimmt.

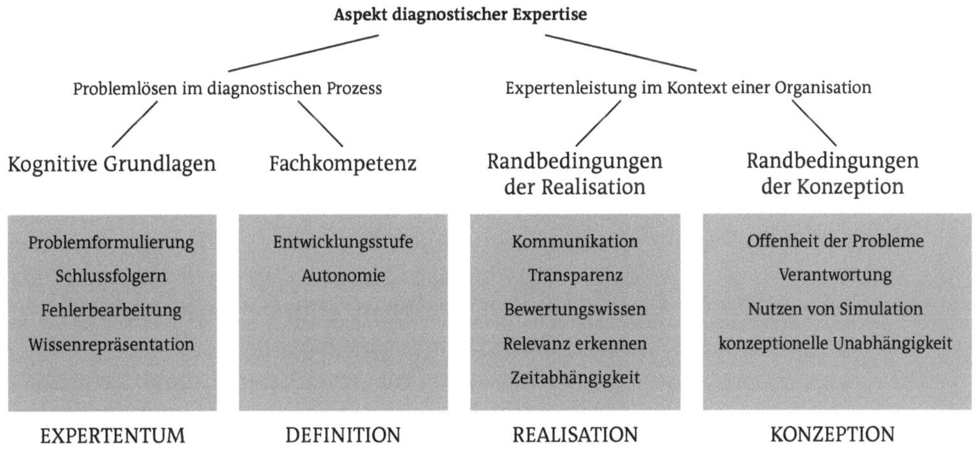

Abbildung 1: Die Aspekte der diagnostischen Expertise. Es ergeben sich insgesamt vier Bereiche bzw. Dimensionen und 16 Aspekte bzw. Kriterien. In Majuskeln sind die Bezeichnungen entsprechender Bereiche des XPS-Entwicklungs-Profils angegeben (vgl. Abb. 2).

Problemlösen im diagnostischen Prozess

Diagnostisches Problemlösen lässt sich im Anwendungskontext nach zwei Gesichtspunkten untersuchen: erstens in Hinsicht auf die allgemeinen kognitiven Grundlagen des Problemlöseprozesses und zweitens in Hinsicht auf den Stand der bereichsbezogenen Fachkompetenz (im diagnostischen Problemlösen) einer Person, durch Ausbildung und Erfahrung erworben.

Kognitive Grundlagen des diagnostischen Problemlösens

Problemlösen ist ein psychologisch gut untersuchter Gegenstand. Die Konstruktion von Bewertungsdimensionen für computerisierte Problemlösefähigkeiten ist hier orientiert an den vier Stufen / Phasen des Problemlösens, die Hussy im Rahmen seines „Struktur- und Prozessmodells menschlicher Informationsverarbeitung" beschrieben hat (1984, S. 193f.).

1) „Problemdefinition". Eine von einem System geleistete Problemdefinition müsste den Problemraum nach den genannten Gesichtspunkten analysieren und beschreiben können. Das Kriterium, das sich hier gewinnen lässt, ist also die *Hilfe bei der Problemformulierung*, die das System dem Nutzer leistet.
2) „Operatorsuche und -anwendung". Operatoren sind eine Art von bedingten kognitiven Prozessanweisungen. Operatorsuche und -anwendung betrifft bei herkömmlichen „Expertensystemen" den sogenannten Shell, also die Inferenzkomponente. Die Frage, die sich hier stellen lässt, ist: Ist mit dem Schlussfolgerungsmechanismus des „Expertensystems" das diagnostische Problem effektiv zu lösen? (Kriterium: *Effektivität im Schlussfolgern*)
3) „Evaluatorsuche und -anwendung". Das Kriterium „Effektivität im Schlussfolgern" scheint bereits den Aspekt der Evaluatorsuche und -anwendung, also der Bewertung der gezogenen Schlüsse (Diagnosen), zu beinhalten. Eine besonders wichtige Evaluationsprozedur ist die Fehlersuche. Dabei ist insbesondere zu untersuchen, aus welchen Gründen es im Prozess des Problemlösens zu Fehlern gekommen ist (vgl. Greif & Gediga, 1987). Das Kriterium an „Exper-

tensysteme“ ist die *Fehlerbearbeitung*.

4) „Output-Steuerung“. Fehlerbearbeitung ist zugleich Teil der Output-Steuerung. Daneben besteht Output-Steuerung nach Hussy in der „Rückführung neuer Informationen aus den kurzfristigen in entsprechende langfristige Gedächtnisstrukturen“ (Hussy, 1984, S. 196). Für „Expertensysteme“ stellt sich somit die Frage: Lässt sich die Wissensbasis erweitern? Das Kriterium ist hier die Fähigkeit zur *Wissensrepräsentation*.

Fachkompetenz im Problemlösen

Novizen bzw. fortgeschrittene Anfänger verfügen recht bald über eine Ausbildung, die sie zumindest in die Lage versetzt, eigenständig gewisse fest umschriebene, fachbezogene Probleme lehrbuchgemäß zu lösen. Experten haben Kompetenz über Ausbildung und lange Erfahrung erworben. Auf Systeme bezogen, lässt sich die tatsächliche Befähigung zum Lösen fachspezifischer Probleme an der *Entwicklungsstufe* messen. Dies Kriterium soll erfassen, inwieweit das System bereits über die Konzeption und Evaluation hinaus zum (Routine-) Einsatz gelangt ist.

Die Kompetenz äußert sich, abgesehen von der unmittelbaren Befähigung zum Lösen fachspezifischer Probleme, in der Selbständigkeit des Experten, soweit es um Fragen geht, für die er Experte ist (vgl. Oberquelle, 1987). Das Kriterium für „Expertensystem“ ist hier die Selbständigkeit (Autonomie) im Problemlösen.

Die Expertenleistung im Kontext einer Organisation

Der Kontext der Organisation setzt für den Einsatz von Computersystemen spezifische Rahmenbedingungen (Bullinger & Fähnrich, 1988; Frank, 1988; Frese, Ulich & Dzida, 1987; Norman & Draper, 1986; Oberquelle, 1987). Zwei Typen von Bedingungen sind hier von Interesse. Erstens handelt es sich um Randbedingungen der sog. Benutzerschnittstelle. Es handelt sich hier um Bedingungen für die unmittelbare Nutzbarkeit des Systems am konkreten Arbeitsplatz. Im Folgenden werden diese Bedingungen die *Randbedingungen der Realisation* (der computerisierten Expertenleistung) genannt.

Zweitens ergeben sich aus dem „Expertensystem“-Einsatz Konsequenzen für die Organisationsstruktur oder Unternehmensplanung, die mit der besonderen Konzeption von „Expertensystemen“ zusammenhängen. Dies sind sozusagen Fragen der Managementschnittstelle und werden im folgenden *Randbedingungen der Konzeption* genannt.

Die hier gewonnenen Aspekte finden sich in dieser oder ähnlicher Form auch bei Shanteau (1987, 1988), und zwar als Kompilation psychologischer Charakteristika von Experten. Sie beschreiben auch Randbedingungen der „Funktionen von Experten“.

Randbedingungen der Realisation

Kriterium *Kommunikationsfähigkeiten*: Benutzer und System interagieren. Hieraus resultiert die bekannte Problematik der Dialog-Schnittstelle. Wenn der Benutzer nicht gerade ein EDV-Experte ist, muss das System über benutzergerechte Kommunikationsfähigkeiten verfügen (vgl. Norman & Draper, 1986).

Kriterium *Transparenz*: Für die Akzeptanz von Seiten des Benutzers ist es maßgeblich, dass der Benutzer weiß, auf welche Weise die Diagnosen und Entscheidungen des Systems zustande kommen. Davon wird ein Mediziner abhängig machen, ob er ein System überhaupt nutzt (Teach & Shortliffe, 1984). Für den Einsatz ist es notwendig, dass das System die gefundenen Diagnosen falls nötig dem Mediziner begründen kann.

Kriterium *Unabhängigkeit* der Systemleistung *vom Bewertungswissen des Benutzers*: Der Systemeinsatz erfordert vom Benutzer Bewertungswissen. Die vom System aus den Daten gewonnene Diagnose kann unbrauchbar, irreführend oder gar falsch sein. Hieran können Ungenauigkeiten und Schwankungen in den Daten genauso schuld sein wie Inkonsistenzen im Regelwerk. Diese systemspezifischen Mängel muss der Benutzer erkennen und kompensieren können (vgl. Wittkowski, 1986).

Die beiden folgenden Kriterien beziehen sich auf den Schnittbereich vom Kontext der Organisation und dem Prozess des Problemlösens, insbesondere auf die innerorganisationelle Datenverwaltung.

Kriterium *Erkennen von Relevanz*. Es stellt sich das Problem der Relevanz von Daten: Aus den Daten muss eine aufgabenbezogene Problemstrukur generiert werden, die auch den spezifischen Rahmenbedingungen der Organisation gerecht wird. Ein Experte hat Bereichswissen und Erfahrung innerhalb der Organisation, etwa einer Klinik, und weiß von daher, welche Daten relevant sind (Shanteau, 1987, 1988).

Kriterium *„Updating" bzw. das Beherrschen der Zeitabhängigkeit von Daten*: Insbesondere kunden- oder patientenbezogene Daten sind zeitabhängig. Sie können veralten oder gerade in ihrem zeitlichem Verlauf – etwa bei einer Krankheit – interessant sein. Ein Experte kann zeitliche Verläufe als eigene Information nutzen und führt eine entsprechende Verwaltung der fallbezogenen Daten (vgl. Kahn, Fagan & Tu, 1991).

Randbedingungen der Konzeption

Der Einsatz von „Expertensystemen" wirft in einer Organisation auch weiterreichende Fragen auf, die mit der Konzeption von „Expertensystemen" zusammenhängen. Sie hängen insbesondere mit den Erwartungen an „Expertensysteme" zusammen, falls in der Organisation bestimmte Expertenleistungen von einem System übernommen werden sollen. Fragen der Konzeption von „Expertensystemen" betreffen die Organisationsstruktur oder Unternehmensplanung und müssen von der Unternehmensführung entschieden werden.

In Bezug auf die Rolle des Experten bzw. Benutzers stellt sich die Frage nach der *Offenheit der Probleme*, die ein System bearbeiten kann. Ein Experte ist über die unmittelbare Arbeitsroutine hinaus mit einem vergleichsweise offenen Problembereich mit unerwarteten Problemstellungen konfrontiert (vgl. O'Moore, 1988), innerhalb dessen er auch selbst seine eigene Kompetenz abstecken muss.

An der Schnittstelle von Experte / Benutzer und Organisation stellt sich die Frage der Verantwortlichkeit. Benutzer und Experten generell stehen zur Organisation in einem Verantwortungsverhältnis (vgl. Shanteau 1987, 1988). Wenn nun eine System gewisse Funktionen eines Experten übernimmt, besteht die Gefahr, dass die Verantwortlichkeit für die vom System übernommenen Expertenleistungen unklar wird. Das Kriterium für Systemeinsatz ist hier, dass

Fragen der Verantwortung eindeutig geklärt sind.

Auf Seiten des Managements selbst stellt sich die Frage nach dem *Nutzen von Simulation* von Expertenfunktionen (vgl. Humphreys & Wisudha, 1987): Überwiegt der zu erwartende Nutzen des Einsatzes eines „Expertensystems" die mit dem Einsatz verbundenen Schwierigkeiten, etwa aufgrund mangelnder Akzeptanz durch die Experten, nötiger Umstrukturierung des Arbeitsplatzes etc.? Oder gibt es weniger anspruchsvolle EDV-Alternativen, deren Implementierung in der Organisation problemloser ist?

In Bezug auf die Maschinen- bzw. EDV-Umgebung stellt sich schließlich die Frage nach der *Integrierbarkeit* des Systems (vgl. Frank, 1988). Schwer integrierbare System sind nutzungsunfreundlich und langfristig – bei Systemausfällen oder wenn eine aufwendige Systemumgebung geschaffen werden muss – kostenintensiv.

Das letzte Kriterium hier ist das der *konzeptionellen Unabhängigkeit* von „Expertensystemen". Reicht die Grundkonzeption und -konstruktion von „Expertensystemen" aus, um das gesteckte Ziel, Expertenleistungen zu übernehmen, zu erreichen? Dann ist das „Expertensystem"-Konzept relativ unabhängig von anderen Softwareentwicklungen. In diesem Fall würden sich die in derartige Systeme getätigten Investitionen auszahlen. (Zur Diskussion vgl. Schubert & Krebsbach-Gnath, 1987)

Die konzeptionelle Unabhängigkeit ist relevant für die eher wissenschaftliche Frage, inwiefern das „Expertensystem"-Konzept wirklich eigenständig und neu ist (vgl. z.B. Cobabus, 1988; Feigenbaum, 1988), jedoch für Fragen der Anwendungspraxis eher uninteressant. Das Kriterium „Konzeptionelle Unabhängigkeit" ist im Rahmen einer solchen Fragestellung nach der „Expertensystem"-Konzeption (Mieg, 1989) entwickelt worden und wird hier aus Gründen der Vollständigkeit übernommen.

2.3 Das XPS-Entwicklungs-Profil

Wir haben die Kriterien zu den Aspekten der diagnostischen Expertise zu operationalisieren versucht. Hieraus entstand das sogenannte *XPS-Entwicklungs-Profil*. Jedem der 16 entwickelten Kriterien entspricht eine (Ordinal-)Skala im *XPS-Entwicklungs-Profil*.

Die Operationalisierung erfolgte über die Identifizierung von Argumenten, die sich zu jedem Kriterium finden lassen. Beispiel: Wir betrachteten Aspekte der Problemlöse-Kompetenz eines Experten, hierunter den Aspekt der Selbständigkeit eines Experten und fragten nach dem Grad der Selbständigkeit eines Computersystems; dies führte zum Kriterium der *Autonomie*. Es lassen sich Argumente für oder gegen mögliche System-Autonomie finden. Die Argumente wurden typisiert und danach geordnet, in welchem Ausmaß sie dem System Autonomie konzedieren. Daraus resultierte eine ordinale Struktur der Skalen.

Jede Stufe einer Skala stellt ein typisiertes Argument dar. Es gibt hier grundsätzlich zwei Sorten von Argumenten: deskriptive und normative. Deskriptive Argumente benennen die tatsächliche Situation, normative benennen das Ziel. In der Darstellung des *XPS-Entwicklungs-Profils* erscheinen beide Sorten von Argumenten ungetrennt. Zu jedem Argument wird eine Literaturstelle (bzw. ein Prototyp) genannt, wo dies Argument vertreten oder dargestellt wird.

Jedes der typisierten Argumente wird in einem Begriff zusammengefasst. Im Fall des Kriteriums *Autonomie* lauten die Begriffe z.B.: Handbuch, Softwarebibliothek, Entscheidungshilfe... Abbildung 2 gibt alle Kriterien und Begriffe des XPS-Entwicklungs-Profils wieder. Die Ausformulierung der Begriffe (in der Form typisierter Argumente) findet sich im Anhang.

PSYCHOLOGISCHES

XPS – ENTWICKLUNGS – PROFIL

MIEG/SCHOLZ

SYSTEM: BEURTEILER:

Bereich	Nr.	Kriterium	Skalenstufen
DEFINITION	1	AUTONOMIE des Systems	· Handbuch · Software-bibliothek · Entscheidungshilfe · fachkundige Assistenz · Experte
	2	gegenwärtige ENTWICKLUNGSSTUFE des Systems	· Konzept · Evaluation · gelegentlicher Einsatz · Routine · Interaktion
EXPERTENTUM	3	Hilfe beim PROBLEMFORMULIEREN	· Problem ist vorformuliert · im Dialog zurechtschneiden · Isomorphie · Reformulierung
	4	Fähigkeit zur WISSENSREPRÄSENTATION	· voll spezifisch · erweiterbar · beaufsichtigt · umfassend · erfahrungsfähig
	5	Effektivität im SCHLUSSFOLGERN	· Wissensbasis entscheidend · spezifisches Schlußfolgern nötig · Problemwissen entscheidend · Schließen bei Ungewißheit
	6	FEHLERBEARBEITUNG	· Konfusion · im Dialog · durch Interpreter · Beherrschung
REALISATION	7	'Updating'/Beherrschen von ZEITABHÄNGIGKEIT der Daten	· dem Benutzer überlassen · Statistik-tools nötig · Frage der Software · Beherrschung
	8	KOMMUNIKATIONSFÄHIGKEIT des Systems	· prinzipiell begrenzt · Benutzermodell nötig · Frage der Software · benutzergerecht
	9	TRANSPARENZ des Systems	· intransparent · begründungsschwach · unproblematisch · selbsterklärend
	10	Erkennen von RELEVANZ	· dem Benutzer überlassen · bei konstantem Kontext · bei konstanter Benutzung · bei konstanter Relevanz · Beherrschung
	11	Unabhängigkeit von (Benutzer-) BEWERTUNGSWISSEN	· Statistikkenntnisse & Fachwissen & Bewertungswissen · Fachwissen & Bewertungswissen · Fachwissen Datenverarbeitung
KONZEPTION	12	OFFENHEIT der Probleme	· Forschung · Arbeits-und Entscheidungshilfe · Routine · Alltag
	13	Eindeutigkeit der VERANTWORTUNG	· Gefahr durch Fehlbewertung · beeinträchtigt Akzeptanz · durch Arbeitsplatz bestimmt · eindeutig beim Benutzer
	14	INTEGRIERBARKEIT des Systems	· Revision nötig · Installation · Einpassung · fortdauernde Anpassung
	15	konzeptionelle UNABHÄNGIGKEIT	· uneigenständig · eingebunden · Entwicklungsparallelen · eigenständig
	16	NUTZEN von Simulation	· Gefahr durch Fehleinschätzung · Arbeits- und Entscheidungshilfen · Simulation ohne Autonomisierung · Frage der Akzeptanz · besondere Leistungsfähigkeit

KOMPLEXITÄT   ϟ : grundsätzliches Problem   AI : Simulation hinreichend

// : Parallelverarbeitung nötig   🍎 : Frage der Software

Abbildung 2 links: Das XPS-Entwicklungs-Profil. Es besteht aus 16 Ordinalskalen, die den abgeleiteten Kriterien bzw. Aspekten der diagnostischen Expertise entsprechen (vgl. Abb. 1). Die Skalen sind vier Bereichen zugeordnet. Zusätzlich aufgenommen ist das Kriterium der Komplexität (eine Nominalskala). Auf der rechten Seite finden sich die Kurzbezeichnungen der Skalenstufen.

3. Empirische Untersuchungen

3.1 Studie: Test-theoretische Güte des XPS-Entwicklungs-Profils

a) Methode

Das *XPS-Entwicklungs-Profil* wurde in der vorliegenden Form als Fragebogen gefasst (s. Anhang). Mit diesem Fragebogen sollten kompetente Beurteiler ein ihnen gut bekanntes System beurteilen.

Inter-Rater-Reliabilität

Wir berechnen die Reliabilität mit der Verallgemeinerung einer Formel nach Weymann (s. Lisch & Kriz, 1978, S. 90), die einen Wert z liefert.

$$\bar{z} = \frac{2}{N \cdot (N-1)} \sum_{\substack{1 \leq i,j \leq N \\ i \neq j}} \frac{\ddot{u}_{ij}}{k_{ij}}$$

Dieses Maß z misst für insgesamt N Beurteiler die mittlere Häufigkeit der Übereinstimmungen von je zwei Beurteilern i und j .

Wir berechnen den Wert z für das gesamte *XPS-Entwicklungs-Profil* sowie für jede seiner Skalen. Auf den z-Wert lässt sich ein einfacher einseitiger Signifikanz-Test anwenden, der die Abweichung des empirisch ermittelten z-Wertes vom z-Wert bei zufälligen Übereinstimmungen prüft. Daneben berechnen wir die Reliabilität des *XPS-Entwicklungs-Profils* nach einer Formel von Horst, beschrieben bei Lienert (1969, S. 301).

Prüfung der Ordinalität der Skalen

Die Skalen des *XPS-Entwicklungs-Profils* haben ordinale Struktur. Es gibt wenigstens zwei Wege, diese Skaleneigenschaft zu prüfen. Der direkte Weg wäre, für jede Skala des *XPS-Entwicklungs-Profils* die Skalenstufe von Experten ordnen zu lassen. Der Nachteil dieses Verfahrens liegt darin, dass die Prüfung der Skalierung abstrakt ist und nicht an einem konkreten Beispiel eines zu bewertenden Systems erfolgen würde.

Wir haben deshalb den indirekten Weg gewählt und baten die Beurteiler, nicht nur eine beste (charakterisierende) Antwort je Skala des XPS-Entwicklungs-Profils zu geben, sondern die weiteren Antwortvorgaben je Skala danach zu ordnen, wie gut sie das zu beurteilende System charakterisieren; dies ergab je Skala und Beurteiler eine Rangordnung der vorgebenen Skalenstufen.

Als erstes untersuchen wir innerhalb jeder Skala die Urteilskonkordanz nach Kendall, die als ein Aspekt der Reliabilität aufgefasst werden kann. Zur Ermittlung der Ordinalität benutzen wir ein Verfahren, welches auf die Konstruktionsgrundlagen von Kendalls Tau zurückgeht und auf die systembezogenen empirischen Beurteilungen Rücksicht nimmt. Wir beschreiben die Konstruktion an fiktiven Beispielen:

Gegeben sei eine Skala mit den vier Stufen A, B, C und D, für die N Beurteiler Rangplätze verteilt haben. Zwei Fälle sind zu unterscheiden. Fall 1: Der niedrigste (d.h. beste) Rangplatz liegt „außen“, auf Kategorie A oder D. Fall 2: Der niedrigste Rangplatz liegt „in der Mitte, auf B oder C. Im konkreten Fall könnten z.B. folgende mittlere Rangplätze von den Beurteilern gegeben worden sein:

Fall-Beispiel (a) 1.7 2.3 3.3 2.7

Für Beispiele von Typ (a) lässt sich die Anzahl der Inversionen berechnen, die man benötigt, um die Rangplätze in eine aufsteigende oder absteigende Rangreihe zu bringen. Im Beispiel zu Fall (a) müssten die Werte 2.7 und 3.3 vertauscht werden. Im ungünstigsten Fall sind für Reihungen von Typ (a) 3 Inversionen nötig. Im Fall zufälliger Reihungen von Typ (a) sind 1.5 nötige Inversionen zu erwarten.

Fall-Beispiel (b) 2.3 1.7 3.3 2.7

Im Beispiel (b) ist höchstens eine Inversion zur Herstellung einer „idealen“ Rangreihe nötig (zu berücksichtigen ist hier, dass der „Beurteilungsschwerpunkt“ auf B liegt).

In diesem fiktiven Beispiel hat das System die Eigenschaft entsprechend Stufe B. Folglich besitzt die Kategorie A einen höheren (gemittelten) Rangplatz. Da die Skala Ordinalstruktur hat, kann der Rangplatz von A nicht mit anderen verglichen werden. Lediglich die Rangplätze der Stufen C und D können verglichen und vertauscht werden. Im Fall zufälliger Reihungen von Typ (b) sind 0.5 Inversionen zur Herstellung einer „idealen“ Ordinalskala zu erwarten.

Fall-Beispiel (c) 2.0 2.0 3.3 2.7

Beispiel (c) lässt keine eindeutige Festlegung zu, da die Stufen A und B verbunden sind (ein Tie darstellen). Wir wählen für diesen Fall ein konservatives Vorgehen, indem wir von dem ungünstigeren Fall ausgehen, dass Stufe B einen niedrigeren (d.h. besseren) Rangplatz erhält als Stufe A.

Im Typ a) wie im Typ b) beträgt die Zufalls-Wahrscheinlichkeit für nötige Inversionen p=0.5. Mit einem Binomialtest lässt sich auf diese Weise prüfen, ob die von den Beurteilern gegebenen empirischen Ranglätze mit der ordinalen Skalenstruktur korrelieren.

b) Untersuchte Systeme

Es wurden die zwei Systeme untersucht, die an der Universität Mannheim an den betriebswirtschaftlichen Lehrstühlen entwickelt werden. Es handelt sich zum einen um ein *Expertensystem zur Bilanzpolitik*, ein regelbasiertes System, entwickelt am Lehrstuhl für Allgemeine Betriebswirtschaftslehre, Treuhandwesen und betriebliche Steuerlehre (vgl. Jacobs, 1989). Dieses System ist für den kommerziellen Vertrieb geplant.

Das zweite System heißt *Trendexpert*, ein nicht-regelbasiertes, klassifizierendes System zur Trenddiagnose, entwickelt am Lehrstuhl II für Wirtschaftsinformatik.

c) Stichprobe

Die Stichprobe bestand aus kompetenten Systemexperten für die jeweiligen Systeme. Diese wurden von den verantwortlichen wissenschaftlichen Mitarbeitern ausgesucht. Außer der hinreichenden System-Kenntnis gab es - von unserer Seite - kein weiteres Kriterium für die Wahl der Beurteiler.

d) Design und Durchführung

Im Juli 1990 wurden für jedes System 12 Fragebogen ausgegeben. Alle Beurteiler erhielten 10 DM.

Bis Ende 1990 kamen insgesamt 18 Fragebogen zurück, 8 für das *Bilanzpolitik-XPS*, 10 für *Trendexpert* (Rücklaufquote 75%). Ein Beurteiler (für das *Bilanzpolitik-XPS*) sandte einen sehr unvollständig ausgefüllten Fragebogen mit umfangreichem Kommentar zurück. Darauf werden wir im Diskussionsteil eingehen.

e) Ergebnisse

Inter-Rater-Reliabilität

Für das *Bilanzpolitik-XPS* erhalten wir einen mittleren Wert z von .44 (p<.05), für *Trendexpert* einen Wert z von .39 (p<.05).

Eine Einschätzung zur Größe dieser Werte gewinnt man, wenn man Vergleichswerte heranzieht. Als Vergleichswert kann einerseits der Erwartungswert von z dienen. Bedeutsam ist andererseits der Vergleich mit dem Wert (z'), der sich in dem folgenden günstigen Fall (d) ergibt.

Fall (d): Angenommen der „wahre" Wert eines Systems liegt zwischen zwei Stufen einer Skala. In diesem Fall würde jede der beiden Stufen mit gleicher Wahrscheinlichkeit von Beurteilern als die „richtige" gewählt; die Hälfte der Beurteiler würde sich für die eine Stufe entscheiden, die andere Hälfte der Beurteiler für die andere Stufe.

System	B	T
N	7	10
z	.44	.39
EW(z)	.20	.22
z'	.43	.44
p [Werte>=z]	<=.01	<=.05
rHorst	.52	.62

Tabelle 1: Reliabilität (Urteilskonkordanz) des XPS-Entwicklungs-Profils

Anmerkungen. B: Bilanzpolitik-XPS, T: Trendexpert. N: Stichprobengröße, z: Wert nach Weymann (vgl. Lisch & Kriz, 1978, S. 90), EW(z): Erwartungswert für z, z': z-Wert für den Fall, dass der „wahre" Wert des Systems zwischen zwei Stufen liegt (vgl. Text), p[Werte>=z]: Wahrscheinlichkeit für den erhaltenen z-Wert (bzw. einen noch höheren z-Wert), rHorst: Reliabilitätswert nach Horst (vgl. Lienert, 1969, S. 301).

Tabelle 1 zeigt die erhaltenen z-Werte zusammen mit den Vergleichswerten. Zusätzlich ist der Reliabilitätswert nach HORST angegeben. Die Inter-Rater-Reliabilität liegt im Bereich des Vergleichswertes z' und deutlich über dem Erwartungswert; die Reliabilität des *XPS-Entwicklungs-Profils* kann damit als gesichert angesehen werden.

Tabelle 2 zeigt die Reliabilitäts-Werte für die einzelnen Skalen. Dort findet sich erstens der mittlere z-Wert für jede Skala, der den Anteil der Übereinstimmungen zwischen Paaren von Beurteilern angibt, gemessen an der Zahl aller möglichen Paarungen. Zweitens finden sich in Tabelle 2 die Konkordanzwerte W nach Kendall. Für die sechs Skalen Nr. 7, 8, 10, 13, 14 und 15 gelingt bei mindestens einem der beiden Systeme weder der Signifikanztest für den z-Wert noch für den Konkordanz-Wert W. Sofern man gewisse Schwankungen der Werte für die Inter-Rater-Reliabilität den untersuchten Systemen zurechnen kann, verbleiben zwei Skalen, die deutliche Schwächen aufweisen. Dies sind die beiden Skalen 8 (Kommunikationsfähigkeit) und 14 (Integrierbarkeit), für die sich unter keiner der untersuchten Bedingungen Signifikanzen ergeben.

Skalen	z-Werte		Kendall-W		
	System		System		
	B	T	B	T	B & T
1	1**	.80**	.83**	.51**	.57**
2	43*	.62**	.47*	.51**	.36**
3	.48*	31	.48*	.59**	.47**
4	.33*	.47**	.67**	.64**	.62**
5	.24	.49**	.53*	.41**	.29**
6	.71**	.36	.51*	.76**	.54**
7	.71**	.27	.62**	.04	.15
8	.19	.27	.14	.16	.15
9	.52**	.31	.71**	.39**	.47**
10	.19	.40**	.12	.46**	.29**
11	.52**	.36	.73**	.56**	.63**
12	.27	38*	.67**	49**	.46**
13	.43*	.29	.51*	.16	.28*
14	.19	.22	.12	.01	.04
15	.33	.27	.12	.36*	.17*
16	.43*	.47**	46*	.43**	.37**

Tabelle 2: Reliabilitätswerte für die einzelnen Skalen des XPS-Entwicklungs-Profils (Urteilskonkordanz)

Anmerkungen: B: Bilanzpolitik-XPS, T: Trendexpert. z-Werte nach Weymann (vgl. Lisch & Kriz, 1978, S. 90).

* $p < .05$ ** $p < .01$

Skalen	System														
	B					T					B & T				
	A	B	C	D	E	A	B	C	D	E	A	B	C	D	E
1	3.7	2.4	1.0	3.0	4.9	4.2	3.3	1.2	2.8	3.5	4.0	2.94	1.1	2.88	4.1
2	3.5	2.0	1.7	3.8	4.0	2.6	1.2	3.7	3.5	4.0	2.9	1.5	2.9	3.6	4.0
3	2.7	1.3	2.6	3.4		1.7	1.9	2.5	3.9		2.1	1.7	2.5	3.7	
4	3.1	1.7	2.0	3.1	5.0	2.7	1.5	3.0	2.8	5.0	2.88	1.6	2.6	2.94	5.0
5	1.9	2.4	1.9	3.9		3.2	2.8	1.3	2.7		2.7	2.7	1.5	3.1	
6	3.0	1.1	2.7	3.1		1.8	1.5	2.7	4.0		2.3	1.4	2.7	3.7	
7	1.1	2.4	2.9	3.6		2.4	2.6	2.2	2.8		1.9	2.53	2.47	3.1	
8	3.0	2.7	2.4	1.9		3.2	2.6	2.1	2.1		3.1	2.7	2.2	2.0	
9	4.0	2.4	1.4	2.1		3.5	1.9	1.8	2.8		3.7	2.1	1.7	2.5	
10	2.9	2.4	2.6	3.6	3.6	3.0	2.1	1.8	3.8	4.3	2.9	2.2	2.1	3.7	4.0
11	3.6	1.9	1.3	3.3		3.6	1.9	1.5	3.0		3.6	1.9	1.4	3.1	
12	3.8	1.8	1.5	2.8		2.9	1.4	2.2	3.5		3.3	1.6	1.9	3.3	
13	3.4	3.1	1.9	1.6		2.9	3.0	2.0	2.1		3.12	3.06	1.94	1.88	
14	3.1	2.4	2.1	2.3		2.6	2.6	2.3	2.5		2.8	2.5	2.2	2.4	
15	2.7	2.3	3.0	2.0		3.5	2.7	2.0	1.8		3.2	2.5	2.4	1.9	
16	3.6	1.6	2.1	3.7	4.0	3.2	3.0	1.4	3.1	4.3	3.4	2.4	1.7	3.4	4.2

Tabelle 3: Empirische Rangplätze der Stufen der XPS-Entwicklungs-Profil-Skalen
Anmerkungen: Aufgeführt sind die arithmetischen Mittel der Rangplätze, gerundet auf eine Stelle hinter dem Komma. In den Fällen, wo die Rundung Unterschiede verwischen würde, werden die Rangplatz-Mittel mit zwei Stellen hinter dem Komma aufgeführt. Unterstrichen ist der jeweils niedrigste (d.h. beste) empirisch ermittelte Rangplatz. B: Bilanzpolitik-XPS, T: Trendexpert.

Prüfung der Ordinalität der Skalen

In Tabelle 3 sind die mittleren Rangplätze für die Stufen der jeweiligen Skalen angegebenen. Tabelle 4 enthält die zugehörigen Binomialtests. In der ersten Spalte finden sich die Ergebnisse, wenn man prüft, wie viele Paare von Stufen (über alle Skalen betrachtet) im Sinn der vorhergesagten Skalen-Ordnung sind. Ein Einwand gegen diese Art von Test könnte sein, dass die Skalen-Ordnung den Beurteilern auf dem Fragebogen vorgegeben war und insofern Übereinstimmungen zwischen Vorgabe und Beurteilung zu erwarten sind. Diesem Einwand kann man entgegenkommen, indem man die Binomialtests auf die Skalen beschränkt, bei denen die häufigste erste und beste Antwort nicht auf ein Skalenende fällt; in diesem Fall gibt die Fragebogenskala nicht unmittelbar die Ordnung vor. Die Ergebnisse der entsprechenden Binomialtests sind in der zweiten Spalte von Tabelle 5 wiedergegeben. Der Binomial-Signifikanz-Test liefert auch in diesem Fall signifikante Werte.

System	Alle Skalen	iS-Skalen
B	5/33 **	1/17 **
T	6/29 **	5/20 *
B & T	2/31 **	1/19 **

Tabelle 4: Binomialtest der Skalenordnung des XPS-Entwicklungs-Profils

Anmerkungen: Die Tabelle gibt in der linken Spalte das Verhältnis nötiger Inversionen zu den insgesamt möglichen Inversionen wieder (mit p=0.5 ist ein Inversion zufällig nötig). In der rechten Spalte sind nur Skalen mit „internem Schwerpunkt" (iS) berücksichtigt, d.h. der niedrigste (d.h. beste) Rangplatz des Systems liegt nicht am oberen oder unteren Skalenende (bei Uneindeutigkeit wird von der schlechtesten Beurteilung ausgegangen). B: Bilanzpolitik-XPS, T: Trendexpert.

* $p < .05$ ** $p < .01$

f) Diskussion

Das XPS-Entwicklungs-Profil kann als reliables Instrument betrachtet werden. Die Skalenordnung ist ordinal.

Zwei Skalen scheinen jedoch aus test-theoretischer Sicht deutlich schwächer als die übrigen Skalen zu sein. Es handelt sich um Skala 8 (Kommunikationsfähigkeit) und Skala 14 (Integrierbarkeit).

Bei Skala 8 fällt auf, dass die Kommunikationsfähigkeit jedes untersuchten Systems extrem unterschiedlich beurteilt werden kann: nämlich als sowohl „prinzipiell begrenzt" als auch als „benutzergerecht". Dies entspricht auch einem Kritikpunkt, der von Seiten der Beurteiler geäußert wurde: Es sei nicht klar, wer als Benutzer oder Anwender eines Systems gelten könne. Sofern sich die Beurteiler (unserer Stichprobe) selbst als Benutzer ansehen, ist das System „benutzergerecht", denn sie sind in der Regel EDV-Fachleute und haben von daher mit dem System keine Kommunikationsprobleme. Betrachtet man hingegen potentielle kommerzielle Benutzer, so könnte die Kommunikationsfähigkeit anders zu beurteilen sein. Insofern kann die Schwäche von Skala 8 stichprobenspezifisch sein.

Diese Unklarheit, wer eigentlich Benutzer oder Anwender des Systems ist oder sein kann, trifft aber so gut wie alle „Expertensysteme" bzw. das gesamte Konzept. Die Kommunikationsfähigkeiten eines Systems mögen sich je nach Benutzerart anders darstellen.

Ernster scheint die Schwäche von Skala 14 (Integrierbarkeit) zu sein. Die einzelnen Skalenstufen sind nach den durchschnittlichen Rangplätzen kaum zu unterscheiden. Hier wiegt umso schwerer, dass es sich bei Stichprobe um EDV-Fachleute handelte, die die Integrierbarkeit sinnvoll einzuschätzen in der Lage sein müssten. Eine Neuskalierung erscheint ratsam.

3.2 Fallstudie: Servolip / Autoklas

Eine Fallstudie an zwei „Expertensystemen" soll die Anwendung des *XPS-Entwicklungs-Profils* auf der Grundlage unterschiedlichen Datenmaterials verdeutlichen.

a) Methode

Grundsätzlich gibt es wenigstens drei verschiedene Informationsquellen, die Aufschluss über die Leistung eines „Expertensystems" bieten. Diese sind: erstens die Vertreiber des Systems; zweitens die Benutzer; und drittens, nicht zuletzt, die Experten des betreffenden Fachgebiets (etwa medizinische Fachexperten), die sich mit dem System hinreichend beschäftigt haben. Für diese Informationsquellen wählen wir unterschiedliche Methoden der Datenerhebung.

Inhaltsanalyse
Die Inhaltsanalyse dient der Analyse von Vertreiber-Prospektmaterial. Ihre Anwendung ist insofern unproblematisch, als hier Informationen so präsentiert werden, dass sie den Charakter offener und sachbezogener Nachrichten gewinnen. Die vorgenommene Inhaltsanalyse orientiert sich an Übereinstimmungen in Wortlaut (und Konnotation) des analysierten Texts mit der Beschreibung der Skalen des *XPS-Entwicklungs-Profils.*

Fragebogen

Die Befragung der Fachexperten erfolgt mit einem Fragebogen. Die Kriterien des *XPS-Entwicklungs-Profils* können als Fragen operationalisiert werden. Die Skalenstufen (typisierte Argumente) des *XPS-Entwicklungs-Profils* werden als Wahlantworten vorgegeben. Auf diese Weise entstand ein strukturierter Fragebogen.
Man kann die Befragten anweisen, die Wahlantworten zu ordnen, und zwar in der Reihenfolge, in der die Antworten auf das jeweilige System zutreffen. Zum einen setzen sich auf diese Weise die Befragten intensiver mit den Fragen auseinander. Zum anderen erhalten wir zusätzliche Informationen darüber, wie die Befragten die Skalen wahrnehmen.

Die Konstruktion und Validierung des Fragebogens folgt den üblichen Kriterien (vgl. Wellenreuter, 1982; Kreutz & Titscher, 1974). Der Fragebogen wurde von einem unabhängigen Psychologen begutachtet.

Interview

Die Befragung der Benutzer erfolgt in einem Interview. Das *XPS-Entwicklungs-Profil* dient hierbei zur Strukturierung des Interviews. Voraussetzung für den Interview-Einsatz des *XPS-Entwicklungs-Profils* ist, dass der Interviewer hinreichende Kenntnisse über Computernutzung hat, um die Fragen sinnvoll stellen und erläutern zu können.

Abhängige Variablen

Im Rahmen der statistischen Möglichkeiten vergleichen wir Informationsquellen und Systeme.

Um die Analyse thematisch auszurichten, werden exemplarisch zwei reliable Einzelskalen und ein Summenscore betrachtet, der die Fragestellung „Expertensystem" versus Entscheidungshilfe empirisch zugänglich macht. Bei den beiden untersuchten Skalen des *XPS-Entwicklungs-Profils* handelt es sich um Skala 3 (Hilfe beim Problemformulieren) und 10 (Erkennen von Relevanz). Der Summenscore nutzt eine vereinfachte Lesart der Skalen des *XPS-Entwicklungs-Profils*: Je höher die erreichte Skalenstufe, umso mehr wird die betreffende Leistung vom Computersystem erbracht und nicht dem Benutzer überlassen. Wir bewerten empirische Systembeurteilungen als „Expertensystem-typisch" (ES), wenn auf der betreffenden Skala die Beurteilung mindestens von zweithöchster Stufe ist; oder als „Entscheidungshilfe-gemäß" (EH), wenn die Beurteilung mindestens von zweitniedrigster Stufe ist. Die beiden Wertungen ES und EH überlappen sich und stellen vereinfachende pragmatische Festlegungen dar. Liegt eine Beurteilung auf unterster Kriteriums-Stufe, so scheint das beurteilte System mit Hinblick auf das Kriterium unbrauchbar.

b) Untersuchte Systeme

Es wurden zwei „Expertensysteme" untersucht, *Servolip* und *Autoklas*.

Servolip ist ein Computerprogramm zur Befunderstellung bei Fettstoffwechselstörungen. Das Programm benötigt die Labordaten über die Anteile von Fetten im Blut des betreffenden Patienten. Es ist dabei auf ein bestimmtes Verfahren zur Blutserumsanalyse angewiesen, nämlich die sogenannte quantitative Lipoprotein-Elektrophorese (vgl. Eger, 1988). Neben den Labordaten werden weitere Faktoren – wie etwa Bluthochdruck, Rauchen, Diabetes – berücksichtigt und schließlich ein Therapievorschlag erstellt.

Servolip ist ein regelbasiertes System. Der Shell bzw. Schlussmechanismus von *Servolip* ist *PRO.M.D.*, ein von Trendelenburg entwickeltes „Prolog-System zur Unterstützung medizinischer Diagnostik" (vgl. Trendelenburg, 1986; Trendelenburg & Pohl, 1988). Die Wissensbasis wurde von einem Fachmann für Fettstoffwechsel erstellt und ist eine

Umsetzung seines speziellen Expertenwissens. *Servolip* wird von der IMMUNO GmbH, Heidelberg, vertrieben.

Im Gegensatz zu *Servolip* arbeitet *Autoklas* über Mustererkennung. Auch ist *Autoklas* bislang nur ein Shell; erste Anwendungsversuche gab es u.a. in der klinischen Chemie und der Psychiatrie (zur Kritik vgl. Haux, 1988c). Autoklas wird von Dr. Schindler + Partner, Riesweiler, vertrieben. Der Algorithmus von *Autoklas* wird von Schindler, dem Entwickler, nicht preisgegeben (vgl. Schindler, 1985; Näheres bei Haux, 1988c).

c) Datenmaterial und Stichprobe

Materialien für die Inhaltsanalyse

Für *Servolip*:

(1) „Servolip - Das Expertensystem zur Fettstoffwechseldiagnostik", eine kurze, einspaltige Anzeige in der Zeitschrift MTA (1988)

(2) Der Werbeartikel „Ohne umfassende Diagnostik keine erfolgreiche Therapie" (1988), erschienen in einem Medica-Informationsblatt.

(3) Die Systembeschreibung von Eger (1988).

(4) Das „Handbuch Servolip 3.1" (o.J.)

Die beiden zuletzt genannten Quellen (3) und (4) lagen der Informationsmappe der IMMUNO GmbH Heidelberg bei (Stand: Frühjahr 1989). Daneben fanden sich dort ein Anamnesebogen zur Bestimmung des Fettstoffwechselstatus'; zwei Beispiele für Befunde, wie sie *Servolip* erstellt; sowie in Kopie eine Dissertation mit der Evaluation einer Programmvariante von Servolip.

Für *Autoklas*:

(1) Der Prospekt „Das Expertensystem Autoklas" (Dr. Schindler + Partner, o.J.b)

(2) Ein Informationsblatt (Schindler, o.J.b)

(3) Die Systembeschreibung von Schindler (o.J.a)

(4) Ein Text über die Möglichkeiten der medizinische Anwendung von *Autoklas* (Reißner, o.J.)

(5) Eine Personenbeschreibung Schindlers, erschienen in der Zeitschrift „Chip" („Experte für Expertenwissen", 1988)

Sämtliche Texte finden sich in einer Mappe, die zu Werbezwecken verschickt wird (Stand: Frühjahr 1989). Darüberhinaus enthält die Mappe drei Anwendungsbeispiele aus der Medizin.

Experten

Für *Servolip*: Ein Fachvertreter für Medizin, Entwickler der *Servolip*- Wissensbasis.
Für *Autoklas*:

i. Eine Göttinger Dozentin für medizinische Informatik.
ii. Ein Berliner Mediziner, der die längste Erfahrung mit Autoklas zu haben scheint.

Benutzer

Für *Servolip* und *Autoklas* sind die Benutzer jeweils ein Fachmediziner aus dem Bereich der klinischen Chemie. Jeder von beiden versucht, in seinem Arbeitsbereich das jeweilige System zum Einsatz zu bringen.

d) Design und Durchführung

Jede der drei Informationsquellen - Vertreibermaterialien, Benutzer und Fachexperten – wird mit der für sie angemessenen Erhebungstechnik untersucht. Es werden (i) inhaltsanalytisch die Vertreibermaterialien analysiert, (ii) die Benutzer interviewt und (iii) die Experten mittels Fragebogen schriftlich befragt. Zusätzlich erfolgt eine *XPS-Entwicklungs-Profil*-Beurteilung der Systeme durch die beiden Autoren. Die schriftliche Befragung der Experten sowie die persönliche Befragung der Benutzer erfolgten im Frühjahr 1989.

e) Ergebnisse

Die Abbildung 3 zeigt die Bewertungen der beiden Systeme gemäß den untersuchten In-formationsquellen. Wie man deutlich ersehen kann, liegen die Wertungen, die von den Vertreibern Immuno bzw. Schindler im Prospektmaterial vermittelt werden, über denen der Experten und diese tendenziell über den Wertungen der Benutzer. Am niedrigsten sind die psychologischen Wertungen der Autoren, die sich in ihrem Urteil jedoch nicht sehr von den Benutzern unterscheiden.

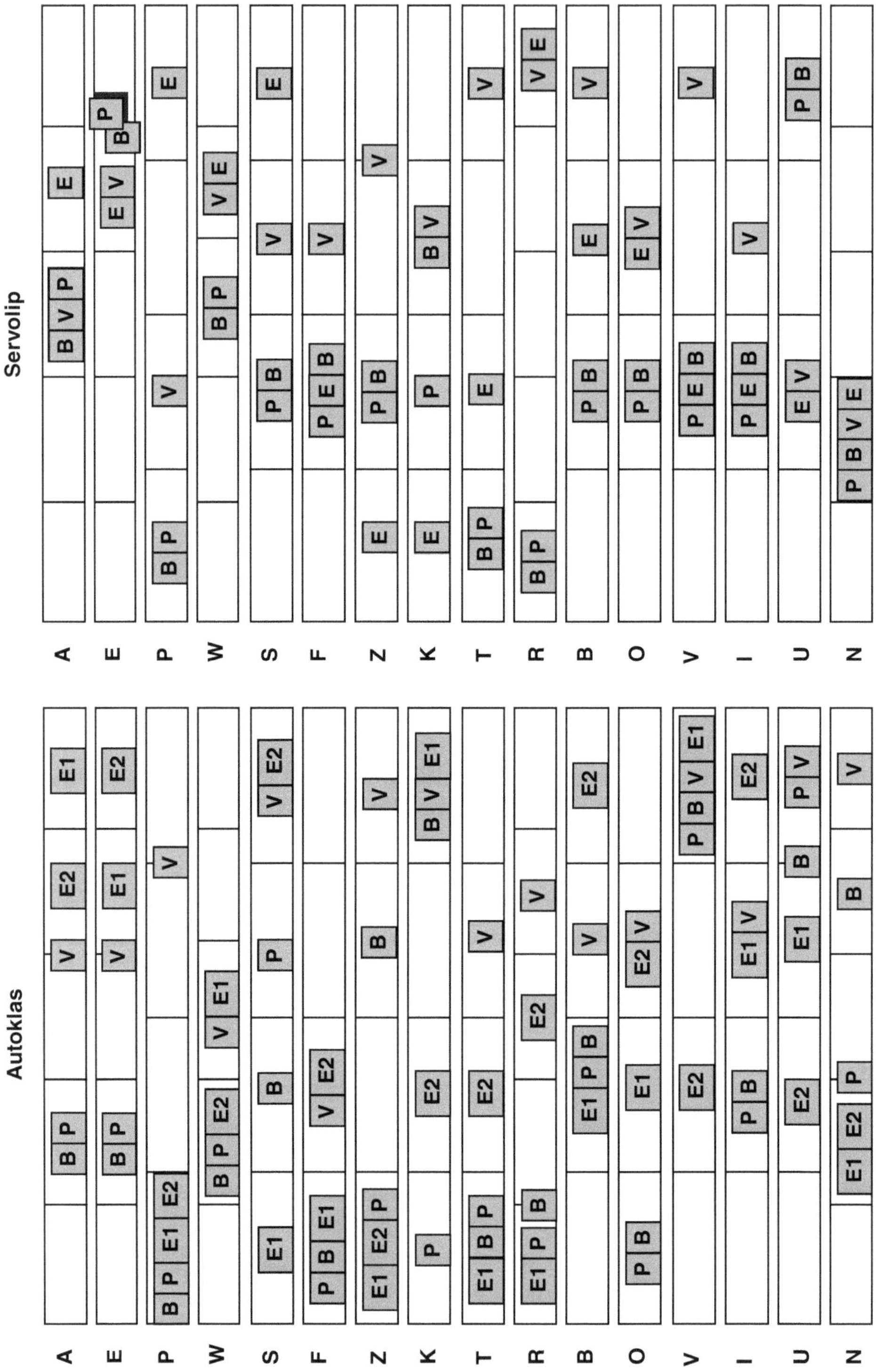
Servolip
Autoklas

Abbildung 3 links: Beurteilungen der Systeme Servolip (oben) und Autoklas (unten) von Vertreibern (V), Fachexperten (E), Benutzern (B) und Autoren/psychologische Beurteilung (P) mithilfe des XPS-Entwicklungs-Profils

Aufgrund des geringen Umfanges von „Beobachtungen" und des niedrigen Skalenniveaus steht für einen inferenzstatistischen Vergleich von Informationsquellen und Systemen kein passendes Verfahren zur Verfügung. Einen – gleichwohl nicht inferenzstatistisch interpretierbaren – Einblick in die Stärke der Unterschiede erhält man, wenn man die Ordinalskalen auf Null-Eins-Skalen projeziert und diese mittels parametrischer oder nicht-parametrischer Varianzanalyse auswertet. Betrachtet man zum Zweck der Exploration alle Beurteilungen aus einer Informationsquelle als unabhängig, dann ergibt sich für eine Varianzanalyse mit den Faktoren „Informationsquelle" und „System" ein signifikanter Effekt des Faktors „Informationsquelle" ($F = 7.57$, $p < .001$); d.h. je nach Informationsquelle - Vertreiber, Experten, Benutzer - fällt die Wertung unterschiedlich hoch aus. Dies Ergebnis lässt sich mit nicht-parametrischen Methoden bestätigen.

Auch zu den genannten Themen „Probleme formulieren" und „Erkennen von Relevanz", bei denen sich Schwierigkeiten für „Expertensysteme" ergeben, sind lediglich deskriptiv interpretierbare Analysen möglich. In Abbildung 4a finden sich die Perzentilkurven für die normierten Urteile der Skalen „Probleme formulieren" und „Erkennen von Relevanz". Die Fähigkeiten der untersuchten Systeme, Probleme zu formulieren, werden als gering beurteilt. Lediglich die Vertreiber-Wertungen und das (Fachmediziner-)Expertenurteil für *Servolip* gehen über die niedrigste Kategorie hinaus. Der Experte und die Vertreiber von *Servolip* vergeben für dieses System für die Fähigkeit zum Erkennen von Relevanz die „höchste" Wertung. Ferner liegt die Wertung eines Experten sowie Vertreibers und des Benutzers für *Autoklas* über dem untersten Skalenwert. Insgesamt vier der neun Beurteilungen der Fähigkeit zum Erkennen von Relevanz fallen in die niedrigste Kategorie „Dem Benutzer überlassen". Was die Befähigung zum Problemformulieren angeht, so erscheinen sechs der neun Urteile in der Kategorie „Problem ist vorformuliert", die zuunterst steht.

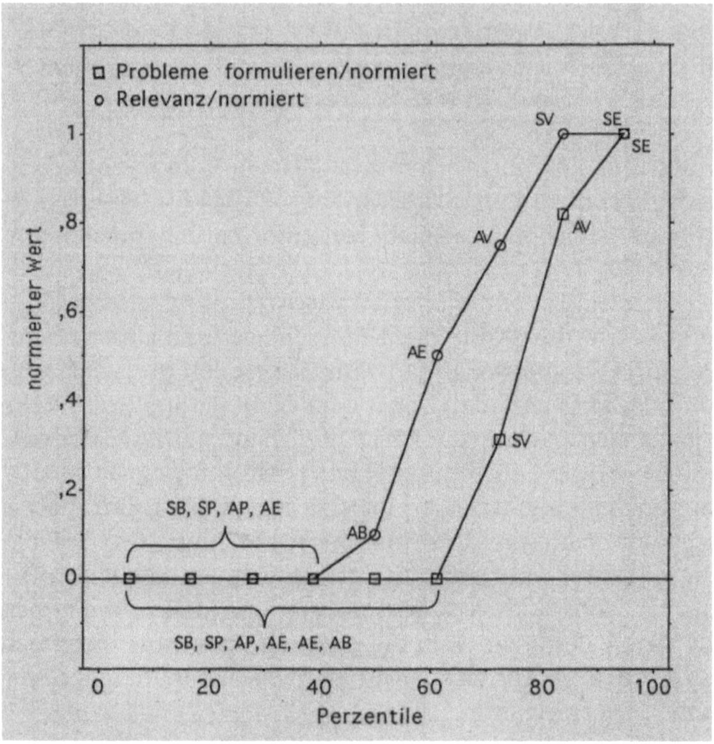

Probleme formulieren/normiert
Relevanz/normiert
normierter Wert
Perzentile
SB, SP, AP, AE
SB, SP, AP, AE, AE, AB

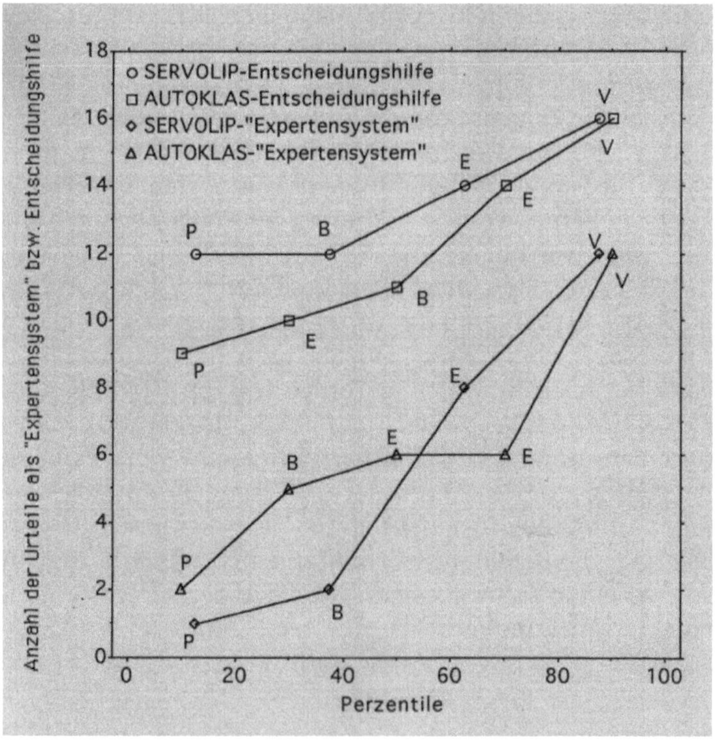

SERVOLIP-Entscheidungshilfe
AUTOKLAS-Entscheidungshilfe
SERVOLIP-"Expertensystem"
AUTOKLAS-"Expertensystem"
Anzahl der Urteile als "Expertensystem" bzw. Entscheidungshilfe
Perzentile

Abbildung 4 links: Perzentilkurven für die Urteile von Vertreibern (V), (Fach-) Experten (E), Benutzern (B) und Autoren/psychologische Beurteilung (P) für die Systeme Servolip (S) und Autoklas (A): Abbildung 4a für die Skalen „Hilfe beim Problemformulieren" und „Erkennen von Relevanz", Abbildung 4b für die Anzahl der Beurteilungen als „Expertensystem" und Entscheidungshilfe

Für die Frage: Entscheidungshilfe oder Expertensystem? werden die Ergebnisse ähnlich dargestellt.

Abbildung 4b zeigt die Perzentilkurven für die die beiden genannten Klassifikationen (ES und EH). Bei beiden Systemen finden die Informationsquellen in der gleichen Reihenfolge. Lässt man die Vertreibermeinung außer Acht, so werden bei beiden Systemen weniger als die Hälfte der sechszehn Kriterien als „expertensystemhaft" eingestuft. Deutliche Unterschiede zwischen den Systemen lassen sich nicht finden. Jedoch zeigt *Servolip* bei allen Beurteilungen für mindestens 75% der Skalen die Eigenschaften eines Systems zur Entscheidungshilfe.

f) Diskussion

Die Informationsquellen: Vertreiber, Benutzer, (medizinischer) Fachexperte

Die Ergebnisse zeigen deutliche Unterschiede, je nachdem welche Informationsquelle zu Rate gezogen wird. Die Beurteilungen der Vertreiber liegen deutlich über denen der Fachexperten. Die Beurteilungen der Fachexperten liegen nach Maßgabe des *XPS-Entwicklungs-Profils* über den System-Beurteilungen der Benutzer. Auch wenn es nicht einer gewissen Zirkularität der Argumentation entbehrt, können die von uns untersuchten Typen von Urteil – Vertreiber, Fachexperten und Benutzer – dazu dienen, die befragten Beurteiler diesen Typen zuzuordnen. Insbesondere beim *Servolip*-Fachexperten liegt der Verdacht nahe, dass Vertreiberinteressen seine Antworten leiteten.

Als nützlich erwies sich die Inhaltsanalyse der Vertreiberprospekte. Auch wenn kein Einblick in die „wahren" Fähigkeiten der Systeme erwartet werden kann, so offenbart doch eine inhaltliche Analyse mit den Kategorien des *XPS-Entwicklungs-Profils* die besondere Ausrichtung und die angestrebten Eigenschaften des Systems.

Zum Vergleich von Servolip und Autoklas

Servolip und *Autoklas* verkörpern zwei verschiedene Typen von Computersystemen. *Servolip* ist regelbasiert, wie es die Grundkonzeption der „Expertensysteme" vorsieht. *Autoklas* auf der anderen Seite arbeitet probabilistisch und über Mustererkennung.

Servolip steht einer wirklichen Anwendung näher als *Autoklas*. Dieser globale Eindruck, den die Autoren nach Bekanntschaft mit den Systemen gewannen, wird durch die Untersuchung mittels des *XPS-Entwicklungs-Profils* bestätigt.

Interessant ist, dass in einigen Kriterien, die charakteristisch für bisherige „Expertensystem"-Konzepte scheinen („Schlussmechnismus", „Unabhängigkeit des Konzepts", „Nutzen von Simulation"), *Autoklas* bei den untersuchten Informationsquellen besser als *Servolip* beurteilt werden muss. Jedoch ist zu erwarten, dass – wie auch die Erfahrung mit ähnlichen Instrumenten im bankwirtschaftlichen Bereich lehrt (Scholz, 1991) – die eigentlichen Probleme erst mit wirklichen Anwendungsversuchen auftauchen, z.B. die Frage der Verantwortung, die Schwierigkeiten des Systems in der Kommunikation mit den Benutzern oder deren mangelnde Fähigkeit, Systemleistungen zu bewerten.

Insbesondere dürfte die Intransparenz von *Autoklas* bei manchem Benutzer eine mangelnde Bereitschaft, das System wirklich zu nutzen, nach sich ziehen. Es ist bekannt, dass Ärzte von einem System vor allem eine Erklärung für Systementscheidungen verlangen (vgl. Teach & Shortliffe, 1984) und erwarten, dass diese nachvollziehbar ist. Verständlich ist, dass Ärzte Entscheidungen nicht aus ihrer Hand geben möchten. Bei *Servolip* hat dies bereits Auswirkungen gezeitigt, und zwar ging die Entwicklung von *Servolip* in Richtung eines rein deterministischen Systems (vgl. Mieg, 1989).

3.3 Explorationsstudie: Eigenschaften des XPS-Entwicklungs-Profils

a) Fragestellung

Die Studie dient der Erkundung der Eigenschaften und Einsatzmöglichkeiten des *XPS-Entwicklungs-Profils*. Hierbei interessieren uns:

- Die Dimensionalität des Profils

- Die Eignung des Profils, um Systeme zu differenzieren
- Rückschlüsse auf Beurteilerklassen.

Gerade die Interaktion von Systemen und Informationsquellen (d.h. Beurteilern) ist geeignet, tatsächliche *Entwicklungs*-Aspekte von „Expertensystemen" zu verdeutlichen, z.B. wenn Systeme von den Benutzern anders als von den Entwicklern beurteilt werden.

b) Methode

Die Dimensionalität des Profils und die Interaktion zwischen Systemen und Informationsquellen explorieren wir clusteranalytisch.

Die Eignung des Profils, um Systeme zu differenzieren, untersuchen wir diskriminanzanalytisch. Dazu werden die ordinalen Skalen des *XPS-Entwicklungs-Profils* – wie dies für Likert-Skalen manchmal gehandhabt wird – transformiert und wie intervallskalierte Skalen behandelt.

c) Stichprobe

Die untersuchten Systeme sind dieselben wie in Studie 1 und 2. Es handelt sich um das *Bilanzpolitik-XPS*, *Trendexpert*, *Servolip* und *Autoklas*.

Die Stichprobe wird um einen Artikel von Trendelenburg (1986) erweitert. Dieser Artikel behandelt *PRO.M.D.*, den Shell von *Servolip*, und wird inhaltanalytisch ausgewertet; wir rechnen hier Trendelenburg, den Entwickler von *PRO.M.D.*, zur Vertreiberseite von *Servolip*. Es ergibt sich eine Stichprobe wie in Tabelle 5 dargestellt.

Beurteiler	EDV-Experten	Medizin-Experten	Vertreiber	Benutzer	Autoren	Gesamt
Methode	Fragebogen	Fragebogen	Inhaltsanalyse	Interview	XPS-E-P-Kriterien	
B	7					7
T	10					10
S		1	1	1	1	4
A	1	1	1	1	1	5

Tabelle 5: Stichprobe der Explorationsstudie (3)

Anmerkungen. B: Bilanzpolitik-XPS, T: Trendexpert, S: Servolip, A: Autoklas. Es handelt sich um unabhängige Beurteilungen der Systeme, außer im Fall der Autoren-Urteile, die beide von demselben Autor stammen.

d) Ergebnisse

Zur Dimensionalität der Skalen

Es wurde eine Clusteranalyse über quadrierte euklidische Distanzen und mit verschiedenen Methoden (baverage, waverage, single, comlete, ward, centroid, median) gerechnet. Die Wahl verschiedener Methoden erfolgte, um die Methodenabhängigkeit von Clusteranalysen zu umgehen und die Stabilität der Ergebnisse gewährleisten zu können. Mit Ausnahme der ward-Methode, die bekanntlich zu Clusterartefakten führt, ergeben sich keine Differenzierungen: Die Skala 1 („Autonomie") erweist sich sozusagen als Schwerpunkt, der nacheinander alle anderen Skalen in einen einzigen großen Cluster zieht.

Dies ist nicht sehr verwunderlich, wenn man bedenkt, dass für Skala 1 wenig Varianz in den Werten zu finden ist und die Werte hier fast ausschließlich in einem mittleren Bereich liegen. Darüberhinaus kann diese Art der Clusterbildung auch auf die Existenz eines starken Hauptfaktors deuten.

Zur Fähigkeit, Systeme zu differenzieren

Die Ergebnisse sind in Abbildung 5 wiedergegeben. Es wurde eine Diskriminanzanalyse mit linear transformierten Werten gerechnet. Mit dem *XPS-Entwicklungs-Profil* sind die 4 Systeme signifikant diskriminanzanalytisch unterscheidbar (Wilks'Lambda = 0.0027, Chi-Quadrat = 88.997, p = 0.0003). In die multivariate Diskriminanzanalyse werden alle Skalen des *XPS-Entwicklungs-Profils* aufgenommen (Minimum Toleranz Niveau= 0.001). Die diskriminanzanalytische Trennung der einzelnen Urteile nach Systemen und diskriminanzanalytische Rückzuordnung zu den Systemen gelingt für alle (100% !) Urteile.

Canonical Discriminant Functions

Fcn	Eigenvalue	Pct of Variance	Cum Pct	Canonical Corr		After Fcn	Wilks' Lambda	Chisquare	DF	Sig
					:	0	.0027	88.997	48	.0003
1*	16.0645	65.61	65.61	.9703	:	1	.0452	46.442	30	.0282
2*	6.4537	26.36	91.97	.9305	:	2	.3371	16.311	14	.2948
3*	1.9665	8.03	100.00	.8142	:					

* marks the 3 canonical discriminant functions remaining in the analysis.

Abbildung 5: Diskriminanzanalyse zwischen den vier Computersystemen Bilanzpolitik-XPS, Trendexpert, Servolip, Autoklas. Die vier Systeme sind eindeutig unterscheidbar.

Zur Interaktion von Systemen und Informationsquellen

Es wurde eine Clusteranalyse der z-Ähnlichkeitswerte zwischen je zwei Urteilen gerechnet. Die vier gerechneten Methoden (baverage, waverage, single, complete) liefern fast identische Ergebnisse in den Grobstrukturen. Diese seien beispielhaft für die Methode *baverage* dargestellt (vgl. Abbildung 6). Auf der Ähnlichkeit-Stufe .40 (Wertebereich von 0 bis 1, wobei 1 größtmögliche Ähnlichkeit bedeutet) finden

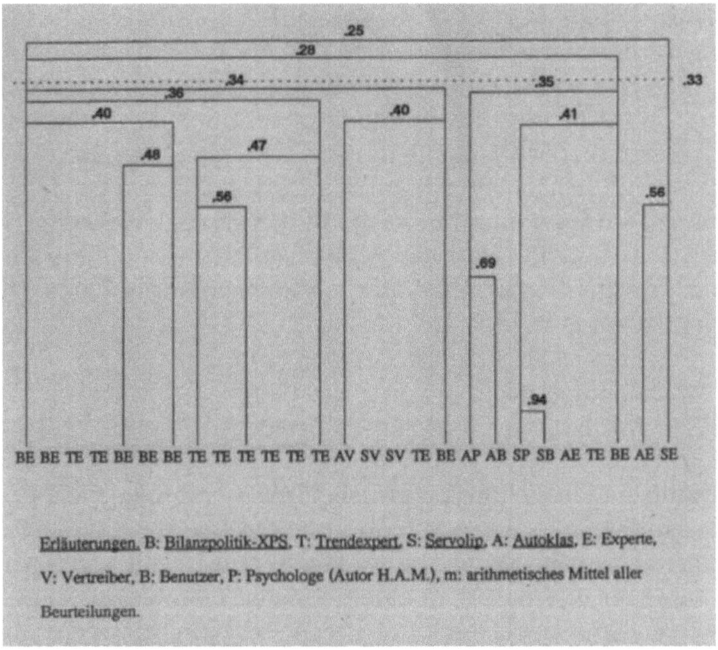

Abbildung 6: Clusteranalyse der z-Werte aller 26 Beurteilungen (Methode baverage). Ein z-Wert gibt die Ähnlichkeit zweier Beurteilungen an (je näher an 1, desto ähnlicher). Dargestellt sind ausgewählte Gruppen. Eine Gruppe wird aus zwei miteinander verbundenen aufsteigenden Linien gekennzeichnet (z.B. bilden die medizinischen Fachexperten AE und SE rechts außen eine Gruppe). Über der verbindenden Horizontalen sind die z-Werte aufgeführt, die zur jeweiligen Gruppenbildung führen. Auf der Ähnlichkeitsstufe .40 (d.h. Gruppen mit z-Werten >= .40) zerfällt die Stichprobe in sechs Gruppen (von links nach rechts): Bilanzpolitik-XPS-EDV-Experten, Trendexpert-EDV-Experten, Vertreiber-Sicht, Autoklas-Benutzer-Sicht, eine gemischte Gruppe und Medizinsche Fachexperten. Auf der Ähnlichkeitsstufe .33 (dem arithmetischen Mittel über alle z-Werte) sind es noch drei Gruppen: Systementwickler-Sicht, Benutzer-Sicht und Medizinische Fachexperten (von links nach rechts). Durchgängig ist die Trennung nach Systementwicklern (EDV-Experten) einerseits und Benutzern andererseits.

wir sechs Cluster (in Klammern ist angegeben, wieviele der zu einem Cluster gehörigen Einzelbeurteilungen für die jeweilige Bezeichnung des Clusters sprechen):

1. *Bilanzpolitik-XPS*-EDV-Experten (5 von 7 Urteilen)
2. *Trendexpert*-EDV-Experten (6 Urteile)
3. Vertreibersicht (3 von 5 Urteilen)
4. *Autoklas*-Benutzersicht (2 Urteile)
5. Gemischt (5 Urteile)
6. Medizinische Experten (2 Urteile)

Cluster 4 und 5 verschmelzen auf der Ähnlichkeitsstufe 35 zu einem Benutzer-Sicht-Cluster. Die Cluster 1 und 2 ergeben zuerst einen gemeinsamen EDV-Experten-Cluster (Ähnlichkeitsstufe .36), sodann zusammen mit Cluster 3 (Vertreibersicht) einen Cluster, den man als „Entwickler-Sicht-Cluster" bezeichnen könnte; fast alle dort vertretenen EDV-Experten waren an der Entwicklung der jeweiligen Systeme beteiligt. Auf der Ähnlichkeitsstufe .33, die auch das arithmetische Mittel der z-Ählichkeitswerte darstellt, verbleiben also noch drei Cluster:

1. Entwickler-Sicht (18 Urteile)
2. Benutzer-Sicht (4 von 7 Urteilen)
3. Medizinische Experten (2 Urteile)

Damit finden sich fast sämtliche EDV-Experten (15 von 17) zusammen mit allen sogenannten Vertreibern (3) in einem Cluster. Daneben sind alle, die die Benutzersicht vertreten (Benutzer und Autor), in einem Cluster; hierzu zählt in gewissen Sinn auch die *Autoklas*-EDV-Expertin, die nicht an der Entwicklung von *Autoklas* beteiligt war und somit eher als Benutzerin aufzufassen ist. Ebenso bilden die beiden medizinischen Experten einen Cluster.

e) Diskussion

Das *XPS-Entwicklungs-Profil* weist einerseits keine ausgeprägte Dimensionalität auf. Andererseits erlaubt es, diskriminanzanalytisch Systeme zu unterscheiden. Dies bedeutet zum einen, dass es möglich ist, mit Hilfe des *XPS-Entwicklungs-Profils* unterschiedliche, charakteristische System-Profile zu erstellen. Zum anderen läuft die Unterscheidung nach Systemen quer zur Unterscheidung nach den Informationsquellen und insbesondere den Erhebungsmethoden. Selbst wenn also allein durch verschiedene Erhebungsmethoden

(Fragebogen, Interview, Inhaltsanalyse) bereits Unterschiede in der Beurteilung eines Systems zustande kommen, lassen diese Unterschiede gleichwohl eine Charakterisierung eines Systems unabhängig von den Erhebungsmethoden (und Informationsquellen) zu.

Wie von uns ganz generell erwartet, findet sich in der Clusteranalyse ein Gegensatz zweier Sichtweisen: einerseits die Sicht der System-Entwickler, andererseits die Sicht der Benutzer. Die Ergebnisse rechtfertigen die Schlussweise, die bereits in der Fallstudie angewandt wurde: Wir können die Beurteiler bestimmten Urteilstypen zuordnen. So lässt sich etwa sagen, dass die beiden im dem Benutzer-Sicht-Cluster verbliebenen EDV-Experten von *Trendexpert* bzw. dem *Bilanzpolitik-XPS* eher eine Benutzersicht einnehmen. (Anmerkung: Die Nähe des medizinischen Experten für *Servolip* zu einer Vertreiber-Sicht, die die Fallstudie vermuten ließ, bestätigt sich in der Clusteranalyse. Vielmehr scheint er als Mediziner geurteilt zu haben und bildet zusammen mit dem anderen medizinischen Experten einen stabilen Cluster.)

4. Folgerungen

Wir ziehen im wesentlichen drei Folgerungen:

1) Mit psychologischen Mitteln ist es möglich und sinnvoll, die Anwendung von Computersystemen zu beschreiben.
2) Das *XPS-Entwicklungs-Profil* ist eine Skalierung, die eine reliable und valide psychologische Beschreibung der Anwendung von diagnostischen Computersystemen erlaubt.
3) Die tatsächliche Leistung von „Expertensystemen" beschränkt sich auf Entscheidungshilfe.

4.1 Zur Möglichkeit einer psychologischen Beschreibung der Computersystem-Anwendung

Wir haben eine bestimmte Art von Computersystem-Anwendungen untersucht, nämlich die Leistung von sogenannten „Expertensystemen". Unser Augenmerk lag dabei auf einer genuin psychologischen Analyse.

Wir analysierten die diagnostische Expertise, einmal in

Hinsicht auf den Problemlöseprozess, zum anderen in Hinsicht auf den Kontext, den Organisationen darstellen. So gewannen wir *psychologische* Kriterien. Diese Kriterien operationalisierten wir über die nicht-psychologische Fachliteratur bzw. am Beispiel konkreter Systementwicklungen.

Auf diese Weise gelang es, die Sicht der Systembenutzer abzubilden und von der Sicht der Systementwickler zu trennen. Die Benutzersicht zu erfassen und mit anderen Sichtweisen vergleichbar zu machen, ist unserer Meinung nach die Stärke einer psychologischen Analyse der Computersystem-Anwendung.

4.2 Zu den Möglichkeiten des XPS-Entwicklungs-Profils

Das *XPS-Entwicklungs-Profil* ist ein erster Versuch, aus einer psychologisch-theoretischen Analyse von (diagnostischen) „Expertensystemen" eine Operationalisierung zu schaffen und auf diese Weise einen empirischen Zugang zur Anwendungswirklichkeit von „Expertensystemen" zu finden. Wir konnten die test-theoretische Güte dieses Instruments nachweisen und demonstrierten seine Anwendung in einer Fallstudie.

Das *XPS-Entwicklungs-Profil* gewinnt unserer Meinung nach praktischen Wert, sowohl für die Systementwicklung als auch die Forschung. Das *XPS-Entwicklungs-Profil* stellt Kriterien zur Verfügung, die in der Entwicklung von diagnostischen Computersystemen selten berücksichtigt werden, jedoch relevant für die Anwendung sind. Insbesondere lässt sich die Benutzersicht einbeziehen.

Das *XPS-Entwicklungs-Profil* ist forschungsrelevant, soweit Fragen der Anwendungswirklichkeit von diagnostischen Computersystemen untersucht werden sollen. Mit seiner Hilfe lassen sich die Aspekte und Folgen dieser Art von Mensch-Maschine-Interaktion einer Untersuchung zuführen. Nicht zuletzt klärt sich der Charakter von „Expertensystemen".

4.3 Zur Perspektive von „Expertensystemen"

Im Bereich der „Expertensysteme" gibt es Tausende von Entwicklungen, aber wenig existente, d.h. in der Anwendung befindliche Computersysteme. Sieht man von technischen Einsatzfeldern ab, so ist in Bereichen, wo menschliche

Entscheidungen gefordert sind, wie etwa in der Medizin, derzeit nicht viel mehr als eine automatisierte Entscheidungsunterstützung realisierbar. Automatisiertes Formulieren von Problemen oder automatisiertes Erkennen von Relevanz scheinen technische Visionen. Unserer Meinung nach spricht die Anwendungswirklichkeit diganostischer Computersysteme gegen das Konzept der „Expertensysteme“ und für ein Konzept der Entscheidungshilfe.

Literatur

Anderson, J. R. (1983). The architecture of cognition. Cambridge: Havard University Press.

Anderson, J. R. (1987). Methodologies for studying human knowledge. Behavioral and Brain Sciences, 10, 467-505.

Bar-Tal, D. & Kruglanski, A. W. (Eds.). (1988). The social psychology of knowledge. Cambridge: Cambridge University Press.

Bentz, H. J. & R. Kötter (1990). Neuronale Netze in der Medizin - Gegenwärtige und zukünftige Anwendungen. Software Kurier, 3, 129-137.

Böhringer, B., Chiopris, C. & Futo, I. (Hrsg.). (1988). Wissensbasierte Systeme mit PROLOG. Bonn: Addison-Wesley.

Bonsiepen, L. (1989). „Das Zeugs funktioniert nicht.“ Über das Verständnis von Expertensystemen. Forum Wissenschaft, 6 (2), 4-9.

Brachman, R. J., Amarel, S., Engelman, C., Engelmore, R. S., Feigenbaum, E. A. & Wilkins, D. E. (1983). What are expert systems?. In F. Hayes-Roth, D. A. Waterman, & D. B. Lenat (Eds.), Building expert systems (pp. 31-57). Reading: Addison-Wesley.

Buchanan, B. G. & Shortliffe, E. H. (Eds.). (1984). Rule-based expert systems. Reading: Addison-Wesley.

Bullinger, H.-J., Fähnrich, K.-P. et al. (Hrsg.). (1988). Expertensysteme. Wissensbasierte Systeme in der betrieblichen Anwendung. Ehningen: Expert.

Card, S. K., Moran, T. P. & Newell, A. (1983). The psychology of human-computer interaction. Hillsdale: Erlbaum.

Chambers, J. M., Gale, W. A. & Pregibon, D. (1988). On the existence of expert systems. Statistical Software Newsletter, 14, 63-66.

Chandrasekaran, B. & Tanner, M. C. (1986). Uncertainty handling in expert systems: Uniform vs. task-specific formalism. In L. N. Kanal & J. F. Lemmer (Eds.), Uncertainty in artificial intelligence (pp. 35-46). Amsterdam: North-Holland.

Cobabus, N. (1988). Grenzen der Intelligenz. Frankfurt: DIPA.

Dreyfus, H. L. & Dreyfus, S. E. (1986). Mind over machine. Oxford: Blackwell.

Winograd, T. & Flores, F. (1986). Understanding computers and cognition. Norwood: Ablex.

Dr. Schindler + Partner Gesellschaft für Expertensysteme mbH (Hrsg.). (o.J). Das Expertensystem AUTOKLAS. Riesweiler: Dr.Schindler + Partner.

Dudeck, J. (1988). Ansätze für entscheidungsunterstützende Verfahren in klinischen

Informationssystemen. Deutsche Gesellschaft für Klinische Chemie e.V. - Mitteilungen 4/88, 196.

Dzida, W., Hoffmann, C. & Valder, W. (1984). Wissensbasierte Dialogunterstützung. In H. Schauer & M. J. Tauber (Eds.), Psychologie der Computerbenutzung (S. 164-210). Wien: Oldenbourg.

Eger, H. (1988). Servolip - Das Expertensystem zur Fett-stoffwechsel-Diagnostik. Extracta diagnostica, 2 (1), 26-30.

Elstein, A. S. (1976). Clinical judgment: Psychological research and medical practice. Science, 194, 696-700.

Experte für Expertenwissen. (1988). Chip, 12 (7), 28.

Fähnrich, K.-P. (1988). Konzeption und Realisierung von Exper-tensystemen: Wissensbasierte Systeme zur Entscheidungsunterstützung im Unternehmen. In H.-J. Bullinger, K.-P. Fähnrich et al. (Hrsg.), Expertensysteme. Wissensbasierte Systeme in der betrieblichen Anwendung (S. 147-177). Ehningen: Expert.

Feigenbaum, E.A. (1988, 31. Oktober). „Die nächsten Computer werden unsere Welt verändern". Die Welt, 11. [Interview mit D. Thierbach]

Dreyfus, H. L. & Dreyfus, S. E. (1986). Mind over machine. Oxford: Blackwell.

Winograd, T. & Flores, F. (1986). Understanding computers and cognition. Norwood: Ablex.

Feigenbaum, E. A. & McCorduck, P. (1984). The fith generation, artificial intelligence and Japan's computer challenge to the world. London: Michael Josep H.

Frank, U. (1988). Expertensysteme: neue Automatisierungs-potentiale im Büro- und Verwaltungsbereich?. Wiesbaden: Gabler.

Frese, M., Ulich, E. & Dzida, W. (Eds.). (1987). Psychological issues of human-computer interaction in the work place. Amsterdam: North-Holland.

Gale, W. A. (1986). REX review. In W. A. Gale (Ed.), Artificial intelligence and statistics (pp. 173-227). Reading: Addison-Wesley.

Gelesema, E. S. (1989). Pattern recognition and artificial intelligence in medical research and clinical practice. Methods of Information in Medicine, 28, 63-65.

Gesellschaft für Mathematik und Datenverarbeitung mbH (1988). EXPLORA. Sankt Augustin: Hrsg.

Glaser, R. (1987). The study of cognition and instructional design: Mutual nurturance. Behavioral and Brain Sciences, 10, 483-484.

Greif, S. & Gediga, G. (1987). A critique and empirical investigation of the „One-best-way-models" in human-computer interaction. In M. Frese, E. Ulich & W. Dzida (Eds.), Psychological issues of human-computer interaction in the work place (pp. 357-377). Amsterdam: North-Holland.

Gunzenhäuser, R. (1984). Lernen als Dimension der Mensch-Maschine-Kommunikation. In H. Schauer & M. J. Tauber (Hrsg.), Psychologie der Computerbenutzung (S. 226-252). Wien: Oldenbourg.

HAND GmbH (Hrsg.). (o.J.). CADEMO. Wiesbaden: Hrsg.

Haux, R. (1987). Statistische Expertensysteme. Tübingen: Eberhard-Karls-Universität, Institut für Medizinische Informationsverarbeitung.

Haux, R. (1988a). Expertensysteme in der Medizin - eine einführende Übersicht Teil

1. Software Kurier, 1, 65-77.

Haux, R. (1988b). On the existence of expert systems. Statistical Software Newsletter, 14, 68-69.

Haux, R. (1989). Expertensysteme in der Medizin - eine einführende Übersicht Teil 2. Software Kurier, 2, 1-11.

Hayes-Roth, F., Waterman, D. A. & Lenat, D. B. (Eds.). (1983). Building expert systems. Reading: Addison-Wesley.

Hayes-Roth, F., Waterman, D. A. & Lenat, D. B. (1983). An overview of expert systems. In F. Hayes-Roth, D. A. Waterman, & D. B. Lenat (Eds.), Building expert systems (pp. 3-29). Reading: Addison-Wesley.

Hendler, J. A. & Lewis, C. (1987). Introduction: Designing interfaces for expert systems. In J. A. Hendler (Ed.), Expert systems: The user interface (pp. 1-13). Norwood: Ablex.

Herrmann, T.(1986). Zur Gestaltung der Mensch-Computer-Interaktion: Systemerklärung als kommunikatives Problem. Tübingen: Niemeyer.

Hietala, P. (1988). Inside a statistical expert system: Statistical methods employed in the ESTES system. In D. Edwards & N. E. Raun (Eds.), COMPSTAT. Proceedings in computational statistics (pp. 163-168). Heidelberg: Physika.

Humphreys, P. & Wisudha, A. (1987). Methods and tools for structuring and analysing decision problems (Vol. 1). London: London School of Economics and Political Sciences, Decision Analysis Unit.

Hussy, W. (1984). Denkpsychologie (Vol 1). Stuttgart: Kohlhammer.

IPOSE GmbH (Hrsg.). (o.J.). APO Vademecum. Villnachern (Schweiz): Hrsg.

Jacobs, O. H. (1989). Expertensystem und Besteuerung - Ein Anwendungsbeispiel aus dem Bereich der Künstlichen Intelligenz. Mitteilungen der Freunde der Universität Mannheim, 38 (1), 10-20.

Jäger, R. S. (1986). Der diagnostische Prozeß (2. ver. Aufl.). Göttingen: Hogrefe.

Kahn, M. G., Fagan, L. M. & Tu, S. (1991). Extensions to the time-oriented database model to support temporal reasoning in medical expert systems. Methods of Information in Medicine, 30, 4-14.

Keen, P. G. W. & Scott Morton, M. S. (1978). Decision support systems: An organizational perspective. Reading: Addison-Wesley.

Klahr, D., Langley, P. & Neches, R. (Eds.). (1987). Production system models of learning and development. Cambridge: MIT Press.

Kredel, L. (1988). Künstliche Intelligenz und Expertensysteme leicht gemacht. München: Droemer Knaur.

Kreutz, H. & Titscher, S. (1974). Die Konstruktion von Fragebögen. In J. van Koolwijk M. Wieken-Mayser (Hrsg.), Erhebungsmethoden: Die Befragung (Techniken der empirischen Sozialforschung, Bd. 4, S. 24-82). München: Oldenbourg.

Ledochowski, M., Leidlmair, K., Schönegger, J. & Kaser, P. (1990). Expertensysteme und andere Modelle der künstlichen Intelligenz in der Medizin. Software Kurier, 3, 70-73.

Lisch, R. & Kriz, J. (1978). Grundlagen und Modelle der Inhaltsanalyse. Reinbek: Rowohlt.

Lienert, G. A. (1969). Testaufbau und Testanalyse (3. Aufl.). Weinheim: Beltz.

Mandl, H. & Spada, H. (Hrsg.). (1988). Wissenspsychologie. München: Psychologie Verlags Union.

Marte, E. (1986). Das Programm APO für die Analyse multidimensionaler Systeme. Chemie für Labor und Betrieb, 9, 440-446.

Meehl, P.E. (1954). Clinical versus statistical prediction. Minneapolis: University of Minnesota Press.

Mieg, H. A. (1989). Über die (Nicht-)Existenz von Expertensystemen. Unveröff. Dipl. Arbeit, Universität Mannheim.

Mieg, H. A. (1993). Computers as experts? On the nonexistence of expert systems. Frankfurt: Lang.

Miller, G. A. (1956). The magical number seven, plus or minus two. Psychological Review, 63, 81-97.

Miller, R. A. (1984). INTERNIST-1/CADUCEUS: Problem facing expert consultant programs. Methods of Information in Medicine, 23 (1), 9-14.

Miller, R. A., Pople, H. E. & Myers, J. D. (1982). INTERNIST-1, an experimental computer-based diagnostic consultant for general internal medicine. New England Journal of Medicine, 307 (8), 468-476.

Molenaar, I. W. (1988). Statistical consultants and statistical expert systems. In D. Edwards & N. E. Raun (Eds.), COMPSTAT. Proceedings in Computational Statistics (pp. 187-192). Heidelberg: Physika.

Murray, J. T. & Murray, M. J. (1988). Expert systems in data processing. New York: McGraw-Hill.

Musen, M. A. & van der Lei, J. (1989). Knowledge engineering for clinical consulting programs: Modeling the application area. Methods of Information in Medicine, 28, 28-35.

Naeve, P. & Steinecker, J. (1987). SETUP. Statistisches Expertensystem mit TWAICE und P-STAT (Nr. 172). Bielefeld: Universität, Fakultät für Wirtschaftswissenschaften.

Nelder, J. A. (1988a). Comment on Streitberg's remarks on artificial intelligence in statistics. Statistical Software Newsletter, 14, 72.

Nelder, J. A. (1988b). How should the statistical expert system and its user see each other?. In D. Edwards & N. E. Raun (Eds.), COMPSTAT. Proceedings in computational statistics (pp. 107-116). Heidelberg: Physika.

Nelder, J. A. (1988c). The role of expert systems in statistics. In F. Faulbaum & H.-M. Uehlinger (Hrsg.), Fortschritte der Statitik-Software 1 (S. 175-182). Stuttgart: Fischer.

Norman, D. A. & Draper, S. W. (Eds.). (1986). User centered system design. Hillsdale: Erlbaum.

Oberquelle, H. (1987). Sprachkonzepte für benutzergerechte Systeme. Berlin: Springer.

Ohne umfassende Diagnostik keine erfolgreiche Therapie. (erschienen in einem Medica-Informationsblatt, telefon. Auskunft durch IMMUNO GmbH Heidelberg, 28.4.89, genauere Angaben seien nicht mehr möglich)

Ohmann, C. (1989). Computerunterstützte Diagnose und Expertensysteme. Deutsche medizinische Wochenschrift, 114, 268-275.

O'Moore, R. R. (1988). Decision support based on laboratory data. Methods of Information in Medicine, 27, 187-190.

Opwis, K. (1988). Produktionssysteme. In H. Mandl & H. Spada (Hrsg.), Wissenspsychologie (S. 74-98). München: Psychologie Verlags Union.

Palm, G. (1988). Modellvorstellungen auf der Basis neuronaler Netzwerke. In H. Mandl & H. Spada (Hrsg.), Wissenspsychologie (S. 488-502). München: Psychologie Verlags Union.

Payne, R. W. (1988). Identification keys, diagnostic tables and expert systems. In D. Edwards & N. E. Raun (Eds.), COMPSTAT. Proceedings in computational statistics (pp. 199-204). Heidelberg: Physika.

Puppe, F. (1988). Einführung in Expertensysteme. Berlin: Springer.

Rasch, D., Nürnberg, G. & Busch, K. (1988). CADEMO - Ein Expertensystem zur Versuchsplanung. In F. Faulbaum & H.-M. Uehlinger (Hrsg.), Fortschritte der Statistik-Software 1 (S. 193-201). Stuttgart: Fischer.

Reißner, I. (o.J.). Einsatzmöglichkeiten von AUTOKLAS in der Medizin. Riesweiler: Dr. Schindler + Partner.

Sauers, R. (1988). Controlling expert systems. In L. Bolc & M. J. Coombs (Eds.), Expert system applications (pp. 79-198). Berlin: Springer.

Savory, S. E. (1988). Grundlagen von Expertensystemen. München: Oldenbourg.

Sawyer, J. (1966). Measurement and prediction, clinical and statistical. Psychological Bulletin, 66 (3), 178-200.

Schank, R. C. & Childers, P. G. (1984). The cognitive computer. Reading: Addison Wesley.

Schauer, H. & Tauber, M. J. (Hrsg.). (1984). Psychologie der Computerbenutzung. Wien: Oldenbourg.

Schill, K. (1990). Medizinische Expertensysteme. München: Oldenbourg.

Schindler, W. (o.J.a). AUTOKLAS - das neuartige Expertensystem - Shell. Riesweiler: Dr.Schindler + Partner.

Schindler, W. (o.J.b). Expertensytem - Shell AUTOKLAS. Riesweiler: Dr.Schindler + Partner.

Schindler, W. (1985). Programmpaket AUTOKLAS (Automatische Mustererkennung). In I. Kaestner-Schindler (Hrsg.), Medizinische Dokumentation im Gesundheitswesen (S. 1-38).

Scholz, R. W. (1987). Cognitive strategies in stochastic thinking. Dordrecht: Reidel.

Scholz, R. W. (1991). STATBIL: Neue Wege des Theorie-Praxis-Dialoges und der Instrumentenpflege. Betriebswirtschaftliche Blätter, 39 (12), 562-567.

Schubert, I. & Krebsbach-Gnath, C. (1987). Chancen und Risiken des Einsatzes von Expertensystemen. München: Oldenbourg.

Seely Brown, J. (1986). From cognitive to social ergonomics and beyond. In D. A. Norman & S. W. Draper (Eds.), User centered system design (pp. 457-486). Hillsdale: Erlbaum.

Servolip - das Expertensystem zur Fettstoffwechseldiagnostik. mta Journal, 6 (3), 516.

Shanteau, J. (1987). Psychological characteristics of expert decision makers. In J. L. Mumpower, L. D. Phillips, O. Renn & V. R. R. Uppuluri (Eds.), Expert judgment and expert systems (pp. 289-304). Berlin: Springer.

Shanteau, J. (1988). Psychological characteristics and strategies of expert decision makers. Acta Psychologica, 68, 203-215.

Shortliffe, E. H. (1987). Computer programs to support clinical decision making. The Journal of the American Medical Association, 258 (1), 61-66.

Shortliffe, E. H. (1989). Testing reality: The introduction of decision-support technologies for physicians. Methods of Information in Medicine, 28, 1-5.

Simons, G. L. (1983). Are computers alive?. Brighton: Harvester. (deutsch erschienen 1984: Sind Computer lebendig?)

Spiegelhalter, D. J. (1986). A statistical view of uncertainty in expert systems. In W. A. Gale (Ed.), Artificial intelligence and statistics (pp. 17-55). Reading: Addison Wesley.

Streitberg, B. (1988a). Expertensysteme in der Statistik - Experten oder Ignoranten?. In F. Faulbaum & H.-M. Uehlinger (Hrsg.), Fortschritte der Statistik-Software 1 (S. 183-192). Stuttgart: Fischer.

Streitberg, B. (1988b). On the nonexistence of expert systems. Critical remarks on artificial intelligence in statistics. Statistical Software Newsletter, 14, 55-62.

Streitberg, B. & Naeve, P. (1986). A modestly intelligent system for identification, estimation, and forecasting of univariate time series: A4: ARIMA, artificial intelligence, and APL2. In R. Haux (Ed.), Expert systems in statistics (pp. 111-137). Stuttgart: Fischer.

Strube, G. (1984). Assoziation. Berlin: Springer.

Tanimoto, S. L. (1990). KI: Die Grundlagen. München: Oldenbourg. (Original erschienen 1987: The elements of artificial intelligence)

Tank, W. (1988). Entwurfsziele bei der Entwicklung von Expertensystemen. Künstliche Intelligenz, 1 (3), 69-76.

Tauber, M. J. (1984). Zum Konzept von Metakommunikation mit Systemen. In H. Schauer & M. J. Tauber (Hrsg.), Psychologie der Computerbenutzung (S. 344-363). Wien: Oldenbourg.

Teach, R. L. & Shortliffe, E. H. (1984). An analysis of physicians' attitudes. In B. G. Buchanan & E. H. Shortliffe (Eds.), Rule-based expert systems (pp. 635-652). Reading: Addison-Wesley.

Trendelenburg, C. (1986). Zum Einsatz sogenannter Experten-systeme zur Unterstützung labormedizinischer Diagnostik: Das System PRO.M.D. Labor-Medizin, 9, 284-293.

Trendelenburg, C. & Pohl, B. (1988). Pro.M.D. Medizinische Diagnostik mit Expertensystemen. Stuttgart: Thieme.

Weizenbaum, J. (1976). Computer power and human reason. San Francisco: Freeman. (deutsch erschienen 1978: Die Macht der Computer und die Ohnmacht der Vernunft)

Wellenreuther, M. (1982). Grundkurs: Empirische Forschungsmethoden. Königstein: Athenäum.

Westerhoff, T. & Naeve, P. (1988). On inference process. In D. Edwards & N. E. Raun (Eds.), COMPSTAT. Proceedings in computational statistics (pp. 193-198). Heidelberg: Physika.

Wieland, H. (o.J.). Expertensysteme aus der Sicht der Laboratoriumsmedizin. (erhältlich über IMMUNO GmbH Heidelberg)

Winograd, T. (1985). The trivialization of expertise. Proceedings of the Ninth International Joint Conference on Artificial Intelligence (Vol. 2), 1308 - 1309.

Winograd, T. & Flores, F. (1986). Understanding computers and cognition. Norwood: Ablex.

Wittkowski, K. M. (1986). Generating and testing statistical hypotheses: Strategies for knowledge engineering. In R. Haux (Ed.), Expert systems in statistics (pp. 139-154). Stuttgart: Fischer.

Wittkowski, K. M. (1988). Intelligente Benutzerschnittstellen für statistische Auswertungen. In F. Faulbaum & H.-M. Uehlinger (Hrsg.), Fortschritte der Statistik-Software 1 (S. 212-225). Stuttgart: Fischer.

Wolstenholme, D. E. & Nelder, J. A. (1986). A front end for GLIM. In R. Haux (Ed.), Expert systems in statistics (pp. 155-177). Stuttgart: Fischer.

Yu, V. L., Fagan, L. M., Wraith Bennett, S., Clancey, W. J., Carlisle Scott, A., Hannigan, J. F., Buchanan, B. G. & Cohen, S. N. (1984). An evaluation of MYCIN's advice. In B. G. Buchanan & E. H. Shortliffe (Eds.), Rule-based expert systems (pp. 589-596). Reading: Addison-Wesley.

Anhang

Das XPS-Entwicklungs-Profil (Abb. 2 S. 268)

Zum *XPS-Entwicklungs-Profil* gehören 16 Ordinalskalen in vier Bereichen: *Definition*, *Expertentum*, *Realisation* und *Konzeption*. Zusätzlich aufgenommen ist eine Nominalskala zur Frage der Komplexität.

Definition

Autonomie

Erläuterung: Mit Autonomie ist die Selbständigkeit eines Systems gemeint. Völlig selbständig würde hier ein System heißen, wenn es die Rolle eines Experten übernehmen könnte.

Handbuch. Das System dient als eine Art Handbuch. Der Benutzer ist ein Experte, er muss im Prinzip kennen, was er sucht. Beispiel: Obgleich das Statistik-Programm Cademo laut Prospekt ausdrücklich zur „Versuchsplanung und Modellauswahl" dienen soll (vgl. HAND GmbH, o.J.), zeigt die Systembeschreibung (vgl. Rasch, Nürnberg & Busch, 1988), dass Cademo sich in Aufbau und Funktion nicht wesentlich von einem Statistiklehrbuch unterscheidet.

Softwarebibliothek. Das System ist Teil einer Softwarebibliothek. Der Benutzer ist ein Experte, ihm werden qualifizierte Verfahren angeboten. Beispiel: Das Statistik-Programm ESTES zur Analyse von Zeitreihen bietet je nach Untersuchungsinteresse - etwa Trend, Saison - statistische Verfahren an (vgl. Hietala, 1988).

Entscheidungshilfe. Das Programm dient als eine von mehreren Arbeits- und Entscheidungshilfen im Berufsalltag eines Experten (vgl. Humphreys & Wisudha, 1987).

Fachkundige Assistenz. Das Computer-System assistiert in schwierigen Fällen (vgl. Chambers, Gale & Pregibon, 1988).

Experte. Das Computer-System kann mit gewisser Eigenständigkeit die Rolle eines Experten übernehmen (vgl. Haux, 1988a).

Entwicklungsstufe

Erläuterung: Das Kriterium der Entwicklungsstufe fragt, ob ein System tatsächlich zum Einsatz gelangt ist. Selbst ein sogenannter Routineeinsatz besagt noch nicht viel, wenn der Benutzer selbst ein Experte oder ein Computerfachmann ist. Als höchstes zählt hier die Nutzung durch Personen, die keine Fachkräfte sind.

Konzept. Die softwaretechnische Konzeption liegt vor, das System braucht noch nicht käuflich erwerbbar zu sein. Beispiel: Explora, ein „wissensbasiertes System zur Interpretation von statistischen Daten", wird selbst im Prospekt nur als (konzeptioneller) Anfang gesehen (vgl. Gesellschaft für Mathematik und Datenverarbeitung mbH, 1988).

Evaluation. Ein Prototyp hat hinreichend gute Problemlösungen erbracht. Beispiel: Das wohl bekannteste medizinische Expertensystem, Mycin mit Namen, wurde zwar vergleichsweise gut evaluiert, jedoch bis zum Jahr 1984 noch nie einem Test im Rahmen einer Klinik unterzogen, geschweige denn eingesetzt (vgl. Buchanan & Shortliffe, 1984).

Gelegentlicher Einsatz. Dem System mangelt noch Anwendungsreife, sein Einsatz beschränkt sich z.B. auf fachliche Ausbildung oder Forschung. Beispiel: Cadiag-2 (Adlassnig, persönl. Mitteilung, Januar 1989).

Routine. Das System ist für Routinearbeiten einsatzfähig, die Systemleistung muss durch einen Experten nachkontrolliert werden (vgl. Schubert & Krebsbach-Gnath, 1987).

Interaktion. Das System ist hinreichend interaktionsfähig und kann auch von Personen, die keine Fachkräfte sind, genutzt werden. Beispiel: Molenaar beschreibt die Zusammenarbeit eines Statistikers mit seinem – sozusagen – Klienten als „subtle dialogue" (vgl. Molenaar, 1988). Ein statistisches Expertensystem müsste sich demnach auf diffizile Gesprächsführung verstehen.

Expertentum

Probleme formulieren

Erläuterung: Ein Problem, mit dem man einen Experten aufsucht, sei es einen Arzt oder einen Bankangestellten, stellt sich meist nicht so dar, als fehlte nur noch die Angabe der Lösung. Vielmehr muss der Experte oftmals für das Problem eine fachgerechte Formulierung finden.

Problem ist vorformuliert. Der Benutzer muss sein Problem bereits weitreichend geklärt und fachspezifisch vorformuliert haben (vgl. Winograd & Flores, 1986).

Im Dialog zurechtschneiden. Der Benutzer klärt sein Problem interaktiv mit dem System; dabei muss er das Problem auf das vom System Leistbare zurechtschneiden.

Beispiel: Das statistische System Glimpse hilft dem Benutzer sowohl Analyseverfahren auszuwählen als auch anzuwenden; die letztliche Entscheidung verbleibt ausdrücklich beim Benutzer (vgl. Nelder, 1988b).

Isomorphie. Das System versucht, das Problem des Benutzers isomorph in die Fachsprache, d.h. ohne Gewinn oder Verlust an Komplexität, zu übersetzen. Dies entspricht dem Modell von Card, Moran & Newell zur Verbindung automatisierter und menschlicher Problemlösung (vgl. Card, Moran & Newell, 1983).

Reformulierung. Der Experte bzw. das System muss das Problem des Benutzers als eine fachspezifische Frage reformulieren; dabei kann sich die Komplexität ändern (vgl. Naeve & Steinecker, 1987, S.3: „Statistische Analyse bedeutet immer auch didaktische Expertise.").

Wissensrepräsentation

Erläuterung: Ein Experte ist Fachmann für ein Wissensgebiet (so heißen auch Expertensysteme wissensbasierte Systeme). Das Wissen eines Experten beruht auf langjähriger Erfahrung und wird durch weitere Erfahrung verändert. Das Kriterium ist, wie sehr die Wissensrepräsentation des Systems, gemessen an Umfang, Durchdringung und Erweiterbarkeit des Wissens, dem Wissen eines Experten gleichkommt.

Voll spezifisch. Das System arbeitet nur für einen sehr eng umgrenzten Wissensbereich, der sich durch gute Darstellbarkeit (Quantifizierung, Regelhaftigkeit etc.) auszeichnet und kleiner als das Wissensgebiet eines Experten ist; eine Erweiterung der Wissensbasis ist problematisch (vgl. Fähnrich, 1988).

Erweiterbar. Die Leistung des Programms beruht auf der Organisation und Struktur des Wissens. Dies ist nur für einen sehr eng umgrenzten Wissensbereich realisierbar; es ist möglich, die Wissenbasis zu erweitern bzw. zu vervollständigen. (vgl. Chandrasekaran & Tanner, 1986).

Beaufsichtigt. Das System kann prinzipiell für den ganzen Wissensbereich eines Expertenarbeiten. Das System ist jedoch auf die Verfügbarkeit eines Experten angewiesen; dieser kontrolliert oder interpretiert gewisse Systemleistungen (vgl. Sauers, 1988).

Umfassend. Das System kann prinzipiell für den ganzen Wissensbereich eines Experten arbeiten (vgl. etwa die Konzeption möglicher Welten bei Westerhoff & Naeve, 1988). Eine Änderung der Wissensbasis durch den Benutzer ist nicht vorgesehen. Der Benutzer braucht kein Experte zu sein.

Erfahrungsfähig. Das System arbeitet für einen Wissensbereich, der dem eines Experten gleichkommen kann. Das System macht Erfahrung, d.h. es verfügt über einen Lernmodus, so dass die Wissensbasis fortlaufend erweitert bzw. vervollständigt werden kann (vgl. Simons, 1983/84).

Effektivität im Schlussfolgern

Erläuterung: „Expertensysteme" bestehen aus Wissensbasis und Shell, der Shell wiederum enthält einen Inferenzmechanismus. Es lässt sich fragen, wie effektiv der Shell bei der Bearbeitung spezifischer Problem ist. Ist z.B. Schließen bei Ungewissheit möglich? Oder kommt es letzlich darauf an, möglichst viel spezifisches Wissen implementiert zu haben?

Wissensbasis entscheidend. Die Trennung von Inferenzmechanismus und Wissensbasis hat sich als wenig hilfreich erwiesen; die entscheidenden Fragen sind in die Entwicklung der Wissensbasis verlagert (vgl. etwa die Konzeption des holistic thinking bei Dreyfus & Dreyfus, 1986).

Spezifisches Schlussfolgern nötig. Die Trennung von Inferenzmechanismus und Wissensbasis hat sich als wenig hilfreich erwiesen; für eine Anwendung sind problemspezifische Schlussweisen zu berücksichtigen (vgl. Glaser, 1987).

Problemwissen entscheidend. Die Trennung von Inferenzmechanismus und Wissensbasis hat sich als brauchbar erwiesen; in der Anwendung ist ein sehr spezifisches Problemwissen (Fälle, Regeln etc.) nötig (vgl. Tank, 1988).

Schließen bei Ungewissheit. Die Trennung von Inferenzmechanismus und Wissensbasis hat sich als brauchbar erwiesen; das System beherrscht insbesondere den Umgang mit Ungewissheit bzw. Unsicherheit. (vgl. Spiegelhalter, 1986).

Fehlerbearbeitung

Erläuterung: Fehlerbearbeitung ist hier in einem starken Sinn gefordert, und zwar im Vergleich zu einem Experten. Ein Experte kann Fehler, die ihm oder anderen unterlaufen, erkennen und damit umgehen. Er kann sie beheben, eingrenzen oder sich an einen Spezialisten wenden.

Konfusion. Das System kann manchen schweren Fehler (z.B. Inkonsistenz in den Daten sowie folglich Unsinn im Output) nicht erkennen; dies wird auch dem Benutzer nicht immer offensichtlich (vgl. Winograd & Flores, 1986).

Im Dialog. Das System vermag manchen Fehler (etwa unsinnige Altersangaben) zu erkennen. Dieser kann interaktiv mit dem Benutzer behoben werden. Beispiel: Glimpse (vgl. Nelder, 1988c).

Durch Interpreter. Das System kann unterlaufene Fehler erkennen. Den fachgerechten Umgang mit Fehlern kann ein Interpreter, sozusagen ein Fehlerexpertensystem, leisten (vgl. Dzida, Hoffmann & Valder, 1984).

Beherrschung. Das System kann unterlaufene Fehler (Eingabefehler, Inkonsistenz, Fehlanwendung etc.) erkennen und damit als neuen Problemen umgehen (vgl. Gale, 1986).

Realisation

(Beherrschen der) Zeitabhängigkeit von Daten / „Updating“

Erläuterung: Daten sind zeitabhängig. Es gibt Entwicklungen und Veränderung des Problems oder des Problemhintergrunds, z.B. einer Krankheit, über die man mittels der Daten Kenntnis gewinnen und so den jeweiligen Fall beurteilen kann. Ein Psychiater etwa ist darauf angewiesen, auch die Vorgeschichte und den Verlauf der Krankheit bei der Diagnose zu berücksichtigen. Soll ein System zum Einsatz gebracht werden, so müssen entweder System oder Benutzer mit der Zeitabhängigkeit von Daten rechnen können.

Dem Benutzer überlassen. Zeitabhängigkeit ist kein Problem, das vom System selbst gelöst wird. Damit umzugehen, ist Aufgabe des Benutzers. Beispiel: Für die

Regeln, denen Mycin folgt, müssen vom Mediziner Erfolgsabschätzungen vorgenommen werden; auch die Datenpflege bleibt ihm überantwortet (vgl. Buchanan & Shortliffe, 1984).

Statistik-tools nötig. Zeitabhängigkeit ist ein Problem, das es noch stärker zu berücksichtigen gilt; dazu sind Statistik-tools vonnöten, deren Entwicklung noch aussteht (vgl. Streitberg & Naeve, 1986).

Frage der Software. Das Know-How (etwa Produktionssysteme) und die Software, um mit der Zeitabhängigkeit umgehen zu können, stehen zur Verfügung (vgl. Anderson, 1987); man muss das System nur entsprechend erweitern.

Beherrschung. Das System selbst kann mit Zeitabhängigkeit hinreichend gut umgehen (vgl. Trendelenburg, 1986, über Pro.M.D.).

Kommunikationsfähigkeit

Erläuterung: Der Einsatz eines Systems (zumal zur Problemlösung oder Entscheidungsfindung) erfordert ein Mindestmaß an Interaktion oder Abstimmung zwischen System und Benutzer. Die Kommunikationsfähigkeit setzt eine gewisse Zweiseitigkeit voraus. D.h. die Last und Aufgabe, mit einem Partner einen Dialog zu führen und den anderen zu verstehen, darf nicht gänzlich auf einer einzigen Seite, hier der Seite des Benutzers, liegen.

Prinzipiell begrenzt. Da das System nur eingeschränkt interaktionsfähig ist, bestehen prinzipielle Anwendungsbeschränkungen, etwa für den Fall der ärztlichen-psychologischen Gesprächsführung (vgl. Winograd & Flores, 1986).

Benutzermodell nötig. Die Interaktionsfähigkeit des Systems ist eingeschränkt; eine Verbesserung ist nötig, sie erfordert jedoch, dass Modelle zum Denken und Verhalten der Benutzer implementiert werden können (vgl. Hendler & Lewis, 1987).

Frage der Software. Begrenzungen in der Interaktionsfähigkeit sind unproblematisch. Verbesserungen sind mit dem Know-How und der Software von heute möglich (vgl. Savory, 1988).

Benutzergerecht. Das System kann im nötigen Umfang mit dem Benutzer kommunizieren. Mögliche Verbesserungen sind Fragen der Benutzeroberfläche (vgl. Wittkowski, 1988).

Transparenz

Erläuterung: Eine Entscheidung, die das System trifft, muss in der Regel verständlich und begründbar sein, sonst findet sie kaum Akzeptanz auf Seiten der Benutzer. Wir sprechen hier von Transparenz. Die Transparenz hängt u.a. mit der Erklärungsfähigkeit des Systems zusammen. Je besser diese ausgebildet ist, desto tranparenter ist das System.

Intransparent. Für den Benutzer sind die Systemleistungen (Struktur der Wissensbasis, Art der Schlussfolgerungen u.s.w.) uneinsehbar (vgl. Seely Brown, 1986); es besteht die Gefahr, dass fachfremde Interessen in die Entscheidungsgrundlage des Systems einfließen (vgl. Weizenbaum, 1976/78).

Begründungsschwach. Nicht alle Systemleistungen (z.B. Anwendungsbedingungen) können dem Benutzer verständlich gemacht werden; dadurch leidet die Akzeptanz des Systems (vgl. Herrmann, 1986).

Unproblematisch. Das gegebene Maß an Einsicht genügt dem Benutzer, um in seinem Sinn mit dem System effektiv zu arbeiten (vgl. die Konzeption von Metakommunikation bei Tauber 1984).

Selbsterklärend. Transparenz wird durch die Erklärungskomponente gewährleistet (vgl. Feigenbaum & McCorduck, 1983/84).

Erkennen von Relevanz

Erläuterung: Der Einsatz eines Systems erfordert, dass für den Benutzer deutlich wird, wofür das System eingesetzt werden kann. Für das System bedeutet dies, zu beurteilen, ob es eine Frage oder ein Problem überhaupt bearbeiten kann. Hierzu muss die vorliegende Information bewertet und die Problemlage beurteilt werden. Dies sollte möglichst unabhängig von der Frageformulierung durch den Benutzer sein.

Relevanz wechselt mit dem Kontext, gemeint ist der Kontext im weitesten Sinn, etwa der Problem- bzw. Anwendungszusammenhang. Insofern kann man das Kriterium auch so auffassen, dass Kontextunabhängigkeit gefordert ist. Der Kontext eines Computersystems in der klinischen Chemie kann z.B. durch den Arbeitsplatz bestimmt sein. Der Anwender weiß in diesem Fall, zu welchem Zweck das System arbeitet und welche Voraussetzungen für die Arbeit mit dem System erfüllt sein müssen.

Dem Benutzer überlassen. Das System kann in dem genannten Sinn keine Relevanz erkennen. Es bleibt dem Benutzer überlassen, über die Auswahl der Probleme und die Kategorien, die zur Beschreibung des Problems nötig sind, zu befinden – und darüberhinaus die resultierende Systemleistung zu interpretieren und zu bewerten (vgl. Dreyfus & Dreyfus, 1986).

Bei konstantem Kontext. Das Problem und der Kontext, in dem es vom System bearbeitet werden kann, müssen dem Benutzer klar sein. Der (Problem-) Kontext muss konstant bleiben, sonst vermindert sich die Systemleistung. In diesem Sinn setzt der Systemeinsatz Relevanz voraus (vgl. den Begriff der „kruzialen" Kommunikation bei Herrmann, 1986).

Bei konstanter Benutzung. Im Benutzungszusammenhang des Systems, z.B. als Analysesystem in einem klinischen Labor, wird klar, wie und zu welchen Fragen das System einsetzbar ist und wer damit arbeitet. Insofern genügt es, dass die Benutzerumgebung konstant bleibt. Innerhalb dieses Rahmens kann das System Relevanz im genannten Sinn erkennen (vgl. die Konzeption der Benutzermodelle bei Gunzenhäuser, 1984).

Bei konstanter Relevanz. Das Problem liegt im Dialog zwischen System und Benutzer. Es zeigt sich darin, dass das System einen Relevanzwechsel nicht zulässt. Beispiel: Der Einsatz von Glimpse erfordert, dass Daten, die zu Anfang einer Benutzung eingegeben wurden, nicht mehr geändert, ergänzt oder neubewertet werden (vgl. Wolstenholme & Nelder, 1986).

Beherrschung. Relevanz im genannten Sinn stellt kein Problem dar. Das System erkennt Relevanz hinreichend genau (vgl. die Beschreibung des Statistik-Systems APO bei Marte, 1986).

Unabhängigkeit vom Bewertungswissen des Benutzers

Erläuterung: Bevor der Benutzer das System zum Einsatz bringen kann, muss er sich grundsätzlich über das Problem Klarheit verschaffen, insbesondere welche Mittel der Problemlösung zur Verfügung stehen. Das Kriterium ist hier der Umfang der nötigen Vorkenntnisse eines Benutzers. Uns interessiert hier zumal neuartiges Bewertungswissen zu den Anwendungsbedingungen des Systems oder die Korrektheit von Systemleistungen.

Statistik-Kenntnisse & Fachwissen & Bewertungswissen. Der Benutzer benötigt neben Fachwissen (s.u.) bzw. neuartigem Bewertungswissen insbesondere Statistik-Kenntnisse, um die resultierenden Systemleistungen angemessen interpretieren zu können. Beispiel: Um das System APO zur „Prozess-Analyse-Optimierung" benutzen zu können, muss man durch „geeignete Problemstrukturierung" die Voraussetzungen für eine erfolgreiche Systemanwendung schaffen, entsprechende Statistik-Kenntnisse sind unabdingbar (vgl. IPOSE GmbH, 1988).

Fachwissen & Bewertungswissen. Neben Fachwissen (s.u.) benötigt man als Benutzer neuartiges Bewertungswissen, d.h. man muss die Anwendungsbedingungen kennen und die Korrektheit der Systemleistung beurteilen können. Beispiel: Das Statistik-System Panos ist ausdrücklich nur für eine „Fachperson" gedacht; sie kennt insbesondere die Anwendungsbedingungen statistischer Verfahren (vgl. Haux, 1987).

Fachwissen. Der Benutzer muss in erster Linie über hinreichendes Fachwissen verfügen. Dies weil gewisse Fachbegriffe, die das System nutzt, gekannt werden müssen. Benutzungsfehler sind auf mangelndes Fachwissen zurückzuführen (vgl. Haux, 1988b).

Datenverarbeitung. Es reichen Kenntnisse der Datenverarbeitung.

Konzeption

Offenheit der (bearbeitbaren) Probleme

Erläuterung: Neben Routineaufgaben tauchen in organisatorischen (betrieblichen) Zusammenhängen offene, unstrukturierte Probleme (oder Schwierigkeiten im starken Sinn des Worts) auf. Auch mit diesen werden Experten konfrontiert.

Forschung. Das System kann im Prinzip Probleme aus dem Berufsalltag (noch) nicht effektiv bearbeiten. Das System dient der Forschung im weitesten Sinn: Die Systemleistung wird evaluiert; bzw. es wird das als Statistiktool genutzt oder dient der Demonstration. Beispiel: Mycin (vgl. Buchanan & Shortliffe, 1984).

Arbeits- und Entscheidungshilfe. Die Probleme, die das System bearbeiten kann, entsprechen dem Berufsalltag. Das System dient als Arbeits- und Entscheidungshilfe für einen Experten; jedoch ist erforderlich, dass jemand mit spezifischer Kenntnis des Systems zur Verfügung steht (vgl. Winograd & Flores, 1986).

Routine. Die Probleme, die das System bearbeiten kann, entsprechen dem Berufsalltag. Das System übernimmt begrenzte, gut definierte Routinearbeiten; nur in Bezug auf diese Leistungen wäre ein Experte ersetzbar (vgl. Savory, 1988).

Alltag. Die Probleme, die das System bearbeiten kann, sind solche, die im Alltag am Benutzungsort, etwa in einer Klinik, auftauchen (vgl. Brachman et al., 1983).

(Eindeutigkeit der) Verantwortung

Erläuterung: In organisatorischen (betrieblichen) Zusammenhängen sind Entscheidungen (oder das Lösen eines Problems) mit der Übernahme von Verantwortung verbunden. Die Regelung, die hier gemeint ist, ist keine rein rechtliche; dem Benutzer des Systems sollte auch deutlich werden, wo die Verantwortung liegt.

Gefahr durch Fehlbewertung. Die Frage der Verantwortung ist ein konzeptionelles Problem; dies weil Systemfehler u.U. nicht sofort erkannt werden, andererseits die Erwartung an eine Expertenleistung hoch ist und Fehler hierbei schwerwiegend sein können (vgl. Shanteau, 1987).

Beeinträchtigt Akzeptanz. Verantwortung ist ein Problem, das auf die Systementwicklung zurückwirkt: Es wird etwa eine deterministische Systemvariante bevorzugt; dies nicht zuletzt, weil die Benutzer Entscheidungen selbst treffen und nicht dem System überlassen wollen (vgl. Teach & Shortliffe, 1984, über Mycin).

Durch Arbeitsplatz bestimmt. Verantwortung ist dann ein Problem, wenn Benutzer – wie es vorkommt – irrige oder überzogene Vorstellungen von der Systemleistung haben. Dies trifft nicht nur Expertensysteme. Die Frage der Verantwortung bestimmt sich entsprechend der Aufgabenverteilung am Arbeitsplatz. (vgl. Oberquelle, 1987).

Eindeutig beim Benutzer. Die Frage der Verantwortung ist im Prinzip kein Problem für den Einsatz des Systems. Die Verantwortung liegt i.a. beim Benutzer; darüberhinaus dürfte die Frage der Verantwortlichkeit wie bei anderen Maschinen zu regeln sein (vgl. Wieland, o.J.).

Integrierbarkeit

Erläuterung: In organisatorischen Zusammenhängen erfordert die Problemlösung weiterreichende Informationssuche im Problemumfeld. Für ein problemlösendes Computersystem ergibt sich die Frage: Wie gut lässt sich das System in die Systemumgebung – andere Datenträger, Analysegeräte u.s.w. – integrieren? Entscheidend ist auch, ob sich das System am Arbeitsplatz weiterentwickeln lässt. Es sollte die Möglichkeit wechselseitiger Anpassung von System und Arbeitsplatz gegeben sein.

Revision nötig. Vor Inbetriebnahme müssen spezifische Systemänderungen vorgenommen werden. Bei Integrationsproblemen wird das komplette System ausgetauscht bzw. die Benutzung eingestellt. Beispiel: Im Fall von Mycin scheint die Akzeptanz problematisch; Mycin wurde nie eingesetzt, stattdessen wurden Systemvarianten weiterentwickelt (vgl. Buchanan & Shortliffe, 1984).

Installation. Das System wird im Prinzip erst dann installiert, wenn seine Leistung evaluiert ist. Nachträgliche Änderungen am System sind nicht vorgesehen. Beispiel: Das Statistik-System Panos „verhält sich ... bewusst ‚autoritär'", d.h. die Systemleistung ist starr. Wenn es evaluiert ist, kann es von „Fachpersonen" genutzt werden (Haux, 1987).

Einpassung. Das System wird in die spezielle Systemumgebung, etwa in einem klinischen Labor, eingepasst. Probleme hierbei wirken zurück auf die weitere Systementwicklung. Nachträgliche Systemänderungen sind peripher und betreffen die Benutzeroberfläche und die Datenumgebung (vgl. Dudeck, 1988).

Fortdauernde Anpassung. Das System befindet sich auch während des Betriebs in dauernder Fortentwicklung. Wichtigen Einfluss nehmen die Datenverarbeitungsumgebung und spezifische Benutzungsgewohnheiten. Es ergibt sich eine Anpassung zwischen System, Benutzer und Systemumgebung (vgl. Frank, 1988).

Konzeptionelle Eigenständigkeit

Erläuterung: Expertensysteme sollen dem Problemlösen und Entscheiden dienen. Hier ist gefragt, wie eigenständig die Entwicklung des Systems (bzw. dieser Klasse von Systemen) ist. Gibt es andere Systeme, etwa Datenbanken, die dasselbe leisten? Wirkt die allgemeine Software-Entwicklung, etwa der Benutzeroberfläche, auf die spezielle Entwicklung des Systems zurück? Wenn diese Fragen bejaht werden, so deutet es in die Richtung konzeptioneller Uneigenständigkeit.

Uneigenständig. Dies Expertensystem-Konzept ist genaugenommen kein eigenständiges Software-Konzept mehr. Im außerwissenschaftlichen Bereich ist es abhängig von einer erfolgreichen Marketingstrategie (vgl. Streitberg, 1988a); im akademischen Bereich dient es der Profilierung.

Eingebunden. Expertensysteme dieser Art sind unabtrennbarer Teil einer einzigen Software-Entwicklung im Bereich computergestützter Arbeits-und Entscheidungshilfen (vgl. Schubert & Krebsbach-Gnath, 1987).

Entwicklungsparallelen. Die konzeptionelle Entwicklung von Expertensystemen dieser Art zeigt deutliche Parallelen zu der Entwicklung etwa bei Datenbanken. Entwicklungsfortschritte auf der einen Seite (manche Datenbanken) können auch als Entwicklungsfortschritte auf der anderen Seite (Expertensysteme dieser Art) aufgefasst bzw. umgemünzt werden (vgl. Frank, 1988).

Eigenständig. Das Konzept von Expertensystemen dieser Art kann relativ unabhängig von anderen Software-Konzepten weiterentwickelt und realisiert werden (vgl. Feigenbaum, 1988).

Nutzen von Simulation

Erläuterung: Uns interessiert hier, inwieweit die tatsächliche Leistung des Systems darauf beruht, dass im weitesten Sinn die Arbeitsweise eines Experten simuliert wird. Ergeben sich dadurch Probleme für den Benutzer?

Das Kriterium des Nutzens von Simulation veranschauliche man sich an folgendem Vergleich: Eine Schreibmaschine nimmt einem Arzt Arbeit ab, nämlich den Aufwand, halbwegs schön und leserlich zu schreiben. Ein Assistent nimmt dem Arzt auch Arbeit ab, dies wird insbesondere dadurch möglich, dass er über Fachwissen und fachliche Fertigkeiten verfügt. Wenn also das System wie eine Schreibmaschine arbeitet, so ist der Nutzen von Simulation eher als gering einzuschätzen. Arbeitet es wie ein Assistent oder Experte, so ist der Nutzen von Simulation hoch. (Man beachte, dass ein System Hervorragendes leisten kann, etwa im Schach, ohne dabei auf Simulation angewiesen zu sein.)

Gefahr durch Fehleinschätzung. In der Praxis kann es schwerwiegende Folgen haben, wenn – wie es vorkommt – die Leistung des Systems als experten gleich eingeschätzt wird.

Arbeits- und Entscheidungshilfen. Die Bezeichnung als Expertensystem ist für das

System eher irreführend; die Leistung ist ausgerichtet an die Arbeit bzw. den Entscheidungsprozess des Benutzers (vgl. Shanteau, 1987).

Simulation ohne Autonomisierung. Die Idee, Expertenleistungen zu automatisieren, hat sich bei diesem System als fruchtbar erwiesen. Jedoch sollte die letztliche Entscheidung (z.B. über einen Weg der Problemlösung) beim Benutzer verbleiben (vgl. Nelder, 1988a).

Frage der Akzeptanz. Die Idee, Expertenleistungen zu automatisieren, ist fruchtbar. Entscheidend für den Einsatz des Systems ist lediglich die Akzeptanz auf Seiten der Benutzer (vgl. Yu et al., 1984).

Besondere Leistungsfähigkeit. Die Idee, Expertenleistungen zu automatisieren, ist fruchtbar und begründet die besondere Leistungsfähigkeit auch dieses Systems (vgl. Brach-man et al., 1984).

Komplexität

Erläuterung: Zusätzlich aufgenommen wurde die Frage der Komplexität. Diese Frage ist grundsätzlicher Art. Ein Kriterium für Expertensysteme lässt sich daraus nicht so leicht gewinnen. Wir verzichten hier auf eine ordinale Anordnung und unterscheiden:

Grundsätzliches Problem. Das Komplexitätsproblem ist ein grundsätzliches mathematisches Problem und trifft jede Art von umfangreicher Datenverarbeitung (vgl. Streitberg, 1988b).

Parallelverarbeitung nötig. Das Komplexitätsproblem beschränkt die Leistungsfähigkeit herkömmlicher – regelbasierter – Programme. Eine Leistungssteigerung ist nur mittels paralleler Verarbeitung möglich (vgl. Dreyfus & Dreyfus, 1986).

Simulation hinreichend. Die Komplexitätsfrage ist irrelevant. Es genügt die, i.a. regelbasierte, Modellierung von spezifischen Expertenleistungen bzw. menschlichen Denkleistungen (vgl. Nelder, 1988a).

Frage der Software. Die Komplexitätsfrage ist irrelevant. Entscheidend ist die technische Frage der Ausbaufähigkeit herkömmlicher Software (vgl. Haux, 1988b).

Rückblick, Schlüsse und ein Hinweis für Studierende der Sozialen Arbeit

Was ist Professionalisierung, als Phänomen sowie als Begriff verstanden? Wie können wir Professionalisierung erfassen? Um diese Fragen ging es in immer neuen Anläufen in diesem Buch. Mein großes Vorhaben war, die Professionssoziologie und die Expertisepsychologie zur Beantwortung dieser Fragen zusammenzubringen. Daraus wurde die *Social Psychology of Expertise* (vgl. Mieg 2001), welche man wahlweise als Beitrag zur Soziologie oder Psychologie sehen mag. Um diesen Band und damit die Diskussion abzuschließen, möchte ich einige Befunde der Professionalisierungsforschung nachtragen, die in diesen Kapiteln zu kurz kamen.

Mein Buch ist auch ein Vermächtnis an die Fachhochschule Potsdam. Hier habe ich vielfältige Einblicke in die Koppelung von akademischer Ausbildung und Professionsentwicklung erhalten. Fachhochschulen betreiben praxisentwickelnde Forschung (vgl. Mieg & Dinter 2017), sie bringen Berufsfelder voran. Professionalisierung setzt sich je nach Berufsfeld anders um. Die Fachhochschule Potsdam ist in zahlreichen Berufsfeldern aktiv, mit Schwerpunkten in der Sozialen Arbeit und dem Design. In diesem Sinne beschließe ich meine Essaysammlung mit einigen Hinweisen für Studierende der Sozialen Arbeit (Teil III). Für diese bedeutet Professionalisierung eine orientierungsstarke, studienpraktische wie auch berufliche Herausforderung.

Verstreute Befunde jenseits dieses Bandes

Im Laufe der vergangenen zwanzig Jahre bin ich mit der Forschung zur Professionalisierung der Umweltdienstleistungen auf zahlreiche verblüffende Befunde gestoßen. Das meiste wurde publiziert. Für folgende drei Befunde fehlten Gelegenheit und Kontext, um sie in einem Artikel der Fachöffentlichkeit vorzustellen und zu diskutieren.

(1) Das Feld professioneller Arbeit (system of professions, nach Abbott 1988) aus epistemischer Sicht: Definiert das eingesetzte Wissen auch die Tätigkeitsfelder? Eher nein.

Können wir auf der Grundlage von „epistemischen" Größen die „objektiven" Tätigkeitsfelder – das professionelle Feld nach Abbott (1988) – der Umweltdienstleiter in der Schweiz rekonstruieren? Wir erwarteten, dass dies funktionieren müsse, wenn wir die Kompetenz bzw. das Wissen berücksichtigen, das die Umweltfachleute zum Einsatz bringen. Denn je nach Tätigkeitsfeld sollte anderes Wissen relevant werden. Was wir schließlich fanden war: Die Tätigkeitsfelder ließen sich gut auf der Grundlage der wechselseitig wahrgenommenen Konkurrenz „errechnen". Es funktionierte weniger gut bzw. nur unzureichend, wenn wir die Kompetenzen und das Wissen der Umweltfachleute berücksichtigten. Kurzum: Das „objektive" professionelle Feld ergibt sich als *soziale Konstruktion der interprofessionellen Konkurrenz* der beteiligten Professionellen.

Datengrundlage war der Survey, der in Kapitel 4 vorgestellt wurde. Erfasst wurden über 7000 Tätigkeiten von 3541 Umweltfachleuten. Als Modell für das objektive Feld diente das sog. DPSIR-Modell der Europäischen Umweltagentur (EEA 1999). Das Modell stellt einen kausalen Zusammenhang zwischen folgenden Größen dar:

- **D:** Umweltproblem-Treiber („drivers"), z.B. Industrie und Verkehr;
- **P:** umweltrelevante Auswirkungen („pressure"), z.B. CO_2-Emissionen;
- **S:** Veränderungen in Umweltsystemen („state"), z.B. Luftverschmutzung;
- **I:** Auswirkungen auf Mensch und Gesellschaft („impacts"), z.B. Lungenerkrankung;
- **R:** und Maßnahmen, die in Gesellschaft und Wirtschaft ergriffen werden („responses").

Die von den Umweltfachleuten angegebenen Einzeltätigkeiten wurden den Komponenten des DPSIR-Modells zugeordnet. Mittels statistischer Clusteranalysen versuchten wir, das DPSIR-Modell aus den Befragungsdaten zu rekonstruieren. Das funktionierte kaum mit den Variablen zum Wissen der Umweltfachleute. Es gelang jedoch fast perfekt, wenn wir Cluster anhand der wechselseitig wahrgenommenen Konkurrenz bildeten.[30]

Datengrundlage: 3541 Umweltfachleute, 7138 Einzeltätigkeiten in 88 Tätigkeitsfeldern
Methode: Clusteranalyse (nach Gerstengarbe, PIK)
Gerechnete Variablensätze, Ergebnisse:

(1) 10 Wissensvariablen: es ergeben sich 24 Cluster, darunter 4 DPSIR-Cluster (ohne P), jedoch keiner unter den ersten 7

(2) 20 Konkurrenzvariablen: es ergeben sich 7 Cluster, darunter alle 5 DPSIR-Cluster

(3) vier Faktoren (Branchen, Wissen, Konkurrenz, Klienten): es ergeben sich 27 Cluster, darunter 5 DPSIR-Cluster, nur 2 unter den ersten 7 (P und S)

Die Ergebnisse sind ähnlich, wenn nur mit den reichlich 3000 Haupttätigkeiten der Umweltfachleute gerechnet wird; wenn auch weniger differenziert.

(2) Ist Wissenschaft eine eigene Profession? Vermutlich ja!

Bilden Wissenschaftler und Wissenschaftlerinnen eine eigene Profession? Dies ist eine alte, unentschiedene Frage (vgl. Mieg & Evetts 2017). Ben David (1972) verstand Wissenschaft als Profession. Rudolf Stichweh und Andrew Abbott analysieren das Verhältnis von Universität und Profession. Für Stichweh (1994) gibt es die Disziplin als universitäres Gegenstück zur Profession: Medizin als Disziplin und die Ärzteschaft als Profession. Bei Abbott (2005) agieren die Universitäten als Partner der Professionen, ebenso der Staat.

Fassen wir Wissenschaft als Tätigkeitsfeld auf und verstehen Professionalisierung als soziale Schließung dieses Feldes, d.h. eine Berufsgruppe erhält mehr oder weniger exklusiven Zugriff. Dann können wir Professionalisierung messen als das Ersetzen von *interprofessionellem* Wettbewerb durch *innerprofessionellen* Wettbewerb. Solch eine Konstellation finden wir in den Daten zur Umweltfach-

30 An dieser Stelle danke ich ganz ausdrücklich und leider nachträglich Wilhelm Gerstengarbe und Peter C. Werner, die beide damals am Potsdam-Institut für Klimafolgenforschung (PIK) arbeiteten. Gerstengarbe hatte ein Verfahren zur Clusteranalyse mit Signifikanztest entwickelt. Die Menge der Daten unseres Survey machte es nötig, für die Clusteranalysen die PIK-Rechner zu nutzen. Gerstengarbe und Werner führten die Rechungen für uns durch. Leider warteten Sie vergeblich auf eine Veröffentlichung dieser erstaunlichen Ergebnisse.

leutebefragung 2001 (Tab. 1, vgl. Kap. 4). Das Feld wissenschaftlicher Tätigkeit definiert sich über einen hohen Formalisierungsgrad. Hier finden wir eine herabgesetzte interprofessionelle Konkurrenz (2,36) und eine erhöhte innerprofessionelle Konkurrenz (72%). D.h. in den Umweltwissenschaften ist man – in der Disziplin bzw. den Teildisziplinen – unter sich.

	Formalisierungsgrad			
	gering	mittel	hoch	gesamt
n	1.836	2.423	872	5.131
Interprofessionelle Konkurrenz	2,57	2,55	2,36	2,53
Innerprofessionelle Konkurrenz	60%	63%	72%	63%

Tabelle 1: Hier: Formalisierung – Verwissenschaftlichung. Interprofessionelle Konkurrenz: Das Maß benennt die durchschnittliche Anzahl von anderen Berufsgruppen, deren Vertreter im eigenen Tätigkeitsfeld angetroffen werden. Innerprofessionelle Konkurrenz: Das Maß benennt den Anteil an Professionellen einer Berufsgruppe, welche in ihrem Tätigkeitsfeld wesentlich Konkurrenz durch Mitglieder der eigenen Berufsgruppe wahrnehmen.

Das Ergebnis lässt verschiedene Interpretationen zu, auch die der Wissenschaft als Profession. Wahrscheinlicher ist die *Verdisziplinierung* von Wissenschaft. Die Normalbetriebsform von Wissenschaft ist die Disziplin (vgl. Mieg & Evetts "forthcoming"). Die Disziplinen grenzen sich wechselseitig voneinander ab.

(3) Verbandslogiken: Verbände desselben Typs kooperieren leichter

Nach dem Jahr 2000 startete in der Schweiz der Versuch, die zahlreichen Umwelt-Verbände im Feld der Umweltdienstleistung unter ein Dach zu bringen und mit *einer* Stimme sprechen zu lassen. Nicht einbezogen waren Publikumsverbände wie der WWF, welche der politischen Meinungsbildung dienen. Vielmehr sollte die professionelle Arbeit im Umweltbereich vertreten werden.

Angenommen wurde, dass der gemeinsame starke Bezug zum Zentralwert Umwelt die Kommunikation und Einigkeit befördert. Es setzten sich jedoch mit der Zeit die Logiken der Verbandstypen durch: Ein *Berufsverband* wie der

SVU (Schweizerische Verband der Umweltfachleute) kann besser mit einem anderen Berufsverband wie SIA (Schweizerischer Ingenieur- und Architektenverein) als mit einem Fachverein wie z.B. der „Ingenieurbiologie" oder einem Branchenverband der Umwelttechnologie, auch wenn in allen Verbandstypen Professionelle aktiv sind. Ein *Fachverein* ist am fachlichen Austausch interessiert, darüber hinaus sind die Mitglieder nicht aktivierbar. Ein Berufsverband sucht aktive politische Einflussnahme und möchte – als Stimme der Professionellen – mitreden.

Enge Ziele verfolgt ein *Branchenverband*, er zielt eher auf Deregulation (auch wenn Subventionen immer gern genommen werden): Die Firmen sollen effizient ihren Geschäften nachgehen können. Noch einmal in eine andere Kategorie fallen *Zweckverbände*; sie haben einen meist klar definierten Auftrag. Zum Beispiel kümmerte sich die SVG (Schweizerische Vereinigung für Gesundheitsschutz und Umwelttechnik) um die kommunalen Bäderbetriebe, samt der Ausbildung der Hausmeister für diese Anlagen. Kurzum: Es kam zu keiner engeren, verbandstypübergreifenden Zusammenarbeit der Verbände. Es fusionierten die zwei Branchenverbände SVUT und GESO, sie waren sodann nicht an weiteren Kooperationen interessiert. Der SVU wurde, um an politischem Einfluss zu gewinnen, Teil des mächtigen Ingenieurverbandes SIA.

Verbandstyp	Mitglieder	Ziele	Beispiele
Berufsverband	Professionelle, kleinere Berufsverbände	Interessensvertretung: Regulation	SVU, SIA
Fachverein	Experten	Fachaustausch	Ingenieurbiologie, VSA
Zweckverband	gemischt, u.a. Kommunen	Gemeinnutz	SVG
Branchenverband	Firmen	Interessensvertretung: Deregulation	SVUT/GESO
Publikumsverband	potenziell alle	politische Meinungsbildung	WWF

Tabelle 2: Verbandstypen. Legende: GESO Groupement Electronique Suisse Occidentale, SIA: Schweizerischer Ingenieur- und Architektenverein, SVG: Schweizerische Vereinigung für Gesundheitsschutz und Umwelttechnik, SVU: Schweizerischer Verband der Umweltfachleute, SVUT: Schweizerischer Verband für Umwelttechnik, VSA: Verband Schweizer Abwasser- und Gewässerschutzfachleute.

Der Vollständigkeit halber sei erwähnt, dass es noch andere wichtige Einrichtungen bzw. Vereinigungen im Feld professioneller Arbeit gibt. Hierzu gehören die *Kammern*, berufsständische Körperschaften des öffentlichen Rechts, die die Zulassung zur Berufsausübung regeln und zwar regional wie auf Bundesebene; sowie *Gewerkschaften*, die für Professionelle im Angestelltenverhältnis tätig sein können. Cockpit, die Pilotenvereinigung, war z.B. als Berufsverband gegründet und ist heute Gewerkschaft. Professionelle können somit in zahlreichen Vereinigungen zugleich vertreten sein. Für die Psychologie gibt es beispielsweise den Bundesverband der deutschen Psychologen und Psychologinnen BDP, der den zentralen Berufsverband darstellt, und die DGPs, die Deutsche Gesellschaft für Psychologie, der oberster Fachverein ist und den wissenschaftlichen Austausch organisiert. Daneben sind anerkannte psychologische Psychotherapeuten Mitglied in der Kammer. In einigen Staaten gibt es für manche Berufe keine Kammern sondern *Berufsregister* (englisch: chartered professional bodies).

Ausblick: Soziale Arbeit

Professionalisierung geht je nach Tätigkeitsfeld mit anderen Problemen oder Herausforderungen einher, so auch im Bereich der Sozialen Arbeit. Nicht zuletzt die spezifischen Rahmen- bzw. Randbedingungen prägen das Thema der Professionalisierung in der Sozialen Arbeit:

- Für die Soziale Arbeit liegt die Theoriehoheit (noch) bei der Soziologie.
- Soziale Arbeit erfolgt in sehr unterschiedlichen Feldern, manchmal in Ausübung hoheitlicher Funktion, und meist im Angestelltenverhältnis.
- Die Bezahlung ist in der Sozialen Arbeit eher gering, oftmals gibt es Abgrenzungsprobleme zur Freiwilligenarbeit.

Die Ausbildung in Sozialer Arbeit erfolgt weitgehend an Fachhochschulen. Hier gibt es einen regen Austausch mit der Weiterbildung. An der Fachhochschule Potsdam hat das Fach Sozialwesen sich umfirmiert in „Sozial- und Bildungswissenschaften“, um die wissenschaftliche Grundlagen zu unterstreichen und an Bildungsforschung anzuschließen.

Für die Soziale Arbeit ist das Professionalisierungsverständnis von Oevermann (1996) grundlegend: Professionelles Handeln ist stellvertretende Krisenbewältigung. Gerade in der Sozialen Arbeit scheint professionelles Handeln wenig „programmierbar“ und meist fallabhängig. Vielmehr wird Soziales Handeln im Spannungsfeld unterschiedlicher Erwartungen und Notwendigkeiten erlebt. Bei seiner Beschreibung werden „Paradoxien“ herangezogen, wie Schütze (1996) sie benennt. Zu diesen „Paradoxien“ professionellen Handelns zählen, so Schütze: erstens, „auf unsicherer empirischer Basis Prognosen über die Fall- bzw. Projektentwicklung anstellen zu müssen“; zweitens, „die allgemeinen Typenkategorien des professionellen Wissens auf die Spezifität des konkreten Projekts bzw. Falls anwenden zu müssen“; drittens, den richtigen Zeitpunkt zum Eingreifen zu finden, zwischen Zuwarten und Intervention in die Entwicklung eines Falles (S. 194).

Das heutige Selbstverständnis der Sozialen Arbeit fügt sich in das Bild von reflexiver Modernisierung nach Beck und Giddens. Reflexiv bezieht sich hierbei auf den Einbezug der Folgen von Moderne, etwa für Gesellschaft und Umwelt. In der Sozialen Arbeit hat Reflexivität einen besonderen Stellenwert erlangt, insbesondere in der Klientenbeziehung. Dewe (2009) spricht im Kontext der Sozialen Arbeit von „reflexiver Professionalität“. Nach Dewe erfordert Soziale Arbeit von den Professionellen die „reflexive“ Fähigkeit, „einen lebenspraktischen Problemfall situativ auszulegen, indem soziale Verursachungen rekonstruiert werden, um dem Klienten aufgeklärte Begründungen für selbst zu verantwortende lebenspraktische Entscheidungen anzubieten und subjektive Handlungsmöglichkeiten zu steigern“ (S. 52).

Auch hier möchte ich ein Caveat anbringen: Bewusste Reflexion kann nicht die Haupttätigkeit in der Sozialen Arbeit sein. Bewusste Reflexion bindet sehr viel kognitive Kapazität und eignet sich nicht für professionelle Berufsarbeit, die auch effizient zu sein hat. So lief schon die Becksche Forderung nach einer „Rationalitätsreform“ des Expertentums ins Leere (vgl. Beck 1993). Ein Experte, der hauptsächlich mit reflexiver Ansicherung bzw. Begründung seiner Tätigkeit befasst ist, kommt nicht zum Arbeiten. Die eigentliche Expertenleistung sieht anders aus.

Bleibt mir noch abschließend auf den Handbuchbeitrag von Fritz Schütze „Das Konzept der Sozialen Welt“ hinzuweisen (2016a&b). Er leitet historisch Soziale Arbeit als praktisch gewordene Sozialwissenschaft ab und versucht zu zeigen, wie mit dem Konzept der „Sozialen Welt" ein adäquates Wissenschafts- und Wirklichkeitskonzept der Sozialen Arbeit entstand. Wie weit das Konzept der „Sozialen Welt" trägt, wird sich auch davon abhängen, ob es der Sozialen Arbeit gelingt, ein eigenständiges Theoriegebäude zu errichten, das von der Soziologie hinreichend unabhängig ist. Sie verfügt hierzu über ein starkes Werkzeug: praxisentwickelnde Forschung (vgl. Mieg & Dinter 2017). Praxisentwickelnde Forschung steht im Dienst der Professionsentwicklung (Dick et al., 2016), in der Regel liefert sie Formalisierungen von und für die professionelle Arbeit, z.B. zur „best practice" im Umgang mit Flüchtlingen. Die enge Verzahnung des akademischen Betriebs der Sozialen Arbeit mit der professionellen Praxis nicht nur für Lehre, sondern auch für Forschung und Theorie.

Literatur

Abbott, A. (1988). The system of professions. Chicago: The University of Chicago Press.

Abbott, A. (2005). Linked ecologies: States and universities as environments for professions. In: Sociological Theory, 23(3), 245–274.

Beck, U. (1993). Die Erfindung des Politischen. Frankfurt: Suhrkamp.

Ben-David, J. (1972). The profession of science and its powers. Minerva, 10(3), 362–383.

Dewe, B. (2009). Reflexive Professionalität: Maßgabe für Wissenstransfer und Theorie-Praxis-Relationierung im Studium der Sozialarbeit. In A. Riegler, S. Hojnik & K. Posde (Hg.), Soziale Arbeit zwischen Profession und Wissenschaft (S. 47-64). Wiesbaden: VS Verlag.

Dick, M., Marotzki, W., & Mieg, H. A. (Hrsg.). (2016). Handbuch Professionsentwicklung. Bad Heilbrunn: Klinkhardt / UTB.

EEA European Environment Agency (1999). Information for improving Europe's environment. Copenhagen: European Environment Agency.

Ericsson, K. A., Charness, N., Feltovich, P., & Hoffman, R. R. (Eds.) (2006). The Cambridge handbook of expertise and expert performance. Cambridge, UK: Cambridge University Press.

Ericsson, K. A., Krampe, R. T., & Tesch-Römer, C. (1993). The role of deliberate practice in the acquisition of expert performance. Psychological Review, 100(3), 363- 406.

Freidson, E. (2001). Professionalism: The third logic. London: Polity.

Mieg, H. A. (2001). The social psychology of expertise: Case studies in research, professional domains, and expert roles. Mahwah, NJ: Lawrence Erlbaum Associates. (Paperback 2012 by Psychology Press, New York)

Mieg, H. A. (2008). Professionalization and professional identities of environmental experts: The Case of Switzerland. Journal of Integrative Environmental Sciences, 5(1), 41–51. DOI: 10.1080/15693430701859653

Mieg, H. A. (2009). Two factors of expertise? Excellence and professionalism of environmental experts. High Ability Studies, 20(1), 91–115. DOI: 10.1080/13598130902860432.

Mieg, H. A. (2016). Profession: Begriff, Merkmale, gesellschaftliche Bedeutung. In M. Dick, W. Marotzk & H. A. Mieg, (Hg.), Handbuch Professionsentwicklung (S. 27–40). Bad Heilbrunn: Klinkhardt / UTB.

Mieg, H. A., & Evetts, J. (forthcoming). Professionalism, science, and expert roles: A social perspective. In K. A. Ericsson et al. (Eds.), The Cambridge handbook of expertise and expert performance (2nd ed.). Cambridge, UK: Cambridge University Press.

Mieg, H. A., & Dinter, J. (2017). Forschen im Forschenden Lernen: Der Einfluss von Forschungsform, Erkenntnisinteresse und Praxiskooperation. In H. Laitko, H. A. Mieg & H. Parthey (Hrsg.), Forschendes Lernen: Wissenschaftsforschung Jahrbuch 2016 (S. 29-50). Berlin: wvb Wissenschaftlicher Verlag Berlin.

Mieg, H. A., de Sombre, S., & Naef, M. A. (2013). How formality works: The case of environmental professionals. Professions & Professionalism, 3(1). Online-Publication: http://dx.doi.org/10.7577/pp.564.

Oevermann, U. (1996). Theoretische Skizze einer revidierten Theorie professionalisierten Handelns. In A. Combe & W. Helsper (Hg.), Pädagogische Professionalität: Untersuchungen zum Typus pädagogischen Handelns (S. 70-182). Frankfurt a. M.,: Suhrkamp.

Schütze, F. (1996). Organisationszwänge und hoheitsstaatliche Rahmenbedingungen im Sozialwesen: Ihre Auswirkungen auf die Paradoxien des professionellen Handelns. In W. Helsper & A. Combe (Hg.), Pädagogische Professionalität: Untersuchungen zum Typus pädagogischen Handelns (2. Aufl., S. 183-275). Frankfurt a. M.: Suhrkamp.

Schütze, F. (2016a). Das Konzept der Sozialen Welt Teil 1: Definition und historische Wurzeln. In M. Dick, W. Marotzk & H. A. Mieg, (Hg.), Handbuch Professionsentwicklung (S. 74–88). Bad Heilbrunn: Klinkhardt / UTB.

Schütze, F. (2016a). Das Konzept der Sozialen Welt Teil 2: Theoretische Ausformung und Weiterentwicklung. In M. Dick, W. Marotzk & H. A. Mieg, (Hg.), Handbuch Professionsentwicklung (S. 88–106). Bad Heilbrunn: Klinkhardt / UTB.

Stichweh, R. (1994). Wissenschaft, Universität, Professionen. Frankfurt a. M.: Suhrkamp.

Wehner, T., Güntert, S. T., Neufeind, M., & Mieg, H. A. (2015). Freigemeinnützige Tätigkeit: Freiwilligenarbeit als Forschungs- und Gestaltungsfeld der Arbeits- und Organisationspsychologie. In T. Wehner & S. T. Güntert (Hg.), Psychologie der Freiwilligenarbeit (S. 3–22). Heidelberg: Springer.

Woschnack, U., & Mieg, H. A. (2003). Fachwissen – Expertise – Schlüsselqualifikationen: Drei Dimensionen eines integrativen Modells der Qualifikation für professionalisierte Dienstleistungen. ARBEIT, 12, 54–67.